中国刑法学研究会
北京师范大学刑事法律科学研究院 | 联合主办

2020年 第1卷 [总第33卷]

刑法评论

赵秉志 主编

法律出版社 LAW PRESS · CHINA | 北京

图书在版编目(CIP)数据

刑法评论. 2020年. 第1卷 : 总第33卷 / 赵秉志主编. -- 北京 : 法律出版社, 2022
ISBN 978-7-5197-6391-6

Ⅰ. ①刑… Ⅱ. ①赵… Ⅲ. ①刑法－研究－丛刊 Ⅳ. ①D914.04-55

中国版本图书馆CIP数据核字(2022)第039158号

刑法评论2020年第1卷(总第33卷)
XINGFA PINGLUN 2020 NIAN DI-1 JUAN
(ZONG DI-33 JUAN)

赵秉志 主编

责任编辑 黄倩倩
装帧设计 李 瞻

出版发行 法律出版社
编辑统筹 学术·对外出版分社
责任校对 王 丰 郭艳萍
责任印制 陶 松
经 销 新华书店

开本 710毫米×1000毫米 1/16
印张 22.25 **字数** 340千
版本 2022年1月第1版
印次 2022年1月第1次印刷
印刷 北京建宏印刷有限公司

地址:北京市丰台区莲花池西里7号(100073)
网址:www.lawpress.com.cn
投稿邮箱:info@lawpress.com.cn
举报盗版邮箱:jbwq@lawpress.com.cn

销售电话:010-83938349
客服电话:010-83938350
咨询电话:010-63939796

书号:ISBN 978-7-5197-6391-6
定价:89.00元

凡购买本社图书,如有印装错误,我社负责退换。电话:010-83938349

刑法评论

2020年第1卷（总第33卷）

目录

理论探索

立法研究

司法实务

域外法治

全国刑法学术年会

理论探索

●风险社会下刑事政策的基本立场*

李卫红**

摘　要：黑恶势力犯罪、恐怖主义犯罪、网络犯罪等犯罪给社会带来了巨大风险，这是现代风险社会的内容之一。刑事政策必须面对并解决上述犯罪问题，比如，准确认定黑恶势力的“早”与“小”以“打准打实”；刑事政策应当秉持中国特色的法治立场，在被法律化后渗入犯罪构成要件中，从而在司法过程中有法可依，通过具体适用法律规范而让每一个案的处理都呈现公平与正义的结局；刑事政策与犯罪学意义上的犯罪对策不同，后者是对犯罪的控制与预防的措施或方法，是对犯罪的全方位治理；刑事政策最终呈现其打击犯罪的对策性、灵活性及刑事责任根据性的特质。

关键词：刑事政策　犯罪构成要件　犯罪对策

本文逻辑起点在于从基本概念出发进行演绎论证。但由于每一基本概念都有不同的含义，学者对其有不同的界定，因此必须在阐明其大致同一的内涵与外延前提下展开，否则，可能会南辕北辙、自说自话，无法进行深入细致地对话与讨论。

刑事政策可以在不同层次被学者们研究①，本文的刑事政策主要指党

---

* 本文系2017年度司法部国家法治与法学理论研究项目“刑事政策与公共政策的关系”（项目编号：17SFB2020）的研究成果。

** 中国社会科学院大学法学院教授，博士生导师。

① 参见李卫红：《刑事政策学》（第2版），北京大学出版社2018年版，第25页。

的政策在刑事领域中的体现，如扫黑除恶刑事政策①、以审判为中心刑事政策②、认罪认罚从宽刑事政策③等，是打击犯罪、保护社会的纲领、指导

① 参见2018年1月，中共中央、国务院发出的《关于开展扫黑除恶专项斗争的通知》；2018年1月16日，最高人民法院、最高人民检察院、公安部、司法部(以下简称“两高两部”)印发《关于办理黑恶势力犯罪案件若干问题的指导意见》；全国扫黑办于2019年4月9日在京首次举行新闻发布会，发布最高人民法院、最高人民检察院、公安部、司法部《关于办理恶势力刑事案件若干问题的意见》《关于办理“套路贷”刑事案件若干问题的意见》《关于办理实施“软暴力”的刑事案件若干问题的意见》《关于办理黑恶势力刑事案件中财产处置若干问题的意见》，以上四个意见均在最后一条规定自2019年4月9日起施行。从刑事政策的层级来论，党中央、国务院发布的是最高级别刑事政策；“两高两部”发布的意见具有双重性质，既是党中央下一层级的刑事政策，同时又兼具有司法解释的功能，即在司法实践中，办案人员以此作为处理相关“黑”“恶”刑事案件的法律依据。与以往不同的是，这些司法解释规定了时效。从刑法教义学视角理解，只应当在立法中规定时效，根据罪刑法定原则，司法解释只能在立法范畴内进行解释，因此每一司法解释从其颁布时起具有“溯及力”，虽然滞后发布，却在立法生效时它就具有效力，而不是从颁布之日起或规定从某一日期生效，因为司法不能超越立法，即便扩张解释也应在其范围之内。而以上四个意见即司法解释均规定施行日期，从另外角度倒推，这些司法解释具有相当于立法的功能，因此规定时效，以最大限度地符合罪刑法定。2019年10月21日，全国扫黑办召开新闻发布会，向社会公布了国家监察委员会、最高人民法院、最高人民检察院、公安部、司法部五部门印发的四个关于办理扫黑除恶案件的意见和通知，其中，《关于在扫黑除恶专项斗争中分工负责、相互配合、相互制约严惩公职人员涉黑涉恶违法犯罪问题的通知》的制定主体是国家监察委员会、最高人民法院、最高人民检察院、公安部、司法部；另外三个意见即《关于办理利用信息网络实施黑恶势力犯罪刑事案件若干问题的意见》《关于办理非法放贷刑事案件若干问题的意见》《关于办理跨省异地执行刑罚的黑恶势力罪犯坦白检举构成自首立功若干问题的意见》的制定主体是最高人民法院、最高人民检察院、公安部、司法部。前一个是刑事政策；后三个既是刑事政策也是司法解释，是对最高级别的刑事政策的法律化，具有法律效力。这些政策和法律对利用信息网络实施黑恶势力犯罪、非法放贷、公职人员涉黑涉恶违法犯罪等问题给出了相关界定和指导意见，对跨省异地执行刑罚的黑恶势力罪犯的若干问题也给出了司法意见。其中《关于办理利用信息网络实施黑恶势力犯罪刑事案件若干问题的意见》《关于办理非法放贷刑事案件若干问题的意见》规定了时效，自2019年10月21日起施行。

② 中国共产党十八届四中全会通过的中共中央《关于全面推进依法治国若干重大问题的决定》提出要“推进以审判为中心的诉讼制度改革”，这是关于刑事诉讼程序方面的刑事政策。

③ 中国共产党十八届四中全会《中共中央关于全面推进依法治国若干重大问题的决定》提出：“完善刑事诉讼中认罪认罚从宽制度”，这是“宽严相济”的刑事政策在刑事诉讼程序方面的完善和发展。根据上述决定精神，最高人民检察院《关于深化检察改革的意见(2013～2017年工作规划)》和最高人民法院《人民法院第四个五年改革纲要(2014～2018)》先后提出完善认罪认罚从宽制度。2016年7月22日，习近平总书记主持召开中央全面深化改革领导小组第26次会议，审议通过《关于认罪认罚从宽制度改革试点方案》，为认罪认罚从宽制度改革试点工作确定了方向。2016年9月，十二届全国人大常委会第22次会议通过《关于授权最高人民法院、最高人民检察院在部分地区开展刑事案件认罪认罚从宽制度试点

性规章。这些刑事政策既有实体方面的也有程序方面的还有执行方面的，是针对治理犯罪的不同层级权力支撑的对策、措施、方法、手段。其不是非权力支撑的犯罪对策①，如情境预防、被害预防；也不是学者研究的刑事政策，如在德国，有学者将刑事政策纳入《德国刑法教科书》中研究，②刑事政策大师李斯特定义的刑事政策③及罗克辛界定的刑事政策④都各有千秋。

"风险社会是指在全球化发展背景下，由于人类实践所导致的全球性风险占据主导地位的社会发展阶段，在这样的社会里，各种全球性风险对人类的生存和发展存在着严重的威胁。"⑤德国有学者认为，风险社会不是"个人风险"，"是全体人类面临的全球性风险，如核裂变或核废料储藏

工作的决定》授权在北京等 18 个地区开展刑事案件认罪认罚从宽制度试点。2016 年 11 月，最高人民法院、最高人民检察院、公安部、国家安全部、司法部联合颁布《关于在部分地区开展刑事案件认罪认罚从宽制度试点工作的办法》（以下简称《办法》），它具有司法解释的特性，虽然解释主体有所扩大，但只要有"两高"主体在内，就可将其视为有权的司法解释，这也是中国特色社会主义制度的体现之一。《办法》共 29 条，自发布之日起试行 2 年。在试点工作结束后，2018 年 10 月 26 日，全国人民代表大会常务委员会《关于修改〈中华人民共和国刑事诉讼法〉的决定》正式将认罪认罚制度纳入刑事诉讼程序之中。新《刑事诉讼法》第 174 条第 1 款规定，"犯罪嫌疑人自愿认罪，同意量刑建议和程序适用的，应当在辩护人或者值班律师在场的情况下签署认罪认罚具结书"。第 176 条第 2 款规定，"犯罪嫌疑人认罪认罚的，人民检察院应当就主刑、附加刑、是否适用缓刑等提出量刑建议，并随案移送认罪认罚具结书等材料"。这些规定体现了刑事政策法律化。

① 犯罪学意义上的刑事政策就是犯罪对策；而刑事政策学意义上的刑事政策不是犯罪对策，其范围更宽泛，将一切可预防、治理犯罪的方法、措施等都纳入进来。

② 参见[德]汉斯·海因里希·耶塞克、[德]托马斯·魏根特：《德国刑法教科书》，徐久生译，中国法制出版社 2017 年版。"刑事政策探讨的问题是，刑法如何制定，以便其能最好地实现其保护社会的任务。刑事政策与犯罪的原因联系在一起，它探讨如何描述犯罪构成要件特征以便与犯罪的情况相适应刑事政策中的公正标准，主要是罪责原则、法治国家原则和人道主义原则"。"制裁制度的构筑、适用和改革，鉴于变化着的社会关系，被概括性地描述为刑事政策。对于刑事政策的原则方向具有决定性意义的，是安排作为刑事政策的主要反应手段的国家刑罚的任务。"由此可以看出，《德国刑法教科书》认为刑事政策是为制定刑法服务的，它决定着刑法规定的罪与刑，即犯罪的构成要件及罪后的制裁措施，并受制于刑法的基本原则，即罪刑法定、罪责刑相适应、法律面前人人平等的制约，同时还受另一表述即法治国家原则和人道主义原则的制约。即便学界一直进行刑罚报应论、预防论的探讨，保障人权不受法外处罚一直是底线。

③ 参见[德]冯·李斯特：《论犯罪、刑罚与刑事政策》，徐久生译，北京大学出版社 2016 年版，第 212～213 页。

④ 参见陈兴良：《刑法教义学与刑事政策的关系：从李斯特鸿沟到罗克辛贯通——中国语境下的展开》，载《中外法学》2013 年第 5 期。

⑤ 参见百度百科"风险社会"词条。

所引发的问题”。[①] “西方社会中的主导性经济制度、法律制度和政治制度不仅卷入了风险制造,而且参与了对风险真相的掩盖”,《风险社会》一书“既洞察到现代性中的理性的困境,又试图以理性的精神来治疗这种困境”[②]。在存在各种风险的社会生活中,不同学科、不同专业人士、各级政府、社会组织等均在解决不同的风险问题。在当下的风险社会,本文主要是指犯罪给社会带来的风险,如黑恶势力犯罪、恐怖主义犯罪、网络犯罪等。刑事政策主要针对的是如何解决犯罪问题。

“立场,指认识和处理问题时所处的地位和所抱的态度,是处在某一地点、位置看一个事物事件问题等。”[③]当我们面对各种各样犯罪侵扰我们正常的生活时,刑事政策应当秉持什么样的态度?刑事政策本身应当坚持法治的立场;在实体法里,刑事政策应当渗入犯罪构成要件里;在犯罪学意义上,刑事政策是对犯罪的控制与预防的对策。当然,刑事政策所有的立场在宏观上应当是打击犯罪与保障人权相结合;微观上是刑事政策法律化后的规范及其被适用的程序及结果。国家运用公权力,通过具体适用法律规范而让每一个案的处理都呈现公平与正义的结局。

一、刑事政策本身的立场

刑事政策是在法治前提与基础之上的一种犯罪对策。法治是我国社会主义核心价值观之一,任何组织及个人不能突破法治的底线。在刑事法治范畴内,法治以罪刑法定为主要内容。刑事政策本身的立场必须是法治的立场。

刑事政策的制定与实施具有正当程序,这是法治的应有之义;更重要的是,对颁布的刑事政策的解释,必须以法治为基本原则。以扫黑除恶为例,2018 年 1 月,中共中央、国务院发出《关于开展扫黑除恶专项斗争的通知》(以下简称《通知》),这是刑事政策的内容。党中央提出扫黑除恶的刑事政策,严厉打击“黑”与“恶”,以让人民群众享有获得感、安全感及幸

---

① 参见[德]乌尔里希·贝克:《风险社会——新的现代性之路》,张文杰、何博闻译,译林出版社 2018 年版,第 6 页。

② 参见[德]乌尔里希·贝克:《风险社会——新的现代性之路》,张文杰、何博闻译,译林出版社 2018 年版,封底。

③ 参见百度百科“立场”词条。

福感。

《通知》指出，“为深入贯彻落实党的十九大部署和习近平总书记重要指示精神，保障人民安居乐业、社会安定有序、国家长治久安，进一步巩固党的执政基础，党中央、国务院决定，在全国开展扫黑除恶专项斗争。《通知》指出，要坚持党的领导、发挥政治优势；坚持人民主体地位、紧紧依靠群众；坚持综合治理、齐抓共管；坚持依法严惩、打早打小；坚持标本兼治、源头治理”。这一扫黑除恶的刑事政策决定了相关法律的来源。现代法治国必须依法对犯罪分子进行定性量刑，其间贯彻刑事政策。

其中，如何理解“打早打小”，难点在于对“早”与“小”的界定。对“打早打小”的解释应当在法治的范畴内进行而不能随意人为拔高或降低。

（一）“早”的含义

“早”是阶段问题，即便刑事政策提出打“早”打“小”，也要用刑法教义学语言表达，才能准确界定从哪一点开始。即在整个犯罪过程中，刑法理论及立法将犯罪阶段划分为犯罪的预备、未遂、中止、既遂，如果用线段表示，预备是起点，既遂是终点，预备以后中间的各点是未遂与中止，预备阶段的中止只是理论上的存在，在司法实践，这样的中止很难被发现。犯罪预备非常难以被认定，有些国家的立法干脆不规定或取消犯罪预备的规定，其难点在于犯罪的主观方面难以被推定。都是同样的买刀行为，判断不出行为人主观上是想杀人还是想在厨房切菜切肉。因此，“早”的确定标准还是应当以着手实施实行行为为限，只有出现了实行行为，才可以判断或认定行为人的犯罪事实，太“早”有可能侵权，可在行政或民事方面处理，而不能运用刑事手段解决。尽管对实行行为是构成犯罪的最基本要素存有争议，[①]但针对绝大多数案件而言，只有实行行为出现，才可判断刑法规定的罪的主观要件要素的成立，着手以前的行为可推断其主观要件要素的可能性太多而不是唯一。所以，“早”一定是在行为人着手以后才可被认定，否则，有可能“太早”而不能准确推定。预备行为中的准备工具和制造条件距离行为人着手实施犯罪还有一段距离，其法益侵害的危险性尚未明确地显现，因此不宜认定，除非是重大恶性刑事案件。

---

① 德国学者在实行行为是否为构成要件的基本要素方面存有争议。

（二）“小”的含义

“小”是程度问题，难点在于罪与非罪的界限。立法与司法的沿革对于罪与非罪的规定不断扩大或限缩，犯罪化与非犯罪化交叉进行，再加上案情复杂，犯罪构成要件不齐备，但案件本身在实质上又具有严重的社会危害性，这样就使得司法机关对犯罪节点的把握更为困难。从贝卡利亚提出社会危害性以来，不管哪个法系，社会危害性这一软性标准一直存于立法与司法实践中，是罪与非罪的关键点，虽然理性不能以直觉来衡量，人心也不可以理性来观测，但因为世间的主体是人，认定犯罪的构成也是由法官完成，因此，人的“感觉”或许有些意义，比如跳舞时的舞感、打球时的球感等。同理，对于社会危害性，立法人员、司法人员及社会大众也应当有感觉，我们称为法感。它是理性之外帮助立法与司法工作人员衡量社会危害性大小的一种方法，不在逻辑推理范畴，属于心理学意义上的一种活动，只起辅助作用，不可体现在刑事判决文书中。微观上具体“小”的标准，还是取决于犯罪构成要件要素的有无。说到底，客观上的行为与主观上的罪过是考量的重点，无论是三阶层、[①]两阶层、[②]四要件、[③]英美的“双层次体系”[④]的犯罪构成要件理论，基本的构成要件要素均不变，包括客观上的行为、结果、因果关系，主观上的罪过。在立法层面还要考虑行为是否侵犯法益，这是立法者在立法时必须确定的。构成要件要素是成立犯罪的教义学标准，也是立法规定犯罪、司法认定犯罪的边界所在。这是衡量“小”的法治标准，离开这一标准，或许会出现拔高或放纵的结果。

（三）打准打实

在司法实践中与“早”和“小”相配合的是“打准打实”，刑事政策的纲领性文件必须转化成立法与司法的行动才可落实下来。“准”是指司法机关司法要准确，立案、侦查、起诉、审判的案件符合刑法规定，以教义学的构成要件标准来衡量，不可以办冤假错案；“实”是指被打的对象确实构成

① 指大陆法系以德国、日本为代表的构成要件三阶层论：该当性、违法性、有责性。

② 指我国张明楷教授主张的犯罪构成两要件说：客观违法与主观有责。

③ 指以高铭暄教授为代表的主张犯罪构成四要件说：犯罪客体、客观方面、主体、主观方面。

④ 指英美犯罪构成要件的实体与程序相结合的理论。

黑恶势力犯罪,而不是简单的违法行为,违法与犯罪虽然一线之隔,性质大不同,而在这样专项严打的背景下,特别容易混淆违法与犯罪的界限。党中央要求严厉打击黑与恶,但一定要准与实,不能出现扩大化、完成任务指标化、以政治政策取代严格的法律标准,从实体法与程序法及办案人员的法律政治政策水平上严控“黑”与“恶”的认定。依法办案永远是党中央的刑事政策应有之义。

二、实体上刑事政策渗入犯罪构成要件中

(一)扩大犯罪圈

刑事政策能否渗入定罪量刑之中,一直考验着司法人员的政策理论水平。宏观上,当打击犯罪与保障人权一致时,立法与司法皆没有异议,但如果出现矛盾,陷入两难境地,如何选择?在刑法来不及修正增设相关内容时,刑事政策对刑事司法有无影响,即是否可将其纳入构成要件中,作为构成要件要素以确定行为人的犯罪性质及量刑的轻重?这些要素可否重复评价,既涉及定性又关乎量刑。以扫黑除恶为例说明,2018 年 1 月 16 日,“两高两部”印发《关于办理黑恶势力犯罪案件若干问题的指导意见》(以下简称《指导意见》),随着社会的不断发展,“黑”与“恶”的构成要件不断增减,司法机关对于“黑”与“恶”的认定存有疑义,是否可将其认定为刑法上的罪与适用刑法规定的刑罚,司法人员面临新的挑战。

黑恶势力与普通犯罪相比,在犯罪构成上的要求门槛降低,从某种程度上扩大了犯罪圈。以下以敲诈勒索罪为例,其构成要件及刑事责任有如下变化:

1. 增加了软暴力行为要素

根据《指导意见》第 17 条关于黑恶势力利用软暴力实施敲诈勒索罪的规定,在明确“有组织地采用滋扰、纠缠、哄闹、聚众造势等手段”的基础上,进一步细化规定,同时由多人实施或者以统一着装、显露文身、特殊标识以及其他明示或者暗示方式,足以使对方感知相关行为的有组织性的,应当认定为《关于办理敲诈勒索刑事案件适用法律若干问题的解释》第 2 条第(5)项规定的“以黑恶势力名义敲诈勒索”。该规定中“足以使对方感知相关行为的有组织性的”认定规则,事实上承认了软性恶害的有组织

通告方式,就意味着软性恶害具有了与暴力性手段几乎程度相等的危害作用,此类已经转换为软暴力的软性恶害,甚至可以成为适用较低的入罪门槛和升档量刑标准的事实基础。

2. 数额降低

以最高人民法院、最高人民检察院《关于办理敲诈勒索刑事案件适用法律若干问题的解释》(法释〔2013〕10 号)(以下简称《敲诈勒索解释》)为例,其中的第 2 条第 5 项明确规定,以黑恶势力名义敲诈勒索的,“数额较大”的标准可以按照《敲诈勒索解释》第 1 条规定标准的 50% 确定。《敲诈勒索解释》第 4 条明确规定,敲诈勒索公私财物,具有“以黑恶势力名义敲诈勒索的”情形的,数额达到该解释第 1 条规定的“数额巨大”“数额特别巨大”80% 的,可以分别认定为《刑法》第 274 条规定的“其他严重情节”“其他特别严重情节”。上述司法解释规定的精神十分明确,“以黑恶势力名义敲诈勒索的”情形,就是敲诈勒索罪入罪门槛降低、量刑幅度提升的酌定情节。换言之,恶势力实施敲诈勒索行为,非罪行为可以认定为犯罪,且升档量刑标准相对较低,轻罪可以重处。

3. 刑罚加重

上面两个司法解释均有规定,相对于不是以恶势力名义进行敲诈勒索的,量刑幅度有所提升。比如,广西壮族自治区高级人民法院《〈关于常见犯罪的量刑指导意见〉实施细则》(桂高法〔2017〕142 号)明确规定,敲诈勒索公私财物,具有“以黑恶势力名义敲诈勒索的”情形(已确定为基本犯罪构成事实的除外),可以增加基准刑的 30% 以下。寻衅滋事,具有“带有黑社会性质或者恶势力性质的”情形,可以增加基准刑的 20% 以下。湖北省高级人民法院《〈关于常见犯罪的量刑指导意见〉实施细则》(湖北省高级人民法院审判委员会于 2017 年 4 月 25 日讨论通过)也有相同的具体规定。足见,依据具有事实约束力的地方量刑细则的明确规定,被认定为恶势力,是对该恶势力组织(包括恶势力团伙、恶势力犯罪集团)成员构成敲诈勒索罪、寻衅滋事罪从重处罚的酌定情节,并且从重处罚的幅度有量化的规定。

再以非法经营罪为例,根据 2019 年 10 月 21 日“两高两部”《关于办理非法放贷刑事案件若干问题的意见》的规定,个人非法放贷数额、违法所得数额、非法放贷对象数量起点标准有专门规定①。但在该意见第 7 条规定："有组织地非法放贷，同时又有其他违法犯罪活动，符合黑社会性质组织或者恶势力、恶势力犯罪集团认定标准的，应当分别按照黑社会性质组织或者恶势力、恶势力犯罪集团侦查、起诉、审判。黑恶势力非法放贷的，据以认定'情节严重''情节特别严重'的非法放贷数额、违法所得数额、非法放贷对象数量起点标准，可以分别按照本意见第二条规定中相应数额、数量标准的 50% 确定；同时具有本意见第三条第一款规定情形的，可以分别按照相应数额、数量标准的 40% 确定。"如果实施主体是黑社会性质组织成员，构成非法经营罪的要件被扩大，只要有其他非黑恶势力的行为人的相应数额、数量标准的 50% 或 40% 即可成立非法经营罪。这与一般主体构成的非法经营罪成立要件不同，明显扩大了处罚范围。

（二）缩小犯罪圈

当下理论界与实务界对于正当防卫及防卫过当的讨论，从某种意义上，法不能向不法让步，说明刑事政策对于认定行为人正当防卫或防卫过当后构成的罪名及量刑具有相当大的影响。有些案件由原来被认定为防卫过当改为正当防卫，有些被认定为防卫过当承担刑事责任改为减轻或免除刑事责任，在司法上缩小犯罪圈或从轻处理。甚至在 2011 年以前，正当防卫的条件已渗透进刑事政策的内容。

以此案为例：王某某的母亲李某某居住的房屋在拆迁范围内，拆迁公司具体负责人袁某某为达到拆迁目的，多次带领众拆迁人员到 61 岁的李某某家，辱骂、威胁李某某及其女儿，砸坏李家的玻璃，放火焚烧其家门前

---

① 2019 年 10 月 21 日"两高两部"《关于办理非法放贷刑事案件若干问题的意见》第 2 条规定："以超过 36% 的实际年利率实施符合本意见第一条规定的非法放贷行为，具有下列情形之一的，属于刑法第二百二十五条规定的'情节严重'，但单次非法放贷行为实际年利率未超过 36% 的，定罪量刑时不得计入：（一）个人非法放贷数额累计在 200 万元以上的，单位非法放贷数额累计在 1000 万元以上的；（二）个人违法所得数额累计在 80 万元以上的，单位违法所得数额累计在 400 万元以上的；（三）个人非法放贷对象累计在 50 人以上的，单位非法放贷对象累计在 150 人以上的；（四）造成借款人或者其近亲属自杀、死亡或者精神失常等严重后果的。具有下列情形之一的，属于刑法第二百二十五条规定的'情节特别严重'：（一）个人非法放贷数额累计在 1000 万元以上的，单位非法放贷数额累计在 5000 万元以上的；（二）个人违法所得数额累计在 400 万元以上的，单位违法所得数额累计在 2000 万元以上的；（三）个人非法放贷对象累计在 250 人以上的，单位非法放贷对象累计在 750 人以上的；（四）造成多名借款人或者其近亲属自杀、死亡或者精神失常等特别严重后果的。"

的木柴。王某某报警,但未解决。袁某某指使手下用强力胶水将王某某家中的防盗门锁眼堵住,致王某某一家人须从窗口进进出出。几天后,袁某某带领9人再次来到王某某家,要求商谈,王某某等5名女性在家不敢开门,袁某某在门前辱骂、砸门,王某某的2个弟弟得知后分别持菜刀至王某某家门口,与拆迁人员发生争执,在室内的王某某担心弟弟吃亏,打开房门持菜刀向袁某某的颈部、头部猛砍数刀,致袁某某当场死亡。江苏省某市中级人民法院一审判决被告人王某某的行为构成故意杀人罪,但本案中,被害人袁某某侵犯他人的合法住宅权利并威胁到他人的人身安全,王某某实施的反击行为具有防卫性质,但明显超过必要限度造成重大损害,属于防卫过当,应负刑事责任,但应减轻处罚,判处王某某有期徒刑8年,并赔偿附带民事损失27万元。江苏省高级人民法院作出终审判决,王某某犯故意伤害罪,判处有期徒刑5年。①

表面上这一终审判决的案例说明:第一,私权利不可侵犯,更不可以违法的形式侵犯;第二,正当防卫及防卫过当,以暴制暴,对于不法侵害的认定更加客观公正,彰显法律的公平正义;第三,本案防卫过当,罪名由故意杀人罪改为故意伤害罪,由8年改为5年有期徒刑,无须承担数额较大的民事赔偿,判决让被告个人有获得感、公平正义感。

实质上,这一判决使正当防卫构成要件被增加了新的内容。我国《刑法》第20条规定了正当防卫的条件及刑事责任。其条件之一是正在发生的不法侵害。教义学上解释不法侵害必须具有现实性,即它是客观存在的而不是假想的、虚拟的,对后者进行防卫则构成假想防卫,假想防卫人不成立故意犯罪,其主观要件或为过失或为意外事件,如果存有过失,则构成过失犯罪。不法侵害还必须具有紧迫性,即不立即实施防卫行为,自己、他人、国家、社会公共利益就会受到侵犯,是正当对不正当,在那一瞬间,不反击不法侵害,不正当就要得逞。问题是这一现实性是指危害行为还是危险状态的逼近。在司法实践中,危害行为外化,容易被认知,这也是客观主义存在的根据,而危险状态的逼近或是趋向就相对难以判断。而本案恰恰是后者,对其进行判断可能就要介入价值因素,即是利于不法侵害人还是利于正当防卫人。因为这样的危险状态其走向有多种可能,

① 参见江苏省高级人民法院刑事附带民事判决书,(2010)苏刑一终字第0037号。

其不法侵害的概率最大,因此,不法侵害成立与刑事政策的介入有一定的关系,即保护防卫人优于保护侵害人。其条件之二是正在,即时间条件,不法侵害已经开始尚未结束。本案涉及不法侵害是否开始。袁某某带人来还在王某某家门外,与王某某的弟弟们发生争吵。在无暴力实施的情况下,不法侵害的紧迫性只能综合以往袁某某的辱骂、威胁、在门外烧柴等行为及警察未能解决问题而只有王某某必须私力救济等情节判断。王某某作为一名中年女性,不想惹事,事却找上门来,气愤之下做出过激违法甚至犯罪行为,法律是否倾向于她,对于不法侵害正在发生的认定具有价值意义。其条件之三是对于防卫过当的认定,只有在正当防卫的前提下才可能出现防卫过当,即正当防卫明显超过必要限度造成不应有的损害。本案不法侵害人还在门外或敲门或争吵,在已被认定符合正在进行的不法侵害,正当防卫人对其进行正当防卫,用菜刀对其狂砍,导致其当场死亡的后果,明显超出了必要限度,具有一定的发泄内心愤怒的成分,行为方式过激,因此,认定其为故意杀人罪或故意伤害致死罪都可成立。一审认定其行为构成故意杀人罪,其主观恶性为杀人的故意,表现形式为间接故意,即王某某的行为无论导致袁某某是死是伤全在她的犯意之中,如果死亡是故意杀人罪,如果出现伤害的结果就是故意伤害罪,对于突发性案件的间接故意的认定一般以结果论。二审法院认定其构成故意伤害致死罪,即其主观故意是直接故意,内容是伤害,导致袁某某死亡是出于过失,是伤害后流血过多死亡,因此,可以认定为故意伤害致死罪。就低不就高,这样的认定也是成立的。综合本案,司法是倾向正当防卫人的,无论是对"不法侵害"的认定还是对"正在"的认定,或对防卫过当的罪名认定,都在争议范围之内,最后的结果有利于本案的被告人。

由此看出,无论是司法解释还是具体个案,刑事政策已渗透到具体的犯罪认定中,有些成为构成要件要素,有些成为个案处理追求正义结果的根据。

三、犯罪学学科的刑事政策立场

犯罪学意义上理解的刑事政策大多是指犯罪对策,即预防、控制犯罪的所有措施、方案等。"在日本这个刑事政策非常广义,为预防犯罪而由国家和地方政府采取的一切措施,都叫刑事政策,它的范围很广,就是公权力为预防犯罪的一切措施，都是刑事政策的对象。而且，还有越来越扩张的趋势，现在不仅是公权力采取的措施，民间机构所采取的与预防犯罪有关的措施，现在也被纳入刑事政策的对象里面来了。比如在日本及英美，在犯罪发生之前的犯罪预防，包括城市规划、停车场如何设计、摄像头怎么安置，就是通过城市设计来预防犯罪，这是刑事政策很重要的内容。这些不能完全靠公权力来实现，涉及各类民间企业的贡献。在行刑的过程中，有些国家有监狱私营化的形式，以前监狱是公权力的核心部分，现在也是对民间放开，让民间人参与进来，虽然其中还有多数公职人员及以公权力的运行为主导。也就是说，现在刑事政策的对象扩大了，它的主体不断增多，同时手段也越来越多样化。”①由此可以看出，犯罪学意义上的刑事政策即犯罪对策的内涵与外延不同于刑事政策学意义上的刑事政策，其范围大、内容广，可渗透到日常生活中的方方面面。

在国内，犯罪学者大多将刑事政策看作犯罪学中的犯罪对策，②日本有学者出版专著书名为刑事政策，③实为犯罪学内容。笔者认为，犯罪对策的范畴太大，包括事前预防与事后处罚，在犯罪学领域可以如此适用，但在刑事政策学领域，刑事政策应当更多地被界定在对已然犯罪的处置。但作为一门学科，犯罪学意义上的刑事政策有其特定的含义及立场。犯罪对策是基于对犯罪原因的研究，只有找对出处或病因，才可对症下药。其中，人的原因是非常复杂的，如果没有科学的研究，我们将无法摆脱偏见，以致无法制定出科学的预防对策。例如，为什么有人会盗取一枚戒指切下别人的手指？④ 当有些人缺少“共情”或被称为“共情腐蚀”⑤时，将他人当成物品而没有意识到他人的人性，上述情况不可避免地发生。对于人的心理方面的认识，是预防相关犯罪的前提性条件，这是犯罪对策的

---

① 金光绪：《日本刑事政策的最新动向——犯罪人社会复归理念所面临的挑战》，载梁根林主编：《当代刑法思潮论坛——刑事政策与刑法变迁》（第 3 卷），北京大学出版社 2016 年版，第 248 页。

② 参见王牧主编：《新犯罪学》，高等教育出版社 2005 年出版，第 332 页；张远煌主编：《犯罪学》，中国人民大学出版社 2007 年版，第 321 页。

③ 参见［日］大谷实：《刑事政策学》，黎宏译，法律出版社 2000 年版；［日］川出敏裕、［日］金光旭：《刑事政策》，钱叶六等译，中国政法大学出版社 2016 年版。

④ 参见［英］西蒙·巴伦－科恩：《恶的科学——论共情与残酷行为的起源》，高天羽译，广西师范大学出版社 2018 年版，第 14～15 页。

⑤ 同上书，第 11 页。

前期研究要义,只有找到犯罪原因,才能制定出科学的犯罪对策,主观臆想的理由根本无药可治。

不管刑事政策基于哪一学科的立场,其共性在于:

第一,对策性。刑事政策是解决犯罪问题的。犯罪与人类社会相生相伴,犹如个人身体里面的癌细胞或其他病毒细菌一样,虽然个体不同病菌相异,但人类还要经历漫长的过程才可攻克一个个生物学、医学方面的难关,或许某些个人可能成为纯粹的无病毒之人,但从现在新冠肺炎病毒的变异情况推断,这几乎难成现实。犯罪之于社会也是相同的道理,犯罪如病毒变异,新的犯罪方式、手段总是层出不穷,尤其随着科技发展,犯罪分子利用科技手段实施的犯罪行为越来越多。人们从古至今一直研究如何对付犯罪,从运用刑罚到适用刑事政策,不断改变。但究竟从哪一视角、哪一层面、哪一路径去解决犯罪问题,依然见仁见智,即便是当下的刑事政策也无法给出满意的答案,以法律化后刑事政策定罪量刑,以刑事政策变通程序,以刑事政策教育、改造犯罪人,在这一动态过程中如何准确地适用刑事政策,人们一直在探讨,并不断地将研究成果纳入刑事法律中,其对策性是刑事政策的面相。

既然无法逃脱宿命,那就直面问题所在,提出解决的对策。刑事政策是最具权威性的对策,各国虽然政治体制不同,但没有任何一个国家的领导层不去制定刑事政策以解决犯罪问题。究竟是由政党还是由议会来制定刑事政策,依各国的政体而定。在这一过程中,制定主体、刑事政策内容等没有优劣之分,各国根据本国的国情制定适合本国发展的刑事政策就是优良的刑事政策,它们不具有可比性。

第二,灵活性。罪刑法定的初衷一方面是限制国家权力,另一方面是保障公民的自由不受国家权力恣意的侵犯。即使这样它依然不完美,它的坚固性、滞后性等在一定程度上都成为阻碍个性张扬、妨碍社会发展的樊篱。人们想到刑事政策,试图以此来弥补罪刑法定的不完美。为此,李斯特扩张到刑罚及其后面的监狱改造,罗克辛运用了目的理性作为刑事政策进入犯罪成立要件的违法层面及责任层面,试图在罪刑法定的前提下解决其定罪量刑的不足。只是界限难以把握,多则侵权,少则不足以解决问题,至今尚未达成共识。我国的刑事政策的灵活性体现得更加充分。中共中央及国家各个管理层针对每一时代出现的问题及时作出调整,并贯穿到立法及司法实践中。每一刑事政策的出现都有其历史的必然性。另外,还有程序方面的刑事政策及时应对司法改革的困境,如以审判为中心、认罪认罚从宽等,都是刑事政策灵活性的最好证明。

以认罪认罚从宽为例,有学者认为这与罪刑法定、无罪推定相矛盾。在法院未判决行为人有罪并受处罚前,行为人自己认罪认罚,这不是罪刑法定及无罪推定原则的司法体现。其实,认罪认罚具有西方辩诉交易的性质,只是由于政体不同而有些具体内容不同。但其相同性在于哲学根基相同,即都是基于效率优先原则;同时随着市场经济的发展,国家权力也在科学地分割,将原来统一的国家司法加入进协商性司法及恢复性司法,①法院的审判权前置,行为人刑事责任的承担结果一部分交由检察机关及当事人来决定。当人类社会发展速度加快、风险增大时,应当提高整个社会的效率。当古人穿越至唐、宋、元、明、清时,还可以接受现实中发生的一切,因为社会没有发生巨变,但当他们穿越至现代社会时可能就会不知所措,对于未来发生的一切更无法想象。以古典哲学为根基的所有制度已无法完全适应当代社会的发展速度,其公平公正性也是相对意义上的,或许是人们传统观念一直在支撑,如"杀人偿命、欠债还钱",但当下,社会需要公正,也更需要效率,无效率的公正是打折扣的公正。在司法实践中,如果大量的案件堆积,无法按时审理完毕,那么正义也会在某种意义上受到质疑,而认罪认罚从宽恰恰可以解决司法中存在的问题。这是时代的要求,也是刑事政策灵活发展的体现,而不是一劳永逸的罪刑法定及无罪推定。当然,罪刑法定与无罪推定具有恒久的价值,那是在限制国家权力层面的功能或作用。

第三,刑事责任性。无论哪一层面的刑事政策,如中国与外国不同的刑事政策、学者研究的刑事政策等,只要成为在司法实践中解决犯罪问题的措施必须法律化,它并不一定被刑法化,但一定要被法律化,即以法律的形式公示出来,行为人依法承担法律责任。突破罪刑法定只可在出罪与出刑的情况下适用刑事政策,在法无明文规定时不得以刑事政策为由入罪或重刑。罗克辛将刑事政策贯通到犯罪与刑罚过程,笔者认为这有

① 参见李卫红:《刑事司法模式的生成与演进》,中国社会科学出版社2012年版,第2~5页。

一定意义,但需要深入探讨。我国目前正通过刑法解释将刑事政策纳入犯罪构成要件中。刑事政策的输入与贯通在特定情况下可以融入罪刑法定,如扫黑除恶刑事政策,对于由黑恶势力构成的非法拘禁罪、敲诈勒索罪、寻衅滋事罪等与由普通主体构成上述犯罪的构成要件不同,刑事责任也不一样,相对处罚更重些。①

① 参见 2018 年 1 月,中共中央、国务院发出《关于开展扫黑除恶专项斗争的通知》;2018 年 1 月 16 日,“两高两部”印发《关于办理黑恶势力犯罪案件若干问题的指导意见》;2019 年 4 月 9 日“两高两部”《关于办理实施“软暴力”的刑事案件若干问题的意见》。

●新中国刑事政策演进之思辨

司冰岩*

摘　要：新中国经济基础、政治基础、社会基础、法治基础等基础环境的变化为我国刑事政策的演进提供了强大的推动力，但是究其根源，应是社会主要矛盾的变化从根本上促进了新中国刑事政策的演进。此外，犯罪观或对犯罪规律的认识变化直接制约了我国刑事政策的实施效果。治理社会化目标促使刑事政策在主体、手段、对象、目的方面实现了社会化转变。

关键词：刑事政策　社会主要矛盾　犯罪观　治理社会化

一、新中国刑事政策的演进动力

包括刑事政策在内的任何政策都必然受到经济环境、政治环境、社会环境等外部因素的影响，政策必然随着外部环境的变化而变化，必然为适应政策环境的需要而产生。"政策环境决定政策的性质，政策只有适应一个国家不同历史时期的外部环境才能取得良好效果"，①否则就会适得其反。相应地，政策也会对环境产生促进或阻碍的影响。

（一）经济基础

"经济基础决定上层建筑"，经济基础是影响刑事政策的最根本的因素，任何国家的刑事政策都不可能超越本国经济基础所提供的条件而运行、变革。

首先，经济发展状况决定刑事政策的价值导向。从新中国刑事政策的演进过程来看，在经济发展缓慢或不完善时期，尤其是计划经济时期和

---

* 国家法官学院刑事审判教研部教师，法学博士。

① 郑传坤主编：《公共政策学》，法律出版社2001年版，第81～97页。

改革开放初期,经济条件较为落后,在面对严峻的犯罪形势时,国家往往会主动趋向于或限于资源匮乏而被迫追求效率和秩序。因此在这两个时期,对犯罪实行统治对策和惩治对策,以"消灭犯罪"为目标,频繁施用重刑,将政策追求效率和秩序的天性表现得淋漓尽致。相应地,到宽严相济刑事政策实施之期,我国经济实现了跨越式发展,已经具有了良好的物质基础可以支撑犯罪治理这个庞大的系统工程,或言之,经济发展增强了刑事政策实施的能力和信心,此时更倾向于追求政策的可行性和有效性,公民的权利和自由自然就会得到更多的重视。

其次,经济发展水平决定刑事政策的基本出发点。经济水平发展较低时,刑事政策以效率和秩序价值优先,刑事政策调控范围较窄,对公民权利和自由存在较大忽视,政策制定的盲目性、主观性较大,政策表现出僵化、严苛的倾向。而随着经济发展水平的提高,刑事政策调控范围大大拓宽,更具有宏观性和灵活性,当今的宽严相济刑事政策不仅注重惩治犯罪,而且更注重预防犯罪;不仅采用刑罚手段,而且提倡采用包括道德、民事、行政等各种非刑罚手段。

当然,忽视经济发展状况而制定的刑事政策,就是违背"经济基础决定上层建筑"这一基本规律,如"消灭犯罪"的理想主义目标的确立,就是违背了我国经济发展水平尚低的客观事实,不仅不会实现控制犯罪的目标,反而会阻碍社会经济的发展。因为"消灭犯罪"的目标一旦确立,就必然要求国家和社会超越经济实力所能及,不惜一切代价投入刑罚、监禁等公共资源。这种忽略资源投入和产出比的政策,不仅造成资源的不当配置,而且阻碍了经济的健康发展。

(二)政治基础

刑事政策注定与政治的关系匪浅,有学者认为,"既然'政策'就是从'policy'等西方词汇发展而来,从学科体系的构建、科学规律的认同等不同角度来讲,我们认为'政策'就是'政治'",那么"刑事政策就是刑事政治"①。我国刑事政策的演变也与我国政治发展密不可分,甚至可以说其就是在我国治国理政观念的推动下演进的,随着我国治国理念从以阶级斗争为纲,到社会管理,再到社会治理,引导了刑事政策在犯罪对策、参与

---

① 卢建平主编:《刑事政策学》,中国人民大学出版社2013年版,第2页。

主体和制裁方式等多方面的转变。

改革开放伊始，基于集中力量发展经济的中心任务，基于提高人民生活水平的需要，基于解决社会矛盾、化解社会危机为改革开放铺平道路的需要，保证安定的社会秩序就成为新的重要而迫切的"政治任务"。邓小平同志曾深刻地指出："总之，一个目标，就是要有一个安定的政治环境。不安定，政治动乱，就不可能从事社会主义建设，一切都谈不上。治理国家，这是一个大道理，要管许多小道理。那些小道理或许有道理，但是没有这个大道理不行。"①

真正引导刑事政策逐渐具有立意高远、系统把控的现代治理体系特征的，还应从2004年十六届四中全会首次提出"加强社会管理创新"始。自此以后，党和国家又逐渐提出了"社会管理的新格局""社会管理的新体制""治理体系现代化""社会治理制度和社会治理共同体"等越来越符合国情的治国理念。经历了从"社会管理"格局到"社会治理"格局的转变，我国逐渐倾向于国家逐渐放权以寻求与社会共治的更智慧的治理方式，我国开始形成整体性的治理思维和顶层战略，为刑事政策的转型提供了战略指导。在这种高屋建瓴式治国理念的引导下，宽严相济刑事政策也有了更为高远的目光和更为宽广的视野，在对象、主体、目标、手段等方面都发生了整体性转变。此点将在后文详细论述，此处不再赘述。

（三）社会基础

1. 总体性社会生成压制性制裁

（1）总体性社会的形成

我国总体性社会构筑于新的社会组织模式之上。基于我国传统社会组织的弥散、碎片化，新中国成立后对其进行了根本性改造，在城市中创造出"单位体制"，在农村创造出"人民公社制"，以及人事档案和户籍管理制度等新的社会组织模式，将社会各阶层中的人，通过这些新的社会组织方式，整合到一个个具体的社会组织即"单位"之中。如此，在社会生活、生产和社会流动、资源配置方面，最大限度地实现了党和国家对社会成员及其生活的全面控制和改造。至1957年，城市中超过90%的人口被

① 《邓小平文选》（第3卷），人民出版社1993年版，第124页。

纳入“单位”或类似的组织中。[①] 农村中人民公社制的社会组织模式虽然与城市中单位制的组织模式名称不同,但本质上都具有“单位”的性质,即都具有功能合一性、生产要素主体间的非契约性、资源的不可流动性等特点,于是整个社会就是单位社会,导致个人对单位、单位对国家的依附成为社会关系中的普遍状态。[②] 这种全新的社会组织模式,也构成了广泛动员社会力量的组织化模式。

新中国成立后近30年的时间里,我国逐渐建立起一个社会分化程度较低、分化速度缓慢的总体性社会,主要表现在:其一,社会的政治、经济、意识形态三者重合为一,意识形态一元化、政治高度意识形态化、经济和其他社会生活高度政治化。国家与社会合为一体,借助全国性的单位制社会组织模式,可以自上而下地快速调用全国的人力、物力、财力资源,使国家具有很强的动员和组织能力。[③] 其二,社会受到国家的高度管控,社会高度依赖于国家,社会自治能力差,控制系统弱,社会秩序的有序或无序与国家控制力的强弱呈正相关。其三,社会生活呈现出政治化,社会管理呈现行政化,各个社会组织一方面高度依赖于国家,缺乏自主利益和自主权;另一方面其相互之间缺乏横向联系,每个子系统独立运作。这就意味着,私人领域与公共领域之间几乎无界限可言,个人只是通过一个共同的权威聚集在一起,而不是与他人建立直接的互动关系而聚集。其四,缺乏自下而上的沟通,民众的意见难以凝聚,且缺乏理性。[④]

(2)同质化社会产生压制性制裁

总体性社会本质上是一种高度同质化的社会。在高度集中的一元化社会主义意识形态和人民公社制度、单位体制、户籍制度等新社会组织模式的共同作用下,我国社会被改造和构建成为一种“单位化”的同质社会。[⑤]

---

① David Bray, *Social Space and Governance in Urban China: The Danwei System from Origins to Reform*, California: Stanford University Press, 2005, p. 94.

② 王水雄:《乡土社会与单位社会:一个辨析》,载《中国人民大学学报》2019年第6期。

③ 孙立平、王汉生、王思斌、林彬、杨善华:《改革开放以来中国社会结构的变迁》,载《中国社会科学》1994年第2期。

④ 李友梅、黄晓春、张虎祥等:《从弥散到秩序——“制度与生活”视野下的中国社会变迁》,中国大百科全书出版社2011年版,第102~104页。

⑤ 李友梅、黄晓春、张虎祥等:《从弥散到秩序——“制度与生活”视野下的中国社会变迁》,中国大百科全书出版社2011年版,第116页。

迪尔凯姆在《社会分工论》一书中，将社会团结分为机械团结和有机团结。机械团结是社会分工不发达的社会中，由社会成员的相似性形成的团结形式，我国改革开放之前的社会就是这种机械团结的社会。因为国家将社会成员长期置于大体相同的意识形态环境、社会环境、经济环境和政治环境中，大体相同的环境造就了社会成员大体相似的生活经历，赋予了社会成员在思想、行为、生活上的共同特征，并日趋标准化、模式化。社会成员遵循固有的模式，自身的个性和自主性没有发展空间，日趋式微。

压制性制裁与机械团结相对应，是机械团结社会的产物和客观反映。在机械团结的社会里，所有的社会成员都有一种"集体意识"①。新中国成立后三十年间，我国一元化的意识形态和"单位化"社会组织模式支配着社会成员，前者在思想上赋予或促成公众形成自觉维护集体秩序的义务和意识，后者在生活中为公众提供集体类型的生活环境，形成了牢固的集体观念。在此影响下，不可避免地就将犯罪视为对集体的或统治阶级的挑战与反对，这种集体的意识有多强烈，压制制裁指向的犯罪行为的外延就有多大。换言之，触犯集体意识的行为就是犯罪，因此机械团结社会中的强烈的集体意识使法律具有明显的压制性特点。相应地，压制型制裁也是机械团结社会中相似性的客观体现。

2. 异质化社会生成恢复性制裁

(1)异质化社会的表现

异质化社会是相对于改革开放之前我国同质化的总体性社会而言。随着经济发展和改革深化，中国的经济体制已经实现了从计划经济体制向市场经济体制转变的巨大变化。社会分工深入引发我国社会管理变化、社会阶层分化、人口大规模流动以及新技术的发展等，都促使社会异质化特征越来越明显，主要表现在以下几个方面：

第一，"后单位"社会形成。

所谓后单位社会主要指 20 世纪 90 年代全面市场化改革以来，我国社会表现出来的一种特殊的社会结构及其运行状态。首先表现在，社会

---

① ［法］埃米尔·涂尔干：《社会分工论》，渠东译，生活·读书·新知三联书店 2000 年版，第 42 页。

越来越具有开放性。市场为导向的改革开启以后，公社解体、企业改制、户籍制度松动，原有的管理体制对社会成员的束缚减少，无论是农村人还是单位人都有可能变成“社会人”。“总体性社会”的逐步消解给政府社会治理创新带来了治理社会环境的变化，因为原有的管理体制的束缚力减弱而导致社会成员依附关系的日趋松散，基层社会出现了由“单位人”或“身份人”向“社会人”或“自由人”转变，社会开放性特征明显。其次，单位制虽然消解，但是单位组织并未完全退出社会，而是以一种崭新的角色和身份继续发挥作用；同时在单位制变迁的背景下，各种社会功能逐渐从单位中剥离出来重新释放社会本身的活力，社区被定位为新的社会共同体，但新的社会运行机制——社区制尚未完全形成，又形成了“单位制”与“社区制”并存、“社区人与单位人”共处的局面，即单位中有大量的“非单位人”，社区中有大量的“非本地人”。最后，因为社区制的发展，大量的社会公共事务管理任务被下沉到基层社区，社区服务和社区建设自然就成为基层建设的重要工作。但是社区本身并不是单位简单的替代物，从单位中分离出的社会本身的功能也不是简单地被社区继承。社区只是重新又成为国家、社会、个人之间相互作用的场域，良性的“后单位”社会成为稳定社会联结机制重要因素。

第二，风险社会兴起。

“现代性产生稳定，而现代化却会引起不稳定。”①我国自进入转型化社会以来，风险社会的特征也越来越明显。一是社会转型过程中，首先，社会结构失衡。包括地区经济发展失衡；经济发展与社会发展、生态环境保护发展之间失衡；社会阶层失衡。社会阶层分化的过程中受益群体表现出较为明显的阶段性，因为我国实行渐进式改革道路，改革率先从基层发动，农民和工人成为优先获益群体；自进入 20 世纪 90 年代开始，随着改革的深入，社会阶层分化加剧，受益群体转向了精英群体，并且随着时间的推移精英群体的收益越来越多，而相比之下农民与工人的获益则越来越少，甚至出现了边缘化倾向。同时，在非精英群体中资源内卷化现象越来越严重以及资源分配代际固化特征也愈加明显，上层阶层所拥有的

① ［美］塞缪尔·亨廷顿：《变化社会中的政治秩序》，王冠华、刘为等译，生活·读书·新知三联书店 1989 年版，第 41 页。

资源直接传承给下一代,而弱势阶层则越来越难以获取超越阶层的资源。其次,社会关系失调。社会关系的失调是社会结构失衡和社会阶层分化的必然结果,不仅带来了整体上城乡区域、东部西部中部区域社会大众之间的关系失调,而且造成了社会内部政策受惠者与政策施惠者之间的张力,即施惠者经常以"集体为重""大局为重""发展的代价"为理由迫使受惠者接受制定不合理的分配格局,而受惠者利益受损后就会试图反抗,来实现自身利益。①

二是现代性的突发性、不确定性风险增加。"现代性降低了一些领域中的风险,但是同时也带来了一些以前所知甚少或全然无知的新的风险参量",②特别是现代技术带来的生产事故、生态环境破坏、食品安全等问题,已成为不可忽视的风险问题。

第三,网络社会崛起。

进入21世纪之后,最大的技术革新就是互联网技术飞速发展,网络进入千家万户,我国已经进入名副其实的网络社会。网络社会最大的特点就是实现了空间重组和弹性化时间。网络社会利用互联网逻辑将传统的空间结构进行重组,创造出了"虚拟空间",这种虚拟空间具有很强的流动性,这样的样态里不仅继续保持了空间范围的拓展,而且实现了任意地点和场所的链接,愈加呈现"虚拟情景化"形势。在互联网的世界里,位置是由网络中的流动交换界定的,地方并未消失,只是地方的逻辑和意义被吸纳入网络逻辑之中。③ 再者,虚拟空间中的时间弹性化特征明显。虚拟空间里时间的分配和统筹不再局限于某一固定时间点,如公民可以在上下班、工作间隙、休闲时间等任意时间对任一社会事件、社会政策等发表看法,意味着工业社会中高度程序化的时间脉络变得富有弹性和机动,高度体系化的时间结构变得碎片并且能够及时组合。④

虚拟社会这种全新的社会组织结构进一步导致了权力分配的变化。

① [英]安东尼·吉登斯:《现代性的后果》,田禾译,译林出版社2000年版,第125页。

② [英]安东尼·吉登斯:《现代性与自我认同》,赵旭东、方文译,三联书店1998年版,第4页。

③ [美]曼纽尔·卡斯特:《网络社会的崛起》,夏铸九、王志弘等译,社会科学文献出版社2006年版,第64页。

④ 谢建社主编:《新时代中国社会变迁与社会治理若干问题研究》,中国社会科学出版社2018年版,第9~15页。

"权力具有两面性,能否影响决策过程固然是权力的一面,能否影响政策议程的设置(agenda-setting)则是权力更为重要的一面",[1]政策议程设置最能体现国家治理中权力的运作情况。美国著名的公共政策学家托马斯·戴伊将一项政策的过程按如下流程模型展开:问题的确定、议程设置、政策形成、政策合法化、政策贯彻。[2] 其中,议程设置是非常关键的一环,它连接了问题确定和政策形成流程。所谓议程设置就是决定应该对哪些事项作出决策,即政府将处理哪些问题。社会中总是存在很多问题,但是国家资源和治理重点总是有限的,决定了不是所有的问题都可以进入政府决策议程。如果某些社会问题被确定为可以被讨论的议题以及一些可供选择的解决方案同时被提出,那么这些问题就容易成为政策问题。很明显,决定哪些问题可以成为政策问题甚至比决定哪些将成为解决方案更为重要。那么拥有决定哪些问题将成为政策问题的权力就成为决策过程中的一个关键。对此,美国学者罗杰·W.科布及其合作者把政策议程的模型划分为三种类型:外部推动模型、动员模型、内部推动模型。[3] 在他们的基础上,我国学者王绍光根据政策提出者的身份与民众参与程度区分出六种议程设置模式:动员模式、关门模式、内参模式、上书模式、借力模式、外压模式。[4] 根据这一模式分类,可以看出我国改革开放之前政策议程模式属于动员模式,改革开放初期,关门模式比较盛行,一直以来,上书模式和借力模式在我国虽有,但不太常见,反而不及内参模式较为常见;随着网络社会的崛起,外压模式越来越成为议程模式中的重要模式。因为虚拟社会增强了普通公众的话语权。虚拟社会以网络为载体,以公共舆论为主要形式,为普通公众构筑了诉求表达、质疑回应、对话沟通、论辩共识的话语平台。如不再受空间地点和时间限制的社会大众以微博、贴吧、论坛、视频播放器等为平台,根据个人好恶、情感喜好等临时聚集在一起,对某一社会舆情发布或接收问题,进行点击、转发、评论等行为。由

---

① Peter Bachrach & Morton Baratz, *Two Faces of Power*, American Political Science *Review*, Vol. 56:4, p. 947 – 952(1962).

② [美]托马斯·戴伊:《理解公共政策》,彭勃等译,华夏出版社2004年版,第28页。

③ See Roger Cobb, Jennie-Keith Ross, Marc How ard Ross, *Agenda Building as A Comparative Politics Process*, American Political Science Review, Vol. 70:1, p. 126 – 138 (1976).

④ 参见王绍光:《中国公共政策议程设置的模式》,载《中国社会科学》2006年第5期。

于网民参与甚众,逐渐使社会舆论扩大,在此期间形成的网络民意对公共政策的制定形成外在的网络舆论压力。

异质化社会中“后单位”社会、风险社会和网络社会三者叠加,强化了社会矛盾,加剧了社会冲突,我国社会再次进入需要整合的阶段。

(2)异质化社会与恢复性制裁

根本上,异质化社会由社会大分工引发。因为随着社会分工程度的深入,社会成员随之从事更加专业化的活动,并各司其职,于是社会成员的个性得到发展,每个人都有其独立人格、个人意识,脱离了集体意识,集体意识的削弱便不可避免,如此,成员之间的机械团结就不复存在了,而转向形成了迪尔凯姆所言的有机团结。这种团结的形成源于异质化社会中成员之间的相互信任、相互协作。社会大分工的专业化、精细化趋势下,有机团结的社会促使也迫使社会成员相互合作,共同完成社会发展的整体任务,改变了机械团结社会中自动或被动的整齐划一行动,进而,整体与个体都得到了同步的发展,社会能够更加有效地采取行动,获得更大地发展。对此,迪尔凯姆有个很形象的比喻:这种归因于劳动分工的有机团结,与我们所看到的高等动物是何等相似,当每个器官都获得了自己的特性和自由度的时候,有机体也会具有更大程度的一致性,同时它的各个部分的个性也会得到印证。①

显然有机团结的社会中个性差异明显,个人意识拥有更加自由的空间,同时社会不再居高临下地将集体观念强加给个人,而是对每个差异化的个体都给予尊重和理解,给予其发展空间,并且社会成员之间必须共同协作才能促进社会和个体共益,也就意味着成员之间的依赖性越来越强。在这种有机团结的社会里,压制型制裁就不再是主要的,法律制裁更多地倾向于恢复、修复受损的社会关系,即法律的目的不再着眼于刑罚和报应。换言之,异质化社会中法律规范以恢复型制裁为主,压制型制裁并未消失而是退居后位。最具恢复型制裁性质的法律规范当然首推民法和主要调整契约行为的商法,其次是行政法和各种诉讼法。刑法虽然是最具压制型制裁性质的法律,但是一味地惩罚犯罪、报应犯罪并不会收到良好

① [法]埃米尔·涂尔干:《社会分工论》,渠东译,生活·读书·新知三联书店2000年版,第92页。

的法律效果和社会效果,刑法应该退居后位,同时同样应该具有恢复社会关系的恢复型制裁性质,只有这样才符合现代刑法保障人权和新时期建设社会主义和谐社会的要求。

(四)法治基础

一个国家的法治基础,直接影响刑事政策制定和运行的效果。我国刑事政策的演进过程与我国法治环境的演变息息相关。

改革开放伊始,我国放弃以阶级斗争为纲的指导,国家治国理政方略由政治性转向法制性,积极为重建法制建设而努力。从 1979 年五届人大二次会议上审议通过了七部法律①开始,到 1996 年"建设社会主义法制国家"基本方针的确立,②"法制"在我国得以重建和兴起,这不仅是立法工作全面铺开的过程,深层次而言,更是理性的法律思维重塑社会价值、治理方式、治理技术的过程,因此法制是一种全新的治理术,实现了我国国家治理系统由政治系统向法律系统过渡。③

1997 年 9 月 12 日,党的第十五次全国代表大会上,党中央首次将"依法治国"提高到基本方略的高度,建设"社会主义法治国家"成为新的定位,实现了从"法制国家"向"法治国家"的转变。这标志着我国对法制建设有了更为全面、理性、务实的崭新认识,在我国社会主义法治建设的道路上,具有里程碑式的意义,使中国完全摆脱了法律虚无主义的阴影。"法制"和"法治",一字之差的转变,完成了法治建设在这个历史阶段的最高成就,最终使"法治"成为治国理政的新选择,成为中国民主政治的时

---

① 《刑法》《刑事诉讼法》《地方各级人民代表大会和地方各级人民政府组织法》《全国人民代表大会和地方各级人民代表大会选举法》《人民法院组织法》《人民检察院组织法》《中外合资经营企业法》。

② 1979 年 9 月中共中央发布《关于坚决保证刑法、刑事诉讼法切实实施的指示》(又称"64 号"文件),被认为是我国法制建设新阶段的重要标志;1982 年五届全国人大五次会议通过了新《宪法》,确立了社会主义法治原则,规定了宪法的根本地位和宪法保障制度;1992 年,党的十四大上,中央提出要高度重视法制建设,加强立法工作;1993 年 11 月,党的十四届三中全会通过了中共中央《关于建立社会主义市场经济体制若干问题的决定》,专门论述了加强法律制度建设问题;1996 年,全国人大八届四次会议把"依法治国,建设社会主义法制国家"作为一个基本方针,体现在《国民经济和社会发展"九五"计划和 2010 年远景目标纲要》中。

③ 参见强世功:《法制与治理——国家转型中的法律》,中国政法大学出版社 2003 年版,第四章。

代精神，成为发展经济的根本保障。此后为推动法治建设，进一步落实依法治国的基本方略，党中央又做出了一系列指示①。在国家顶层治国理政方略的层层推进和指导下，我国真正迈向了现代化的法治建设。

我国从“法制”建设到“法治”建设实质上体现了“政治型法治向社会型法治扩展”②的特征。政治型法治一方面体现在与民主政治发展的关系上，自从党的十一届三中全会将法制（法治）建设定调为保障人民民主以来，这一主张便被奉为圭臬，相沿至今，这一法治建设的模式就可称为“政治型法治”；另一方面体现为法治建设与时代发展密切相关，被赋予了很多时代使命，“有关‘法治’的论说基本上是在一种浓厚的政治氛围当中，并且主要是围绕着现实的政治运作发展起来的……‘法治’事业与国家制度和政治权力的运行密切相关而被赋予特殊的重要性，难免不会产生改革开放前‘全能政治式’的路径依赖，也就自然被期待着解决这个时代所遇到的政治问题、经济问题和社会问题”。③ 如“法制建设”“法治国家”“依法治国”和“全面推进依法治国”等战略目标的先后提出，就是政治型法治时代使命的体现。

历经了多年实践探索，终于在十八届四中全会通过的中共中央《关于全面推进依法治国若干重大问题的决议》中，明确将“推进法治社会建设”与“增强全民法治观念”放入同一个语系，组合提出，同时强调“法律的权威源自人民的内心拥护和真诚信仰”，标志着我国法治建设模式由政

① 1999 年 3 月 15 日九届全国人大二次会议通过《宪法修正案》，将“依法治国，建设社会主义法治国家”写进了宪法（修正案第 13 条）；2002 年党的十六大强调，发展社会主义民主政治，最根本的是要把坚持党的领导、人民当家做主和依法治国有机统一起来；2007 年党的十七大对全面落实依法治国基本方略提出了目标和任务，强调要加快建设社会主义法治国家，形成中国特色社会主义法律体系；2012 年党的十八大会议上确立了法治是治国理政的基本方式，明确提出中国法治建设“新十六字方针”以及到 2020 年实现法治建设五大阶段性目标任务；2013 年 11 月，党的十八届三中全会作出中共中央《关于全面深化改革若干重大问题的决定》，将“推进法治中国建设”作为全面依法治国和全面深化改革的重要任务；2014 年 10 月召开的十八届四中全会，以“依法治国”为主要议题，在中国共产党的历史上尚属首次，会议通过了中共中央《关于全面推进依法治国若干重大问题的决定》，提出了“建设中国特色社会主义法治体系、建设社会主义法治国家”的总体目标；2017 年党的十九大进一步明确全面推进依法治国总目标是建设中国特色社会主义法治体系、建设社会主义法治国家。

② 陈光：《论法治社会建设中的多元规范及其结构》，载《时代法学》2019 年第 3 期。

③ 梁治平：《法治在中国：制度、话语与实践》，中国政法大学出版社 2002 年版，第 86 页。

治型法治转变或扩展至政治型与社会型并重的法治。也表明，我们国家和政党已经认识到法治不仅是一种维护政治统治的手段，而且是一种社会运行实践，并且只有法治有效运转，才可以更好地实现政治统治目的。相对于政治型法治的政治性场域，社会型法治面对的显然是社会性场域，其将法治建设的重点更多地放在了“社会”这一场域中，更加关注的是这一场域中的各类复杂的社会关系和社会矛盾等。同时，无论是将政治权力、政治关系视为其中的一部分，还是依然独立于并作用于社会型法治，都不影响社会型法治建设的运行，这就意味着今后我国的法治建设开始有了一个更为完整与开阔的视野，以及一个更具现实主义关怀的实证性目标。① 在这种背景下，刑事政策与法律的关系逐渐复位并归于理性，刑事政策的制定和实施都被纳入法治轨道之中，同时法治进步的过程中，特别是社会型法治实施以来，刑事政策社会化效果明显。

习近平总书记指出：“一个国家选择什么样的治理体系，是由这个国家的历史传承、文化传统、经济社会发展水平决定的，是由这个国家的人民决定的。我国今天的治理体系是在我国历史传承、文化传统、经济社会发展的基础上长期发展、渐进改进、内生性演化的结果。”②诚乃至理名言，我国犯罪治理体系正如其言，其一路演进正是遵循了这个规律。

二、新中国刑事政策的演进根源

刑事政策的演进固然有经济、政治、社会、法治等具象的外部环境推动因素，但抽丝剥茧，抽象出其演进的深层次原因还在于社会主要矛盾的转变。应该说，不止刑事政策，一切治国理政政策的转变归根结底都源自社会主要矛盾发生变化。

（一）社会矛盾的“变”与“不变”

矛盾理论是马克思主义理论中的重要组成部分，根据马克思主义的矛盾理论，社会矛盾包括“社会基本矛盾”和“社会主要矛盾”。

---

① 梁治平：《法治在中国：制度、话语与实践》，中国政法大学出版社 2002 年版，第 86 页。

② 中共中央文献研究室编：《习近平关于全面深化改革论述摘编》，中央文献出版社 2014 年版，第 21 页。

1. 不变的是“社会基本矛盾”

社会基本矛盾贯穿于、适用于一切社会形态之中，无论是史前社会还是资本主义社会和社会主义社会，均具有同样的社会基本矛盾。马克思站在历史唯物主义观点基础上，于《“政治经济学批判”序言》中对一切社会形态的基本矛盾作了陈述，即“生产力和生产关系、经济基础和上层建筑之间的矛盾是贯穿一切社会形态的基本矛盾”。① 申言之，生产力决定生产关系、经济基础决定上层建筑，是推动一切社会形态前进发展的根本动力。这是在宏观意义上，站在全人类社会发展之上凝练出的高度抽象的理论，具有一般性、基本性、普遍性。所不同的是，资本主义社会中，社会基本矛盾具有对抗性，而社会主义社会中则不具有对抗性。前者因生产资料私有制造成其与生产社会化之间具有不可调和的矛盾，表现出严重的对抗性，“既有资产阶级和无产阶级的矛盾，也有个别企业的有组织性与整个社会生产无政府状态之间的对立”，②因这种不可调和的对抗性，马克思预见了“资产阶级的生产关系是社会生产过程中的最后一个对抗形式”，③只能通过社会革命才能彻底解决对抗性社会中的基本矛盾。后者则是建立在生产资料公有制基础之上的社会，人民的根本利益具有高度一致性，决定了社会主义生产关系的非对抗性。因此社会主义社会中的一切矛盾都是人民内部的矛盾，不需要通过剧烈的阶级斗争式的社会革命进行彻底改造，仅需依靠较为柔和的方式，依靠社会主义制度自身的力量进行调节，即通过调整生产力和生产关系、经济基础和上层建筑不适应之处，从而使矛盾得到解决。

2. 变动的是“社会主要矛盾”

相对于具有普遍性、一般性、基本性的社会基本矛盾，社会主要矛盾具有变动性、特殊性、阶段性的特征。因生产力和经济基础发展程度的不同，在不同的国家以及同一国家的不同历史阶段，社会基本矛盾的具体情形具有不同的表现，在这些不同的矛盾表现形式中，社会主要矛盾是其主要表现形式，从而使社会发展表征出不同的特殊性、阶段性特点。因此，

① 《马克思恩格斯文集》(第2卷)，人民出版社2009年版，第591页。
② 《马克思恩格斯文集》(第3卷)，人民出版社2009年版，第565～566页。
③ 《马克思恩格斯文集》(第2卷)，人民出版社2009年版，第592页。

社会基本矛盾决定了社会主要矛盾的产生和变化,社会主要矛盾是社会基本矛盾的主要的、外在的集中表现。

社会主要矛盾变动性、特殊性、阶段性特征,决定了不同质的主要矛盾需要用不同质的方法来化解。社会主要矛盾决定了社会主要任务。化解社会主要矛盾的前提是要正确认识矛盾,认清历史使命,明确矛盾重点,才能制定出具有针对性的化解之法。换言之,只有正确认识社会主要矛盾,才能制定出符合当时情况的社会任务路线和方针,才会促进社会的进一步发展,反之就会引起社会混乱甚至衰退。因此只要在正确认识当时社会主要矛盾的基础上而制定出的刑事政策都具有当时正确性、可行性和有效性,否则不仅不会实现刑事政策的目标,而且会引发社会混乱。

(二)社会主要矛盾的变化是新中国刑事政策演进的根源

1. 阶级矛盾使刑事政策以“斗争”为任务

新中国成立前夕,党和国家领导人睿智地认识到我国还存在“新中国同帝国主义的矛盾;工人阶级和资产阶级的矛盾”两大主要矛盾,于是新中国成立后连续施展了一系列“组合拳”,顺利巩固了新生政权,解决了社会主要矛盾。依据马克思主义矛盾论的观点,此时我国已经是建立在生产资料公有制基础之上的社会主义社会,剥削阶级和剥削制度被消灭,阶级对立的社会主要矛盾已然消亡,再有的只能是人民内部的矛盾,就不再适合用阶级斗争的剧烈方式来化解矛盾,只能用较为柔和的方式调整不相适应的生产力与生产关系、经济基础和上层建筑,来实现矛盾的理性化解。于是中共八大上适时地提出了“主要矛盾已经是人民对于经济文化迅速发展的需要同当前经济文化不能满足人民需要的状况之间的矛盾”。换言之,社会主义基本矛盾的非对抗性决定了人民根本利益的一致性,社会主义生产应以“人的需要”为目的,社会主义主要矛盾回归到“生产与需要”之间的矛盾,或者说生产和人的需要之间的矛盾应是社会主义社会一以贯之的矛盾。① 但是社会主义制度甫建,当时对社会主义主要矛盾的认识并不深刻,中共八大对社会主要矛盾的正确判断,很快被“阶级矛盾”的主要矛盾认知所替代,并随着一次次的阶级斗争运动,刑事政策表现出

① 参见周海荣、何丽华:《马克思主义社会矛盾理论视域下我国社会主要矛盾的转变》,载《社会科学》2018 年第 4 期。

浓重的统治色彩，失去了法律规范意义，我国刚刚启动的法制建设遭到了重创。

2.“生产和需要”的主要矛盾，使刑事政策早期以“维稳”为首要目标

十一届三中全会重新审视了社会主义国家的主要矛盾，果断放弃了“以阶级斗争为纲”的过时论断，提出了“我国社会的主要矛盾是人民日益增长的物质文化需要同落后的社会生产之间的矛盾”这一正确论断，回归到“生产与人的需要矛盾”——为全体人民的需要而生产，生产为了全体人民的需要之理性认知上。这一时期的社会主要矛盾决定了我国长期“以经济建设为中心”的社会主要任务，也决定了虽然社会中还存在很多其他任务，但是其他任务都是服务或保障于社会主要任务顺利开展的。毫无疑问，我国刑事政策的发展任务也是围绕经济建设中心运行的，为了给如火如荼的经济建设提供一个良好的发展载体——稳定的社会秩序，这一时期的刑事政策就特别注重“维稳”，着重追求维护社会秩序和实现效率。

当然，每个阶段社会主要矛盾各有差异，社会主要任务各有其历史使命。十一届三中全会作出“以经济建设为中心”的方针是极其正确的。长期贫困的中国，使人们渴望提高生产满足自身物质需要，实现物质充裕，同时“经济基础决定上层建筑”“落后就要挨打”给了我们太过沉重的记忆，正是“以经济建设为中心”赋予了我们现在建立国家治理体系现代化的治理自信和能力。但是我们也应该看到，“以经济建设为中心”，集中一切资源发展经济的单一社会目标，也逐渐产生了很多问题。固然社会目标单一可以展现社会主义制度下集中力量办大事的优越性，并且在事实上先后做到了保卫国家政权、促进各大基础设施建设、促进经济发展。一方面，新时期社会转型之后，社会价值目标就从单一转向了多元，除了追求经济发展还有对社会公平正义、公民权利保障、环境保护等目标的更多追求，并且这些社会目标相辅相成、互相促进，很难实现目标的统一；另一方面，社会目标单一，集中力量办“大事”，很容易忽视社会上的一些小事、中事，如果这些事情没能得到及时关注，就易逐渐积累演化为“大事”①，现在社会中存在的一些社会问题、社会矛盾就是在国家治理的过程中长

① 童星：《社会管理创新八议——基于社会风险视角》，载《公共管理学报》2012年第4期。

期追求单一目标造成的。

三、犯罪观制约刑事政策效果

通俗而言，犯罪观就是人们对犯罪的认识和评价，实质上反映出人们对犯罪规律的认识。有学者认为，"犯罪观的基本内容是人们对犯罪本质特征的认识和义理的解释，以及对犯罪从社会、文化、法律的角度所作的评价、谴责与非难"。[①] 这是从犯罪学角度界定的犯罪观概念。在规范刑法学领域，犯罪观是遵循"法益侵害"或"规范违反"标准的犯罪定性和刑事处罚的根基。笔者认为，犯罪观应是一种较为宏观的理论体系，即是"从刑事政策学、刑法学、犯罪学等不同视角来透视犯罪问题所形成的认知（感性或理性），同时也将对刑事政策学、刑法学、犯罪学等学科的基础理论产生反作用"。[②] 它超越犯罪问题本身而又与犯罪问题密切相关，是人们基于社会、规范、文化以及心理等不同角度对犯罪的本质与影响、犯罪产生的原因、犯罪发展变化的规律以及对待犯罪的态度与策略等方面作出的不同评价，[③]存在"合理"与"不合理"之区别。故此，犯罪观可以分解为探讨犯罪的性质、作用等犯罪现象的犯罪本质观；发现、梳理与剖析犯罪原因的犯罪关系观；应对犯罪的策略选择的犯罪对策观。[④]

从"严打"刑事政策到宽严相济刑事政策，犯罪对策制定和实施的差异，本质上是对犯罪规律的认识不同，是在绝对主义犯罪观与相对主义犯罪观的博弈和反思中，最终树立了相对主义犯罪观的理性认识，大大促进了宽严相济刑事政策的实施效果，主要表现在：

（一）犯罪存在之认识

"犯罪必然存在"还是"犯罪最终消亡"，背后是相对主义犯罪观和绝对主义犯罪观的哲学选择。

绝对主义犯罪观是对传统犯罪观的概括，又称常识性犯罪观，认为社

---

① 李汉军：《犯罪观论》，载杨春洗主编：《刑法基础论》，北京大学出版社 1999 年版，第 126 页。

② 梁根林：《刑法改革的观念定向》，载陈兴良主编：《刑事法评论》（第 1 卷），中国政法大学出版社 1997 年版，第 110 页。

③ 参见李汉军：《论犯罪观》，中国方正出版社 2001 年版，第 4 页。

④ 参见单勇、谢文春：《解读犯罪观》，载《辽宁大学学报（哲学社会科学版）》2010 年第 3 期。

会中存在统一的、普遍公认的常识性价值或道德准则，每位社会成员都能根据朴素的价值观、常识性判断，直观地判断出某一行为是善还是恶，是正当还是越轨，是值得赞赏还是需被谴责。正因为有统一的、普遍公认的价值标准的存在，一则使犯罪的概念是绝对的，与正当行为泾渭分明，即犯罪是个人对其所属社会的基本价值或利益的侵害，本质上是具有社会危害的背离社会的行为，是一种绝对的“恶”。二则犯罪人与常人（守法人）之间的界限也是泾渭分明的，因犯罪人具有异于常人的、可以引起其犯罪的特质，如低劣的道德素质、怪异的行为方式、变态的心理状况等，这些与守法人截然不同的特质使二者之间存在一条难以逾越的鸿沟，这也意味着犯罪人都是直接显现出来“背离社会”的一类人，并不存在潜在的犯罪人。除此之外，不良的社会影响、社会制度弊端、历史流毒等也是引起犯罪发生的罪因。随着社会制度的健全、外来的不良因素被消除之后，犯罪的本源也就不存在了，由此犯罪是可以被消灭的。长期以来，我国受绝对主义犯罪观的支配，我国出现了“敌人”犯罪观和“消灭犯罪”犯罪观这样不理性的犯罪认知，盲目追求“除恶务尽”的理想主义目标。事实证明，迄今为止，人类所施于犯罪的各种手段，都未能从根本上遏制犯罪，除恶务尽显然难以奏效，众多犯罪理论也无法解决试图完全消灭犯罪时无计可施的困境。①

随着对反犯罪活动的总结和反思，以及犯罪理论研究的深入，相对主义犯罪观逐渐被接受。相对主义犯罪观与绝对主义犯罪观针锋相对。所谓相对主义犯罪观就是人们对犯罪的认识、评价标准不是绝对保持不变的，而是相对变化的。

相对主义犯罪观认为一切真理、准则、价值、理论都会依靠一定的条件而变化，不存在永恒不变的、普遍的价值标准或道德准则，从而社会上也就不存在区别犯罪与正当行为的统一的、普遍公认的道德准则，那么犯罪的“恶”就不是必然的，而是相对于不同的价值标准而言的。只要社会不是整齐划一的整体，就会存在不同的道德、规范、伦理标准和价值目标，即社会中必然存在不同的评价标准，“恶”的评价就是必然的、正常的，如

① 参见章剑、周良沱：《犯罪容忍度：对一种犯罪观的随想》，载《山东警察学院学报》2000 年第 5 期。

此犯罪的存在就是客观的、正常的、自然的行为，故而犯罪并不意味着无序，相反，犯罪是社会正常秩序中的组成部分。“秩序并不意味着没有犯罪，恰恰相反，犯罪的存在正是检验秩序的试金石”，[①]如果因犯罪存在就使社会秩序不堪一击，那么这个社会也就从来没有秩序的存在，秩序也就无所谓秩序，而是混乱的存在。秩序并不在于无犯罪存在才能称为秩序，而在于一旦出现犯罪，可以有完备的法律体系和规范的程序使犯罪得到惩罚，以及可以通过各项政策和制度的安排，使犯罪得以预防，并使包括犯罪人在内的一切公民的合法权益都可以得到保障，在此过程中修复或形成新的秩序。

此外，社会发展、演进的过程中，必然会有碰撞、摩擦等多层次社会矛盾。相对主义犯罪观认识到犯罪是社会中存在的必然现象，只要社会中有社会矛盾的冲突、社会利益的对立，就无可避免会产生犯罪，其是社会病态的综合反映，是社会关系紧张到无可调和的产物，是社会中普遍存在的正常现象。无论从统计学的角度看，还是从人类学的角度看，犯罪都是一种自然现象。不存在犯罪的乌托邦式的理想社会根本没有存在的根基，用某些哲学家的话说，它同出生、死亡一样，是一种必然现象。[②] 犯罪总是与社会相伴相生，二者都由当时的物质条件和经济基础所决定，且在同等的基础之上共生共灭，无犯罪则无社会，无社会则无犯罪。[③] 储槐植教授也曾一语中的：“要消灭犯罪，就要消灭社会矛盾；要消灭社会矛盾，就等于消灭社会。”[④]因此，所有的社会形态里都包含犯罪的基因（criminogenic society），我们在任何一种健康意识里都可以找到犯罪损害情感的事实，[⑤]犯罪实际上是一种与人类共始终的永恒社会现象，包括“严打”在内的一切政策和手段都只能将犯罪控制在人们能够容忍的限度之内，而不可能彻底消灭之，试图消灭犯罪的理想既不可实现，又浪费了大量的社会资源。

---

① 蔡道通：《犯罪与秩序——刑事法视野的考察》，载《法学研究》2001 年第 5 期。

② 参见［意］龙勃罗梭：《犯罪人论》，黄风译，中国法制出版社 2000 年版，第 319 页。

③ 参见青锋：《犯罪本质研究——罪与非罪界说新论》，中国人民公安大学出版社 1994 年版，第 62 页。

④ 储槐植：《刑事一体化要论》，北京大学出版社 2007 年版，第 124 页。

⑤ 参见［法］埃米尔·涂尔干：《社会分工论》，渠敬东译，生活·读书·新知三联书店 2000 年版，第 36 页。

（二）犯罪原因之认识

目前犯罪发生的原因具有多样性已经成为一种共识。在一定的社会因素以及犯罪者个体生理和心理等因素综合影响下促使了犯罪的发生，故而人人都可能是潜在的犯罪人。并且这些社会因素和个人因素也会潜移默化地相互影响、呼应，即社会状况会对一般大众形成暗示、引导效应，良好的社会状况会对一般大众形成积极效应，吸引其道德内省并自动遵守、维护社会秩序；反之，不好的社会状况则会形成消极效应，加重大众的冷漠心理甚至促使大众效仿恶行也变成社会秩序的破坏者。同时个人因素积累成为普遍现象之后，则又会类型化为社会原因。再者，相对主义犯罪观下，犯罪原因并不一定都由恶的因素诱发，正常的社会原因如人口流动、社会分层等受到社会肯定或默许的事情也会诱发犯罪。总之，相对主义者认为犯罪根源于现实的社会。探索犯罪之源时，必须立足于当下的现实根基，即立足于现实的、客观存在的社会分化、社会变迁、社会关系的协调程度的矛盾，如果目光仅仅注视着历史遗留、外部渗透或者犯罪人本身不良因素，而忽视了社会演变过程中的正当原因，那就不可能找到真正的犯罪之源。①

绝对主义犯罪观就是忽视了社会因素对犯罪产生的加成影响，而过于强调犯罪人本身。“严打”刑事政策就是如此，过于关注打击、消灭犯罪人本身，而非犯罪行为背后潜在的各种社会和个人信息，注定只能达到治标不治本的效果。马克思说：“历史和统计学都非常清楚地证明，从该隐以来，利用刑罚来感化或恫吓世界就从来没有成功过。”②侧重于相对主义犯罪观的宽严相济刑事政策，显然对引起犯罪的社会原因有了更多的理性认识，从宏观的社会政策层面，解决社会问题，改善社会环境，增进社会福利，减少社会矛盾和冲突，促进社会和谐与安全；从微观的家庭预防、学校预防和社区预防，既营造了温馨、良好的生活环境，又从道德、精神方面关切社会成员尤其是未成年人的心理问题。这些措施对消除诱发犯罪的社会环境以及消除潜在犯罪分子的犯罪冲动、恶意萌生的作用都是毋庸置疑的。

---

① 参见周良沱：《犯罪根源论》，载《湖北公安高等专科学校学报》2001 年第 3 期。

② 《马克思恩格斯全集》（第 8 卷），人民出版社 1961 年版，第 578 页。

（三）犯罪对象之认识

新中国成立后，逐步实现了从“敌人”到“犯罪人”再到“犯罪的人”的转变。就概念而言，敌人属于政治范畴，犯罪人属于集团范畴，而犯罪的人则属于整体范畴。[①] 长久以来，不理性的绝对主义犯罪观将犯罪的人视为社会的毒瘤，试图彻底消灭、根治，当犯罪观念转变之后，犯罪者被视为依然是“人之群体”的一员，那就意味着必须从“人之因素”考察犯罪的人，保障了犯罪的人首先在人格上能获得作为“人”的尊严和尊重。能够尊重犯罪的人就是尊重人类自身，这是人类社会走向终极文明的必然要求，因为只有把犯罪者当作犯罪的人看待的社会，才会是真正把人权保障付之于实践的社会。

以宽严相济刑事政策为例，虽然其自身同时强调宽和严，但是因其是对“严打”刑事政策的反思和总结，因此在“宽”和“严”之间应该是有所侧重的，二者之间不是平均着力，宽严相济政策在当前应当侧重于“宽”。[②] 这就是宽严相济刑事政策追寻的“人性关怀”，在其实施过程中，侧重于人性的关怀、道德的感化，始终把人的生命尊严、发展自由、权利和能力置于首要位置。宽严相济刑事政策下的刑罚人道主义和教育目的，维护了犯罪人的人格尊严，减少了犯罪人对司法程序的抵触心理，有利于构建其回归社会的责任感、恢复其受损的羞愧感。同时也可以恢复和重建因犯罪行为而被破坏的社会人际关系，通过公正地惩罚犯罪行为，使犯罪人得到应有的惩罚，从而安抚被害人及其亲属，缓解其仇恨心理，强化其法律信任和法秩序的认同、尊重，抑制其情绪化的报复冲动。显然宽严相济刑事政策确立了以人为重、以人为本、以人为先的政策逻辑，以关心人、理解人、尊重人、依靠人为基础，通过刚柔并济、宽严相济满足社会公众的正义要求，从而使社会公众产生法情感上的认同，并积极参与到预防与控制犯罪过程中来。

① 参见张训：《新中国刑事政策之犯罪观嬗变——基于两部刑法典颁行的考察》，载《福建行政学院学报》2014 年第 1 期。

② 储槐植、赵合理：《国际视野下的宽严相济刑事政策》，载《法学论坛》2007 年第 3 期。

四、治理社会化目标影响刑事政策整体变迁

治理社会化是多元治理主体协同，共同参与社会公共事务的治理，共享发展成果的过程。治理社会化经过了社会管理到社会治理的进化，从 2004 年十六届四中全会首次提出“社会管理”格局，到 2017 年党的十九大报告中提出“社会治理社会化”，是伴随我国政治、经济、文化、法治建设中的改革实践而逐步形成和发展起来。得益于治理社会化目标的步步推进，刑事政策整体上也向社会化趋近，即抛弃传统的狭义刑事政策，而逐渐趋向于与世界接轨的广义的刑事政策。

所谓社会化，就是以社会公共利益为重，向社会本位转化的过程和实践。那么刑事政策社会化就是犯罪治理逐渐趋向社会公共利益的实践，对犯罪治理主体、目的、对象和手段产生了全方位的影响。

（一）刑事政策主体的社会化

刑事政策的主体是对犯罪现象做出处罚反应，承担认识犯罪、决策和执行活动的主导者和参与者。刑事政策主体的社会化转变，本质上是“权力配置”的转变。马蒂教授曾言：“刑事政策与其他政策一样，是以权力配置为基础的社会生活的组织形式。”①福柯教授将权力分为“司法或法律权力”（juridical or legal power）和“规训权力”（disciplinary power），前者主要是指被国家机构所掌握的整体权力和法律权力；后者则是指在日常社会生活实践（如学校、医院、工厂等）中行使的权力。② 笔者很赞同福柯教授的权力分类形式，从权力配置角度上看，广义刑事政策的参与主体应该包括国家权力和社会权力，二者是相互协作、协同治理的关系。更进一步讲，任何刑事政策都需依赖、依靠组织化、合法化的权力系统进行决策和贯彻，这一权力系统以国家强制力为中心，包括致力于刑事惩罚政策的刑事惩罚权和侧重于犯罪预防政策的行政管理权，以及贯穿于刑事政策始终的社会权力，即包括经济组织、社会组织以及公民个人的，一切为法律、习惯所认可的应对犯罪、维持社会秩序的权力。③ 社会权力并不与国

---

① ［法］米海依尔·戴尔玛斯－马蒂：《刑事政策的主要体系》，卢建平译，法律出版社 2000 年版，第 26 页。

② 参见胡水君：《法律与社会权力》，中国政法大学出版社 2011 年版，第 91～92 页。

③ 参见曲新久：《刑事政策权力分析》，中国政法大学出版社 2002 年版，第 19 页。

家权力相对抗，更不是“零和博弈”，而是一种具体的、局部的、微观的权力运作，同时社会权力不以国家强制力为后盾，而是以规范化和科学化的科学话语为基础，是非零和的、零碎的和毛细血管状的，它不区分统治者和被统治者、主人和仆人，没有中心，由社会自身产生，遵循独立于国家的法则、原则和机制。此外，它不从上到下，从中心到边缘行使，而是通过社会从下向上行使，将自己的目标建构为其运行的媒介。① 可见，刑事政策中社会权力的运作与国家权力的运作相比，其具有完全不同的特征。一是社会权力自下而上的权力向度决定了其运行过程，是建立在平等、自愿的基础上进行协商与合作，诱导、促使对方遵从，而不是如国家权力一般自上而下施行，通过“命令—服从”的形式强迫对方遵从。二是社会权力具有更大的灵活性，可以有效弥补国家权力运行中的不足，在犯罪治理过程中，国家权力更多的是“治标”，社会权力则致力于“治本”。

在刑事政策的权力配置方面，我国的国家权力尤其是刑事惩罚权长期占据绝对主导地位。盖因我国犯罪治理过程中，长期以犯罪人为核心，追求镇压、惩治的“消灭犯罪”之理想主义目标，重在对已然之罪发动刑罚权，具有极强的惩罚性、威慑性。长期的重打轻防，使国家刑事惩罚权一直处于绝对的主导地位。而惩罚权具有鲜明的暴力性和工具性特征，②其暴力性决定了刑罚权的行使不仅关乎社会秩序的稳定，而且关系到公民的自由、财产、生命权利之保护的问题；其工具性决定了国家刑罚权特别受掌握国家统治权力者所青睐。国家刑罚权具有扩张本性，“刑罚犹如一把‘双刃剑’，用之不当，则国家和人民两受其害”。③

在对“严打”刑事政策的一次次反思之后，才在宽严相济刑事政策中正式践行了“打防结合、以防为主”的预防犯罪之现实主义目标。对预防犯罪的重视，几乎使国家行政管理权力和社会权力在犯罪治理中同步兴起，二者共同作用于犯罪预防活动。犯罪预防政策当然也具有一定的强制性，但却不以强制惩罚性为后盾，犯罪预防中的强制性多是以禁止和限

---

① Boaventura de Sousa Santos, *Toward a New Common Sense: Law, Science and Politics in the Paradigmatic Transition*, New York: Routledge Press, 1995, p. 405 – 406.

② 参见严励：《中国刑事政策的建构理性》，中国政法大学出版社 2010 年版，第 239 页。

③ 参见林山田：《刑法学》，商务印书馆 1983 年版，第 129 页。

制为主。如那些以预防犯罪和控制犯罪为目的的产业政策、住房政策、福利政策、劳动政策等就是由国家权力作出禁止和限制规定,社会权力广泛参与,人民群众大力支持的综合性的“治本”措施。除了宏观的社会预防,社会权力参与犯罪预防还包括相对微观的学校预防、家庭预防、社区预防和群众预防等。以社会权力参与预防未成年人犯罪为例,我国于 1991 年由国家权力机关颁布《未成年人保护法》,在法律上将社会权力整合进预防未成年人犯罪中,强调家庭、学校、社会的重要作用,保证了社会权力参与未成年人犯罪治理的合法性地位。

目前社会权力参与犯罪治理已经取得社会共识并流行开来,不仅在预防犯罪领域,而且在犯罪控制、犯罪改造领域也已大有作为,并且最终也促进了预防犯罪目标的实现。可见犯罪治理演变的过程也是国家权力向社会分权的过程。

(二)刑事政策对象的社会化

刑事政策是治理犯罪的科学,犯罪问题是刑事政策思考的出发点,解决犯罪问题是刑事政策的归宿,那么犯罪问题就是刑事政策认识和实践的对象,由此刑事政策的对象当然包括“认识对象和实践对象”①两个方面。这一见地与刑事政策是一门兼具“观察的科学”和“行动的科学”②之论断不谋而合,符合广义的、动静结合的刑事政策的价值追求。故而刑事政策对象社会化就是认识对象社会化和实践对象社会化的结合,“认识和实践的对象具有同源性,同一层次上的认识对象就是实践对象”③。虽然经过实践的再次改造,认识对象会出现变化,但是在同一层次上,二者是一致的。简单而言,刑事政策认识对象和实践对象社会化就是将孤立的犯罪现象置于整体的社会环境中进行考量,从社会公共利益角度衡量社会环境因素对犯罪现象、犯罪行为人的影响。包括以下几个方面:

1. 刑事政策认识和实践对象——“犯罪”概念社会化

作为刑事政策的对象——“犯罪”,在微观上不仅包括该当各罪的构成要件且违法、有责的犯罪行为,也包括其他反社会的越轨行为。④ 这一

---

① 杨春洗主编:《刑事政策论》,北京大学出版社 1994 年版,第 6 页。
② 卢建平主编:《刑事政策学》,中国人民大学出版社 2013 年版,第 22 页。
③ 常秀娇:《刑事政策社会化研究》,北京师范大学 2013 年博士学位论文,第 86 页。
④ 卢建平主编:《刑事政策学》,中国人民大学出版社 2013 年版,第 19 页。

概念无疑是广泛的，其不仅包括了刑法明文规定的法定犯罪，而且包括了刑法虽然没有明文规定但具有严重社会危害性的行为，如应受刑法规制，但刑法尚未予以调整的危害行为；依据现有法律受行政处罚的危害行为；应受法律规制，但现有法律尚未予以调整的危害行为。换言之，刑事政策视野中的“犯罪”，包括犯罪学意义上的“犯罪”，与虽然不具有社会危害性，甚至对社会有利，但是对国家统治秩序构成威胁或侵害，国家用刑法将其规定为犯罪的行为。① 申言之，刑事政策视野中的“犯罪”包括“形式犯罪”和“实质犯罪”，显然形式犯罪就是现行刑法明文规定科处刑罚或保安处分的犯罪，而实质犯罪则是指有违人类自然、怜悯、正直情操的行为，英美学者将其称为“偏差行为”②，这种行为具有“反社会性”与“无社会适应性”。因此，从维护社会秩序的目的考量，刑事政策中所谓的“犯罪”，除了刑法上规定的犯罪外，尚有侵害公益与反社会性行为，亦为刑事政策重要文义所在。③

有学者认为，刑事政策的对象应限于“实质犯罪”④，其本义本是期望扩大刑事政策视野中的“犯罪”范围，从维护社会秩序的实质观点出发采取实质犯罪的概念，但是却忽视了刑法中尚存在“虽然不具有社会危害性，甚至对社会有利，但是对国家统治秩序构成威胁或侵害的行为”，属于人为缩小了刑事政策上的“犯罪”概念。如果刑事政策上的犯罪仅为“实质犯罪”，那么这一部分行为则被排除在刑事政策的治理范畴之外，有失刑事政策的政治性品格。如前文所述，刑事政策又称“刑事政治”，国家首先在政治层面上考量如何应对犯罪，⑤其犯罪范围必然涵盖因意识形态而选择的后果，即那些不具有社会危害性，但被国家刑法标注上“犯罪”的行为。

从这一推论可知，长期以来，我国刑事政策的认识和实践对象都局限于观察和惩罚法定犯罪、形式犯罪，对众多的具有反社会性和无社会适应性的违法行为、越轨行为明显关注不足。即便是过于关注法定犯罪，其范

① 如计划经济时代的“投机倒把罪”。

② 参见林山田：《犯罪问题与刑事司法》，台北，商务印书馆1982年版，第19页。

③ 参见陈慈幸编著：《刑事政策——概念的形塑》，台北，元照出版有限公司2019年版，第34页。

④ 参见许福生：《犯罪与刑事政策学》，台北，元照出版有限公司2010年版，第7页。

⑤ 参见储槐植：《再说刑事一体化》，载《法学》2004年第3期。

围仍有待商榷。因我国刑法实行“定性＋定量”的立法模式，定量因素的存在，导致犯罪圈狭窄，大量应受刑法规制的行为被排除在刑法调整范围之外，造成刑法无权规制，而其他法律规范无力规制的窘境，那些“大错不犯、小错不断”的刑法边缘族的存在不能不说有此原因。比较乐观的情况是，自宽严相济刑事政策实施以来，我国犯罪化趋势明显，尤其是《刑法修正案（七）》至《刑法修正案（九）》的先后颁布，犯罪圈狭窄这一局面有所改观。此外，宽严相济刑事政策指导下刑事政策调整范围也从以往限定于刑法调整范围内的犯罪，逐渐扩张到“不仅包括刑法规范意义上的犯罪，而且包括犯罪学意义上的犯罪，将越轨行为以及未成年人教养问题、犯罪危险者的保安处分问题等，都纳为刑事政策对象”。[①] 但是我们也应该清醒地认识到，虽有进步，仍有不足。

2. 刑事政策认识和实践对象——犯罪表象及犯罪原因社会化

治理社会化促使刑事政策对象从局限于犯罪行为人和犯罪行为，向涵盖犯罪现象转变，即“向前延伸到准确地发现‘病情’——‘客观准确考察犯罪问题’；向外扩张扩展到全面关注‘病因’——‘消除犯罪根源的社会治理’”。[②] 因为犯罪不是孤立发生的事件，其发生于社会、来源于社会，只有将其放在社会整体背景下分析，才能全面、整体、准确地把握犯罪规律，从而有的放矢。

就探究“病因”而言，找寻犯罪病因是为了治理“致罪的社会土壤”，探求犯罪原因之重要，在于其直接影响犯罪对策的制定和实施，只有对犯罪有更深的了解，方能尽可能避免错误的探索，制定出更有效的犯罪防治对策，从而实现源头治理犯罪，如同医学中的查明病因和寻找治疗方法的关系。亦即以犯罪原因的认识为根据，有利于有关制裁手段的选择性、必要性、不可或缺性、适当性的综合判断，同时有利于权衡制裁手段的有效性与其实施之间的危害性，借以选择最佳的犯罪防治对策。因此，探求原因论的刑事政策是科学的刑事政策，反之，忽视原因论、偏离原因论的刑事政策则为非科学的刑事政策。

---

① 曲新久：《刑事政策的权力分析》，中国政法大学出版社 2002 年版，第 31 页。

② 卢建平、姜瀛：《治理现代化视野下刑事政策重述》，载《社会科学战线》2015 年第 9 期。

在宽严相济刑事政策提出后，开始认识到犯罪人实施犯罪行为并不一定是基于自由意志而理性作出的犯罪选择，还深受社会环境、成长经历、经济状况等社会因素的影响。以个人为中心的犯罪学理论，虽可解释同样的环境下，有的人会犯罪有的人不会犯罪，但是却无法正确预测与犯罪人具有相同因素者，未来是否会实施犯罪行为，以及无法解释为何多数少年犯会随着年龄的增长而不再犯罪。① 因此，犯罪治理开始关注犯罪表象背后的致罪土壤，如教育水平差异、社会阶层分化、人口流动、就业情况、贫富差距等社会因素，事实证明“在我国转型期内选择治理致罪的社会土壤，具有更低的社会成本和更高的犯罪治理效果”。②

3. 刑事政策认识和实践对象——行为人的社会化

行为人的社会化，首先是认识上将实施犯罪行为和越轨行为的行为人视为社会人，即自然人从出生始接受一般社会化、基本社会化过程，成为具有社会属性的合格的社会成员。一般社会化、基本社会化就是个体通过家庭、学校的教育，以及与广泛社会成员的互动，习得合格社会人所具有的生存技能、交往能力、社会规范等，贯穿于个体的整个生命周期。人是具有自然属性和社会属性的统一体，就自然属性而言，人和动物的差别不大，饿则食、倦则息、渴则饮，如此种种是自然赋予的固有本能，故而，“人”之所以为“人”，最终是在社会属性中体现出来的，社会人的属性才是自然人的归属，即便是被判处刑罚的绝大部分行为人，其刑罚执行完毕后最终还是要回归社会。行为人实施犯罪行为和越轨行为则表明其社会化过程失败或存有缺陷，未能成为一名合格的社会成员，还需经过“再社会化”（Resocialization），重拾其社会属性。

其次，是实践上致力于犯罪行为人“再社会化”。顾名思义，再社会化就是在社会化的基础上进行的社会化，是“有意放弃原已习得的价值观和行为模式，接受新的价值标准和行为规范”③的过程。再社会化的过程远比一般社会化更为剧烈，要求一个人放弃原有的生活方式，而采用与原有生活方式完全不同乃至完全不相容的生活方式，实现彻底“改造”。从社

① 参见许福生：《犯罪与刑事政策学》，台北，元照出版有限公司2010年版，第177页。

② 陈刚、李树、陈屹立：《中国犯罪治理的财政支出偏向：选择“大棒”还是“胡萝卜”?》，载《南开经济研究》2010年第2期。

③ 郑杭生主编：《社会学概论新修》，中国人民大学出版社2003年版，第84页。

会学意义上来说，再社会化有广义和狭义之分，二者的区别在于前者可能是自愿的、主动的，也可能是被迫的、强制的，而后者专指强制性的教化过程。对罪犯进行教育、改造就是再社会化的一种形式，那些与行刑社会化密切相关的监禁刑改革措施、社区矫正措施、出狱人保护措施等，则是为了加强罪犯与社会的联系，训练其社会适应能力，以利于罪犯的再社会化。宽严相济刑事政策一改往日刑事政策的重刑措施，转而追求宽和，前文所述近些年重刑率连年下降，轻刑率上升，非监禁刑适用率扩大，以及积极适用社区矫正等措施来教育、矫治犯罪行为人，就是注重再社会化功能的实现，力图通过改革刑罚适用和执行方式使行为人改变其原有的行为模式和价值观，重新塑造符合社会属性的新的价值观和行为模式，实现“与过去角色的深层断裂”，①以顺利回归社会。

（三）刑事政策目的的社会化

所谓目的，就是主体期冀达成的结果。目的直接决定了主体的行动方向，以及如何分配人力、物力和财力等资源。刑事政策目的自是不例外，刑事政策主体期冀达成的结果直接决定了在刑事政策不同环节、不同层次、不同部分上的资源配置，也直接决定了观察犯罪现象之后，主体将如何制定、发动、运行合理的刑事政策。总之，“目的”一以贯之刑事政策始终。刑事政策目的的社会化，是指刑事政策的立足点、出发点和目标取向，从国家利益本位向社会公共利益本位趋向的过程，是社会属性增多的过程。

何为刑事政策目的？学界众说纷纭，日本学者大谷实教授认为，“虽说刑事政策以防止犯罪为直接目的，但其终极理念在于维持社会秩序的稳定和秩序，建设安全、放心、平稳生活的社会”。② 马蒂教授认为，“刑事政策的首要的、长期的使命，是通过满足人身和财产的安全需要以保障社会整体的和谐和延续”。③ 王牧教授认为，“刑事政策的目的，在实质上是恢复被犯罪行为所否定的社会价值，这是刑事政策的最终目的”。④ 曲新

① Erving Goffman, *Asylums: Essays on the Social Situation of Mental Patients and Other Inmates*, Harmondsworth Middlesex: Penguin Books Press, 1968, p. 17 – 24.

② ［日］大谷实：《刑事政策学》，黎宏译，中国人民大学出版社2009年版，第16页。

③ ［法］米海依尔·戴尔玛斯－马蒂：《刑事政策的主要体系》，卢建平译，法律出版社2000年版，第26页。

④ 王牧：《犯罪学》，吉林大学出版社1992年版，第381页。

久教授认为,"刑事政策的根本目的是为了保障自由与人权、保护秩序与安全、实现公平与正义,自由与人权、秩序与安全、公平与正义是刑事政策的根本目的,也是刑事政策的根本价值目标。预防犯罪、控制犯罪的直接目的,如果不是为了保障自由与人权、保护秩序与安全、实现公平与正义,就失去了存在的合理根据"。[①] 如此种种,不胜枚举。然,中外学者的各种论述虽有差别,但是对刑事政策目的却都划分了不同层次。简言之,刑事政策的目的包括"具体目的"和"最终目的"两个层次。

1. 刑事政策具体目的的社会化

刑事政策的具体目的应是预防犯罪与控制犯罪。具体目的社会化就是侧重预防犯罪与控制犯罪的过程。刑事政策的具体目的应是在遵循相对主义犯罪观,正确认识犯罪规律的基础上提出的科学的刑事政策目的,即犯罪是必然存在的,刑事政策的目的是将犯罪控制在一定的限度——社会能够容忍的程度之内。在此方面,我国曾走过不少弯路,终于在社会治安综合治理中逐渐树立了"打防结合、以防为主"的现实主义目标。这也符合世界上大多数国家的选择,即将犯罪控制在社会可容忍的程度之内。如此一来,不但提高了刑事政策资源的效益和惩罚的效率,而且实现了惩罚和预防犯罪,兼顾了效率与公正。

2. 刑事政策最终目的的社会化

刑事政策的最终目的是实现社会公共利益最大化,即社会秩序的安定。刑事政策最终目的的社会化就是通过实现社会公共利益最大化,实现社会安定的过程。这里的"实现社会安定之最终目的"是通过追求并践行社会公共利益最大化来实现。详言之,社会公共利益最大化意味着"人权"被上升到前所未有的高度;意味着公民的自由和权利得到了充分实现;意味着国家不再垄断刑事权,而是与社会权力寻求协同治理;意味着刑罚宽缓和对"再社会化"的重视;等等。总之,通过社会公共利益最大化实现的社会安定是在全方位、系统性的努力下才实现的。

(四)刑事政策手段的社会化

刑事政策手段是国家和社会对犯罪作出反应的形式,是实现刑事政

---

① 曲新久:《刑事政策的权力分析》,中国政法大学出版社 2002 年版,第 30 页。

策目的和功能的方式，在整个刑事政策体系中，其起着支柱和轴心的作用。① 根据实施主体不同，刑事政策的手段分为国家手段、国家—社会手段、社会手段。根据是否具有制裁性，可以将其分为制裁性手段和非制裁性手段，前者如社会制裁、民事制裁、行政制裁、刑事制裁，后者如教育、帮扶、调解等。根据反应方式的功能标准，可以将其分为犯罪反应手段和犯罪预防手段，前者如刑罚、保安处分、行政处罚、民事赔偿等，后者如道德规范、风俗习惯等。根据反应方式是否具有以规范为依据，可以将其分为规范调整和非规范调整，前者是通过各种行为规范的授权、命令、禁止和制裁功能实现对人的行为的规范和制裁，包括刑罚、保安处分、行政管理、行政处罚、民事调解、民事制裁等法律规范手段和道德规范、行业准则、乡规民约、社会风俗等社会规范；后者是通过改变人的生产、生活方式或生存环境等条件影响人的行为方式，如各种社会自治措施、犯罪防范措施、赔偿调解、思想教育等。这些众多的刑事政策手段就是“国家和社会整体反应的总和”。

新中国成立后，“刑罚”或刑罚基础之上的“类刑罚”手段长期唱“独角戏”，这种投以重刑，期望“毕其功于一役”的手段已被证明重刑下的刑罚并不能遏制犯罪率不断攀升的形势。面对复杂的犯罪现象，治理犯罪的手段理应是灵活、丰富、多元的，单凭刑罚手段，难以实现“标本兼治”，而那些众多的社会手段恰恰可以起到“治本”作用，因此犯罪治理手段理应由国家刑罚制裁走向灵活、丰富、多元、综合反应，即将众多的犯罪反应方式置于刑事政策目的之下，针对不同的对象发挥各自不同的作用，功能互补，形成一个多元、分层而又统一的刑事政策调控手段，力求在刑法启动之前穷尽各种手段，以及即便发动刑法也要尽可能降低刑罚制裁的负面效果，把犯罪发生的概率以及对社会造成的不良影响降到最低。② 几经反思，宽严相济刑事政策终于开始了“国家和社会整体反应”之实践。

值得思考的是，是不是所有的可以对社会秩序产生安定作用的政策、措施、手段都属于刑事政策范畴内的手段？答案是否定的，无限泛化刑事政策手段只会丧失其可行性、有效性以及自身特性。此处，笔者认为那些

① 参见何秉松主编：《刑事政策学》，群众出版社 2002 年版，第 77 页。
② 卢建平等：《刑事政策与刑法完善》，北京师范大学出版社 2014 年版，第 47 页。

具有直接或间接预防犯罪、稳定社会秩序目的的政策、措施等毫无疑问应属于刑事政策范畴。而判断一个手段是否属于刑事政策手段,更重要的标准是应援引前文论述刑事政策主体时采用的“权力概念”来分析,这也符合刑事政策政治品格。正如有论者言,任何社会政策只要以预防犯罪、保护社会、维持秩序为目的——无论是直接地还是间接地,并以权力为支撑,运用强制性权力对与犯罪密切相关的因素进行干预、控制、抑制,均属于刑事政策范围。①

五、结 语

回首70年风云变迁,我国总体上保持了社会的长期稳定,十九届四中全会上将其与世所罕见的长期的经济高速发展并称为新中国“两大奇迹”,这种评价实至名归,诚不为过。我们之所以能够保持社会的长期稳定,绝不是轻松所至,而是付出了极大的努力方才达成的成就。其原因首推经济的长期发展,尤其是改革开放,为国家和社会积累了大量的财富,意味着一方面可以为犯罪治理提供更丰富的物质和技术支持;另一方面,经济的长期发展带给了人们前进方向和希望,启示人们为自己的美好生活而奋斗,从而减少了潜在的犯罪动机。其次,当属国家治理和社会治理中对社会秩序的长期高度的重视,将犯罪治理作为国家治国理政体系中的重要组成部分。我国从社会管理到社会治理,无不是在探索如何更有效地实现符合全国人民福祉的长治久安,即使曾走过弯路,但这个初衷从未改变,正是不忘初心才促使党和国家一直能够理性批判和认真反思过往经历并做到及时扬弃。最后,不断演进的犯罪治理对社会长期稳定的实现居功至伟。由以“犯罪人为中心”的单纯严厉打击犯罪的狭义立场,转向犯罪治理社会化的广义立场;由单纯严厉打击犯罪,转向“治病救人”,惩罚犯罪的同时,既注重消除致罪的土壤,又注重行为人的再社会化;由刑罚严苛到倡导宽缓化、多元化等。犯罪治理的长期实践过程中我们逐渐认识到,社会稳定的实现,根本上在于“人心”的稳定,只有对“人”加以重视,对人道、人权加以重视,才能减少刑罚的社会对抗性以及社会秩序的暴力性。

---

① 参见曲新久:《刑事政策的权力分析》,中国政法大学出版社2002年版,第71~72页。

●论人工智能无责任能力的刑法主体地位*

陈　冉**　达朝玉***

摘　要:人工智能在各个领域的应用,已经产生了现实的主体地位的需求,人工智能所产生的刑事责任既不同于传统的产品责任也不同于人所利用工具的责任,人工智能本身的高风险以及算法不可回避的风险一旦产生危害结果,必然需要一个归属主体,因此有必要肯定其刑法主体地位。但这种主体地位的肯定,并不能代表刑事责任能力的肯定。考虑到刑事责任的"道义性"与智能算法的"效率性"必然冲突,智能算法的"相关性"与责任"因果性"的背离,对人工智能主体不能追究刑事责任。

关键词:人工智能　主体　刑事责任

关于人工智能主体地位的探讨,在学术界并不少见,主要着眼于是否应当对其赋予刑法中主体地位予以规制。① 最近不少学者提出了将对人工智能从规制"主体"到规制"算法"的规制路径。对此,笔者认为,对于人工智能引发的刑法问题,从刑事责任的承担来说,我们固然可以从算法和技术角度进行行为规制,但仍然无法回避智能主体是否应被以"主体"地位分担责任。虽然欧盟提出的草案建议赋予机器人基本的"劳工权

---

* 本文系北京市社科基金青年项目"北京市医药企业刑事合规治理实证研究"(21FXC019)阶段性成果。

** 刑法学博士,北京理工大学法学院副教授,研究生导师。

*** 东南大学法学院刑法学博士研究生。

① 参见刘艳红:《人工智能法学研究中的反智化批判》,载《东方法学》2019 年第 5 期;高铭暄、王红:《互联网 + 人工智能全新时代的刑事风险与犯罪类型化分析》,载《暨南学报(哲学社会科学版)》2018 年第 9 期;皮勇:《人工智能刑事法治的基本问题》,载《比较法研究》2018 年第 5 期;刘宪权、胡荷佳:《论人工智能时代智能机器人的刑事责任能力》,载《法学》2018 年第 1 期。

利”，让这些为人类服务的“电子人”今后也能享有薪酬、版权保护和社会保险。① 但关于智能主体责任的探究，在刑法中不仅涉及作为主体的犯罪人的人格认识，也涉及作为可能的受害人的保护，因此如何界定人工智能主体的地位，在刑法中就显得十分重要。

一、人工智能应用中现实的刑法地位与问题

理性是法律的生命，也是法律的本质。② 考虑到人工智能在社会生活中的应用，需要对几个重点应用领域进行研究，明确人工智能技术在生活中具体应用所产生的法律风险，以剖析起其现实的法律地位。

（一）智能司法

2019 年 11 月 8 日在最高人民法院网络安全和信息化领导小组第二次全体会议上强调，加强区块链、人工智能在司法领域应用，全面提升智慧法院建设水平，促进审判体系和审判能力现代化。智能司法的实质是法律推理智能技术的发展。在最初 20 世纪 80 年代是形式化单一的逻辑推理阶段，即法理学上的大小前提和法条之间的归纳推理过程。20 世纪 80 年代末开始评价分析相关案例。再到 20 世纪 90 年代，进入了以知识工程为主的技术手段开发时期，这个阶段主要是对简单案件的相似性进行分析，进行规则推理。最后到 21 世纪，是以互联网信息技术研究开发为主的阶段，运用大数据、云计算，进行案例相关性的分析（案件对比），形成数据库实现法律推演的自动推理。③

目前智能司法的发展并非让机器人代替正义女神。智能技术在司法领域的适用中，主要体现在分担法院大量的事务性基础工作，比如有海量数据查询、案件电子化处理、裁判辅助等。法院智能化建设的重点仍然是智能辅助，而不是取代法官，所承担的具体任务包括了智能客服、识别与监管。智能客服相对来说提供的是服务层面，而智能识别则直接涉及“司法指引”。早在 1981 年，美国就开发的法律判决辅助系统（LDS），其原理

---

① 参见《欧盟提出草案建议给机器人“人权”引发争议》，载新华网，http://www.xinhuanet.com//world/2016-06/24/c_129085375.htm，最后访问日期：2020 年 12 月 24 日。

② 参见刘艳红：《实质刑法观》，中国人民大学出版社 2014 年版，第 2～3 页。

③ 参见马军杰：《思危与守正：人工智能介入司法领域的路径依赖——以程序思维与技术认知为切入点》，载《周口师范学院学报》2019 年第 3 期。

是：司法人员运用特定的计算机软件，理性评价被告人（或犯罪嫌疑人）既有的量刑情节，将所反映的社会危害和人身危险程度用一定的数值表现出来，形成确定的刑罚。为司法人员对某一犯罪行为作出最佳判断的方法，①辅助办案人员运用严格责任、相对疏忽和损害赔偿等模式，计算出责任案件的赔偿价值。② 简言之，就是根据最新的刑事政策、量刑方法和指导原则，再结合当事人的个人信息、犯罪情节统一输入计算机软件，最后由计算机软件通过提前设置好的程序得出量刑建议的过程。其实，我国在这方面的技术也不算晚，在2004年山东省淄博市淄川区人民法院开发研制出一套电脑量刑法律软件，是为解决司法实践中广泛存在的同案不同刑问题。彼时法官在认定被告人构成犯罪后，只需将被告人的犯罪情节输入电脑，几秒钟后，电脑会根据储存的法律条文，对被告人作出适当的量刑，量刑结果可以精确到日。③

而今随着实证研究、大数据、人工智能的运用，以及数量刑法学的发展，罪刑均衡可以通过科学精确的配刑模型得以有效实现。④ 2012年美国的威斯康星州开始鼓励全州在法庭上使用COMPAS系统对罪犯进行危险度评估，为法官判刑提供参考，当时也是为了在完善法官知识架构、提高辅助审判质量和效率。COMPAS是Northpointe公司设计的一款风险需求评估工具，该工具最初被设计用于在收监、管理囚犯和规划惩治手段的过程中为监狱管理部门提供决策支持。COMPAS通常会根据被告犯罪档案和问卷调查中记载的信息对其再次犯罪的可能性进行风险评估，同时还可根据需要进行就业、住房和药物滥用等领域的专项风险评估。综上来看，人工智能虽然在司法裁判领域的运用方面取得了重大的进展，却还未能实现独立审判。因为司法人工智能作为人类智慧的延伸产物，只能成为辅助司法工作人员的有力工具，其目的在于把司法工作人员从大量重复性的非审判性劳动中解放出来，并以技术理性的方式对司法裁

---

① 参见赵延光：《论“电脑量刑”的基本原理》，载《湖北警官学院报》2007年第2期。

② 参见熊永明：《电脑量刑的效用研究》，载《湖北警官学院学报》2008年第3期。

③ 参见游俊豪：《量刑规范化视角下“电脑量刑”的利与弊》，载民主与法制网，http://www.mzyfz.com/cms/fayuanpingtai/xinwenzhongxin/fayuanxinwen/html/1071/2013-08-09/content-833684.html，最后访问日期：2019年11月7日。

④ 参见储槐植、何群：《论我国数量刑法学的构建》，载《中国法学》2019年第3期。

判过程进行监督，防范冤假错案。[①]

而智能司法的发展方向，将明显不同于以往的辅助量刑系统，将会是通过一套关于“犯罪行为预测”的算法，预测出各种犯罪相关的内容。例如，哪种人容易在成年后犯罪，哪类罪犯应该被关在监狱的何种区域，哪种罪犯再次犯罪的概率较高等。因此我们有必要冷静反思技术权力与专业司法的话语冲突与逻辑龃龉，要充分考量司法人工智能的制度定位和实现方式。[②] 对于算法本身的质疑将直接影响责任的承担者，对智能量刑系统可能存在的错误司法裁判，那么选择该系统的人与被选择的“机器人”以及机器人的设计者如何承担责任？

（二）智能医疗

为了满足当下日益提升的医疗需求，各国政府积极推进医疗人工智能的应用，主要有以下几种：一是智能手术机器人。手术机器人是人工智能技术最早应用于实践的领域之一，作为典型代表的是“达芬奇”智能机器。截至2017年3月，我国国内“达芬奇”已装62台，而且该机器人的手术量以每年15%的速度增长。[③] 它的出现不仅大幅提高了相关手术的成功率，而且实现了远程手术等技术革新。但值得注意的是，手术机器人的运用同样存在不可忽视的风险，尤其是在“英国首例机器人心瓣手术失败致患者死亡”等事件发生以后，手术机器人医疗事故中的法律责任问题也逐渐成为法学界研究的对象。二是智能护理。该技术可以帮助很多需要被照顾的人。总体来说，2015年日本研发的护理型机器人RQEAR，能够帮助行动不便的人；还有日本松下公司开发的RESYONE看护机器人，能单独完成多个护理人员的任务[④]。笔者发现，智能护理不仅可以根据长期对某个需要护理的人员的亲自调养后就会形成健康数据，还能对其健康进行全程监护，预防心理疾病。三是人工智能图像辅助诊断的应用。该

① 参见龙飞：《人工智能在纠纷解决领域的应用与发展》，载《法律科学（西北政法大学学报）》2019年第1期。

② 参见贾章范：《司法人工智能的话语冲突、化解路径与规范适用》，载《科技与法律》2019年第6期。

③ 参见刘建利：《医疗人工智能临床应用的法律挑战及应对》，载《东方法学》2019年第5期。

④ 参见蔡耀婷：《人工智能在医疗领域的应用现状及发展前景》，载《护理研究》2019年第15期。

应用就是通过数据库检索和历史相似性病例对比,得出相对精准的诊断报告。比如,日本的CAD(电脑辅助诊断)系统,通过胸部CT照片分析,就能以较高的准确率检查出肺结核、乳腺、胸腔等疾病。例如,2016年日本举办的一次转移性乳腺癌诊断比赛中发现,病理医生的误诊率为3.5%,而医生借助此系统可以将误诊率降低至0.5%。[①] 又如,2016年10月11日,百度推出人工智能在医疗领域内的最新成果——百度医疗大脑。再如,2017年腾讯与中山大学的南山医院合作,腾讯公司正式发布了AI医学影像产品——腾讯觅影。并且还发起成立了人工智能医学影像联合实验室,启动全球首个应用AI医学影像的食管癌早筛项目的临床预试验。[②] 据报道,腾讯觅影筛查一个内镜检查用时不到4秒,对早期食管癌的发现准确率高达90%。

对于以上应用,手术机器人逐渐占据主导地位,医生下降为规划、监督性角色,此类手术机器人尽管已经具有一定的自主性,但其仍然是在"人"的控制之下。未来,技术发展迅速且愈加复杂,面临突破人类控制的风险,很可能出现全意识自主的机器人,那么届时又该如何分配责任是值得重视的问题。

(三)智能汽车

世界范围内,汽车事故中致命的事故中大约有90%是由人为失误造成的,9%是因环境条件引起的,不到1%的事故是因技术缺陷导致的。[③] 目前,很多国家已经在立法及行政层面允许人工智能汽车上路。所谓智能车辆,实质是一个集环境感知、规划决策、多等级辅助驾驶等功能于一体的综合系统,它集中运用了计算机、现代传感、信息融合、通信、人工智能及自动控制等技术,是典型的高新技术综合体。而人们对其安全性的担忧也不容小觑,仅2016年的上半年就发生了两起事故,分别是谷歌汽车和特斯拉汽车的交通事故。谷歌汽车事故中,一辆谷歌汽车在加州的

---

① 参见刘建利:《医疗人工智能临床应用的法律挑战及应对》,载《东方法学》2019年第5期。

② 参见中山大学肿瘤防治中心:《全球首个人工智能早期食管癌影像筛查平台》,载人民网,http://society.people.com.cn/n1/2018/0320/c418370-29878239.html,最后访问日期:2017年8月11日。

③ 参见霍斯特·艾丹米勒:《机器人的崛起与人类的法律》,李飞、郭小匣译,载《法治现代化研究》2017年第4期。

芒廷维尤(Mountain View)变换车道时撞上了一辆公交车。这辆谷歌汽车损毁严重。特斯拉汽车事故中,一辆以无人驾驶模式行驶的特斯拉汽车在佛罗里达州撞上了一辆货车,特斯拉汽车的驾驶者在这起事故中当场死亡。据报道这次事故的原因系特斯拉的传感系统没能识别对向驶来的货车。再到后来2018在美国西部发生的Uber无人车致死事件中,49岁的Elaine Herzberg突然从路边闯入机动车道,企图推着自行车横穿马路,随即被正在往北行驶的Uber自动驾驶汽车撞倒。坦佩市警方发言人称,初步调查发现这辆Uber自动驾驶汽车在最高时速35英里的道路上以时速38英里行驶,没有采取刹车的意图,驾驶员也没有收到任何信号①。

对于以上事故,我们或许只能将责任归咎于机器的意外,但这里的意外并非天灾的不可测,而是"机器可能自主选择"的意外。对此,我们选择意外而不是人的责任的时候,客观上已经将责任分担给了机器人。

通过以上具体应用,我们可以看到,人工智能在当前的发展仍然没有脱离"人"的控制,但由于算法自身的特殊性,深度学习脱离人的控制也并非不可能。那么在此情况下,我们是否要赋予人工智能主体地位?对此,很多学者在论述人工智能刑事主体地位时,往往将其与刑事责任能力并列。笔者认为,肯定了人工智能主体地位并不代表一定承担行为责任,如同一个6岁的孩子是可以作为刑法的主体,只是没有刑事责任能力。

二、人工智能主体地位存在的必要性

人工智能是不是法律主体的讨论,是其本体作为客观存在进入和体现在法学、法律中的起点。② 以智能驾驶来说,人工智能技术出现之前,就普通汽车而言,如果汽车本身不存在安全隐患,仅因驾驶员违反交通运输管理法规进行驾驶导致发生重大交通事故而构成交通肇事罪的情况下,普通汽车的设计者无须承担刑事责任的,而应由普通汽车的使用者即驾驶员承担全部刑事责任。这是我们传统认识上的"工具"或者"产品"责

① 参见冯珏:《自动驾驶汽车致损的民事侵权责任》,载《中国法学》2018年第6期。

② 参见朱程斌、李林:《人工智能作为法律拟制物无法拥有生物人的专属性》,载《上海交通大学学报(哲学社会科学版)》2018年第6期。

任。而人工智能主体责任不同于一般的使用工具责任，也并非产品责任。正因如此，必须赋予其独立的刑法地位。客观上，在人工智能的责任承担上，应包含操纵或其他设计人工智能的自然人在内，应建立人工智能本身与其操纵者、设计者等相关的主体在内的双重责任。

（一）并非单纯的工具使用者责任

弱人工智能产品的“工具属性”决定了其不可能作为犯罪主体而承担刑事责任。弱人工智能与强人工智能的本质区别在于是否具有独立意志，以及是否能够在设计和编制的程序范围外自主决策并实施相应行为。2016 年 Google 公司推出的机器人 Alpha-go（围棋人工智能程序）以 4∶1 战胜围棋世界冠军李世石，①但笔者认为它是被相关开发者编辑相应程序后进行的行为，所以它只会下棋，如果期待它怎样更好地在硬盘上储存数据，它是无法完成这一超出“下棋”编程外的任务。这个例子也恰如其分地表现了弱人工智能的本质。譬如，智能司法领域当中辅助审判、司法文书生成、风险识别等功能都是工具价值；同样地，智慧医疗领域里，智能手术刀、手术机器人、诊疗机器人、智能搜索引擎也都是基于巨大的数据库，经过预先设定的程序，按部就班地进行工作。因此，这一阶段的人工智能是没有独立意志的，也是无法分担刑事责任的。2015 年德国大众汽车制造车间内发生了所谓“首起机器人杀人案”。可事实上，本案中产生故障的机器人只是普通机械设施，它根本没有独立思考的能力，它之所以会杀死这名工人，是因为触发了该设备的自动处理程序；它只是自动化的普通机器，远没有达到所谓人工智能的水平。与无处不在的生产责任事故相比，该事件也没有本质不同，无非该设备的自动化系统更为精密而已。正如东南大学刘艳红教授所说，如果这也能够成为人工智能法学研究的问题来源，那么可能早在工业革命推广开来之时就该去研究“人工智能”了，或许农业社会耕田的拖拉机伤人也该划入人工智能法律问题的话题范围。生活经验常识告诉我们，任何机器都会存在风险，即便一把毫无自动性的菜刀在人类不当使用时也会划伤手指。以所谓的“机器人杀人案”导出人工智能的发展风险，进而得出应追究人工智能之物法律责任的观点，

① 参见刘宪权：《人工智能时代的刑事风险与刑法应对》，载《法商研究》2018 年第 1 期。

是对人工智能根本性的误解和非常低级性的错误。①

以人工智能时代的全自动驾驶汽车来说，汽车的行驶方式、路径全部都由自动驾驶程序控制，可能不需要驾驶员对汽车进行操控，它具有一定的判断能力，甚至可以制订计划选择客观最优方案。但我们假设车上仅有乘车人而无具有实质驾驶任务的驾驶员，在这样的情况下由于人工智能程序本身存在问题而导致发生重大交通事故，如果让使用者（形式驾驶者的乘车人）全部承担是不合理的，因此还需要由全自动驾驶汽车的程序设计者进行追责来承担刑事责任。② 这里面也会涉及民事侵权的责任，包括研发者和使用人的责任分配问题。③ 对此，国外相关法律对该责任的认定就有详细的规定：美国和德国在自动驾驶领域的立法主要集中在责任界定方面，例如，美国道路交通安全管理局（NHTSA）于2013年发布《自动驾驶汽车的基本政策》，包括内华达州、加利福尼亚州、佛罗里达州、密歇根州在内的9个州也通过了自动驾驶汽车立法，对自动驾驶汽车测试事故的责任承担进行了规定，即车辆在被第三方改造为自动驾驶车辆后，测试过程中导致财产损失、人员伤亡的，车辆的原始制造商不对自动驾驶车辆的缺陷负责，除非有证据证明车辆在被改造为自动驾驶车辆前就已存在缺陷。再如，欧盟和俄罗斯均在其关于机器人立法的建议稿中提及赋予高度自主人工智能法律主体地位。欧盟委员会法律事务委员会于2016年5月31日提交一项动议，要求欧盟委员会把正在不断增长的最先进的自动化机器“工人”的身份定位为“电子人”（electronic persons），并赋予这些机器人依法享有著作权、劳动权等“特定的权利与义务”。④

强人工智能时代还没有到来，不必着急重构刑法体系。有学者认为，人工智能不具备独立于人类的权利和价值，在善恶观和伦理观上不具备与人类相当的认知水平，将人工智能拟制为犯罪主体的设想不具有合理性。⑤ 诚然，尽管未来可能会有自主决定能力的人工智能，意志自由或者

① 参见刘艳红：《人工智能法学研究中的反智化批判》，载《东方法学》2019年第5期。

② 参见刘宪权：《涉人工智能犯罪刑法规制的路径》，载《现代法学》2019年第1期。

③ 参见冯珏：《自动驾驶汽车致损的民事侵权责任》，载《中国法学》2018年第6期。

④ 参见郭少飞：《“电子人”法律主体论》，载《东方法学》2018年第3期。

⑤ 参见叶良芳、马路瑶：《风险社会视阈下人工智能犯罪的刑法应对》，载《浙江学刊》2018年第6期。

科技水平达到某种程度后会具有与人类相似的辨认和控制自身引发的客观状态的能力，但是这同样不是刑法将人工智能拟制为犯罪主体的充分条件。人工智能最主要的特征是智能化，在智能程度不断升高后，智能主体会逐步拥有独立性、主动性，便可以达到不再是完全受人支配的行为客体、制造产品等，这是一种客观可能的现实，并不是我们要求人工智能承担刑事责任的根据。目前否定论的观点只能成为其不承担责任的理由，而不能否定其作为主体的地位。强人工智能时代的危害结果，必然需要一个归属主体，而是否需要其承担责任则是另一个问题。

(二)并非单纯的产品责任

对于人工智能引发的刑事责任，即便是弱人工智能，其责任也应该区别于产品责任。根据我国产品责任法规定，因产品存在缺陷造成人身、他人财产损害的，受害人既可以向产品的生产者要求赔偿，也可以向产品的销售者要求赔偿。法律明确了责任的落实对象是生产者和销售者，从另一个层面来看，生产方和销售方在经手时就会有一个审慎义务，通过这样一个制度设计来保障消费者权益。但是人工智能与此不同，因为其并非静态的“物”，尽管处于弱人工智能时期，具有“工具属性”，但其复杂程度也远远超过普通产品。笔者认为，这种复杂程度的衡量在于可控性，体现着其“动态”的属性。实际上很多学者研究强人工智能、超人工智能的原因就是对这种复杂性的担忧。① 然而，弱人工智能下的智能产品具有“一定程度”的“自决性行为模式”，这种自决性来自程序或者软件的设计者，机器人不同的选择决定了不同的行为，不同的行为将导致不同的结果。因此，监管者就应当对智能产品的行为负责，对其行为造成的结果承担责任。

虽然《欧盟机器人民事法律规则》(第56段)特别指出“至少在现阶段，责任必须由人类而不是机器人承担”，但我们必须看到人工智能犯罪的异化对传统刑法的挑战。受人工智能深度学习、自主决策的影响，传统刑法的危害行为、危害后果、因果关系、主观罪过、刑事责任等均受到了挑战。在传统的产品责任追究中，我们可以轻易找到设计者或者危险的控制者，但在人工智能时代，算法的设计、运行，往往并不是轻易可以锁定控

---

① 参见刘洪华:《论人工智能的法律地位》，载《政治与法律》2019年第1期。

制人,智能化越发达,人对智能系统的控制能力越弱,也就更加难以追究“人”的过错的刑事责任。

我们如果以“算法黑箱”问题来说明,就会发现透明化常见的源代码公开方式作用极其有限。算法黑箱问题近来颇受学者关注,也有论者提出以“算法的解释权”剔除不确定的风险。但从事实上看,算法的完全透明或者绝对安全是难以实现的。从数据的获取端来说,有些数据是极其敏感并且私密的,或者涉及企业的知识产权、具有价值的商业秘密甚至是国家秘密,算法完全透明在有些情形下是不可能的。加之,受算法本身复杂性与披露对象认知能力差异的影响,算法透明并不代表着算法可知。另外,毫无保留地完全公开不仅会发生安全危机,在公开范围上存在公开数据越多关键内容越难被理解的算法透明悖论即干扰性披露,在公开过程中大量冗余无用的数据随关键数据一同披露,那么对关键内容的识别将会出现困难。① 在深度学习的模型中,源代码只能显示其所使用内部原理,而不能披露具体决策作出所依据的规则。

所以,如果按照产品责任的追责逻辑希冀算法的要求予以规制,相当于将它的“大脑”剖开将其整个决策过程完全曝光,这几乎是不可能的。就目前来看,虽然主流观点均将人工智能事故责任最终归结于“人”,但笔者认为这并不合理。以目前各国对于无人驾驶责任来说的,德国给予了“合理时间”监管的规制,但对如果因驾驶员没有在“合理时间内”监管引发的责任如何承担等问题并没有做出明确的规定。另外,这种紧急情况下的突然“监管”使汽车在一定时间内归于人工智能和人类的双重控制下,事实上就是赋予了双重主体。像英国人工智能驾驶责任单纯纳入汽车强制险的规定,虽然保障了受害者,但对于汽车所有者却不尽公平更甚,保险责任最终也会分摊到每一个人头上。

(三)过失责任的不可控性

在刑法中并不缺乏对“危险分配”的研究以及对过失责任的探讨,维护对社会有用行为的存在和发展是新过失论的基础。新过失论对交通、医疗领域的过失犯罪进行限定,在结果预见的基础上,再附加结果回避可

① 参见沈伟伟:《算法透明原则的迷思——算法规制理论的批判》,载《环球法学评论》2019 年第 6 期。

能性。[①] 日常生活中,传统的产品自身也可能具有风险,比如菜刀、火药。但是根据生活常识我们知道,这些工具是在人类的主观能动性下进行使用的,但是人工智能产品不同。人工智能算法本身就具有极大的不确定性,算法在具体运行中的走向可能因一个不受设计者所控的微小的“零部件”失控而发生巨大改变,但这种微小错误甚至很难被检测出来。著名的“心血”漏洞(heartbleed)就对此作出了有力证明,heartbleed 是一个出现在加密层中的重大信息安全漏洞,因在执行安全传输层协议(TLS)的 heartbeat 拓展时没有进行边界检查而导致客户端或服务器内存储的加密数据可被读取而得名。Web 服务器通过加密程序库将密钥发送给房客,然后在双方建立的连接上对信息进行加密。因其使用的加密程序协议是使用频率极高,该漏洞最终波及范围之广可达全球网站的 2/3。[②]

那么基于算法的不可控性,是否再次引发过失责任的不可控?结合人工智能汽车来看,在汽车驾驶人和智能程序设计者都尽到注意义务的情况下仍然发生了损害结果,如果这也要被认定为过失犯罪,那么这个行业恐怕是没有存在的价值了。

诚然,当下处于弱人工智能时期,智能机器还未能具有真正意义上的意识和思维,无法处理复杂事情当中不断变化的事,人工智能实际上也没有达到想象中那样发达的程度,现阶段大多人工智能所作的行为都是来自人类的“赋予”,仍然是一种受人支配的工具,国外对责任认定最终都落实到了具体的自然人身上,但笔者认为,人工智能主体虽然没有分担责任的能力,但应当赋予其主体地位,将归属给人工智能自身的责任归属于使用者或者设计者自身都不是严谨和科学的。

三、人工智能主体承担刑事责任的不可行性

肯定人工智能的主体地位,但这种肯定并不必然带来刑事责任。作为主体的存在与作为责任的分担应当作为两个问题看待。自主意识和独立的意思表示是法律主体应当具备的必要条件,财产是主体承担法律责

① 参见刘艳红:《实质犯罪论》,中国人民大学出版社 2014 年版,第 182 页。

② 参见约叔华·A. 克鲁尔、[美]乔安娜·休伊、[美]索伦·巴洛卡斯、[美]爱德华·W. 菲尔顿、[美]乔尔·R. 瑞登伯格、[美]大卫·G. 罗宾逊、[美]哈兰·余:《可问责的算法》,沈伟伟、薛迪译,载《地方立法研究》2019 年第 4 期。

任的物质基础。因此,按照此法理,认定为犯罪主体和刑事责任承担是两回事。行为和刑罚不一定终究落在同一个主体身上,譬如无刑事责任能力人犯罪难道没有相应的犯罪行为了吗?实际上他的行为并非不侵犯法益,而是在责任承担这一部分由于年龄或者其他因素不具有承担的资格,刑罚的责任往往被转嫁给监护人或者社会。

如前文所述,我们完全可以将人工智能认定为行为主体,至于是否区分责任承担比例,取决于科技发展程度。所以对于肯定行为主体资格的观点也有内部争议(循序渐进的资格认定说的观点)。这种学说主要是看智能时代的发展状态,初期的人工智能仍属于"行为"工具的范畴,自主智能机器人的"自主意识"和"表意能力"以及"人性化"是赋予智能机器人取得法律人格的必要条件。[①]

(一)责任的"道义性"与智能算法的"效率性"必然冲突

凡具有精神、意识的存在为人,凡不具有精神、意识的存在则为物。按照传统法学对于犯罪主体认定,作为人要有相应的刑事责任能力,刑事责任能力的要求是行为人要具备刑法意义上辨认能力和控制能力。简言之,就是行为人具备相对的自由意志能力。[②] 此外,从法律规范来说,还要有法律上的认可。法律人格是指作为权利享有者和义务承担者的法律地位和资格,获得法律人格的主体进入法律调整的范围从而成为法律主体。[③] 马克思曾有名言:"对于法律来说,除了'我的行为'以外,'我'是根本不存在的,'我'根本不是法律的对象。"所以,按照人格行为论直接将行为定义为"人格行为",就从根本上否定了智能机器人作为行为主体的可能性,存在判断缺陷,过于片面。

算法受实用主义思想的指导,并不具有人的天然的"道德情感",而这种情感也是难以深度学习予以培训的。算法追求的是解决问题效率而非准确性,是为了详细、全面、及时地对事物的属性和特征进行体现,算法倾向优先解决"是什么"即相关性问题,而是将"为什么"的因果性问题置于

① 参见彭文华:《哈利维的人工智能犯罪观及其启示》,载《上海政法学院学报》2019年第4期。

② 参见高铭暄、马克昌主编:《刑法学》(第6版),北京大学出版社2014年版,第84页。

③ 参见王利明主编:《人格权法新论》,吉林人民出版社1994年版,第4~6页。

次要位置。[①] 正是这种设计初衷在于提升数据处理的时间效率与空间效率。算法为了克服大数据海量体积庞大、时效性极强，以及种类繁杂且分散等固有问题，并从其中拆解、解构出能加以利用的有价值的信息，那么以时间效率为优先考量要素的算法，势必会降低对结果的精准度以及从输入到输出之间因果关系的追求，即最优效率分析远远不如最差效率分析重要，因为最差效率可以快速确定算法运行时间的上界。[②] 就更宏观的角度而言，这种效率导向本质上来源于对利益最大化的追求。在经济学领域，生产的根本目的就是利益最大化。无论是企业商家传统意义地降低成本抑或是通过算法与消费者建立联系向其推送商品的方式增加收益，[③]追求利益最大化的数字模拟世界和实际所处的追求权利、隐私、自由的现实世界无可规避地产生冲突激荡。而作为法治世界主体的人甚至会成为网络数据链条中无差别的数据块，沦为辅助算法做出决策的数据资料，权利主体和权利中心发生转移，传统平等的理念必然受到冲击。

（二）算法的"相关性"与责任"因果性"的背离

刑法中的因果关系判断本身蕴含着对价值的评价。比如在交通事故中，司机驶入长隧道却未按交通规定降速，刹车不及撞死了逆行的行人。"行人被司机开车撞死"，因果关系在自然科学领域显而易见无法否认，但从刑法的角度，在价值判断上是要在汽车的超速与行人的逆行之间做出选择，对危害结果的归责要公平。比如刑法中对于"期待可能性"的设置，客观因果的存在并不能替代责任的证明。刑法对自由意志人的刑事责任的追究，不在于单纯的因果，而在于对社会规范的评价基础的责任分配。而在算法中，人工智能所做出的决策是对所采集样本的相关性的判断，算法一定程度上作为网络世界的规则的情况下，其对因果关系的判断更倾向于自然科学的判断，此时如果算法决策大规模融入法治世界的决策中，两相冲突对秩序的影响自不待言。这也就决定了我们无法以算法设计一

---

① 参见丁晓东：《算法与歧视：从美国教育平权案看算法伦理与法律解释》，载《中外法学》2017 年第 6 期。

② 参见肖凤翔、张双志：《算法教育治理：技术逻辑、风险挑战与公共政策》，载《中国电化教育》2020 年第 1 期。

③ 参见[美]佩德罗·多明戈斯：《终极算法——机器学习和人工智能如何重塑世界》，黄芳萍译，中信出版集团股份有限公司 2017 年版，第 32 ~ 35 页。

个与自然人同样具有感性和理性的、具有自然法正义情感的人，那么也就无法让其承担责任。

四、结论

机器人越功能多样、越具备学习能力、越“智能”，也就越能摆脱操作者的前瞻性规划，人们也越难以发现制造和编程方面的差错，而这些差错又可能成为相关人员过失可罚性的基础。假如我们不想因为最终无法控制的风险而全面禁止智能代理，那么就别无他途，只能让“社会”来承担那些不能通过编程和负责任的使用而可靠掌控的风险，亦即放弃追究过失的刑事责任，而将蒙受损失的人视为非人类行为的受害者。需要在智能代理的一般社会效益所能够合法化的范围内，让公众接受它们带来的风险，停止刑法的干预。[①] 对人工智能的发展来说，我们都希望智能机器人在人的控制之下为人类谋利，但深度学习的结果并非人类可控的现实已经一再出现。在这种情况，与其探讨机器人应当被予以何种刑罚，倒不如将重心放在技术本身的发展与否的前端。而对于已经用于实践的技术发展，强求与“人”的可控性并不现实，我们并非主张普遍全面地免除机器后面的人的责任，而是不得不去面对风险存在的现实，而不是必然去找某个个体担任“替罪羊”。

① 参见［瑞士］萨宾娜·格莱斯、［德］托马斯·魏根特：《智能代理与刑法》，赵阳译，载《整体刑法学杂志》2014 年第 3 期。

论危险结果的基本属性

董泽史*

摘　要：现实的危险结果包含的因素可以抽象化、条理化为客观因素、主观因素、事实因素、规范因素，因而具体危险具有客观性、拟制偶然因素、现实性、规范性的基本属性，抽象危险具有客观性、拟制必然因素、抽象性、规范性的基本属性。危险结果的基本因素发生了两次、递进的辩证运动，第一次辩证运动是客观因素与主观因素辩证达到事实，第二次、递进的辩证运动是事实因素与规范因素辩证达到具体（危险结果），因此，辩证理性内在于危险结果之中，生产支配着危险结果的基本属性。危险结果具有"可能性"的构造，危险结果是实害的可能性，具体危险是实害的现实可能性，抽象危险是实害的抽象可能性，哲学上的可能性的特征影响并规定了危险结果的基本属性。

关键词：危险结果　基本属性　辩证理性　可能性

随着核心刑法发展为实害犯与危险犯二元并立的刑法，如何解释危险犯成为刑法的一个重要焦点问题。危险结果作为危险犯的犯罪结果，被认为是犯罪本质的征表，因而如何阐释危险结果实质上是关系到如何解释危险犯，乃至犯罪本质的重大问题。而通过发现与诠释危险结果的基本属性无疑是阐释危险结果的科学有效途径，然而现今刑法理论对危险结果基本属性的系统诠释基本处于空白，尤其不能以唯物辩证法为指导对危险结果的基本属性进行阐发，这导致刑法危险犯理论存在基础性的缺陷，犯罪的本质理论难以形成辩证性的、有决定说服力的论证。因

* 中共天津市委党校（天津行政学院）讲师，刑法学博士。

此，本文力图利用唯物辩证法的可能性的概念，将危险结果认为是关于“可能性”的结构，危险结果是实害的可能性，具体危险是实害的现实可能性，抽象危险是实害的抽象可能性，并以唯物辩证法为指导具体分析危险结果的客观因素、主观因素、事实因素、规范因素的辩证运动，深入探索危险结果的基本属性，进而重构危险结果的构造，重置危险结果判断的属性标准，最终实现对危险结果新的科学阐释，为危险犯乃至犯罪本质的揭示铺设奠基性理论基石。

一、可能性概念的哲学阐释

金炳华主编的《马克思主义哲学大辞典》中写道，“现实可能性是指在现实中有充分根据和必要条件，因而在目前就有可能转化为现实的可能性。德国黑格尔在探讨可能性和现实的辩证关系时，提出了形式的或抽象的可能性与现实的可能性的区别。认为现实的可能性具有内容，它在自身中包含着成为现实的各种根据和条件，‘这种可能，作为实在的现实的自在之有，本身是实在的可能，首先是富于内容的可能’。唯物辩证法认为，现实的可能性，是由事物内部的主要内容、本质、发展规律所决定的一种可能性。当为实现可能性所必需的各种条件的总和全部具备时，现实的可能性即转化为现实”。① “抽象可能性是在现实中缺乏充分根据和必要条件的可能性。最早由德国黑格尔提出。他把可能性区分为抽象可能性和现实可能性，认为可能性的最初的表现形式，是形式的可能性或抽象的可能性。这种可能性是撇开事物的关系和内容，用抽象的形式去设想的可能性。20 世纪 20 年代初，苏联哲学界吸取了黑格尔的这个思想，把抽象可能性和现实可能性这一说法写进了辩证唯物主义的教科书。后来中国的一些哲学著作也采用了这一提法，认为抽象可能性指缺乏具体根据，但反映事物个别方面或个别联系所规定的一种可能。它通常同客观规律是不矛盾的。它和那种毫无根据、违反客观规律的不可能性不同。不可能性是在现实中全然找不到根据的东西。抽象可能性却在现实中有着某种根据。它可以在一定条件下转变成为有具体和充分根据的可能性，并且还可以在一定条件下变成现实。

① 金炳华主编：《马克思主义哲学大辞典》，上海辞书出版社 2003 年版，第 270 页。

但是,由于抽象可能性不反映事物的本质联系和本质倾向,因此它变为现实所需要的条件往往难以预计,它隐藏着不可能性,可以转化为不可能性。”①

李淮春主编的《马克思主义哲学全书》中写道,“抽象的可能性也叫形式的可能性,是指不符合事物的客观规律,在现实中没有充分根据,或目前尚不具备向现实转化的必要条件的可能性。它包括两种情况:一种是反映在形式上似乎不违背逻辑,但却违背了事物本身的客观规律的抽象可能性,这种可能性在现实中没有充分的根据,实际上等于不可能;另一种是不违背事物本身的客观规律,但在当时尚不具备由可能向现实转化的必要条件的可能性,这种抽象的可能性一旦具备了向现实转化的必要条件,就会转变为现实的可能性”。②

以上可见,唯物辩证法上,可能性概念可以从纵向结构与横向结构两个方向进行认识。可能性概念的纵向结构说明不可能如何向现实动态发展的过程与趋势,通过条件的不断变化,不可能发展为抽象可能性,抽象可能性发展为现实可能性,现实可能性发展为现实。就条件而言,不可能是因为不具备任何条件;抽象可能性是因为具备了形式上的条件,但条件尚不充分;现实可能性是因为具备了实质的条件,条件是充分的;而现实是因为形式与实质条件都具备了,条件是充要的。纵向结构呈现的动态发展的基本趋势是“不可能—抽象可能性—现实可能性—现实”,纵向结构对应的条件是“无条件—形式上的条件—充分的条件—充要的条件”。③ 可能性概念的横向结构通过对可能性概念的横向切割来说明可能性概念存在的基本类型——抽象可能性与现实可能性。当然不可能与现实也可以看作与可能性概念相关的概念,即不可能视为抽象可能性转化为不可能性,而现实则是可能性的实现。可能性的横向结构是类型的、静态的,它反映抽象可能性与现实可能性概念的静态特征。抽象可能性的静态特征主要表现在向现实转化的条件不充分性,这一不充分性进而导致抽象可能性的客观性、潜在性、非现实

① 金炳华主编:《马克思主义哲学大辞典》,上海辞书出版社 2003 年版,第 269 页。
② 李淮春主编:《马克思主义哲学全书》,中国人民大学出版社 1996 年版,第 65 页。
③ 参见董泽史:《法学中危险概念的哲学建构》,载《天津行政学院学报》2017 年第 2 期。

性、形式性、抽象性的特征。而现实可能性的静态特征则主要表现在向现实转化条件的充分性,这一充分性导致现实可能性具有客观性、现实性、紧迫性的特征。

必须指出的是,抽象可能性由于向现实转化条件的不充分性而只是具有形式上的条件,其既可能向现实转化,也可能向不可能转化。那么,如何来具体设计这一不确定性。本文提出通过推定与反证结合的机制来予以设定,即事物达到事先设定的条件(抽象可能性成立的条件),就推定其具有向现实转化的确定性,除非能够证明事物确定是向不可能转化的。这样,通过推定与反证结合的设计有效地解决抽象可能性的不确定性问题。具体而言,这种推定与反证结合存在三种形式。其一,推定成立,反证成立,则表现为向“不可能”转化。其二,推定成立,反证不成立,则表现为向“现实”转化的确定性。其三,推定成立,反证不能,则评价为向“现实”转化的确定性,因为反证不能意味着不能找到对抗理由消除预先已经证成的部分,出于对预先已经证成部分的肯定,则在推定的基础上肯定事物向“现实”转化(见图1)。

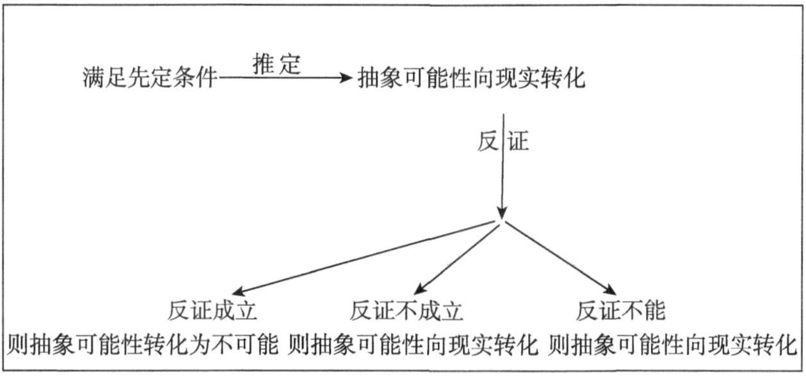

图1　推定与反证结合设计关系

二、具体危险的基本属性

危险结果是实害的可能性,具体危险是实害的现实可能性,抽象危险是实害的抽象可能性,这样阐释危险结果是唯物辩证法关于可能性概念在刑法学上运用的结果。具体危险是实害的现实可能性,而现实可能性在哲学上具有客观性、现实性、向现实转化的条件充分性等特征。因此，现实可能性哲学上的特征就影响并规定了刑法学中具体危险的属性。因此，具体危险具有客观性、现实性、向实害转化的条件充分性、向实害转化的现实可能性的属性。同时，从实害的现实可能性到实害的实现还有一段距离，为了判断无形的具体危险，必须假设具体危险发生的偶然因素，这样，拟制偶然因素就成为具体危险的属性。另外，作为一个法学概念，具体危险还受法规范的制约，法规范将危险分配为法禁止的危险与法允许的危险，故具体危险还具有规范性。因此，本文认为，具体危险具有客观性、现实性、拟制偶然因素与规范性四大基本属性。

现实中的危险结果是多种因素结合的复杂体，既包含客观因素，又包含主观因素；既包含事实因素，又包含规范因素。但是这些因素在现实中是杂糅复合存在，难分彼此，不能用单一的标准进行衡量与解释。因此，只有在思维中对其抽象，将不同因素进行分离，实现条理化，将这些因素条理化为处于辩证关系的客观因素、主观因素、事实因素、规范因素，进而发现不同因素具有的基本属性，找出这些不同因素辩证运动的规律，从而得出辩证法作用下的这些基本属性的必然性。更进一步讲，危险结果的基本属性是危险结果四大基本因素对应反射与辩证运动的结果，其中，客观因素中表现出具体危险的客观性，主观因素中表现出具体危险的拟制偶然因素（主观性），事实因素中表现出具体危险的现实性，规范因素中表现出具体危险的规范性，而基本因素辩证运动所内在的辩证理性生产支配着具体危险的基本属性。

（一）具体危险具有客观性

客观性是具体危险的首要属性。具体危险的客观性主要指行为对保护法益造成的具体危险结果是客观的、实际存在的。它是一个物理标准的自然意义上的客观存在，不以人的意志为转移。具体危险的客观性与哲学上的现实可能性具有客观性是一致的，或者说，作为实害的现实可能性，具体危险的客观性依赖于哲学上的具体可能性具有客观性。具体危险的客观性主要根源不仅在于决定具体危险的条件是客观存在的；更在于具体危险包含有客观因素，客观因素的存在自然引起具体危险的客观性。因此，仅就具体危险具有客观性而言，具体的危险可以片面地理解是“客观的危险”。具体危险的客观性的一个派生特征是具体危险的因果性，具体危险的因果性是危险行为与具体危险结果之间具有自然的因果关系，所强调的是首先是自然的因果关系，而不是首先是规范的因果关系，这一因果关系的自然性具有基础意义。

具体危险的客观性为具体危险行为侵害法益的犯罪性质奠定了客观的、实质的基础，保证了具体危险行为指向了利益实体，从而维护了法益侵害原则与实质的罪刑法定原则。具体危险的客观性是具体危险的首要的、基础性的属性，但对于这一点有的学者并不清楚。如有学者认为，“在具体危险犯的场合，首先要求行为人针对行为客体实施了法‘制造法所不容许的风险’或曰‘法律上重要的风险’（rechtlich relevantes risiko）的行为。在风险社会，行为的风险性是否具有法律上的重要意义，成为判定行为是否是构成要件行为的标准”。[①] 这一论断忽视了具体危险的客观性。具体危险首先是客观的危险，然后才是在客观危险的基础上对之进行规范的分配，没有客观的危险，就没有必要对之进行法律上的分配，也就谈不上“法律上重要的风险”。企图脱离具体危险的客观性而单纯以“法律上重要的风险”评价具体危险会导致一些不具有客观危险的情形判断为刑法上禁止的危险，从而不当扩大具体危险的范围，进而违背法益侵害原则与实质的罪刑法定原则，导致不当侵犯人权。实际上，如果认为犯罪本质是一种法益侵害的行为，就必须从犯罪结果的客观性上寻找原始基点，只有建立犯罪结果的客观性才不会将法益解释为一个空洞的、形式的概念，实质的犯罪概念才能建立。因此，具体危险的客观性作为首要属性应当得到坚持。

（二）具体危险拟制偶然因素

具体危险拟制偶然因素，这是具体危险的必要属性。具体危险的本质表现为实际损害的现实可能性，而对于如何判断这一“现实可能性”，不仅在于发现其客观性与现实条件，也在于确定其假设性与推测性因素，因为毕竟“可能性”概念本身就带有一定程度的假设性与推测性。因此，我们认为，具体危险拟制了向实害转化的偶然因素，这体现了具体危险具有危险的拟制性。所谓“拟制”就是只要满足先定条件，就主观假设结论成

① 郝艳兵：《风险刑法：以危险犯为中心的展开》，中国人民大学 2011 年博士学位论文，第 169 页。

立，而不考察先定条件之外其他必要条件是否实际发生，这是“拟制”形式上的特点。实际上，“拟制”所谓的实质内容不过是主观假设先定条件之外其他必要条件会发生，而不做实质考察。因此，拟制的本质是主观假设其他必要条件的发生。那么，在何种情况下才主观假设其他必要条件会发生？就危险犯而言，一般依赖社会一般人的认识，即若社会一般人认为在这种情况下其他必要条件会发生，则主观假设其他必要条件会发生成立，社会一般人认为满足构成要件的行为具有危险，则判断危险发生。在此意义上，其体现为社会一般人的危险感，因此危险结果可以片面地理解为“主观的危险”。有学者认为，“危险发生只是立法上的理由与动机”。[①]实际上，既然在立法上以社会一般人为标准判断满足构成要件的行为是否会发生危险，那么为什么要在理论与实践中对此进行排斥否定？单纯以先定条件的满足推定危险的发生会导致形式犯的扩张，违背实质的犯罪概念。值得指出的是，“危险的拟制性”与“拟制的危险”是两个不同的概念，“危险的拟制性”是以危险客观性为条件而拟制危险的部分因素，而“拟制的危险”则是认为危险全部是拟制的，是完全主观假设的结果，不具有客观性，“拟制的危险”不具有科学性。

山口厚认为，“在判断有无具体的危险时，首先，应立足于事后的立场，如果没有发生法益侵害结果的话，就以此为前提。其次，代之以现实存在的事实，考虑大体上存在什么事实的话，法益侵害——根据则科学的因果法则——会发生。问题便在于这种现实并不存在的（假定的）事实被认为具有何种程度的存在可能性。即应通过考虑根据科学的因果法则使法益侵害会发生的事实——虽然是现实并不存在的事实——被认为具有何种程度存在可能性来判断具体危险。在这个意义上说，应当将现实存在的事实置换为假定的事实，通过观察假定事实的存在可能性来具体判断有无具体的危险，而且只能这样进行判断”。[②] 也就是说，具体危险的判断必须主观假设实际损害的发生及其发生的条件，然后与已经发生的客观危险状态相对照，进而判断这一客观危险向实际损害转化的可能性及其大小，从而判断具体危险的有无。进言之，具体危险与实害毕

① 黎宏：《日本刑法精义》（第 2 版），法律出版社 2008 年版，第 83 页。

② 张明楷：《未遂犯论》，中国法律出版社、日本国成文堂 1997 年联合出版，第 265 页。

竟是两个不同的概念，尽管具体危险具有向实害转化的现实可能性，具有充分条件，但从具体危险到实害还有一定的距离，需要主观假设一定的偶然性条件，这就是具体危险拟制偶然因素，即社会一般人会认为偶然因素会发生。只有引入具体危险拟制的偶然因素，才能准确地对具体危险进行定性定量分析。在具体危险中，客观的危险状态已经具备了向实害转化的充分条件，只是由于缺乏一定的偶然因素的作用而未转化为实际损害，所以辅助的主观假设的内容实际上不过是根据社会一般人的认识假设这些偶然因素的发生。[①] 例如，某甲邮寄附有炭疽病毒的包裹故意杀人案件中，被害人乙打开包裹的假设或者被害人乙的家人打开包裹的假设都是对偶然因素的假设，这种偶然因素的发生具有不确定性与可替代性。

（三）具体危险具有现实性

现实性是具体危险的根本属性。具体危险的现实性是指具体危险行为对保护法益造成的具体危险结果是现实的，而不是抽象的。这一现实性的根源不仅在于具体危险向实害转化的条件的充分性而导致的具体危险具有向实害转化的现实可能性，更在于具体危险包含主客观事实因素，这一事实因素自然而然会导致具体危险的事实性，而现实性只是事实性的一种表现形式。具体危险的现实性是具体危险区别于抽象危险的特殊性质。现实性与客观性是既有联系又有区别的两种特性，现实性具有客观性，但客观性不一定具有现实性。例如，抽象危险具有客观性，但不具有现实性。现实性与抽象性（潜在性）是一对相对的概念，抽象性（潜在性）的原因是事物的内在条件还不充分，只具备事物的某些形式上的条件，它只反映事物的形式，只具备事物形式上的特征，不具备事物实质上的特征。但是，无论现实性还是抽象性，二者都是客观的，都是以客观条件为基础，不同于毫无条件的主观观念。因此，无论现实性，还是抽象性，二者都具有事物发展的客观条件，只不过条件的充分性程度的不同而体现为现实性与抽象性的差异。具体危险的现实性本质上反映具体危险向实害转化条件的充分性，抽象危险的抽象性本质上则反映抽象危险向实

---

① 参见董泽史：《法学中危险概念的哲学建构》，载《天津行政学院学报》2017 年第 2 期。

害转化条件的不充分性。具体危险的现实性说明具体危险与保护客体法益发生了内在的、现实的联系，即具体危险行为要现实地、具体地威胁到利益实体。对于威胁公共法益的具体危险犯，则行为要同保护法益——公共安全现实地、具体地发生联系，而不是停留在抽象的形式之上，更不是停留在观念之中。对于威胁个人法益的具体危险犯，则行为要直接指向具体的利益实体，与个人法益现实地、具体地发生联系。在此意义上，具体危险可以片面地理解为“现实的危险”。

例如，某犯罪分子甲意图通过邮寄邮包内部附有炭疽病毒的包裹杀死某乙。在该包裹进入邮局之时，邮寄包裹的行为并不可能对乙的生命发生直接的作用，也不可能构成现实的威胁，因而只能是抽象危险这一潜在的危险。这主要是因为在包裹进入邮局之时，这一抽象危险向实害转化条件还不充分，只具有实害转化的抽象可能性。但是，当包裹进入乙能够控制的地方，如乙的家中，或者乙的办公室，则乙有足够的条件打开包裹，只要乙打开包裹，乙就能感染炭疽病毒。因此，此时甲的行为已经对乙的生命安全构成了具体危险，即能够现实地威胁乙的生命。也就是说，当包裹进入乙能够控制的地方，甲的行为对保护法益乙的生命具有造成实害的充分条件而使这一具体危险具有向实害转化的现实可能性，即甲的行为与乙的生命发生了现实的、内在的联系而直接地、具体地指向了乙的生命这一利益实体。进言之，具体危险向实害转化的条件是充分的，只需要乙打开包裹，或者乙的家人打开包裹等这样的偶然条件发生，实害结果即会产生。

（四）具体危险具有规范性

规范性是具体危险的规范属性。具体危险的规范性是指法律规范对具有向实害转化的现实可能性的危险（现实的危险）进行分配，只有被法律规范评价为禁止的危险，这一危险才能被认为是具体危险。法律规范将危险分解为禁止的危险与允许的危险，只有禁止的危险才可能评价为具体危险，而允许的危险则不予以考虑。具体危险的规范性主要根源于具体危险作为一种社会事实包含有规范因素，这一规范因素自然而然产生具体危险的规范性。在此意义上，具体危险可以片面地理解为“规范的危险”。本质上讲，如果从客观的危险与主观假设（主观的危险）的比对中得出具体危险是实害的现实可能性（现实的危险），其是以客观危险为基础、主观假设偶然因素为辅助这样的客观与主观的结合的话，那么，对这一“实害的现实可能性”（现实的危险）进行规范上的考量（规范的危险）则是反映了事实与规范的辩证运动，即被实质地、现实地威胁了的法益在什么范围内被认为是刑法规范所保护的法益。

日本学者曾根威彦认为，“未遂犯中的危险判断，是以法益侵害法益的事实可能性为基础的价值评价。危险的判断基础是纯粹的、物理的事实，在此意义上说，不能采取以行为时行为人或一般人认识到的事实作为判断基础的具体危险说。但另一方面，既然危险概念本来含有某种价值的要素，危险性的判断自身就不得不带有价值的、评价的性质。在此意义上，将危险判断视为纯粹基于科学法则的物理判断是不适当的”。[①] 实际上，如前所述，现实中的（具体）危险是一个多种因素构成的复杂体，既包含客观因素，又包含主观因素；既包含事实因素，又包含规范因素。但是现实中这些不同的因素混合杂糅、难分彼此、判断标准不一，无法进行一次性的判断。因此，理论的任务就是对现实进行抽象，即将这些因素从抽象思维上对彼此进行分离，将不同的因素条理化，发现不同因素的属性，进而通过对不同因素的属性判断而达到对（具体）危险的判断。换言之，（具体）危险根据其不同的因素抽象分析出四个基本属性，（具体）危险判断转化分解为四个基本属性的判断，而不是一次性的整体判断，而这四个基本属性的判断分别依次对应于客观的判断、主观的判断、事实的判断、规范的判断，彼此并不重叠交叉，各自的对象、任务与判断标准设置单一明确而科学。

（五）结论

综上所述，本文提出并论证了具体危险具有客观性、拟制偶然因素、现实性、规范性的基本属性。危险从客观的危险发展到具体危险经历了两次修正，第一次通过危险的拟制性（拟制偶然因素）的辅助主观假设，修正为实害的现实可能性；第二次通过法律规范的评价，修正为“法规范所不容许的危险”。通过这两次修正，客观危险递进为具体危险。可以简单地勾勒出其递进发展的脉络：客观危险—实害的现实可能性—法规范所

① 张明楷：《未遂犯论》，中国法律出版社、日本国成文堂1997年联合出版，第272页。

不容许的危险—具体危险。①

进言之,通过对具体危险基本属性的分析,具体危险的基本构造可以进行新的重构,具体危险可以抽象为一个多层结合体,具有四层结构。第一层是具体危险的客观性,是基础层,体现为客观的危险;第二层是具体危险拟制偶然因素,体现为主观的危险(社会一般人的危险感);第三层是具体危险的现实性,体现为现实的危险;第四层是具体危险的规范性,体现为规范的危险。

从唯物辩证法看,客观的危险是正题,主观的危险(社会一般人的危险感)是对客观的危险否定的反题,通过正反辩证运动达到现实的危险这一合题,这是第一次辩证运动——客观与主观辩证达到事实。在第一次辩证运动的基础上,第二次辩证运动递进发生,现实的危险是正题,规范的危险是对现实的危险的反题,通过正反辩证运动达到具体危险这一合题,这是第二次、递进的辩证运动——事实与规范辩证达到具体。可以看见,具体危险是两次、递进的辩证运动的结果,遵循了严密的辩证理性,具体危险的基本属性不过是辩证理性的复制与再现。

另外,由于具体危险基本属性的发现,具体危险判断的传统模式被颠覆。对具体危险一次性整体判断的传统模式被否定,具体危险的判断从一次性的危险判断转换成分解为多次的具体危险基本属性的判断,即不再是一次性地判断具体危险的有无,而是依次判断是否具有客观性、拟制性(拟制偶然因素)、现实性与规范性四个基本属性的有无,进而得出具体危险是否成立。具体危险的判断依次作客观判断、主观判断、事实判断、规范判断。具体而言,具体危险的客观性判断是依据物理标准作出客观判断,具体危险拟制偶然因素的判断是依据社会一般人标准作出主观判断,具体危险的现实性判断是依据具体危险的客观性与拟制偶然因素作出事实判断,具体危险的规范性判断则是在对具有现实性的具体危险依据法规范标准作出规范判断。结合具体危险的基本属性,可以描绘出具体危险判断的流程结构图(见图2)。

① 参见董泽史:《法学中危险概念的哲学建构》,载《天津行政学院学报》2017年第2期。

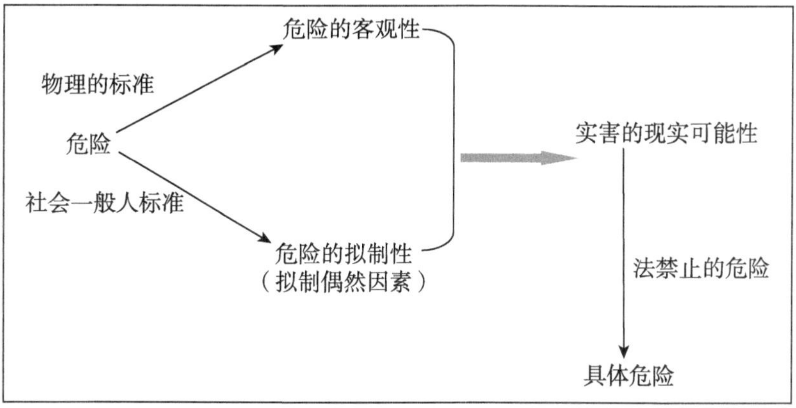

图 2 具体危险判断的流程结构

三、抽象危险的基本属性

抽象危险是实害的抽象可能性。哲学上抽象可能性具有客观性、抽象性、形式性、潜在性、向实害转化条件的不充分性等特征，这样，抽象可能性哲学上的特征就影响并规定了刑法学中的抽象危险的特征。因此，抽象危险具有客观性、抽象性、形式性、潜在性、向实害转化条件的不充分性等属性。但是由于抽象危险是无形的结果，必须借助行为举止、行为方式、行为样态来判断，进行主观假设，这样不可避免地产生了抽象危险的拟制性。当然实害的抽象可能性还通过法规范进行分配，从而产生抽象危险的规范性。概括地讲，刑法中的抽象危险具有客观性、拟制性、抽象性、规范性四大基本属性。

与具体危险一样，现实中存在的抽象危险既包含客观因素，又包含主观因素；既包含事实因素，又包含规范因素，而且这些因素在现实中是复合杂糅、难分彼此，不能用同一的标准予以衡量与解释。因此，只有通过抽象思维将这些因素彼此分离、条理化，将其条理化为客观因素、主观因素、事实因素、规范因素四大基本因素。为了发现与解释抽象危险的基本属性，就必须在这四大基本因素及其辩证运动中获得。因此，从客观因素中获得抽象危险的客观性，从主观因素中获得抽象危险的拟制性，从事实因素中获得抽象危险的抽象性（潜在性与形式性），从规范因素中获得抽象危险的规范性。

与具体危险不同的是，在决定客观性的量上，抽象危险比具体危险显然要少；在决定拟制性上，具体危险拟制的是偶然因素，主观假设的是形式的条件发生，而抽象危险拟制的是必然因素，主观假设的是实质的条件发生；在决定事实性上，具体危险体现的是事实性的现实性形式，抽象危险则体现的是事实性的抽象性（形式性）形式；在决定规范性上，具体危险进行规范评价的对象是现实的危险，而抽象危险进行规范评价的对象是形式的危险（潜在的危险）。

（一）抽象危险具有客观性

客观性是抽象危险的基础属性。抽象危险的客观性是指抽象危险是客观的、实际存在的，并非一种纯粹的主观观念上的危险。抽象危险的客观性是从物理观察得出的结论，主要由于行为与保护法益发生了客观的联系，从而产生了抽象危险的客观性。单纯凭借社会一般人的危险感与安全感觉来判断抽象危险是不可靠的，它忽视了抽象危险首先是一种具有客观性的危险。抽象危险的客观性根源于抽象危险中存在的客观条件蕴含的客观因素，这一客观因素的存在自然引起抽象危险的客观性。在此意义上，抽象危险可以片面地理解为“客观的危险”。实际上，主张抽象危险的客观性是对犯罪本质作实质理解得出的必然结论。从犯罪的本质来看，任何犯罪都是对法益的侵害，因此，任何犯罪都具有犯罪结果，都是实质犯，形式犯原则上没有存在的余地。在此意义上，抽象危险作为一种犯罪结果也是结果属性的危险，抽象危险具有客观性。同时，坚持抽象危险的客观性也是对抽象危险设立边界与进行限缩的必然要求。反之，脱离抽象危险的客观性会导致扩大抽象危险的处罚范围，将不具有实质犯罪结果的形式犯扩张性地纳入犯罪之中，从而不当扩大犯罪范围而侵犯人权。

抽象危险的客观性要求将确实不具有危险客观性的行为排除出犯罪范围之外，这就为抽象危险的反证机制的设计提供了理论基础。如果能够证明危险客观上确实不存在，则排除抽象危险成立。例如，深夜独自在空旷无人的沙漠公路上超速行驶，由于其客观上根本不可能对他人生命财产造成损害，不具有客观的危险，因而这种行为尽管违反了规范，却因其不具有危险的客观性而不应当认为是犯罪。也就是说，刑法处罚抽象危险行为首先是因为这种行为对保护法益客观上确实产生了危险，这一客观性是抽象危险自身包含的向实害转化的客观条件决定的。有学者认为,抽象危险是拟制的危险,没有危险客观性存在的余地。① 这种观点实际上没有分清楚"危险的拟制性"与"拟制的危险"之间的不同,抽象危险具有拟制性,但并不是完全拟制的危险,"危险的拟制性"只表明拟制危险的局部因素,而"拟制的危险"则表明拟制危险的全部因素,二者是两个不同的概念。抽象危险的拟制性只是抽象危险的一个属性,它只是对抽象危险的某些因素的拟制,与抽象危险的客观性并非完全对立的,而是可以结合统一的。持"拟制的危险"的观点认为,抽象危险无须具体考察抽象危险是否实际存在,只要经过行为举止、行为样态、行为方式等进行判断即可。这种观点实际上与实质的犯罪概念相矛盾,只要承认犯罪的本质必须作法益侵害的考量,就无法否认作为法益侵害的征表的犯罪结果的客观性,也就无法否认抽象危险的客观性。

(二)抽象危险具有拟制性(拟制必然因素)

拟制性是抽象危险的主要属性。一般认为,拟制性就是只作形式上的考察,不做实质判断,就抽象危险而言,只要具备法律规定的行为举止、行为样态、行为方式,就推定具有抽象危险。实际上,这种观点有待商榷。拟制性并不完全排除实质判断,拟制性应当容许客观性。也就是说,在通过拟制性推定具有抽象危险之时,应当考察客观性问题。具体而言,如果能够证明客观上确实不具有危险,则不能单纯通过拟制性推定具有抽象危险。拟制性只是在不能证明危险的有无之时,则可以通过拟制性推定抽象危险的存在。当然如果证明抽象危险客观存在,则客观性与拟制性相一致而抽象危险成立。因此,在抽象危险中,抽象危险的拟制性是受客观性制约的,其是通过推定与反证结合的设计来实现的。

有学者认为,抽象危险是纯粹法律拟制的危险。② "伪证罪、违反限速罪、毁坏名誉罪等都是这种情况,一般认为,在抽象危险犯中,发生危险只是立法上的理由、动机而已,而不像具体危险犯中一样,要求具有现实的危险。换句话说,在实施了所规定的行为场合,就拟制具有危险。"③实

---

① 参见黎宏:《日本刑法精义》(第2版),法律出版社2008年版,第84页。
② 参见黎宏:《日本刑法精义》(第2版),法律出版社2008年版,第83页。
③ 黎宏:《日本刑法精义》(第2版),法律出版社2008年版,第83页。

际上,认为抽象危险是纯粹的法律拟制危险的观点是值得商榷的。这种观点实质上是否认抽象危险的客观性,将抽象危险的客观性与拟制性对立起来。只要承认犯罪的本质必须作法益侵害的考量,犯罪概念就只能是实质的犯罪概念,形式犯原则上就没有存在的余地。认为抽象危险是纯粹的拟制危险,实际上是承认抽象危险犯是形式犯,这是与犯罪本质需要作实质判断的观点是相悖的。更为重要的是,这种观点没有发现抽象危险客观性与拟制性的融入机制——推定与反证的机制。准确地说,只有在危险证明不能的范围内才能依据行为举止、行为方式、行为样态等判断抽象危险成立,这种推定与反证机制在最大限度内尊重实质判断的基础上为形式判断划定了适当的范围,从而设计了人权保障与秩序维持之间如何实现平衡的路径。

抽象危险是实害的抽象可能性,那么如何来判断"抽象可能性"?这就牵涉抽象危险拟制性的内容问题,可能性的判断必须主观假设条件作为辅助手段。如果说具体危险是主观假设形式性条件,那么抽象危险主观假设的则是实质性条件。因为抽象危险只是具有向实害转化形式上的条件,判断是否向实害转化还要假设实质上的条件才能判断,因此,抽象危险实质上主观假设了实质条件这样的必然因素。也就是说,尽管抽象危险向实害转化的条件还不充分,缺乏必然因素,但是立法已经根据社会一般人认识拟制(主观假设)这样的必然因素会发生,除非能够证明确实不会向实害转化,在司法实践中应进一步根据社会一般人标准判断这样的必然因素是否可能发生。因此,在此意义上,抽象危险的拟制性包含了社会一般人的主观认识,抽象危险可以片面地理解为"主观的危险"。

(三)抽象危险具有抽象性

抽象性是抽象危险的根本属性。抽象危险的抽象性又称为潜在性与形式性,由于抽象危险向实害转化的条件不充分,只是具备了一些向实害转化形式上的条件,因此抽象危险只是具有向实害转化的抽象可能性(潜在可能性),不具有转化的现实性,这一特性被称为抽象危险的抽象性。因此,在此意义上,抽象危险被片面地理解为"潜在的危险"。抽象性与现实性是一组相对的概念,抽象性是事物由于只具有形式上的条件而只是发展到抽象可能性阶段表现出来的特性,而现实性则是事物由于具有充分的条件而发展到现实可能性阶段表现出来的特性。二者虽然都具有客观性,但是表现事物的阶段是不同的。抽象性表明事物距离现实还有一段较远的距离,只是具有向现实转化的形式上的条件,而现实性则表明事物距离现实已经靠近,具有向现实转化的实质上的条件。实际上,抽象危险的客观因素与主观因素辩证运动,产生事实因素,表现出事实性属性,又由于在这一辩证运动中抽象危险的主观性(社会一般人认识)占主要地位,而抽象危险的客观性占次要地位,这样抽象危险的事实属性就表现为它的抽象性形式,而不是现实性形式。进言之,事实性可以包含两种形式,一种是现实性,另一种是抽象性。具体危险体现的是现实性属性,而抽象危险体现的是抽象性属性,这主要是由于事实是由客观因素与主观因素辩证运动产生的。在这一辩证运动中,具体危险的客观性占主要地位,而具体危险的主观性(社会一般人认识)占次要地位,从而体现出事实的现实性特征;而抽象危险正好与之相反,从而体现出事实的抽象性特征。因此,无论是具体危险的现实性,还是抽象危险的抽象性,都是辩证运动中的客观因素与主观因素所占地位的不平衡性决定的。

抽象性并不同于不可能性,抽象性表明的发展总的方向是向现实转化,而不可能性则是一个相反的方向。因此,抽象危险的抽象性表明抽象危险向实害转化的抽象可能性,它的总的发展方向是向实害转化,而不是向不可能转化,如果能够证明发展方向是向不可能方向发展,则抽象危险不能成立。例如,根据我国现行《刑法》第 267 条的规定,携带凶器抢夺的,依照本法第 263 条的规定定罪。也就是说,携带凶器抢夺的,按照抢劫罪定罪。其法理在于,携带凶器并未出示而抢夺,其已经对保护法益他人财产与人身安全构成了抽象危险,抢夺行为与携带凶器的行为为行为人侵犯保护法益创造了形式上的条件,虽然并未对保护法益构成实害或者具体危险,但是这样的行为的发展方向是向实害转化,而不是向不可能造成实害的方向转化,因此,行为对保护法益造成的抽象危险成立,进而按照造成抽象危险的抢劫罪论处。也就是说,抽象危险的抽象性是实害的抽象可能性,即行为对保护法益发生了客观的、潜在的危险,并且这一危险根据社会一般人标准认为会向实害方向发展。

(四)抽象危险具有规范性

规范性是抽象危险的规范属性。抽象危险的规范性是指法律规范对具有向实害转化抽象可能性的危险(潜在的威胁)进行分配,只有被法律规范评价为禁止的危险,这一危险才能被认为是抽象危险。在此意义上,抽象危险可以片面地理解为“规范的危险”。刑法并非一般地禁止危险,而是对危险进行分配,将危险分为法禁止的危险与法允许的危险,只有法禁止的危险才可能成为刑法禁止的危险,而法允许的危险则即便具有危险性也排除在刑法禁止的危险之外。例如,在城市道路交通中,即便行为威胁了道路交通安全,对保护法益公共安全造成了危险,但只要行为人遵守了道路交通法规,这种危险就是法允许的危险而不评价为抽象危险,只能视为偶然事件或者不可抗力。实际上,从本质上讲,如果说抽象危险的抽象性是抽象危险的客观性与抽象危险的拟制性这样客观与主观的辩证综合的结果,那么,抽象危险的规范性则是在客观与主观辩证综合的基础之上对抽象危险的事实性(实害的抽象可能性)进行规范上的考量而体现出事实与规范的第二次、递进的辩证法。

有学者提出“被允许的危险理论”,“某些具有法益侵害危险的行为,在社会生活中不可避免的存在着,而且对社会的发展存在有用性和必要性……实施这种危险行为的人,若遵守了其行为必需的规则,以慎重的态度实施其行为,即使造成了法益侵害的结果,也应认为是合法的,这就是被允许的危险的理论”。[①] 西原春夫教授认为,刑法的任务在于保护优越、必要及正当的利益,刑法中的正当化行为包括被允许的危险的理论依据有三个:(1)正当利益之保护原理,如竞技体育中的伤害行为。(2)优越利益保护原理,如医疗行为。(3)必要利益保护原理,如救助性刑讯行为。[②] 蔡墩铭认为,“本来具有反价值之违法行为,其被认为阻却违法,显然由于此一行为另外具有价值,而其价值超过反价值。所谓具有价值之行为,不外具有行为有价值(如社会相当性);或具有结果有价值(如优越利益之保护)”。[③] 我国台湾地区学者周冶平认为:“在社会相当性概念中,当然包含有可容许的危险之原则。在可遵守客观的注意义务——社会生活上必要的注意义务么范围内,其行为即使诱发法益侵害的后果,也是适法的,这是并不限于可容许的危险原则才可适用的理论。而可容许

① 张明楷编著:《外国刑法纲要》(第2版),清华大学出版社2007年版,第237页。

② 参见田宏杰:《刑法中的正当化行为》,中国检察出版社2004年版,第101页。

③ 陈培峰编著:《刑法体系精义——犯罪论》,台北,康德文化出版社1998年版,第15页。

的危险仅适用于社会的相当性之特殊的场合而已。”①实际上,被允许的危险理论是综合考量的结果,既是对优越、必要、正当利益保护的需要,也存在于社会相当性概念之中,这是坚持结果无价值与行为无价值二元论得出的必然结论,但无论如何,其都是价值判断与规范评价的结果。

(五)结论

综上所述,本文提出并论证了抽象危险具有客观性、拟制性(拟制必然因素)、抽象性、规范性的基本属性。危险从客观的危险发展到抽象危险经历了两次修正,第一次通过危险的拟制性(拟制必然因素)的主观假设,修正为实害的抽象可能性;第二次通过法律规范的评价,修正为“法规范所不容许的危险”。通过这两次修正,客观危险递进为抽象危险。可以简单地勾勒出其递进发展的脉络:客观危险—实害的抽象可能性—法规范所不容许的危险—抽象危险。

进言之,抽象危险可以抽象为一个多层结合体,存在四层结构。第一层是抽象危险的客观性,是基础层,体现的是客观的危险;第二层是抽象危险的拟制性(拟制必然因素),体现的是主观的危险(社会一般人的危险感);第三层是抽象危险的抽象性,体现的是潜在的危险;第四层是抽象危险的规范性,体现的是规范的危险。

从唯物辩证法看,客观的危险是正题,主观的危险(社会一般人的危险感)是对客观的危险否定的反题,通过正反辩证运动达到潜在的危险这一合题,这是第一次辩证运动——客观与主观辩证达到事实。在第一次辩证运动的基础上,第二次辩证运动递进发生——事实与规范辩证达到具体,潜在的危险是正题,规范的危险是对现实的危险的反题,通过正反辩证运动达到抽象危险这一合题。可以看见,抽象危险也是两次、递进的辩证运动的结果,遵循了严密的辩证理性,抽象危险的基本属性也不过是这一辩证理性的再现与复制的结果。在辩证运动的范式上,抽象危险与具体危险是同一的,首先都是通过客观与主观的第一次辩证运动达到事实,然后通过事实与规范的第二次、递进的辩证运动达到具体。

另外,由于抽象危险基本属性的发现,抽象危险的判断的传统模式被颠覆。传统对抽象危险的有无作一次性判断的模式被否定,而是将抽象

---

① 周冶平:《可以容许的危险概说》,载《刑事法杂志》第9卷第2期。

危险的判断转化分解为抽象危险四个基本属性有无的判断,通过依次判断抽象危险的客观性、拟制性、抽象性与规范性四个基本属性有无,进而判断抽象危险成立与否。进言之,抽象危险的判断依次作客观判断、主观判断、事实判断、规范判断。具体而言,抽象危险的客观性判断是依据物理标准作出客观判断,抽象危险的拟制性判断是依据社会一般人标准作出主观判断,抽象危险的抽象性判断是依据抽象危险的客观性与拟制性作出事实判断,抽象危险的规范性判断则是对具有抽象性的潜在危险依据法规范标准作出规范判断。结合抽象危险的基本属性,可以描绘出抽象危险判断的流程结构图(见图3)。

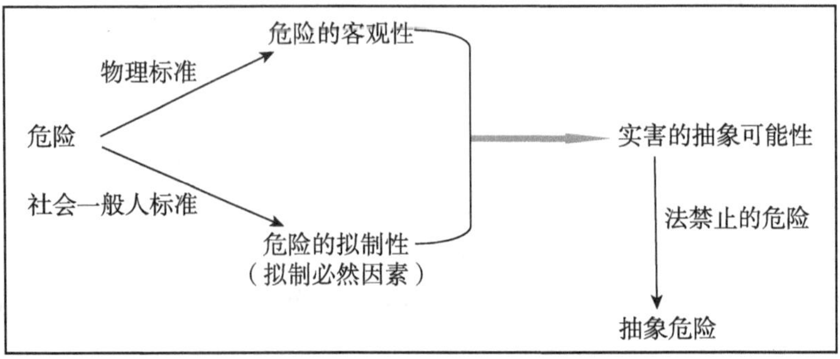

图3　抽象危险判断的流程结构

●程序法视野中的罪数论*

杨杰辉**

摘　要：罪数存在多种形态，典型一罪与典型数罪均不存在整体评价与分开评价之分，而非典型罪数形态则存在整体评价与分开评价之分，只有整体评价，才能实现其罪数目的。因此，如何保障构成非典型罪数形态的所有犯罪事实能够一并处理从而能够整体评价以及如何防止司法机关有意将应该整体评价的事实分开评价就决定了其罪数目的能否实现，而这一问题与程序法上犯罪事实处理的原理与基本方式密切相关。因此，罪数论不单是一个实体法问题，而且是一个程序法问题。诉审同一与一事不再理原则构成了程序法上犯罪事实处理的原理与基本方式，罪数目的要实现，则罪数规定必须适应该原理与方式。为此，在罪数立法时，应该尽量避免将不属于同一自然事件的数个犯罪事实规定为一罪。

关键词：罪数论　非典型罪数形态　诉审同一　一事不再理

一、引　言

罪数论是刑法中理论性最强、最为复杂的问题，①是“学理上无奈的痛，实务上深怕触碰的伤痕”，②建构完美的罪数论，犹如圣经旧约所载的人类盖巴别塔的故事一样，几乎确定是不可能的任务。③ 但这些均未能阻

* 本文是国家社科基金一般项目《刑事一体化视域下一事不再理的效力范围研究》(立项编号:20BFX092)的阶段性研究成果。

** 浙江工业大学法学院副教授，法学博士。

① 参见叶良芳:《罪数论的体系性反思与建构》，载《浙江大学学报(人文社会科学版)》2007 年第 4 期。

② 参见柯耀程:《刑法竞合论》，中国人民大学出版社 2008 年版，第 1 ~ 2 页。

③ 参见林钰雄:《刑法与刑诉之交错适用》，中国人民大学出版社 2009 年版，第 256 页。

止学者们进入罪数论这一荆棘密布丛林的探索，反而激起了学者的强烈征服欲望，视其为必须攻克的堡垒，罪数论也就成为学术研究中的热点问题，几乎在每一本刑法教科书中都有其一席之地，相关著述更是层出不穷。① 近年来随着对罪数研究的深入，我国罪数研究呈现出多元化、精细化的特征，产生了一大批高质量的研究成果，但与此同时，我国罪数研究并未突破传统罪数研究的思路与角度，仍然将罪数作为一个单纯的实体法问题，仅从实体法角度展开研究。② 但是，"实体法只有在它通过程序得以实施之后才有意义，只有通过程序有效实施的才是真正的法"③。因此，假如我们对罪数的研究不是单纯为了追求其形式上的逻辑性、体系性，而是为了实现其目的，那么我们就不应将罪数视为是一个单纯的实体法问题，而是一个实体法与程序法交错的问题，我们对罪数的研究，也就不能仅限于实体法，而应该考虑程序法。本文正是基于这一思路、从程序法的角度对罪数问题进行研究。

二、罪数形态及其引发的程序问题

（一）罪数的多种形态

罪数论，即行为构成几个犯罪以及如何处罚的理论，具体包括两方面的内容：一是行为构成几个犯罪，二是行为构成数个犯罪如何处罚。前一方面属于犯罪论的内容，后一方面属于刑罚论的内容，因此罪数论是一个既涉及犯罪论又涉及刑罚论的问题。④ 犯罪论与刑罚论的评价原则与判断标准不同，犯罪论以全面评价为原则，以犯罪构成要件为判断标准，刑罚论以禁止重复评价为原则，以实现罪刑均衡为目的。⑤ 由于罪数既涉及犯罪论又涉及刑罚论，且两者的评价原则与判断标准不同，因此罪数包含两层含义，一层是犯罪论上的罪数，另一层是刑罚论上的罪数。⑥ 犯罪论

---

① 参见刘宪权：《罪数理论正本清源》，载《法学研究》2009 年第 4 期。

② 有些罪数研究也涉及程序法，比如认为罪数的建构应该遵循诉讼效益原则，比如认为罪数与一事不再理原则有关等，但基本都是点到为止，并未展开论述。

③ 王钰：《客观处罚条件和诉讼条件的区分——兼论实体法和程序法的区别》，载《政治与法律》2016 年第 7 期。

④ 参见刘宪权：《罪数理论正本清源》，载《法学研究》2009 年第 4 期。

⑤ 参见李世阳：《刑法中行为论的新展开》，载《中国法学》2018 年第 2 期。

⑥ 参见张明楷：《犯罪论体系的思考》，载《政法论坛》2003 年第 6 期。

上的罪数是犯罪成立上的罪数,而刑罚论上的罪数则是科刑上的罪数。原则上,犯罪构成要件数、犯罪成立上的罪数、科刑上的罪数三者呈对应关系,符合几个犯罪构成要件的,则就构成几个犯罪,就科以几个刑罚,符合一个构成要件的,构成一罪,科以一罚,符合数个构成要件的,构成数罪,科以数罚。① 这一原则之下的罪数,属于典型的一罪与典型的数罪,如果罪数判断严格遵循这一原则,那么罪数就只有典型一罪与典型数罪这两种形态,罪数也就只是一个犯罪构成要件符合性判断及个数计算的问题,也就不可能成为一个如此复杂的问题。正是在这一原则之外,还存在例外,在典型一罪与典型数罪之间,还存在一些非典型的罪数形态,才导致罪数不是简单的单数、复数二选一的问题,而是符合数个犯罪构成要件的行为,什么时候构成一罪、什么时候构成数罪,构成数罪的,什么时候一罚、什么时候数罚的复杂问题。② 由于只有非典型的罪数形态在罪数的认定与适用上才会发生问题,而典型的罪数形态不会发生问题,因而甚至有学者指出,只有非典型的罪数形态才是罪数论的研究对象,而典型的罪数形态并不属于罪数论的研究对象。③

在犯罪论与刑罚论上,均会产生非典型的罪数形态:在犯罪论上,以行为为评价对象,以犯罪构成要件为评价标准,而行为有个别评价与整体评价之分,犯罪构成要件有单一构成要件与复杂构成要件之别。行为,从个别来看,包含数个行为,且该数个行为各自均可符合一个单一构成要件,但从整体来看,则该数个行为可为一个复杂构成要件所包含,因此就产生了形似数罪但实为一罪的实质上一罪这种罪数形态。④ 比如,使用暴力夺取财物的行为,由使用暴力与夺取财物两行为构成,个别来看,形似数罪,使用暴力行为符合暴行罪的构成要件,夺取财物行为符合盗窃罪的构成要件,但这两个行为在整体上可为强盗罪所包含,因此实质上只构成一罪。在刑罚论上,有时严格按照一罪一罚、数罪数罚这种对应关系,会出现重复评价的问题,但如果不按照这种对应关系,又会出现无法全面评

---

① 参见陈子平:《刑法总论》,中国人民大学出版社 2009 年版,第 434 页。

② 参见[日]前田雅英:《刑法总论讲义》,曾文科译,北京大学出版社 2017 年版,第 345 页。

③ 参见储槐植:《论罪数不典型》,载《法学研究》1995 年第 1 期。

④ 参见储槐植:《论罪数不典型》,载《法学研究》1995 年第 1 期。

价的问题，这种两难困境就导致产生了实是数罪但只按一罪处罚的科刑上一罪这种罪数形态。“我们立法上的不可避免的漏洞导致我们在许多情况下找不到从各个方面均适合用于某个行为的条款，根据现行法律只有一条解决途径，但这也是被迫的且也是很难令人满意的。”①如伪造国家公文实施诈骗，由伪造国家公文与实施诈骗两行为构成，伪造国家公文行为符合伪造国家公文证件印章罪的构成要件，实施诈骗行为符合诈骗罪的构成要件，如果对其以伪造国家公文证件印章罪与诈骗罪数罪并罚的话，则会因为两行为之间有手段与目的关系而可能被重复评价；如果对其只定一罪的话，则因为没有任何一罪在整体上可以将其包含而无法全面评价，因此只能采取数罪一罚这种折中方式处理。

非典型罪数形态的存在，导致罪数至少包括典型一罪、实质一罪、科刑一罪、典型数罪等具体形态。典型一罪、实质一罪、科刑一罪均被冠以一罪之名，但三者之间有共性，更有重大差异。典型一罪无论在形式还是实质上，都只符合一个犯罪构成要件，其一罪性是明明白白的，通过事实性判断在形式上就可以判断出来，而不需要特别给予构成要件上的评价，因此又称为认识上的一罪、单纯的一罪。② 实质一罪在形式上符合数个犯罪构成要件、包含数个典型一罪，但其在整体上能够为一个犯罪构成要件所充分评价，因此又称为评价上的一罪。③ 典型一罪与实质一罪均能为一个犯罪构成要件所充分评价，因此均属于犯罪论上的一罪，均属于本来的一罪。④ 但典型一罪不仅在实质上而且在形式上只符合一个犯罪构成要件，因此无法将其分割为数个犯罪，而实质一罪在形式上符合数个犯罪构成要件，因此形式上可以将其分割为数个犯罪。科刑一罪也符合数个犯罪构成要件，但其不能为一个犯罪构成要件所充分评价，而需要多个犯罪构成要件进行评价，其在犯罪论上构成数罪，只是在刑罚论上按一罪处

---

① ［德］弗兰茨·冯·李斯特：《德国刑法教科书》，徐久生译，法律出版社2000年版，第395页。

② 参见马克昌：《比较刑法原理——外国刑法学总论》，武汉大学出版社2002年版，第693页。

③ 参见陈子平：《刑法总论》，中国人民大学出版社2009年版，第435页。

④ 参见陈子平：《刑法总论》，中国人民大学出版社2009年版，第436页。

罚，因此属于刑罚论上的一罪。[①] 实质一罪与科刑一罪在形式上均符合数个犯罪构成要件，形式上均能够分割为数个犯罪，但实质一罪能为一个犯罪构成要件充分评价，而科刑一罪不能为一个犯罪构成要件充分评价。实质一罪与科刑一罪均具有整合功能，[②]但实质一罪是将形式上符合数个构成要件的行为通过一个构成要件整合为一罪，而科刑一罪是将实质上构成数个犯罪的行为整合按一罪处罚。实质一罪中的数个犯罪因为被一个犯罪构成要件所整合，数个犯罪失去了独立意义，因此对其无须独立认定、独立评价，但科刑一罪中的数个犯罪无法被一个犯罪构成要件所整合，因此各个犯罪均具有独立意义，应该对其独立认定、独立评价。[③]

虽然罪数论既涉及犯罪论又涉及刑罚论，但犯罪论上的罪数只是衍生性问题，而刑罚论上的罪数才是本源性问题，[④]罪数论的最终目的并不是为了解决行为构成几个犯罪的问题，而是为了解决行为构成数个犯罪如何处罚的问题，解决行为构成几个犯罪的问题也是为了实现合理量刑，因此实现合理的量刑是罪数论的最终目的，罪数论本质上是一种关于量刑的理论。[⑤] "罪数理论的最终目的是为了科刑，旨在使刑罚合理化，而不在于罪数评价或认定本身的合理化。"[⑥]"刑罚裁量的合理性具有决定性的指导意义，而不是一罪与数罪的区分本身具有决定性意义。"[⑦]对于典型一罪、典型数罪是如此，对于非典型罪数形态也是如此，实质一罪、科刑一罪之所以要将符合数个犯罪构成要件的行为整合为一罪或按一罪处罚，其目的也是为了实现合理的量刑。比如，结合犯、集合犯属于实质一罪，法律之所以将形式上符合数个犯罪构成要件的行为规定为一罪，其主要目的是克服数罪并罚处罚不足的弊端，以加重对行为人的刑事处罚，[⑧]

① 参见[日]前田雅英：《刑法总论讲义》，曾文科译，北京大学出版社 2017 年版，第 346 页。

② 参见储槐植：《论罪数不典型》，载《法学研究》1995 年第 1 期。

③ 参见[日]前田雅英：《刑法总论讲义》，曾文科译，北京大学出版社 2017 年版，第 347 页。

④ 参见叶良芳：《罪数论的体系性反思与建构》，载《浙江大学学报（人文社会科学版）》2007 年第 4 期。

⑤ 参见丁慧敏：《想象竞合的功能及其存在根据》，载《现代法学》2013 年第 3 期。

⑥ 张明楷：《罪数论与竞合论探究》，载《法商研究》2016 年第 1 期。

⑦ 张明楷：《罪数论与竞合论探究》，载《法商研究》2016 年第 1 期。

⑧ 参见陆诗忠：《论结合犯的立法意义》，载《法学评论》2007 年第 5 期。

而想象竞合犯、牵连犯、连续犯属于科刑一罪，法律之所以将符合数个犯罪构成要件、构成数个犯罪的行为规定为只按一罪处罚，其主要目的是避免数罪并罚处罚过重的弊端，以减轻对行为人的刑事处罚。①

（二）非典型罪数形态引发的程序问题

在实体法上，罪数形态的认定与适用，是以构成该罪数形态的所有事实已被确立为前提的，否则就不可能构成该罪数形态，也就不可能实现该罪数形态的目的。因此，罪数目的的实现，必须建立在构成该罪数的所有事实已被确立这一基础之上。典型一罪只符合一个犯罪构成要件，无法从中分割为数个犯罪，对其无法分开评价；典型数罪中各罪之间相互独立，无法在整体上将其整合为一罪，对其无法整体评价，因此典型一罪与典型数罪均不存在分开评价与整体评价之分，在实现罪数目的的时候，也就无须考虑对其是分开评价还是整体评价的问题。但对于非典型罪数形态，由于其形式上符合数个犯罪构成要件，包含数个法益侵害事实，对其既可以从整体上进行评价，又可以先后从中抽取出个别事实进行分别评价，因此对其存在分开评价与整体评价之分，②而只有整体评价，才能实现其罪数目的，如果是分开评价，则无法实现其罪数目的。因此，如何保障其能够从整体上进行评价而不是分开评价，就决定了其罪数目的能否实现。而这一问题就不只是实体法的问题，而且主要是程序法的问题，即在程序法上面临如何保障构成非典型罪数形态的所有事实能够在同一个程序中一并处理从而能够进行整体评价，以及如何防止司法机关将构成该罪数形态的事实分割开来在不同的程序中分别处理、分别评价等问题。同时，还有与此密切相关的其他问题，主要包括：如果检察机关只从构成该罪的犯罪事实中抽取出部分犯罪事实进行起诉的话，那么法院能否对构成该罪的其他犯罪事实一并进行审判？检察机关能否通过变更、追加起诉的方式将未起诉的其他犯罪事实一并追诉？如果法院只对该罪的部分犯罪事实进行审判的话，那么检察机关能否对该罪的其他犯罪事实再次追诉、法院能否再次审判？如果再次审判的话，如何处理与已审判事实

① 参见甘添贵：《罪数理论之研究》，中国人民大学出版社2008年版，第52页。

② 参见［日］山口厚：《刑法总论》（第3版），付立庆译，中国人民大学出版社2018年版，第396页。

的关系,是对该其他犯罪事实单独审判,还是与已审判的犯罪事实一并审判等？比如,对于暴力夺取财物的行为,如何保障暴力行为与夺取财物行为能够在同一个程序中一并处理;如何防止司法机关有意将暴力行为与夺取财物行为分开处理;以及如果检察机关只从中抽取出暴力行为提起起诉,那么法院能否对夺取财物行为进行审判呢,检察机关能否对夺取财物行为追加、变更起诉呢？如果法院只对暴行行为进行了审判,那么检察机关能否再对夺取财物行为提起起诉,法院能否再对夺取财物行为进行审判？如果审判的话,法院是只对夺取财物行为单独审判,还是将前面的对暴力行为进行的审判撤销,将其与夺取财物行为一并审判呢？这些问题均会影响罪数目的的实现,但均与程序法上如何处理犯罪事实的问题密切相关。

三、程序法上犯罪事实处理的原理与基本方式

刑事诉讼是围绕犯罪事实展开的,可以说,没有犯罪事实,就没有刑事诉讼。近现代刑事诉讼将犯罪事实的处理纳入了法治程序的轨道,使其不再是一个单纯地惩罚犯罪的治罪活动,而是必须在程序的轨道上运行。诉审同一与一事不再理原则,则构成了这一轨道的主要部分,程序法上犯罪事实的处理必须遵循这两项原则,而围绕这两项原则形成的具体要求,就构成了程序法上犯罪事实处理的基本方式。

(一)诉审同一原则

诉审同一,是指审判的对象应该与起诉的对象保持一致,起诉什么就只能审判什么,没有起诉的就不能审判。这一原则导致检察机关如何指控、如何理解检察机关的指控效力就成为问题:由于起诉的对象关系到法院的审判对象与被告人的防御范围,因此检察机关如何起诉、可以一并起诉的范围等就成为问题;由于犯罪事实的复杂性以及人的认识能力的局限性等原因,往往会对犯罪事实的认识发生偏差,因此检察机关能否变更起诉、能够变更起诉的范围以及如何变更等就成为问题;由于审判的对象必须与指控的对象保持同一,因此如何理解指控的效力范围就成为问题。[①] 围绕这些问题,分别形成了起诉书记载制度、公诉变更制度、公诉效

---

① 参见杨杰辉:《刑事审判对象研究》,中国社会科学出版社 2010 年版,第 9 页。

力制度,其中起诉书记载制度、公诉变更制度是有关检察机关如何指控的制度,公诉效力制度是有关如何理解检察机关指控效力也就是审判对象是什么的制度,三者共同组成了刑事审判对象机制。①

在三者共同组成的刑事审判对象机制中,审判对象包括现实的审判对象与潜在的审判对象。现实的审判对象是指检察机关已经提出指控的对象,包括起诉书上已经记载的对象以及经过公诉变更后形成的新的对象,其具体范围由公诉效力制度决定。潜在的审判对象是指检察机关可以一并指控但没有一并指控的对象,包括可以在起诉书上一并起诉但没有起诉以及可以变更起诉但没有变更的对象,其具体范围取决于起诉书记载制度与公诉变更制度。现实的审判对象与潜在的审判对象决定了程序可以一次性处理犯罪事实的范围,因此刑事审判对象机制又是一种关于程序可以一次性处理犯罪事实范围的机制。②

在不同国家与地区,对起诉书的记载、公诉的变更以及公诉的效力的规定存在差异,在此基础上形成了不同的刑事审判对象模式,主要有诉因、公诉事实以及公诉事实同一下的诉因三种模式。③ 在诉因模式中,检察机关必须在起诉书上将指控的对象以诉因的形式记载。所谓诉因的形式就是将指控对象整理为构成要件化的事实,将其表述为事实与法律评价一体化的形式。④ 一个诉因只能指控一个犯罪,指控数个犯罪则需要数个诉因,一份起诉书上可以记载数个诉因,也就是可以指控多个犯罪,但多个犯罪之间原则上必须具有性质相同或相似或源于同一事件等关系。⑤起诉书上记载的诉因便是法院的审判对象,法院只能对该诉因做是与否

---

① 参见谢进杰:《审判对象的运行规律》,载《法学研究》2007 年第 4 期。

② 参见[日]松尾浩也:《日本刑事诉讼法》(上卷),丁相顺译,中国人民大学出版社 2005 年版,第 232 页。

③ 参见杨杰辉:《三种刑事审判对象模式之比较研究》,载《现代法学》2009 年第 3 期。

④ See John Sprack, *Emmins on Criminal Procedure*, Blackstone Press Limited, 2002, p. 207.

⑤ 如《美国联邦刑事诉讼规则》第 8 条规定:“如果被指控的罪行,不管是重罪还是轻罪,或既有重罪又有轻罪,属于同一性质或类似性质,或者基于同一行为或同一交易,或者虽是两个或两个以上的行为或交易,但相互联系或构成同一共同计划中的组成部分,那么在一份大陪审团起诉书或检察官起诉书中,可以对两个或两个以上的罪行分别提出指控。”《英国 1971 年起诉书规则》第 9 条规定:“犯罪是基于同一事实的情况下以及是同一性质或者类似性质的连续的犯罪的一部分的时候,可以合并。”

的判决。虽然检察机关在起诉时有广泛的自由裁量权,有权决定是起诉一个诉因还是一并起诉多个诉因,但一旦起诉,诉因便是固定的,不允许再改变,检察机关不能再将本可以一并起诉的其他诉因追加进来。[①] 在公诉事实模式中,检察机关只需要在起诉书上记载明确的犯罪事实,而不需要以诉因的形式记载。在一份起诉书上,可以同时指控数个犯罪,只要数个犯罪之间有一松散的关系。[②] 检察机关提起诉讼后,随着程序的推进,还可以对起诉书上记载的犯罪事实进行变更,以及追加起诉新的犯罪事实。法院只能围绕起诉书上记载的犯罪事实以及变更、追加的犯罪事实进行审判,但只要与指控的犯罪事实保持同一性,法院可以自由认定事实与适用法律,不受指控的罪名的限制,而且即使起诉书上没有记载的犯罪事实,但如果其与起诉书上记载的犯罪事实构成同一犯罪事实的话,法院也可以主动对其进行审判。[③] 在公诉事实同一下的诉因模式中,检察机关也必须在起诉书上将指控的对象以诉因的形式记载,一个诉因只能记载一个犯罪,一份起诉书上可以记载多个诉因,起诉书上记载的诉因便是法院的审判对象,这些都与诉因模式相同。但与诉因模式一旦提起起诉检察机关不得变更诉因不同,公诉事实同一下的诉因模式中检察机关在提起诉讼后可以在公诉事实同一的范围内变更诉因,包括对原诉因进行变更或者追加新的诉因,而且虽然法院无权变更诉因,但其可以命令检察机关变更诉因,只是该命令并无强制力,实质是一种劝导或建议。[④]

(二)一事不再理原则

一事不再理是一项古老的诉讼原则,早在古希腊、古罗马时期就已经出现,随着历史的变迁,其已发展成为一项具有普适性的诉讼原则,许多国家和地区以及国际和地区性组织均确立了该原则。该原则的基本含义是指对于同一被告人的同一犯罪事实,国家只能追诉、处罚一次,如果已被追诉、处罚过,则不得再次追诉、处罚。一事不再理原则,体现了程序一次性处理理

---

① 杨杰辉:《三种刑事审判对象模式之比较研究》,载《现代法学》2009 年第 3 期。

② 主要是一人犯数罪的情形。

③ 参见[德]克劳思·罗科信:《刑事诉讼法》,吴丽琪译,法律出版社 2003 年版,第 131 页。

④ 参见[日]土本武司:《日本刑事诉讼法要义》,董璠舆、宋英辉译,台北,五南图书出版股份有限公司 1997 年版,第 252 页。

念，即对于同一犯罪事实，国家只有一次追诉、处罚的机会，国家必须尽力在一次诉讼中实现其追诉、处罚的目的，否则就无法再实现其目的。①

对于一事不再理原则，存在两种理论阐释，在此基础上形成了两种不同的一事不再理模式，即一事不再理模式与禁止双重危险模式。在一事不再理模式中，一事不再理被认为是实体判决确定的效力。判决分为形式判决与实体判决，形式判决是有关程序事项如管辖的判决，实体判决主要是有关有罪、无罪的判决。实体判决一经确定，便会产生一定的效力，该效力便称为确定力。② 确定力又可以分为形式的确定力与实质的确定力，形式的确定力是指在同一项诉讼程序中不得再上诉，诉讼关系随之消灭，诉讼终结，因此又称为终结效力。判决的内容随着形式确定力而确定，判决内容的确定而产生的效力，便是实质的确定力，实质确定力的一个主要后果便是对已确定判决的案件不得再次追诉、处罚，也就是一事不再理的效力。确定判决之所以会产生一事不再理的效力，主要有两种观点：一种是实体法说，即认为确定判决形成了具体规范，因此也就产生了一事不再理的效力；另一种是诉讼法说，即认为裁判是纠纷的公权力解决机制，判决涉及当事人及其他人的权利与义务关系，若一直浮动不定，则有欠法的安定性，而无法发挥诉讼制度的机能。③ 在禁止双重危险模式中，一事不再理被认为是程序自身的效力，其认为程序本身就构成一种负担与风险，一事不再理的目的就在于防止这种负担与风险。如果被告人已经遭受过一次程序危险，那么就不能使其因为同一犯罪事实而再次遭受程序危险。④

由于一事不再理与禁止双重危险模式的理论基础不同，导致两种模式在主要功能、适用范围以及一事的判断依据、具体范围等上存在显著差异。一事不再理模式以确定力为理论基础，使其主要功能在于维护生效裁判的权威性、稳定性，使只有在判决生效后，才会产生一事不再理的效

① 参见[日]松尾浩也：《日本刑事诉讼法》（上卷），丁相顺译，中国人民大学出版社2005年版，第256页。

② 参见[日]田口守一：《刑事诉讼法》，刘迪等译，法律出版社2001年版，第295页。

③ 参见陈运财：《犯罪之竞合与刑事裁判确定的效力》，台北，元照出版有限公司2005年版，第80~81页。

④ 参见[日]松尾浩也：《日本刑事诉讼法》（上卷），丁相顺译，中国人民大学出版社2005年版，第172页。

力，如果判决尚未生效，则不会产生该效力，使一事的判断依据是生效判决，具体范围取决于生效判决所确定的内容。而禁止双重危险模式以程序危险为理论基础，使其主要功能在于保护被告人免于程序本身所生之危险，使其并非在判决生效后才产生该效力，而是在程序进行中就可能产生该效力，使一事的判断依据是程序，具体范围取决于可能在一个程序中被一并追诉的事实范围。

（三）诉审同一与一事不再理原则的关系

诉审同一与一事不再理是两项不同的原则，两者的功能不同：诉审同一原则的主要功能是通过诉审权力的分离来实现对权力的制约，以及通过明确审判对象来保障被告人的防御权等，①而一事不再理原则的主要功能是防止冤狱、防止骚扰被告、提高诉讼效率、保障生效裁判的权威性等。② 但两原则之间关系密切：一事不再理原则体现的程序一次性理念需要依靠诉审同一原则形成的刑事审判对象机制实现，刑事审判对象机制决定了一事不再理原则中"一事"范围的大小，一事不再理原则中的"一事"必须是在刑事审判对象机制中可以一并处理的范围，绝不可能会出现属于"一事"而刑事审判对象机制却无法一并处理的情形；③而一事不再理原则决定了刑事审判对象机制必须一次性处理的事实范围，所有构成"一事"的事实必须尽力在刑事审判对象机制中一次性处理，否则该事实无法再被处理。在不同的一事不再理模式中，两者的具体关系表现为：在一事不再理模式中，由于一事不再理是确定判决的效力，而判决是对起诉对象也就是现实审判对象的判决，因此"一事"的范围与现实审判对象相同；而在禁止双重危险模式中，由于一事不再理是程序自身的效力，危险不仅来自现实的追诉，而且来自潜在的追诉，因此"一事"的范围就不限于现实的审判对象，而是包括潜在的审判对象。④

刑事审判对象与一事不再理原则均具有不同的模式，两者在模式的选择上具有对应关系：在诉因模式以及公诉事实同一下的诉因模式中，在

---

① 参见谢佑平、万毅：《论刑事控审分离原则》，载《诉讼法论丛》2002 年第 00 期。

② 参见王兆鹏：《一事不再理》，台北，元照出版有限公司 2008 年版，第 22 页。

③ 参见林钰雄：《刑法与刑诉之交错适用》，中国人民大学出版社 2009 年版，第 114 页。

④ 潜在的审判对象范围包括可以一并起诉的范围以及可以变更起诉的范围，"一事"包括哪些潜在的审判对象范围存在差异。

一事不再理原则上必定实行一事不再理模式，而在公诉事实模式中，则必定实行禁止双重危险模式。这种对应关系在大陆法系、英美法系、日本均有明显体现：大陆法系在审判对象上实行公诉事实模式，在一事不再理原则上则实行一事不再理模式；英美法系在审判对象上实行诉因模式，在一事不再理原则上则实行禁止双重危险模式；日本“二战”前在审判对象上实行公诉事实模式，在一事不再理原则上实行一事不再理模式，战后在审判对象上改为实行公诉事实同一下的诉因模式，在一事不再理原则上则相应地改为实行禁止双重危险模式。① 在审判对象与一事不再理原则模式之间之所以存在这种对应关系，主要是因为，只有这种对应关系才既能有效实现一事不再理原则的价值，又不会损害刑事诉讼的其他价值：在诉因模式以及公诉事实同一下的诉因模式中，由于现实的审判对象是诉因，如果选择一事不再理模式，则意味着“一事”的范围仅限于诉因，导致一事不再理原则的适用范围很窄，很难实现该原则的价值。而只有选择禁止双重危险模式，将“一事”的范围延伸至可能遭受程序危险的潜在审判对象，才能扩大一事不再理原则的适用范围，才能更有助于实现该原则的价值。而且在这些审判对象模式中，由于可能遭受程序危险的潜在审判对象的最大范围也只是具有相同或相似性质或源自同一事件的事实，因而也不会因为“一事”的范围过宽而有损其他价值的实现。而在公诉事实模式中，只能选择一事不再理模式，如果选择禁止双重危险模式的话，则会因为现实的审判对象范围本身就很广，而潜在的审判对象范围最大又可能扩展到一人所犯的所有犯罪，因而会导致一事不再理原则的适用范围过大而严重损害其他价值的实现。因此，孤立地看，似乎在禁止双重危险模式中比在一事不再理模式中，一事不再理原则的适用范围更广，但如果将其与刑事审判对象机制结合起来观察的话，则可以发现，两者在一事不再理原则的适用范围上基本相同，即都不会超过一自然事件的范围。②

① 参见［日］田口守一：《刑事诉讼法》，张凌、于秀峰译，法律出版社 2019 年版，第 330 页。

② 我国学者在这一问题上有误解，认为禁止双重危险模式比一事不再理模式对禁止重复追诉的保护力度大，如果该种观点仅是从两模式的适用时间这一角度讲，则该观点是能够成立的，但如果该观点是从两模式的适用范围这一角度讲，则该观点不成立。在两种模式中，其适用范围基本相同，只不过一事不再理模式中现实的审判对象在禁止双重危险模式中属于潜在的审判对象。

(四)程序法中犯罪事实处理的基本方式

诉审同一与一事不再理原则对犯罪事实的处理方式提出了两项基本要求:一是审判的犯罪事实自始至终必须与起诉的犯罪事实保持同一;二是对于同一犯罪事实,只能追诉、处罚一次,这两项基本要求构成了犯罪事实处理的基本方式。虽然诉审同一原则下形成的审判对象机制与一事不再理原则存在不同的模式,但由于两者在模式上存在对应关系,因此审判对象模式就代表了犯罪事实处理的基本方式,审判对象模式不同,则犯罪事实处理的方式也不同。在诉因模式中,对于构成“一事”的所有犯罪事实,检察机关必须以诉因的形式在起诉书上一并起诉,否则没有起诉的犯罪事实将再没有机会被追诉、处罚,即对其既不能通过变更、追加诉因的方式追诉,也不能通过启动新程序的方式追诉。在公诉事实同一下的诉因模式中,对于构成“一事”的所有犯罪事实,要么检察机关在提起诉讼的时候,就应该以诉因的形式一并起诉,要么在诉讼过程,检察机关应该及时对构成该“一事”的所有未被起诉的犯罪事实追加起诉,或者法院应该及时建议检察机关对其追加起诉。如果通过这些方式仍有部分犯罪事实未被追诉、处罚的,则不允许再对其追诉、处罚。在公诉事实模式中,对于构成“一事”的所有犯罪事实,要么由检察机关在起诉的时候一并起诉,要么由检察机关在诉讼过程中进行变更起诉,要么由法院直接认定。如果通过这些方式仍未被追诉、处罚的,则才不能再追诉、处罚。

四、罪数在程序法中的实现方式

诉审同一与一事不再理原则均涉及同一犯罪事实的理解问题,而且该问题均为两原则的核心问题:在诉审同一原则中,同一犯罪事实的理解,关系到审判对象范围的大小,关系到什么时候法院可以直接认定与什么时候必须经过检察机关变更、追加起诉的界限,关系到什么时候应该采用变更起诉方式与什么时候应该采用追加起诉方式的界限等问题。在一事不再理原则中,同一犯罪事实的理解,关系到必须一次性处理案件的范围问题。诉审同一与一事不再理原则只提供了犯罪事实处理的基本方式,而同一犯罪事实的理解,则决定了犯罪事实处理的具体方式,因而也决定了罪数在程序法中的实现方式。英美法系罪数问题较为简单而大陆法系罪数问题较为复杂,其主要原因是非典型罪数形态所致。[①] 英美法系以犯罪构成要件为罪数的判断标准,严格遵循一构成要件一罪一罚、数构成要件数罪数罚原则,除了典型一罪、典型数罪之外,基本不存在实质一罪、科刑一罪这些非典型罪数形态。[②] 而在大陆法系,其在典型一罪、典型数罪之外,还存在实质一罪、科刑一罪等非典型罪数形态。[③] 由于英美法系基本不存在非典型罪数形态,因此其在罪数目的的实现上,也就不需要考虑整体评价与分开评价的问题。而由于大陆法系存在非典型罪数形态,因此其在罪数目的的实现上,就必须考虑整体评价与分开评价的问题。如果要实现非典型罪数形态的罪数目的,就必须考虑如何保障其在程序法中能够且必须作为一个整体进行处理,这是大陆法系不得不面对的问题。审判对象模式代表了犯罪事实处理的基本方式,大陆法系国家与地区中日本实行公诉事实同一下的诉因模式,其他主要国家与地区基本都实行公诉事实模式,因此以下主要围绕大陆法系两种审判对象模式中罪数的实现方式展开。

(一)公诉事实模式中罪数的实现方式

虽然大陆法系国家与地区基本都实行公诉事实模式,但对于公诉事实,并不存在一致的判断标准,导致犯罪事实的具体处理方式存在差异,因而也导致罪数的实现方式不同。

1. 公诉事实的判断标准

在实行公诉事实模式的国家与地区,对于公诉事实的理解有一个共性,即都认为公诉事实是指检察机关指控的犯罪事实,而不包括检察机关对该犯罪事实的法律评价。但对于指控的犯罪事实的范围,则存在分歧,形成了两种公诉事实的判断标准,即自然事件标准与罪数标准。

自然事件标准主要为德国等欧陆法国家所采用。[④] 在德国,公诉事实是指"历史上所发生的事件",是"检察官于起诉时在起诉书中所载明的

---

① 参见王明辉、唐煜枫:《关于罪数论共性机理之探讨——不同罪数模式下的思考》,载《法学评论》2009 年第 3 期。

② 参见储槐植:《美国刑法》,北京大学出版社 1996 年版,第 152 页。

③ 参见方鹏:《德国刑法竞合理论与日本罪数理论之内容比较与体系解构——兼及中国罪数理论的走向选择和体系重构》,载《比较法研究》2011 年第 3 期。

④ 参见施鹏鹏:《既判力理论及其中国化》,载《法学研究》2014 年第 1 期。

历史性的事实经过”,其“并非一犯罪事实的片段,而是在起诉时所指之整个过程”。[①] 而判断是否属于一个“历史上所发生的事件”,关键在于“其间紧密的事理关联性,尤其是行为时间、行为地点、行为客体以及侵害目的等”。[②] 因此,“只要行为人的整体举止,根据自然的观点足以合成为一个相同的生活历程,或者更白话地说,成为一个故事时”,便是一个历史上所发生的事件,也就是一个公诉事实。[③] 由此可见,德国公诉事实的判断,依据的是自然的、社会的标准,只要从自然的、社会的角度看构成一个自然事件,就属于一个公诉事实。因此,该标准与罪数无关,即使只构成一罪,但只要构成该一罪的事实从自然的、社会的角度看无法构成一个自然事件的话,则也不属于同一个公诉事实,而即使构成数罪,但构成该数罪的事实从自然的、社会的角度看能够构成一个自然事件的话,则也属于同一个公诉事实。[④] “所有实际上无法分割并且交错复杂的事件经过均可视为一行为,而在实体法上实质竞合时可以分割的独立的数个事件,当其就其不法的内涵可相互进行比较,并且相互在时间及空间上有一紧密之关联性。”[⑤]

罪数标准主要为我国台湾地区所采用。我国台湾地区有学者认为,“刑事诉讼,系以对于特定人之特定事实,为适用抽象的刑罚权,而形成并确定具体的刑罚权为其对象。因此,国家与个人间之具体的刑罚权关系,即处罚者与被处罚者之关系,称之为诉讼实体,或称诉讼客体,亦称案件”[⑥]。而“案件,系以刑罚权为其内容。故案件是否单一,应以其在诉讼上为审判对象之具体的刑罚权是否单一为断”[⑦]。“在罪数论中,单纯的一罪和科刑上的一罪关系中的数个事实是单一的,数罪并罚或者单纯数

---

① 参见[德]克劳思·罗科信:《刑事诉讼法》,吴丽琪译,法律出版社2003年版,第180页。

② 参见林钰雄:《刑事诉讼法》(上册),中国人民大学出版社2005年版,第207~218页。

③ 参见林钰雄:《刑事诉讼法》(上册),中国人民大学出版社2005年版,第207~218页。

④ 参见杨云骅:《刑事诉讼程序的“犯罪事实”概念》,载《月旦法学杂志》2004年第11期。

⑤ [德]克劳思·罗科信:《刑事诉讼法》,吴丽琪译,法律出版社2003年版,第180页。

⑥ 陈朴生:《刑事诉讼法实务》,台北,海天印刷厂有限公司1981年版,第84页。

⑦ 陈朴生:《刑事诉讼法实务》,台北,海天印刷厂有限公司1981年版,第88页。

罪关系中的数个事实是非单一的。”①由此可见，在我国台湾地区，公诉事实的判断完全取决于罪数，只要构成一罪的，无论属于何种一罪的罪数形态，则均为一个公诉事实；构成数罪的，则为数个公诉事实。而与是否属于一自然事件无关，即使属于数个自然事件，但如果只构成一罪，则也只属于同一公诉事实；而即使只属于一个自然事件，但如果构成数罪，则也不属于同一公诉事实。

2. 不同公诉事实判断标准下罪数的实现方式

公诉事实的判断标准不同，则犯罪事实的具体处理方式也存在差异：在自然事件标准下，如果属于同一自然事件，则即使检察机关在起诉的时候只对该事件的部分事实起诉，该起诉的效力也及于该整个事件；法院可以对整个事件进行审判，即使法院只对该事件的部分事实进行了审判，该判决的效力仍及于该整个事件，不允许再对该事件或该事件的部分事实进行追诉、处罚。而如果不属于同一自然事件，则只有经过检察机关对该部分事实追加起诉，法院才能对其进行审判；如果检察机关没有追加起诉，则法院不能对其进行审判，对于该事实，检察机关可以另行起诉，法院可以另行审判。在罪数标准下，如果属于一罪，则即使检察机关只对该一罪的部分事实起诉，该起诉的效力及于该一罪的所有事实，法院可以对该一罪的所有事实进行审判；如果法院只对该一罪的部分事实进行了审判，该判决的效力及于该一罪的所有事实，检察机关和法院不能再对该一罪或该一罪的部分事实进行追诉、处罚。而如果不属于一罪，则只有经过检察机关对该部分事实追加起诉，法院才能对其进行审判；如果检察机关没有追加起诉，则法院不能对其进行审判，对于该事实，检察机关可以另行起诉，法院可以另行审判。

不同判断标准下犯罪事实的具体处理方式不同，因而罪数的实现方式也不同。在自然事件标准下，如果构成一罪的数个犯罪事实不属于一个自然事件，则如果检察机关只对其中的部分犯罪事实起诉的话，那么法院只能针对该部分犯罪事实进行审判，而不能对构成该罪的其他犯罪事实进行审判，如果要对其他犯罪事实进行审判，则只能由检察机关对其追

① 张丽卿：《刑事诉讼法理论与运用》，台北，五南图书出版股份有限公司2001年版，第156页。

加起诉;如果法院只对构成该罪的部分犯罪事实进行审判的话,那么检察机关可以对构成该罪的其他犯罪事实起诉,法院也可以对其审判,但检察机关、法院都是将其作为一个与已审判事实完全无关的独立事实进行起诉、审判。因此,在自然事件标准下,如果要实现罪数的目的,则只能由检察机关在起诉时将构成该一罪的所有犯罪事实一并起诉,或者由检察机关在诉讼过程中及时将构成一罪而未被起诉的所有犯罪事实追加起诉,这样才能对构成一罪的所有犯罪事实进行整体评价。而在罪数标准下,由于一罪在程序中自始是作为一个不可分的整体进行处理的,检察机关的起诉、法院的审判,效力均及于一罪的整体,因此检察机关只对一罪的部分事实起诉,法院可以对该罪的全部事实进行审判;法院只对一罪的部分事实审判,则检察机关不能再对该罪的任何事实起诉,法院也不得审判。由此可见,在罪数标准下,如果要实现罪数的目的,则既可以由检察机关在起诉的时候将构成一罪的所有犯罪事实一并起诉,也可以由检察机关在诉讼过程及时将构成一罪的未被起诉的犯罪事实变更起诉,还可以由法院直接将构成一罪的未被起诉的犯罪事实一并审判。

(二)公诉事实同一下诉因模式中罪数的实现方式

虽然日本不实行公诉事实模式,但也有公诉事实概念,公诉事实既决定了可以变更诉因的范围,也决定了一事不再理原则中"一事"的范围。日本将公诉事实同一分为公诉事实的单一性与同一性两个方面,其中同一性也受单一性制约。① 公诉事实单一性由罪数决定,一罪的,构成一个公诉事实;数罪的,则构成数个公诉事实。"犯罪的单一性是以实体法上的罪数为标准的。在罪数论中,单纯的一罪和科刑上的一罪关系中的数个事实是单一的,数罪并罚或者单纯数罪关系中的数个事实是非单一的。"②"罪数问题等同于单一性问题。"③因此,在日本的公诉事实同一下的诉因模式中,如果检察机关只对构成一罪的部分犯罪事实起诉,法院只能对该部分犯罪事实进行审判,而不能对该罪的其他犯罪事实进行审判;

① 参见[日]小野清一郎:《犯罪构成要件理论》,王泰译,中国人民公安大学出版社2004年版,第225页。

② [日]田口守一:《刑事诉讼法》,张凌、于秀峰译,法律出版社2019年版,第192页。

③ [日]松尾浩也:《日本刑事诉讼法》(上卷),丁相顺译,中国人民大学出版社2005年版,第323页。

但检察机关可以将该罪的其他犯罪事实追加起诉,法院也可以建议检察机关追加起诉。但如果法院只对该罪的部分犯罪事实进行审判,那么检察机关不能再对该罪的其他犯罪事实起诉、法院也不能再审判。由此可见,在日本的公诉事实同一下的诉因模式中,如果要实现罪数的目的,则需要检察机关在起诉的时候必须将构成该罪的所有犯罪事实一并起诉,或者在起诉后必须及时将构成该罪的未起诉的犯罪事实追加起诉,只有这样才能对构成一罪的所有犯罪事实进行整体评价。

（三）对不同罪数实现方式的评析

虽然德国与我国台湾地区都实行公诉事实模式,但两者对公诉事实的判断标准不同。虽然我国台湾地区与日本实行不同的审判对象模式,但两者对公诉事实采用相同的判断标准。审判对象模式与公诉事实判断标准的不同,都会导致犯罪事实的处理方式不同,并最终也导致罪数的实现方式不同。因此,以下主要是对德国、日本以及我国台湾地区的罪数实现方式进行评析。

德国以自然事件作为公诉事实的判断标准,强调事实之间的自然联系,契合了职权主义诉讼模式以实体真实为理念以及法官负有查清事实真相义务的特征,而且由于自然事件包含的事实范围通常要大于一罪包含的事实范围,①因此该标准更有助于实现程序一次性处理理念。但在一罪包含的数个犯罪事实不属于一个自然事件的情况下,则可能会出现将一罪拆分为数个犯罪分别进行追诉、处罚的情形,导致司法推翻立法,实体法上一罪,程序法上却按数罪处理,违反罪刑法定原则,罪数目的无法实现。② 我国台湾地区以罪数作为公诉事实的判断标准,将一罪作为一个不可分割的整体进行处理,赋予其公诉不可分、审判不可分的效力,对于一罪,要么只能作为一个整体进行处理,要么只能从中抽取出部分事实进行处理,而绝不可能出现将其分割为数个犯罪分别进行处理的情形。③ 从

---

① 如果罪数规定不合理,也可能会出现一罪包含的事实范围比自然事件广的情况,比如如果将数个不具有时空紧密联系的同类行为规定为连续犯而构成一罪的话,则该一罪包含的事实范围要比一自然事件的范围广。

② 参见张丽卿:《刑法修正与案件同一性》,台北,元照出版有限公司 2006 年版,第 220 页。

③ 例如,对于牵连犯,要么只对手段与目的行为进行整体处理,要么只对手段或目的行为单独处理,而绝不可能对手段行为与目的行为分别处理。

这点来看罪数标准更有助于实现罪数目的。但该标准也有不利于罪数目的实现的地方，那就是如果罪数规定不合理，就可能会出现理论上应该一并追诉但实际上无法一并追诉，而一事不再理原则又不允许再对其追诉的情形。比如，法律将数个在时空上没有紧密联系的犯罪事实规定为一罪，虽然这些犯罪事实因为构成一罪而具有不可分效力，但由于其间在时空上没有紧密的联系，无法知其一就必知其二，因此事实上有些犯罪事实无法同时发现因而无法一并处理，而对于无法处理的犯罪事实，又因为其与已处理的犯罪事实构成一罪，因而属于一事不再理原则中的一事而无法再处理，这就导致该部分犯罪无法处理而被放纵，罪数目的也无法实现，而且即使法院能够在审判过程中发现该部分犯罪事实，并依据公诉效力不可分原则对其直接审判，也会导致法院直接审判检察机关未指控的犯罪事实因而违反诉审同一原则、损害被告人的防御权。因而该标准在我国台湾地区遭到越来越多的质疑。① 而在日本，虽然其对公诉事实也采用与我国台湾地区相同的罪数标准，但其实现的方式不同。我国台湾地区以公诉效力、审判效力不可分作为罪数处理的原则，但日本只赋予了罪数审判不可分的效力，而没有赋予其公诉不可分的效力，法院对构成一罪的、没有被起诉的犯罪事实不能直接审判，而只能通过检察机关追加起诉才能进行审判，因而也就没有违反诉审同一原则、损害被告人的防御权等问题。正因如此，同样实行罪数标准，但该标准在日本并没有受到像在我国台湾地区那么多的质疑。② 不过日本在罪数上的审判不可分效力，也会面临与我国台湾地区同样的问题，即如果罪数规定不合理，将导致构成一罪的部分犯罪事实无法被追诉因而被放纵，罪数目的也无法实现。

从罪数目的的实现来看，因为罪数标准是完全围绕罪数的完整实现展开的，而自然事件标准是一独立于罪数的标准，因此罪数标准比自然事件标准，更有助于实现罪数的目的。但前文表明，两种标准均可能存在不

---

① 质疑的文章如杨云骅：《刑事诉讼程序的“犯罪事实”概念》，载《月旦法学杂志》2004 年第 11 期；杨云骅：《“牵连犯”及“连续犯”规定废除后对刑事诉讼法“犯罪事实”概念之影响》，载《月旦法学杂志》2005 年第 7 期；陈运财：《论起诉事实之同一性》，台北，元照出版有限公司 2000 年版；林钰雄：《刑法与刑诉之交错适用》，中国人民大学出版社 2009 年版等。

② 参见林裕顺：《日本诉因制度之比较法研究——我国“起诉不可分”存废之检讨》，载《月旦法学杂志》2009 年第 12 期。

利于罪数目的实现之处，只不过自然事件标准可能出现将一罪分割为数罪处理的情况，而罪数标准可能出现对构成一罪的部分犯罪事实无法追诉的情况。虽然两种标准导致的问题不同，但导致问题的原因却是相同的，即都是因为罪数规定不合理所致。因此，采用两种标准的国家与地区，都是通过对罪数规定的改革来解决罪数目的无法实现的问题。在德国，其将犯罪竞合论中的行为单数原则上都限定为在时空上具有紧密联系的行为，基本不存在将不具有时空紧密联系的行为规定为行为单数的情形，因而犯罪竞合论中的行为单数基本上都属于公诉事实中的一个自然事件，基本不会出现属于犯罪竞合论中的行为单数却不属于公诉事实中的一个自然事件的情形，因此也就不可能将一罪分割为数个犯罪进行处理。① 在日本与我国台湾地区，导致一罪的部分犯罪事实无法被追诉的罪数形态主要是连续犯、牵连犯，因而日本与我国台湾地区先后废除了连续犯、牵连犯，废除这两个罪数形态后，一罪也基本属于一个自然事件，因而也不可能出现对构成一罪的部分事实无法追诉的情形。②

五、我国程序法中非典型罪数形态的实现

我国《刑法》总则没有对罪数问题进行规定，罪数主要是一种理论上的概括，传统罪数理论深受日本的影响，近年来德国理论呈后来居上之势，借鉴德国犯罪竞合论的呼声越来越高，③但无论是主张实行罪数论还是实行犯罪竞合论、无论是主张何种罪数还是竞合形态分类的观点，都认为我国罪数除了应该包括典型一罪与典型数罪形态外，还应该包括实质一罪、科刑一罪这些非典型罪数形态。④ 因此，我国也要面临非典型罪数形态如何实现的问题。但我国并没有形成明确的犯罪事实处理机制，因而罪数的实现方式也不明确。关于罪数的实现方式，只是在漏罪的处理

---

① 参见杨云骅：《“牵连犯”及“连续犯”规定废除后对刑事诉讼法“犯罪事实”概念之影响》，载《月旦法学杂志》2005 年第 7 期。

② 参见林钰雄：《刑法与刑诉之交错适用》，中国人民大学出版社 2009 年版，第 134 页。

③ 参见方鹏：《德国刑法竞合理论与日本罪数理论之内容比较与体系解构——兼及中国罪数理论的走向选择和体系重构》，载《比较法研究》2011 年第 3 期。

④ 参见陈洪兵：《罪数论的中国方案——包括的一罪概念之提倡》，载《华东政法大学学报》2020 年第 3 期。

以及变更、追加起诉问题上有所涉及。

（一）漏罪处罚中的罪数实现方式

对于非典型罪数形态如何实现的问题，我国《刑事诉讼法》及相关司法解释均未作规定，但在有关漏罪的处罚问题上，刑法有所涉及，尤其是在与非典型罪数形态处罚方式相似的同种数罪上，最高人民法院还曾专门做过批复。《刑法》第70条关于判决宣告后发现漏罪的并罚规定："判决宣告以后，刑罚执行完毕以前，发现被判刑的犯罪分子在判决宣告以前还有其他罪没有判决的，应当对新发现的罪作出判决，把前后两个判决所判处的刑罚，依照本法第六十九条的规定，决定执行的刑罚。已经执行的刑期，应当计算在新判决决定的刑期以内。"关于该条的理解，学界的主流观点是："对发现的漏罪，不管其罪数如何，也不管是否与原判之罪属于同种性质的犯罪，都应当单独定罪、量刑"①。该观点也是最高人民法院的观点，最高人民法院在《关于判决宣告后又发现被判刑的犯罪分子的同种漏罪是否实行数罪并罚问题的批复》中对同种漏罪根据发现的诉讼阶段规定了两种不同的处理方式：一种是单独处理方式，即判决生效后刑罚执行完毕前，"发现被判刑的犯罪分子在判决宣告以前还有其他罪没有判决的，不论新发现的罪与原判决的罪是否属于同种罪，都应当依照刑法第六十五条的规定实行数罪并罚"。另一种是整体处理方式，即二审审理期间，"发现原审被告人在第一审判决宣告以前还有同种漏罪没有判决的，第二审人民法院应当依照刑事诉讼法第一百三十六条第（三）项的规定，裁定撤销原判，发回原审人民法院重新审判，第一审人民法院重新审判时，不适用刑法关于数罪并罚的规定"。从我国同种数罪不并罚的处罚原则来看，②单独处理方式违背了该处罚原则，而整体处理方式则体现了该处罚原则。非典型罪数形态与同种数罪相似，也属于非并罚数罪，这两种处理方式也适用于非典型罪数形态。也就是说，对于遗漏一罪部分犯罪事实的，如果是在判决生效后刑罚执行完毕前发现的，则对新发现的该部分犯罪事实单独处理，而不是将其与已处理的犯罪事实整体处理；如果是在二审审理期间发现的，则撤销原判发回重审，将新发现的犯罪事实与原

---

① 高铭暄、马克昌主编：《刑法学》，北京大学出版社2019年版，第298页。

② 参见高铭暄主编：《刑法专论》（上编），高等教育出版社2002年版，第630页。

有的犯罪事实进行整体处理。从司法实践来看,对于前者,是严格按照单独处理方式处理。也就是说,只要新发现的事实构成犯罪,不管该事实与已处理的事实是构成一罪还是构成数罪,是构成何种形态的一罪,最终都是按照数罪的方式处理的。比如,在一次盗窃中,被告人盗窃了珠宝和名画,但在前一次诉讼中,只掌握了盗窃珠宝的事实,没有掌握盗窃名画的事实,法院以盗窃珠宝对其判刑 11 年。在其服刑期间,掌握了其盗窃名画的事实,法院再以盗窃名画对其判刑 10 年。比如,被告人连续诈骗 10 人,但在前一次诉讼中,只有 6 人报案,法院以诈骗 6 人的事实对其判刑 11 年。在其服刑期间,其他 4 人报案,法院再以诈骗 4 人的事实对其判刑 4 年。再如,被告人伪造公文印章实施诈骗,但在前一次诉讼中只掌握了伪造公文印章的事实,法院以此为基础对其判刑 3 年。在其服刑期间,发现其还有诈骗行为,法院又以诈骗为基础对其判刑 5 年。[①] 但对于后者,虽然都是整体评价,但处理方式不一致,有的是通过发回重审的方式进行整体评价,有的则是由二审通过量刑调节的方式达到整体评价的目的。[②]

对于整体处理方式,我国学者基本都持赞成态度,而对于单独处理方式,则基本都持反对态度,认为这种处理方式造成一罪变为数罪,违反禁止重复评价、罪刑法定、刑罚适用平等等诸原则,主张采用综合评价方式,通过审判监督程序将漏罪与已处理的犯罪一并处理,从而实现罪数的目的。[③] 通过审判监督程序确实能够实现罪数的目的,但该程序因为违反一

---

① 参见周光权:《论禁止重复评价——以刑满后发现同种余罪的处理为切入点》,载《人民检察》2012 年第 9 期。

② 如包某非法持有枪支案:被告人包某持有枪支数十支,曾于 2013 年被公安机关查获其中 9 支,后检察机关于 2014 年 4 月 10 日向法院起诉,法院于 2014 年 4 月 28 日判决其犯非法持有枪支罪,判处有期徒刑 6 个月。2014 年 3 月 27 日,公安机关又查获其非法持有的枪支 16 支,由检察机关另行起诉。法院受理了此案,认为"上诉人包某因同类行为在取保候审期间被发现再次非法持有枪支,本以一罪处罚,因客观原因形成了诉讼中的两案,本院在量刑中作合理调整"。参见湖北省宜昌市中级人民法院判决书,(2015)鄂宜昌中刑终字第 00058 号。

③ 参见周光权:《论禁止重复评价——以刑满后发现同种余罪的处理为切入点》,载《人民检察》2012 年第 9 期;聂友伦:《论罪行遗漏的处理模式》,载《中国刑事法杂志》2018 年第 5 期;张明楷:《论同种数罪的并罚》,载《法学》2011 年第 1 期;尉迟玉庆:《罪犯漏罪相关刑事法律问题研究》,载《法学杂志》2008 年第 5 期等。

事不再理原则而早已为我国学者所诟病,改革甚至废除这一程序的呼声一直不断。[①] 虽然我国尚未确立一事不再理原则,但在我国早已签署的国际公约中有该原则的明确规定,而且虽然该原则在我国是最难引起共鸣的原则,[②]但我国理论界已对我国应该早日确立该原则基本达成了共识。因此,可以预见我国确立该原则是早晚的事情,[③]而确立了该原则,则意味着无法再通过审判监督程序来实现罪数的目的,而只能在一次程序中实现其目的。[④]

(二)变更、追加起诉中的罪数实现方式

虽然我国也确立了诉审同一原则,但我国《刑事诉讼法》并未对刑事审判对象问题进行规定。相关的司法解释有所涉及,主要体现在最高人民法院《关于适用〈中华人民共和国刑事诉讼法〉的解释》(以下简称《解释》)的第241、242、243条,《人民检察院刑事诉讼规则》(以下简称《规则》)的第423、424、425、426条,最高人民法院、最高人民检察院、公安部、国家安全部、司法部、全国人大常委会法制工作委员会《关于实施刑事诉讼法若干问题的规定》(以下简称《规定》)第30条。其中《解释》第241条是有关法院能否变更指控罪名的规定,该规定也是我国许多学者认为我国在审判对象上实行的是类似于大陆法系的公诉事实模式的最主要理由。[⑤] 法院的审判不受指控罪名的限制、法院能够变更指控罪名确实是公诉事实模式的一个典型特征,但这只是理解公诉事实的一个方面,同样甚至更为重要的方面是如何理解指控的犯罪事实的范围。因为在职权主义诉讼模式中,坚持实体真实的诉讼理念,法官负有查清事实真相的义务,因此法官认定与检察机关表述不同的犯罪事实,是一种必然且正常的现象,关键是不能超过检察机关指控的犯罪事实的范围。虽然司法解释在多处都涉及指控的犯罪事实这一概念,但指控的犯罪事实的具体范围是

① 参见陈光中、郑未媚:《论我国刑事审判监督程序之改革》,载《中国法学》2005年第2期。

② 参见王敏远:《论我国检察机关对刑事司法的监督》,载《中外法学》2000年第6期。

③ 参见熊秋红:《错判的纠正与再审》,载《环球法律评论》2006年第5期。

④ 虽然一事不再理原则也有例外,允许在例外的情况下对“一事”再审,但均对例外进行严格限制,尤其是对不利于被告的再审,限制尤为严格。通过再审对“一事”的其他事实进行追诉,是一种不利于被告人的再审,因而限制尤为严格。

⑤ 谢进杰:《审判对象的运行规律》,载《法学研究》2007年第4期。

什么,并没有涉及。《解释》第 243 条,《规则》第 423、425 条,《规定》第 30 条对补充(追加)和变更起诉做了规定,但由于对什么是“新的事实”、什么是“罪行”、什么是“指控的犯罪事实”等核心概念未做规定,因此对于“新的事实”和“遗漏罪行”,法院什么时候应该建议检察机关变更或追加起诉,什么时候可以直接审判,检察机关什么时候必须采用变更起诉的形式,什么时候必须采用追加起诉的形式,[1]如果检察机关不听从法院的变更或追加起诉建议,法院能否对“新的事实”和“遗漏罪行”直接审判等问题,均不明确。虽然我国在法院能否变更指控罪名上呈现与公诉事实模式相似的特征,但由于这些问题不明确,导致我国实行何种刑事审判对象并不明确,因而也导致我国程序法上如何处理犯罪事实、罪数如何实现也不明确。比如,检察机关只起诉了牵连犯的目的行为,法院在审理过程中发现了手段行为,那么法院能否直接对该手段行为进行审判?还是必须等检察机关对该手段行为变更起诉或追加起诉?检察机关是采用变更起诉的方式,还是采用追加起诉的方式等。这些问题均不明确。

从司法实践来看,我国在审判对象上与公诉事实模式存在较大差异,具体体现在如何区分变更起诉与追加起诉,以及法院能否对新的事实直接审判。司法实践中区分变更起诉与追加起诉的主要因素是看其是否增加了犯罪事实,只要增加了犯罪事实,不管该新增的犯罪事实是否与之前的犯罪事实构成同一公诉事实,都采用追加起诉形式;如果没有增加犯罪事实,只是在原犯罪事实基础上的个别情节变化等,那只采用变更起诉形式。对于增加的犯罪事实,法院可以建议检察机关追加起诉,如果检察机关不追加起诉的话,那么法院只能对原犯罪事实进行审判,而不能对增加的犯罪事实进行审判。[2] 而在公诉事实模式中,区分变更起诉与追加起诉以及决定法院能否直接审判的关键不在于是否增加了犯罪事实,而在于增加的犯罪事实与原犯罪事实是否构成同一公诉事实。构成同一公诉事实的,则只能采用变更起诉形式,法院也可以不用检察机关变更起诉而直接审判;不构成同一公诉事实的,则必须采用追加起诉形式,如果检察机

---

① 变更起诉、追加起诉都属于广义的变更起诉的形式,两者的适用条件、程序、格式等均不同。

② 参见周长军:《刑事诉讼中变更公诉的限度》,载《法学研究》2017 年第 2 期。

关没有追加起诉，则法院不能对其直接审判。[①] 从司法实践来看，我国审判对象的范围要远小于公诉事实模式，法院只能对指控的犯罪事实进行审判，而不能对与指控犯罪事实具有同一性的其他犯罪事实进行审判。对于罪数目的的实现，我国只能依赖于检察机关的起诉与追加起诉，如果检察机关不对构成一罪的所有犯罪事实一并起诉或者追加起诉的话，那么法院就无法对构成该罪的所有犯罪事实一并评价。

（三）我国罪数实现方式的确立

围绕诉讼同一与一事不再理原则，大陆法系与英美法系国家和地区均建立了成熟的犯罪事实处理机制，这一机制以审判对象为中心，将起诉书的记载、公诉的变更、公诉的效力、一事不再理等问题统合为一个环环相扣的体系，通过该机制，罪数是如何实现的、罪数在实现过程中会面临哪些问题等均一目了然，因而能够将罪数的规定与该机制对应起来以使其适应该机制的运作原理与方式。但我国并没有建立起逻辑清晰、标准明确、适用一致的犯罪事实处理机制，罪数是如何实现的、罪数在实现过程中会面临哪些问题并不明确，因而也就无法将罪数的规定与犯罪事实的处理机制对应起来。罪数如何实现、如何使罪数的规定与其适用机制对应起来等问题，决定了罪数目的能否实现，这些问题与犯罪事实的处理机制也就是刑事审判对象机制密切相关。因此，想要实现罪数目的，就必须先明确我国的刑事审判对象机制，只有明确了该机制，才能根据该机制对罪数进行有针对性的规定。

1. 我国刑事审判对象模式的选择

前文表明，存在公诉事实、诉因、公诉事实同一下的诉因三种审判对象模式，本文认为我国应该实行日本的公诉事实同一下的诉因模式，主要理由如下：首先，我国不能实行公诉事实模式。公诉事实是职权主义审判

① 如《德国刑事诉讼法》第 264 条规定："法院不受拘束于开启审判程序裁定所依据的犯罪行为评断。""按照法庭审理的结果，有必要变更已经受理的起诉中对行为的法律或事实评断时，可依照本款变更。例如，对同一事实情况做出不同的法律评断（抢劫勒索，而非抢劫）；新出现了事实（但未超出本案程序意义上的犯罪行为）需要做出不同法律评断。如果新出现的事实构成另一程序意义上的犯罪行为，则需要依照本法第 266 条追加起诉。"《德国刑事诉讼法典》，宗玉琨译注，知识产权出版社 2013 年版，第 193 页。

方式的概念,①而从我国刑事审判制度的发展变化看,我国审判方式已由原来的强职权主义诉讼模式向带有当事人主义特征的控辩式诉讼模式转变,控辩式诉讼模式的一个突出特征就是审判结构趋于"当事人化",控诉与审判的职能进一步分离,庭审中的对抗制因素明显增强,法官的职权因素则相应地减少。因此,如果继续以体现职权主义特征的"公诉事实"为审判对象,则与我国审判制度的发展方向不符。其次,我国也不能实行诉因模式。诉因是当事人主义诉讼模式的概念,②以诉因为审判对象,体现的是程序至上的理念,虽然允许在一定范围内变更诉因的做法也体现了对实体真实的追求,但这种追求仍是以不损害程序的公正性为前提,而英美法系原则上禁止变更诉因的做法更为明显地体现了程序正义与实体正义孰轻孰重。但是,在我国现在乃至将来相当长的一段时间内,程序正义的观念很难达到这种程度,相反,实体至上这面红旗却在可以预见的相当时期内不倒。虽然我国刑事诉讼片面追求"客观事实"、在真实发现的问题上采取"绝对主义"的立场是错误的,但是在我国刑事诉讼中把实体正义作为主要的价值目标,却有广泛的社会基础,也与普通民众的法律意识相吻合。在刑事诉讼中,积极采取合法手段发现实体真实,仍然具有无可置疑的正当性。因此,只要在观念上仍然坚持实体正义,那么在审判对象的选择和设计上就必须考虑实现实体正义的需要,而英美法系在审判对象上不允许变更诉因的做法不利于该需要的实现,因此我国不可能实行英美法系的诉因模式。最后,日本公诉事实同一下的诉因模式契合我国审判方式转变但诉讼观念未变的现实。在选择和确立我国的审判对象模式时,既要考虑到我国审判方式上已经转变的现实,又要考虑到我国诉讼观念未变的事实,那么如何选择我国的刑事审判对象模式才能符合这两个现实呢?近现代日本刑事诉讼的变革引起的审判对象的变化以及有关审判对象的争论为我国提供了借鉴,日本现行刑事诉讼法是在大面积吸收英美法系当事人主义诉讼模式的因素的基础上制定的,它在技术上已经实现了诉讼模式的当事人主义化,但在诉讼理念上,仍然保留了传统的

① 参见[日]小野清一郎:《犯罪构成要件理论》,王泰译,中国人民公安大学出版社2004年版,第133页。

② [日]小野清一郎:《犯罪构成要件理论》,王泰译,中国人民公安大学出版社2004年版,第135页。

"实体真实"的观念。因此在审判对象问题上,它既没有采取职权主义公诉事实模式的做法,而是将现实的审判对象规定为诉因,保障其诉讼模式在技术上具有当事人主义的外观,也没有采取当事人主义诉因模式的做法,而是允许在公诉事实同一性的范围内变更诉因,以保障"实体真实"观念的实现。[①] 虽然我国对于当事人主义模式的吸收和借鉴远未达到日本那样全面的程度,但同样面临着当年日本在诉讼模式的转变过程中所面临的难题,那就是如何处理传统的诉讼观念与诉讼模式的发展趋势不一致的问题。因而本文认为,在我国实体真实至上的诉讼观念不变的前提下,我国所能实行的当事人主义只能是技术性的当事人主义,"刑事诉讼法可以采用的当事人主义是指辩论主义,即提出诉讼资料尤其是证据,首先是当事人的责任。这是出于维护人权的同时查明事实真相这一政策性考虑而设计出来的,也就是说,是技术性的当事人主义。其另一个方面是,在当事人主义有碍于实现实体真实的时候,补充性的职权主义是不可避免的"[②]。鉴于此,我国应该借鉴日本的刑事审判对象模式,实行公诉事实同一下的诉因模式,检察机关应该在起诉书上将指控的犯罪事实以诉因的形式记载,起诉书上记载的诉因便是法院的审判对象,法院原则上只能对该诉因进行审判,但检察机关可以在公诉事实同一的范围内变更、追加诉因,法院也可以建议检察机关变更、追加诉因。

2. 我国公诉事实判断标准的选择

我国要实行公诉事实同一下的诉因模式,则首先必须解决公诉事实的判断标准问题,这一问题不仅关系到检察机关可以变更、追加起诉的范围问题,而且关系到我国确立了一事不再理原则后"一事"的范围问题。从不同的诉讼实践和诉讼理论来看,关于"公诉事实同一性"的判断标准有两个,一个是自然事件标准,另一个是罪数标准。自然事件标准是指从自然的、社会的角度看属于一个不可分割的自然事件,该自然事件便构成同一个公诉事实,该标准与实体法上的罪数无关;罪数标准是指公诉事实的个数取决于罪数,一罪的则为一个公诉事实,数罪的则为数个公诉事

① [日]小野清一郎:《犯罪构成要件理论》,王泰译,中国人民公安大学出版社2004年版,第219~220页。

② 日本刑法学会编:《刑事诉讼讲座》(第1卷)。转引自龙宗智:《刑事庭审制度研究》,中国政法大学出版社2001年版,第121页。

实。两种标准各有利弊,自然事件标准的优点主要是:因为该标准独立于实体法,因而有助于实现程序法的独立价值;因为该标准范围广泛,因而有助于实现程序一次性处理理念等。其缺点主要是因为其范围广泛,因而可能有损被告人的防御权;因为事实本身在时空上具有无限延展性以及事实之间千差万别,因而难以找到客观的判断标准而不易判断等。而罪数标注的优点正好是自然事件标准的缺点,自然事件标准的优点正好是其缺点,即其因标准明确而易于判断,但因其依附于实体法而限制了程序法独立价值的实现等。

既然两种标准各有利弊,那么我国应该选择何种判断标准呢?本文认为,我国应该选择自然事件标准,主要理由包括:一是从刑法与刑事诉讼法的关系看,刑事诉讼法不是依附于刑法的,而是有其独立价值,因此在犯罪的处理上,实体法上构成几个犯罪是一回事,程序法上通过几个程序处理又是另一回事,①两者并不必然相同。因此,公诉事实的判断并不一定就要取决于罪数的判断。二是从程序一次性处理理念的实现看,由于程序一次性处理具有众多价值,因此对于犯罪事实,能够通过一个程序处理的,就尽量通过一个程序处理,这是刑事诉讼法发展中的一个普遍趋势,②而自然事件标准相比于罪数标准,是在更大范围内一次性处理犯罪事实,因而采用该标准体现了该理念的发展趋势。三是自然事件的弊端,并非不可克服。对于自然事件标准不够客观的问题,虽然事实之间形态万端,千差万别,但仍能够找到一些共性因素作为判断的重要依据,如行为发生的时间、地点、侵害对象、侵害动机等,在这些因素上交集越多,各行为就越可能属于同一事件。③ 对于自然事件标准范围广泛可能损害被告人防御权的问题,则可以通过程序设置予以避免,如设置保障被告人的防御机会和辩护准备的程序机制,对变更诉因的时间进行限制等。

3. 我国罪数规定应该注意的问题

罪数目的必须通过程序法才能实现,因此罪数规定必须适应程序法

---

① See Anne Bowen Poulin, *Double Jeopardy Protection against Successive Prosecutions in Complex Criminal Cases: A Model*, Conn. L. Rev., Vol. 25, p. 98(1992).

② [日]松尾浩也:《日本刑事诉讼法》(上卷),丁相顺译,中国人民大学出版社2005年版,第323页。

③ 参见王兆鹏:《一事不再理》,台北,元照出版有限公司2008年版,第64页。

中犯罪事实的处理原理与方式,“罪数论应该适应程序中犯罪事实的处理原理与方式”①。在确定了我国应该实行公诉事实同一下的诉因模式以及以自然事件作为公诉事实同一的判断标准后,我国犯罪事实的处理方式与罪数的实现方式也就一目了然了:当构成一罪的所有事实构成一个自然事件时,如果检察机关只对该一罪的部分事实起诉,那么法院只能对该部分事实审判,但检察机关可以对该一罪的其他事实追加起诉,法院也可以建议检察机关追加起诉;如果法院只对该一罪的部分事实审判,那么检察机关不能再对该一罪的其他事实起诉,法院也不能进行审判。而当构成一罪的所有事实不构成一个自然事件时,如果检察机关只对该一罪的部分事实起诉,那么法院只能对该一罪的部分事实进行审判,而且检察机关也不能再对该一罪的其他事实追加起诉,但法院对该一罪部分事实的审判效力不及于该一罪的其他事实,检察机关仍然可以对该一罪的其他事实起诉、法院仍可以审判。由此可见,罪数规定不同,罪数实现的方式也不同。从罪数目的的实现来看,将一罪限定为构成一罪的所有犯罪事实构成一个自然事件的情形,更有利于实现罪数的目的。这是因为:其一,在这种情形中,罪数目的的实现,既能通过检察机关一并起诉的方式,又能通过检察机关追加起诉的方式,还能通过法院建议检察机关追加起诉的方式,多种方式的存在保证了构成一罪的所有事实能够一并处理、一并评价。而如果不对构成一罪的事实进行限定,将不构成一个自然事件的数个事实也规定为一罪的话,那么罪数目的的实现,只能通过检察机关一并起诉这一种方式,保障方式的单一性难以保证构成一罪的所有事实能够一并处理、一并评价。其二,在这种情形中,由于自然事件是一个在时空上具有紧密联系的整体,事实之间具有知其一必知其二的紧密联系,能够同时被发现,因而检察机关能够一并起诉,或者能够及时追加起诉,法院也能够及时建议检察机关追加起诉。而如果不对构成一罪的事实进行限定,将不构成一个自然事件的数个事实也规定为一罪的话,由于构成一罪的所有事实之间没有紧密的时空联系,因此这些事实很难被同时发现,尤其是在侦控权力越来越受到严格限制、被追诉人的权利越来越得到

① 杨云骅:《“牵连犯”及“连续犯”规定废除后对刑事诉讼法“犯罪事实”概念之影响》,载《月旦法学杂志》2005 年第 7 期。

严密保障的刑事诉讼发展趋势下，更难以被同时发现，因而也就难以对其一并追诉。由此可见，如果不对构成一罪的事实之间的关系进行限定的话，即使是只有检察机关一并起诉这一种方式，这种方式也无法发挥保障罪数目的实现的作用。其三，在这种情形中，由于一事不再理原则对构成一罪的部分事实的追诉、处罚阻止了对该罪其他部分事实的再次追诉、处罚，因而可以防止检察机关有意将一罪分割为数罪进行追诉、处罚。而如果不对构成一罪的事实进行限定，将不构成一个自然事件的数个事实也规定为一罪的话，则因为对一罪部分事实的追诉、处罚并不会阻止对该罪其他事实的追诉、处罚，无法阻止检察机关有意将一罪分割为数罪进行追诉、处罚。因此，即使检察机关能够同时发现构成一罪的所有犯罪事实并一并追诉，也无法阻止其有意将所有犯罪事实分割为数个犯罪事实分别追诉、处罚。综上所述，为了罪数目的的实现，我国在对罪数进行规定时，应该严格遵守一构成要件一罪一罚的原则，而即使考虑到按照该原则无法实现罪刑均衡而需要设置实质一罪、科刑一罪这些非典型罪数形态时，为了实现罪数的目的，也必须将这种例外限制为构成该非典型罪数形态的所有事实必须具有紧密的时空联系因而构成一个自然事件这一情形。只有这样，构成该非典型罪数形态的所有事实才能在程序中作为一个整体进行处理，才能防止检察机关将其分割为数个犯罪分别进行处理，才能实现该罪数的目的。比如，如果规定牵连犯时，则必须将牵连犯限定为原因与结果行为、手段与目的行为之间具有时空紧密联系而构成同一事件的情形；如果规定连续犯时，则必须将数个连续行为限定为具有时空紧密联系而构成同一事件的情形；如果规定结合犯时，则必须将构成结合犯的数个犯罪限定为具有时空紧密联系而构成同一事件的情形等。

六、结　语

“实体刑法不管如何精致，如何富于理想色彩，假若没有完善的刑诉法，都必然不能使理想成真。”①实体法上罪数的目的，必须经过程序才能实现，而程序有其自身的运作原理与方式，罪数的规定如果不考虑程序的运作原理与方式，那么罪数目的无法实现。因此，罪数的规定不单是一个

---

① 林钰雄：《刑法与刑诉之交错适用》，中国人民大学出版社 2009 年版，第 2 页。

实体法问题，而且是一个程序法问题，程序法上既必须考虑如何保障构成该罪数的所有事实能够在一个程序中一并处理从而能够进行整体评价，又必须考虑如何防止司法机关有意将必须整体评价的一个犯罪分割为数个犯罪分别进行评价。虽然在不同的国家与地区，犯罪事实的处理方式不同，但无论是实行哪一种方式，如果要实现罪数的目的，又不会造成其他实体与程序问题，都要求罪数的规定必须尽量避免将符合数个犯罪构成要件的犯罪规定为一罪或按一罪处理。即使出于罪刑均衡目的的考虑，需要将符合数个犯罪构成要件的范围规定为一罪或按一罪处罚，也必须尽量将这种情形限定为数个行为之间具有时空紧密联系因而可以构成一个自然事件的情形。只有这样才能对构成一罪的数个行为一并追诉、才能进行整体评价，才能实现其罪数目的。

●关于恐怖主义概念的研讨

赵　远[*]　余　璇[**]

一、前言

从全球视野看,恐怖主义的发展经历了不同的时代,从亚述帝国至今已经有两千余年。不同时期恐怖主义之含义有着较大的区别,我们若要对恐怖主义展开研究并进行治理,首先就需要对其内涵与外延有一个基本的、合理的定义。从研究恐怖主义及其防治的现实需要出发,笔者将本文所要研究的恐怖主义概念限定为现代恐怖主义之范畴,即自 20 世纪初以降的百余年来的恐怖主义应当如何定义。

自现代恐怖主义产生至今的百余年中,包括联合国在内的各国际组织、各国政府、研究机构及各国学者们对于恐怖主义概念进行过大量的研究与广泛的讨论。但令人遗憾的是,由于政治立场与价值观念的不同,以及理论视角和学术见解的差异等原因,至今无论是官方抑或是学术界都未能得到一个统一的结论性认识,甚至一个国家的不同部门对恐怖主义的界定都可能大相径庭。

面对界定恐怖主义概念的种种困难,许多学者在进行了长时间研究后,纷纷发出类似的感叹:“我们很难持一种中立的态度来研究恐怖主义”;①“任何界定方法都几乎不可能涵盖恐怖主义有史以来的复杂的情况”。②

---

* 澳门特别行政区保安司高级技术员、法学博士。

** 澳门大学法学院博士研究生。

① 参见[美]杰克·D. 道格拉斯、弗兰西斯·C. 瓦克斯勒:《越轨社会学概论》,张宁、朱欣民译,河北人民出版社 1987 年版,第 276 页;See Walter Laqueur, *The Age of Terrorism*, Boston:Brown and Company,1987,p. 149.

② H. B. Mishra,*Terrorism:Threat to Peace and Harmony*,Delhi:Authors Press,1999,p. 1.

有些学者声称,他们不会花时间给恐怖主义下定义,因为这样做只能给“恐怖主义”一词的含义增加混乱;有的学者甚至认为,“给恐怖主义下定义的意见分歧越大,恐怖主义者从概念的混乱中获益就越多”①。有的学者形象地比喻说,恐怖主义就像色情,你看到时你知道是它,但是你不可能拿出一个普遍认可的定义。② 有的学者甚至断言说,“一个被普遍接受的全面的恐怖主义概念现在不存在,而且将来也不会存在”③。中国国际法学权威学者、曾担任前南斯拉夫国际刑事法庭法官及其上诉庭法官的王铁崖先生也曾指出:“由于对恐怖主义的定义各国意见尚不一致,因而在国际上尚未订立关于制止恐怖主义活动的全面性公约。”④

尽管关于恐怖主义的定义是一个长期困扰国际社会合作打击恐怖主义的理念与实践难题且迄今尚无定论,国际社会尚未达成共识,但是恐怖主义的定义无疑是各国和国际社会反恐斗争中尤其是反恐法治(包括反恐刑法)中绕不过去的一个基础性的、极为重要的概念,它甚至决定着整个反恐斗争和反恐法治的方向、原则与方法等,它关乎反恐斗争和反恐法治的全局。因此,虽然众所周知要达成获得共识的恐怖主义定义极为困难,但是,从学者们到各国立法者再到联合国等国际组织,还是在为此进行着不懈的努力和不断的探索。

二、众多恐怖主义概念之高频要素分析

恐怖主义之概念所涉问题错综复杂,就好像一千个人眼中有一千个哈姆雷特一样。单是逐一研究众多的关于恐怖主义概念的定义,我们很难评价孰优孰劣,从而得出我们想要的结论。有比较才有鉴别,正确的方法是将这些形形色色的关于恐怖主义概念的定义综合起来进行比较研究,并进行“去粗存精,去伪存真”的分析和抉择。

---

① 何秉松主编:《后拉登时代国际反恐斗争的基本态势和战略》(上册),中国民主法制出版社 2013 年版,代序,第 19 页。

② 参见[英]理查德·克罗卡特:《反美主义与全球秩序》,陈平译,新华出版社 2004 年版,第 104 页。

③ Water Liqueur, *The Age of Terrorism*, Boston: Little, Brown and Company, 1987, p. 149.

④ 中国大百科全书编辑部编辑、江平主编:《中国大百科全书——法学》(修订版),中国大百科全书出版社 2006 年版,第 190 页。

为了梳理清晰纷繁复杂的恐怖主义概念，荷兰学者 Alex P. Schmid 曾详细分析了 1936 年至 1981 年的 109 个主要的关于恐怖主义概念的定义，在此基础上提取了各定义中的要素并作了频率统计（见表 1）。

表 1　1936 年至 1981 年的 109 个主要的恐怖主义概念之要素分析

序号	要素	比例/%
1	暴力、武力	83.5
2	政治性	65
3	恐惧、恐怖	51
4	威胁	47
5	心理效果和反应	41.5
6	（直接）受害者与打击目标的分别（不同）	37.5
7	有目的的、有计划的、系统化的、有组织行为	32
8	战斗（斗争）、战略或战术的方式	30.5
9	非常性、违背社会普遍接受的规则、不受人性约束	30
10	强迫、强求、使（对方）屈服	28
11	宣传性	21.5
12	任意性、随机性、无选择性	21
13	受害者是市民目标、非战斗目标、中立目标或旁观者	17.5
14	恫吓	17
15	强调受害者的无辜性	15.5
16	肇事者是团伙、（社会）运动或组织（及其成员）	14
17	象征性、表演性	13.5
18	暴力发生的难以预测或不可预知性、突发性	9
19	隐秘性、秘密性	9
20	重复性、暴力的连续性或暴力战	7
21	犯罪性	6

资料来源：See Alex P. Schmid & Albert J. Jongman, *Political Terrorism*, Amsterdam: North Holland Publishing Company, 1988, p. 5 – 6。

其后,中国知名的反恐研究学者胡联合又继续整理了 1982 年至 2010 年的 50 余个具有代表性的关于恐怖主义概念的定义,并参照 Alex P. Schmid 的方法编写成表(见表 2)。

表 2　1982 年至 2010 年的 50 余个主要的恐怖主义概念之要素分析

序号	要素	比例/%
1	暴力、武力	92
2	政治性目标	90
3	(暴力)威胁	54
4	恐惧及心理影响	54
5	有计划的、系统化的、有组织的行为	40
6	恐吓、强迫、强求、使屈服	34
7	社会性目标	32
8	受害者是市民等无辜目标	20
9	实际受众与直接受害者不同	20
10	犯罪性	16
11	宣传性	14
12	象征性	12
13	(使用暴力或威胁使用暴力)非法性	12
14	暴力发生的难以预测、不确定性、突发性	6
15	(目标的)随机性、无选择性	6
16	非正义性	2

资料来源:参见胡联合:《全球反恐论——恐怖主义何以发生与应对》,中国大百科全书出版社 2011 年版,第 26 页。

对比上述两个关于恐怖主义概念之要素的表格,我们不难得出这样的结论:(1)论者普遍认为恐怖主义是一种暴力行为,并具有政治性目的。(2)论者大多赞同恐怖主义旨在制造恐惧、恐怖气氛,同时也包含威胁行为。(3)论者中有两成以上的定义含有:有计划的、系统化的、有组织的行为;社会性目标;受害者是市民等无辜目标;恐吓、强迫、强求、使屈服等要素。这说明这些要素存在于部分恐怖活动行为之中,是否可以作为通用概念之要素还存在争议。

如何看待这些统计数据之结论以及应如何定义恐怖主义？笔者有如下观点：

其一，这两份统计数据确实能从很大程度上反映人们对恐怖主义概念界定、内在特征要素的共性认识与分歧意见。

如前述两位中外学者在统计数据时阐释的那样，这两份表格去除了各种恐怖主义定义表述中冗长的修饰词语与没有实际意义的细枝末节，最直观地反映出其中的共同点。高频的词汇代表着较高的认同度，多位研究者经过多年研究而形成的对某一事物较为一致的看法，则一般可视为关于这一事物的本质属性或基本特征的共识。尤其应当指出，这一结论也可以在实践中得到验证。近年来，国际社会所普遍承认的恐怖主义事件，如1995年东京地铁沙林毒气袭击事件、2001年纽约"9·11"恐怖袭击事件、2004年马德里恐怖爆炸事件中，都同时具备"暴力行为""政治目的"与"旨在制造恐惧、恐怖气氛"这几个认同度较高的要素。

其二，从另一个角度来看，这份数据并不能完全作为界定恐怖主义之依据。

（1）从选取概念上来说。不同的观点出自不同的时期，有着不同的时代背景，论者所处的立场也往往大相径庭。中外两位学者都声明其选择的这些定义为一段时期内最具代表性的，然而却没有详细论证其具体的选择标准。再者，1936年至1981年间隔45年，所选取的恐怖主义定义为105个；1982年至2010年间隔38年，所收集的恐怖主义概念仅为50余个，显然两份数据中数量、时间比（数量/时间）的密度相去甚远。况且，近年来各界对于恐怖主义的研究远较之前更为繁荣，以此来讲，晚近几十年间所产生的定义应该更多才合理。

（2）从其归纳的要素本身来看。一些要素在众多概念中并未频繁出现，既可能是由于各方观点认为这些要素并不能用于阐释恐怖主义的特征；也可能是因为论著认为这些要素虽然是恐怖主义的共性特征，但并不是最为重要的因素；还可能是由于论著认为某些要素是最显而易见的，不言自明。对于最后一种情况，笔者认为正好可以解释为什么主体要素在上述各方观点以及两份表格中都没有很好地予以体现。

（3）再从其归纳的这些要素之间的关系来看。某些要素存在一定的包含关系,如"恐吓、强迫、强求、使屈服、威胁"多被认为包含在广义的暴力之中,这一点在近期聚焦的网络暴力研究中体现得尤为明显。狭义暴力是指一种直接作用于人身的武力、攻击性行为,通常以侵犯他人人身权利和财产权利为目的,并造成严重后果。广义暴力则泛指可以对被害人造成一种精神上的强制之行为,除传统暴力外还包括以暴力相威胁以及其他方法,在网络犯罪中甚至被扩张为造成严重精神损害的行为。① 再如"犯罪性"与"非法性",实际上虽然在中国法律中,"犯罪"与"违法"有着较为明确的界限,前者以刑法处罚,后者以行政法等法律处罚,然而在欧美许多国家的法律中并没有这样的分别。此外,有些要素甚至只是其他要素的一个具体特征,如"暴力发生的难以预测、不确定性、突发性"就是对"暴力"的特征之描述。

值得注意的是,一些学者在比较分析国内外已有的关于恐怖主义概念之种种主张和研究成果的基础上,概括了恐怖主义的本质特征或主要特点:例如,美国学者布丽奇特·L. 娜克丝(Brigitte L. Nacos)在介述了美国联邦调查局尤其是美国国务院的恐怖主义定义后分析说,美国官方的定义描绘了恐怖主义最重要也是最受争议的属性:(1)动机源于政治目的;(2)目标是平民和非战斗人员;(3)作恶者为非国家行为体。② 学者博伦德(Poland)1988 年在从众多的恐怖主义定义中挑选了八个最流行的定义进行分析后指出,这八个定义所强调的共同因素有三个:(1)实施暴力或以暴力相威胁;(2)制造恐怖;(3)一定的政治目的。③ 澳大利亚犯罪学家格兰特·沃德劳(Grant Wardlaw)指出,关于恐怖主义的每一个定义都包含三个不同的要素:(1)方法(武力或暴力);(2)目标(政府和民众);(3)目的,是双重的(带来恐惧和政治或社会的变革)。④ 中国刑法学者何秉松教授在基本认同格兰特·沃德劳上述关于恐怖主义定义三要素之主

---

① 参见侯瑞雪:《公民法律意识视角下的网络暴力》,载《河北法学》2011 年第 6 期;熊云武编著:《犯罪心理学》(第 2 版),北京大学出版社 2012 年版,第 172 页。

② 参见[美]布丽奇特·L. 娜克丝:《反恐原理》(第 4 版),陈庆、郭刚毅译,金城出版社 2016 年版,第 29 ~ 33 页。

③ 参见何秉松主编:《后拉登时代国际反恐斗争的基本态势和战略》(上册),中国民主法制出版社 2013 年版,代序,第 18 ~ 19 页。

④ 参见何秉松主编:《后拉登时代国际反恐斗争的基本态势和战略》(上册),中国民主法制出版社 2013 年版,代序,第 20 页。

张的基础上，认为还应再增加一个要素，即恐怖主义的主体，恐怖行为的策划者和实行者。他主张这四个要素是组成恐怖主义的最基本的要素，这四个要素的有机结合，就足以说明恐怖主义的本质。他认为，在这四个要素有机结合的基础上，加以适当的补充和修正，就可以作为恐怖主义的定义。①

下面是另外几位中国学者的相关看法：学者胡联合认为，恐怖主义至少具有以下本质特征或重要特征：(1)恐惧性或心理战；(2)暴力性或破坏性；(3)政治性或社会性；(4)宣传性或宣扬性；(5)违法性或刑事犯罪性。② 学者李湛军认为，恐怖主义具有下列本质特征：(1)暴力性和破坏性；(2)超常规性；(3)恐惧性和心理性；(4)政治性或组织性；(5)弱势性和无辜性。③ 学者宫玉涛、刘元玲指出，关于恐怖主义的众多定义中，有4点共识：(1)实施暴力或威胁使用暴力；(2)最终目标都是要达到某种政治性目的；(3)制造恐怖气氛或者打心理战；(4)非理性和非人道性。④ 学者杨隽、梅建明认为，从犯罪学的意义上，恐怖主义有五大基本要素：(1)暴力行为；(2)间接受害者(观众)，即没有在恐怖行为发生现场、没有受到恐怖分子直接攻击但却受到恐怖行为影响的人；(3)直接受害者，即受到恐怖分子直接攻击的人；(4)制造恐怖情绪；(5)恐怖主义行为一般只限于政治性目的。⑤ 学者任筱锋等认为，虽然国际法上对于恐怖主义至今尚无权威的定义，但国际社会认同恐怖主义具有以下三个特征：(1)恐怖主义活动是为特定政治或社会目的而严密组织和策划实施的组织行为，往往并非出于个人目的的任意行为；(2)恐怖主义行动一般不是国家、政府或民族行为，而是由某一团体或“非国家行为者”所实施的行为，虽然这并不排除有些恐怖活动经证明可归因于某些国家或政府；(3)恐怖主义活动的目的虽然具有政治性或社会性，但其行动的具体目标、对象、受众

---

① 参见何秉松主编：《后拉登时代国际反恐斗争的基本态势和战略》(上册)，中国民主法制出版社2013年版，代序，第29页。

② 参见胡联合：《当代世界恐怖主义与对策》，东方出版社2001年版，第18～24页。

③ 参见李湛军：《恐怖主义与国际治理》，中国经济出版社2006年版，第25～27页。

④ 参见宫玉涛、刘元玲：《当代恐怖主义概论》，黑龙江人民出版社2010年版，第10～11页。

⑤ 参见杨隽、梅建明：《恐怖主义概论》，法律出版社2013年版，第13～15页。

和受害者却是普通大众。①

上述这些研究和认识大体都有其值得称道之处，对于我们进一步深入研究和把握恐怖主义的概念及特征，都颇有帮助。

三、恐怖主义之概念界定

在总结、归纳与概括恐怖主义概念时，笔者认为应该遵循准确性、重要性、全面性三者齐备的标准。所谓准确性，是指概括恐怖主义定义时应选取那些能够直接、明确体现恐怖主义特点的要素，避免选择一些不相关联或需要通过间接推导才可得出的要素。所谓重要性，是指恐怖主义概念所涉要素应该为其中最为重要的，而一些次要的、边缘性的要素则不需要在定义里体现。所谓全面性，是指恐怖主义概念所包含的各个要素之总和应能够完整地描述出恐怖主义的基本特点，而不应有所遗漏。

在上文概览和分析了众多恐怖主义概念之高频要素的基础上，下面先从认同度较高的恐怖主义概念之要素入手予以研析：

（一）暴力性与非暴力性

暴力性是恐怖主义的行为、手段要素。从分析数据来看，暴力性是恐怖主义众多特征中认同度最高的要素，有学者甚至认为这是恐怖主义最本质的特征。② 实际上，这一要素也是恐怖主义带给公众最直观的表现。提及恐怖主义，即便没有从事过相关的研究或专业工作，一般人也能很快联想到暗杀、绑架、劫机、爆炸及武装暴动等严重暴力犯罪。暴力行为与恐怖主义严重危害结果的联系最为密切，这一点从外国1988年的洛克比空难到2001年的“9·11”事件都有体现。

然而，需要强调的是，笔者认为，以暴力性概括恐怖主义之行为实际上并不周延。即便以最广义解释将破坏行为、威胁行为、其他强制行为等全部纳入暴力行为，也不能完整涵盖恐怖主义之行为内涵。除了暴力行为外，组织、领导、参加恐怖组织，资助恐怖组织，开展、参加恐怖培训，宣扬、煽动恐怖主义，为恐怖组织或恐怖活动招募人员等行为同样是国际公

① 参见任筱锋、郑宏、梁巍编：《国际反对恐怖主义公约汇编》，世界知识出版社2015年版，前言第1页。

② 参见胡联合：《全球反恐论》，中国大百科全书出版社2011年版，第29页。

认的恐怖主义犯罪行为。例如,1999 年《制止向恐怖主义提供资助的国际公约》就将各种向恐怖主义提供资助的行为定义为恐怖主义犯罪;2005 年《欧洲理事会预防恐怖主义公约》将煽动公众实施恐怖主义、为恐怖主义招募人员、为恐怖主义训练人员的行为规定为恐怖主义犯罪。① 除此之外,还包括为恐怖主义保管资金、物资,为恐怖主义运输资金、物资的行为。这些非暴力行为虽然不会直接侵害他人的生命与财产安全,但是却为恐怖组织的发展、暴力恐怖活动的实施提供了巨大的助力,从某种意义上说,其危害性有时甚至不亚于某种具体的暴恐行为。因此,以定义的全面性标准为考虑,笔者认为,恐怖主义的行为、手段要素应该包括暴力行为(包含以暴力相威胁)和组织、领导、参加恐怖组织、资助恐怖主义、宣扬恐怖主义、煽动恐怖主义及恐怖主义招募行为等非暴力行为两种类型。

(二)政治性与社会性目的

具有某种政治性与社会性目的,是恐怖主义与一般犯罪行为最重要的区别特征。正如有学者所指出,恐怖主义是达到目的的一种手段,而不是目的本身。② 如果一种犯罪以危害公共安全或侵害他人的生命、财产权利等为唯一目的,那么这种犯罪就只是一般的放火、决水、爆炸、劫持航空器、投放危险物质、故意伤害、故意杀人、毁坏公私财物等犯罪,并不属恐怖主义之范畴。恐怖组织与个人所实施暴力或破坏活动只是一种强制、说服或宣扬的方式,其真正目的正如许多观点所述,是为了表明一种姿态或者影响政府或公众,迫使他们实施或不实施一定行为,以实现自己的政治或社会性目的。这实际上就是恐怖主义各要素的数据表格中的“实际受众与直接受害者不同”的具体表现。

尽管对恐怖主义的政治目的性具有较高认同度,但也仍然存在一些争议,而这些争议在近年来更有愈演愈烈之势。有法国学者强烈反对将政治目的加入恐怖主义之概念,认为这样会极大地缩小恐怖主义之犯罪。③ 中

---

① 参见赵永琛、杜邈编译:《区域反恐约章汇编》,中国人民公安大学出版社 2009 年版,第 32 页。

② See David Calton & Carlo Schaerf, *International Terrorism and World Security*, London:Croom Helm Ltd. ,1975,p. 15.

③ 参见[法]安德鲁·博萨:《跨国犯罪与刑法》,陈正云等译,中国检察出版社 1997 年版,第 15 页。

国一些学者也有相似之观点，并进一步指出制造社会恐怖才是恐怖活动犯罪特有的犯罪目的。① 更有学者主张将恐怖主义划分为国内恐怖主义与国际恐怖主义而予以区别对待：认为对国内刑法上的恐怖主义犯罪不要求具有政治目的，是以恐吓、要挟社会为标准；而对国际恐怖主义则要求具有政治目的。②

笔者认为，上述否定恐怖主义犯罪之政治目的的观点值得商榷，主要理由如下：

其一，诚然，否认恐怖主义犯罪的政治性目的，确实是避免了恐怖主义犯罪的范围圈过小。但反过来，这样是否也过于扩大了恐怖主义犯罪的范围呢？国内外普遍认为恐怖主义犯罪是当代几类最为严重的罪行之一，应该受到严厉的惩治。既然是最为严重的犯罪，就不可能有很广泛的外延，否则就会导致过度的犯罪化与重刑的滥用。因此，并不是人为地对恐怖主义犯罪的限定过窄，而是我们本就需要一个相对较为严格的恐怖主义犯罪的定义。

其二，“制造社会恐怖”确实是恐怖主义犯罪重要的要素之一（下文会详细论述），但并不能替代其政治目的性与社会目的性。实际上，多种危害公共安全及人身安全的犯罪都会造成社会恐慌，那么是否它们都是恐怖主义犯罪呢？以此定义，2008 年 7 月发生的杨某袭警案，行为人在光天化日之下持刀闯入上海市公安局闸北分局袭击警察，造成 6 死 5 伤的极其严重的危害结果，导致公众对于社会安全颇为担忧，那就应当定性为恐怖主义事件？2004 年至 2012 年，周某华多次在重庆、昆明、长沙、南京等地持枪抢劫杀人，使社会人心惶惶，人们去银行提现金时都要提心吊胆，那就应当定性为恐怖主义犯罪？2015 年 9 月，广西柳城县发生多起快递包裹爆炸事件，造成当地居民闻快递而色变，那就应当定性为恐怖主义犯罪案件？若如此，则恐怖主义犯罪与普通的严重暴力犯罪的区别界限又在哪里？我们应当看到，上述这些案件中行为人的犯罪动机或出于个人恩怨，或由于经济原因，与我们所知的真正的恐怖主义犯罪案件有着明

① 参见陈忠林：《我国刑法中“恐怖活动犯罪”的认定》，载《现代法学》2002 年第 5 期。

② 参见夏勇、王焰：《我国学界对恐怖主义犯罪定义研究的综述》，载《法商研究》2004 年第 1 期。

显区别。若以“制造社会恐怖”的主观目的取代政治性、社会性目的，恐怕恐怖主义犯罪事件就不胜枚举。

其三，至于主张国际恐怖主义犯罪包含政治目的要素，而国内恐怖主义犯罪不包含政治目的要素的观点，在笔者看来实属不妥。国际恐怖主义犯罪与国内恐怖主义犯罪最主要的区别，应该是前者的构成要素中含有一个或多个国际性因素，如犯罪地点的跨国性，多名被害人分属不同国籍，犯罪行为具有跨国性等。诚然，各国可以根据本国具体国情与反恐形势增减一些恐怖主义的要素，也可以对一些要素有不同的认识。但是对于恐怖主义最主要的要素不应有所缺失，如主体要素、目的要素、手段要素、对象要素等。否则，就是一种实际上的双重标准。

（三）恐怖性与恐惧性

无论是主张“恐怖主义”一词源于拉丁语还是法语，抑或是其他语言的观点，都不会否认其核心在于以制造恐怖或恐惧的目的。笔者认为，恐怖主义的目的有三重性：第一层为直接目的，即为最表面化的目的，如暗杀他人的恐怖主义犯罪中，剥夺特定目标人物的生命即为这一目的的体现；第二层为次级目的，或称其为深层目的，即是指造成社会恐惧气氛；第三层为根本目的，即恐怖主义犯罪背后的政治性、社会性目的，此点在上文已有阐释，这里不再赘述。

就“制造恐怖气氛”这一目的而言，有学者认为，“今天的恐怖分子施加的最大威胁在于他们制造的恐怖气氛”①。恐怖主义对一定的目标发动袭击，是为了给社会公众造成严重的不安感，以感受到恐怖主义的存在与威胁。有学者也将这点与恐怖主义的突发性和难以预测性相联系，指出恐怖主义在社会中造成的最大恐惧源于它向社会传达了这样一个信息：任何人、任何时间、任何地方都不是绝对安全的，都可能成为恐怖主义犯罪的受害者。② 恐怖主义正是通过直接实施杀伤、爆炸、劫机等暴力活动，以最终达成其政治性和社会性目的，而“制造社会恐怖气氛”则成为连接两者间的纽带。

---

① Cindy C. Combs, *Terrorism in Twenty-First Century*, New Jersey: Prentice-Hall Inc., 1997, p. 234.

② 参见胡联合：《全球反恐论》，中国大百科全书出版社 2011 年版，第 28 页。

(四)特定性与非特定性目标

特定性与非特定性目标是恐怖主义的对象要素。此要素所引起的争议较大,主要有以下四种主张或表述:(1)有的学者认为恐怖主义犯罪的对象具有确定性,认为恐怖主义之目标是特定的人或物。① (2)更多的观点则强调恐怖主义对象的不确定性,上文介绍的许多观点都属此类主张,如国际公约、各国法律与政府机构多将恐怖主义的目标表述为"民众""他人""人群",学者们将这一目标表述为"无选择性"②"不特定"③等。(3)有的观点干脆避开这一问题,如上文提到的 Juliet Lodged 的观点:"恐怖主义,是指非政府行动者为了政治目的而违背常规诉诸暴力,将它作为表达不满、分歧或反对合法政府确定的政治目标的方式"④。(4)也有观点提出,恐怖主义的目标既有确定性的,也有不确定性的,如 Alex P. Schmid 将恐怖主义的目标表述为"随机的受害者或具有象征性的特定受害者"⑤。

笔者赞同上述第四种观点。上述第一种与第二种观点都只注意到了现代恐怖主义犯罪之部分对象的特征而忽视了其他对象的特征;而第三种观点对于这一关键问题的避而不谈显然也是不可取的,因为恐怖主义之行为对象显然是一个颇具争议的问题,并非不言自明。笔者之所以赞同上述的第四种观点,是因为在实践中,恐怖主义的袭击对象大体可以分为两种:(1)不特定性目标。大多数恐怖主义行为之目标均为不特定性的,如著名的 1988 年洛克比空难、1995 年东京地铁沙林毒气事件、2001 年纽约"9·11"事件等。恐怖主义之所以袭击不特定的目标,并不是如有

① 参见刘华:《当代恐怖主义犯罪研究》,载陈兴良主编:《刑事法评论》(第 12 卷),中国政法大学出版社 2003 年版;颜声毅主编:《当代国际关系》,复旦大学出版社 1996 年版,第 344 页。

② See Beau Grosscup, *The Newest Explosion of Terrorism*, Fall Hills: New Horizon Press, 1998, p. 8.

③ 参见莫洪宪、周娅:《论恐怖主义的界定》,载《贵州警官职业学院学报》2003 年第 6 期。

④ Juliet Lodged, *The Threat of Terrorism*, Boulder: Westview, 1988, p. 7.

⑤ Alex P. Schmid & Albert J. Jongman, *Political Terrorism*, Amsterdam: North Holland Publishing Company, 1988, p. 36.

的观点所指出的恐怖主义“遇上谁则谁就为牺牲品”[1],而是他们不会在乎所杀伤的对象是谁,而只在意通过杀伤、破坏这些目标是否能制造社会恐慌,其根本目的是政治性与社会性的。从这一点上来说,恐怖主义选取不特定的目标也有其特点,他们选取的攻击目标需要能引起轰动或者向政府与民众传达他们的政治、社会意图。(2)特定性目标。少数恐怖主义犯罪也会选取特定目标,这些事件有针对特定人员的,如2002年“6·29”吉尔吉斯斯坦枪击事件就是针对我国驻吉尔吉斯斯坦外交官王建平的恐怖袭击;有针对特定建筑的,如1998年8月7日基地组织针对美国驻东非坦桑尼亚首都达累斯萨拉姆和肯尼亚首都内罗毕的大使馆发动的汽车炸弹袭击事件。[2] 在这些暴恐犯罪袭击中,恐怖分子所针对的目标并不是随意的,这些目标的共同点在于它们都具有一定的政治象征意义,这也是恐怖主义犯罪与一般犯罪相区别之处。为此,在联合国的主持下,多国共同参与制定了《关于防止和惩处侵害应受到国际保护人员包括外交代表的罪行的公约》。恐怖分子暗杀特定的政府官员、外交人员,破坏政府建筑,并非就是为了从肉体上或物质上消灭他们,而是为了报复、影响、改变该国家和政府的制度与政策。

(五)主体要素

关于恐怖主义犯罪的主体要素也需要予以明确。恐怖主义犯罪的主体要素虽然在上述许多关于恐怖主义概念的观点和研究中较少被作为主要因素予以考虑,但为了恐怖主义概念之定义的完整性,笔者认为这一要素仍是不可或缺的。

恐怖主义犯罪的主体,涉及国家、组织和个人三类主体。其中,组织(主要是恐怖组织)作为恐怖主义暨恐怖主义犯罪之当然主体成为共识,而国家和个人能否成为恐怖主义暨恐怖主义犯罪之主体则受到质疑并存有不同的主张。笔者认为,国家、组织和个人均可成为恐怖主义暨恐怖主义犯罪的主体,但对国家作为恐怖主义犯罪的主体还要区分国际恐怖主义与国内恐怖主义予以不同的解读和对待。综上所述,笔者认为,恐怖主

---

① 夏勇、王焰:《我国学界对恐怖主义犯罪定义研究的综述》,载《法商研究》2004年第1期。

② 这两起事件共造成224人不幸遇难,超过4500人受伤。参见《美国驻肯、坦大使馆附近相继发生爆炸》,载《人民日报》1998年8月7日,第6版。

义或恐怖主义犯罪的一般概念可以表述为：个人、组织或国家为了一定的政治性、社会性目的，而对特定或非特定目标实施的旨在造成一定的社会恐怖的暴力或非暴力行为。恐怖主义或恐怖主义犯罪的暴力行为包含直接的暴力、以暴力相威胁等强制行为；其非暴力行为则包含组织、领导、参加恐怖组织、资助恐怖主义、宣扬恐怖主义、恐怖主义招募、恐怖主义培训等行为。而在一国法律之范畴内，宜将“国家”从恐怖主义犯罪之主体中予以去除。

四、关于恐怖主义之相关概念的辨析

恐怖主义犯罪、恐怖活动犯罪、恐怖犯罪、恐怖行为、恐怖主义行为等一系列与恐怖主义相关的概念在我国学界被相继提出。一些学者主张这些概念具有一定的联系，但也有明显的区别；另一些学者则认为这些概念具有同一性；还有学者认为，这些概念中有一些具有相同含义，而另一些则有明显的区别。为了正确认识与深入研究恐怖主义暨反恐刑法问题，有必要对这些涉恐概念进行辨析和阐明。

（一）恐怖主义与恐怖主义行为

关于恐怖主义与恐怖主义行为的关系，大体有两种观点：

其一，有些学者认为，这两个概念具有明显的区别。持此论者认为，“主义”是指一种思想、学说或者理论，“恐怖主义是一种宣扬可以通过使用暴力或威胁使用暴力等破坏手段的方法，制造社会恐慌来达到某种政治目的或社会目的的主张或理论”；而“恐怖主义行为”（“恐怖主义活动”）则是指有预谋、有组织地使用或威胁使用暴力等破坏手段，制造社会恐慌来达到某种政治目的或社会目的的行为（犯罪行为）。[①] 有学者提出，恐怖主义是一种政治理论，恐怖主义行为是一种政治活动。[②] 有学者将“恐怖”与“主义”相分离，将后者理解为一种信念。[③] 有的学者则认为

① 参见王燕飞：《恐怖主义犯罪立法比较研究》，中国人民公安大学出版社 2007 年版，第 2～3 页；简基松：《恐怖主义犯罪之刑法与国际刑法控制》，国家行政学院出版社 2012 年版，第 9～10 页。

② 参见赵英：《新的国家安全观》，云南人民出版社 1992 年版，第 264～266 页。

③ 参见杨心宇、丁毅：《对恐怖主义及其相关概念的分析》，载《当代法学》2003 年第 3 期。

恐怖主义与非政治性的刑事犯罪类的暴力犯罪活动之总和才等于恐怖主义行为。①

其二,另有学者主张,这两个概念乃至其他相似的概念并没有本质区别,它们的内涵具有同一性。持此论者认为,无论是在英语还是汉语的普遍解释中②,"恐怖主义""恐怖活动""恐怖主义行为"实际上都是同一概念,不能以汉语的"主义"来理解恐怖主义。如果需要表达作为思潮、理论的"恐怖主义"的意思时,则应该表示为"恐怖主义思潮"或"恐怖主义理论",而不能仅仅用"恐怖主义"一词表示。③

笔者赞同上述第二种观点,认为恐怖主义与恐怖主义行为是相同的概念,恐怖主义实际上就是指一类特定的行为,而不是一种思想。主要理由如下:

首先,从恐怖主义研究的历史来看。西方社会对于恐怖主义的研究要远早于中国,中国的许多恐怖主义相关概念都是从西方传入的。西方国家对于恐怖主义的最早研究始于19世纪末期。美籍德国学者约翰内斯·莫斯特曾在其1895年出版的《革命的战争学》中提出,打击具有政治意义的目标,并以此反对政府的某项政策的行为是一种恐怖主义。并强调恐怖主义可以是反对暴政的正义手段。④ 20世纪60年代,随着恐怖主义犯罪在西方国家大量出现,西方各国对恐怖主义的研究也迅速发展。对于恐怖主义的界定,不同学者有着不同的看法,但绝大多数西方学者都将其解释为一种或一类行为,而非思想。⑤ 中国对恐怖主义的研究起步于20世纪八九十年代,大多数学者都在一定程度上引用和借鉴了西方的成熟理论。然而,在我国学界对于恐怖主义研究的逐渐深入中,一些学者从中文里"主义"一词的含义出发,从而提出了"恐怖主义"是一种思想、理论、意识形态等的主张。笔者认为,这种观点值得商榷,因为这些学者的上述观点忽略了恐怖主义是源于西方的概念,对此概念的界定应当考虑

① 参见王树友:《恐怖主义概念探析》,载公安部反恐局2014年编印:《全国反恐怖研讨会论文集(上)》,第16页。

② 参见《新英汉词典》编写组编:《新英汉词典》,上海译文出版社1985年版,第1439页。

③ 参见胡联合:《当代恐怖主义与对策》,东方出版社2001年版,第19页。

④ 参见张家栋:《恐怖主义论》,时事出版社2007年版,第2页。

⑤ 参见胡联合:《全球反恐论》,中国大百科全书出版社2011年版,第2~3页。

它在原语言中的含义。正如有学者所指出的,这种将恐怖主义与恐怖主义行为相区别的论点存在理解错误,它将“恐怖”与“主义”割裂,将“主义”阐释为一种纯粹的思想。这种错误会令国际社会误以为中国将单纯的犯罪思想也作为刑法规制的对象,从而产生恶劣影响。①

其次,从区域性公约、联合国决议来看。尽管国际反恐公约普遍都没有对恐怖主义下一个明确的定义,只是以“本公约所称的犯罪是指……”来概括恐怖主义犯罪,但很多区域性反恐公约都界定了恐怖主义。以《上海公约》为例,其中文版本中明确将恐怖主义界定为某些行为。② 其英文版本中也将恐怖主义(terrorism)定义为一种行为(act)。此外,《阿拉伯国家联盟制止恐怖主义公约》《独立国家联合体成员国打击恐怖主义合作条约》与《伊斯兰会议组织关于打击国际恐怖主义的公约》等区域性公约的英文版本,也普遍将恐怖主义定义为“行为”。相同的情况也出现在联合国的相关决议中,如 1994 年 12 月 9 日联合国大会第 49/60 号决议所附的《消灭国际恐怖主义措施宣言》中就指出,恐怖主义就是一种行为;③在 1996 年第 51 届联大第 51/210 号决议附件《补充 1994 年〈消灭国际恐怖主义措施宣言〉的宣言》中,多处也都把恐怖主义与恐怖主义行为等同和交替使用,并号召会员国“共同努力防止、打击和消灭恐怖主义”。④ 这里的“恐怖主义”显然是与“恐怖主义行为”等同使用的,因为联合国号召会员国要打击和消灭的,当然不能是一种思想和思潮,而只能是具有社会危害性的行为,即严重危害人类社会和平与安全的恐怖主义行为。

最后,从中国国内立法及其立法精神来看。2015 年 12 月通过的《中华人民共和国反恐怖主义法》(以下简称《反恐怖主义法》)第 3 条规定:“本法所称恐怖主义,是指通过暴力、破坏、恐吓等手段,制造社会恐慌、危害公共安全、侵犯人身财产,或者胁迫国家机关、国际组织,以实现其政

① 参见胡联合:《准确把握恐怖主义的基本含义》,载《国际政治研究》2006 年第 3 期。

② 参见《上海合作组织反恐怖主义公约(中文本)》,载全国人民代表大会网,http://www.npc.gov.cn/wxzl/wxzl/2001 - 12/12/content_281315.htm,最后访问日期:2016 年 2 月 7 日。

③ 参见段洁龙、徐宏主编:《最新国际反恐法律文件汇编》,中国民主法制出版社 2016 年版,第 127 页。

④ 参见段洁龙、徐宏主编:《最新国际反恐法律文件汇编》,中国民主法制出版社 2016 年版,第 131 ~ 132 页。

治、意识形态等目的的主张和行为。”尽管《反恐怖主义法》对恐怖主义的界定中包括了“主张”，但这里的“主张”并不能理解为是指思想。对此，中国公安部反恐专员刘跃进在接受采访时表示：“《反恐怖主义法》中的‘主张’是指散布、宣扬恐怖主义思想的行为，不是指某人未予宣扬、未经实施的恐怖行为‘念头’或者‘企图’”①。实际上，当代世界绝大多数国家都只对其视为危害社会的“行为”定罪，而对单纯的思想或理论是不予处罚的。中国遏制恐怖主义思想的发展与传播除了予以思想教育引导和行政处罚外，必要的也要通过惩治宣扬、传播恐怖主义的犯罪行为之刑法手段来实现。

（二）恐怖主义与恐怖主义犯罪

关于恐怖主义与恐怖主义犯罪的关系，也存在两种不同的主张：

第一种观点认为，恐怖主义犯罪是在恐怖主义指导下实施的犯罪行为。有学者认为，主义是一种思想体系和信念，恐怖主义是一种植根于某一信仰基础之上的世界观或意识形态。恐怖主义与恐怖主义犯罪的界限在于：恐怖主义是一种宣扬可以通过使用暴力或威胁使用暴力等破坏性手段的方式，制造社会恐慌，以达到某种政治目的或社会目的的主张或理论；恐怖主义犯罪则是有预谋、有组织地使用或威胁使用暴力等破坏性手段的方式，制造社会恐慌，以达到某种政治目的或社会目的的犯罪行为。前者属理论范畴，后者属实践范畴。② 有学者进一步指出，对恐怖主义和恐怖主义犯罪不作任何区分，就犯了一个最基本的常识性错误，就是把“主义”与“犯罪”混为一谈。恐怖主义是一种根植于某一信仰基础之上的世界观或意识形态；而恐怖主义犯罪是一种在恐怖主义思想体系支配下的危害社会的行为。③

第二种观点认为，恐怖主义本身就是一种犯罪行为。有学者指出，恐怖主义是指为达到一定的、特别是政治目的而对他人的生命、自由、财产

① 参见张璁：《多措并举，坚决依法打击和防范恐怖活动——公安部反恐专员刘跃进答记者问》，载《人民日报》2016年2月28日，第8版。

② 参见阮传胜：《恐怖主义犯罪研究》，北京大学出版社2007年版，第54～55页。

③ 参见王青：《论恐怖主义犯罪的概念》，载《湖北警官学院学报》2005年第5期。

等使用强迫手段造成社会恐怖的犯罪行为的总称。①

笔者认为,恐怖主义与恐怖主义犯罪之概念确实存在区别,但以上各种观点都没有论及其关键所在。上述第一种观点显然还是认为恐怖主义是一种思想和理论,而不是行为,因而也不可能是恐怖主义犯罪(行为);如上所述,笔者认为恐怖主义是一种行为,而不是单纯的思想、理论、主张,因此笔者认为第一种观点的表述不妥。第二种观点把恐怖主义直接等同于恐怖主义犯罪,笔者认为这也是不妥的。因为一种行为与包含有这种行为的犯罪显然不是同一概念。中国刑法中的犯罪需要具备犯罪主体、犯罪主观方面、犯罪客观方面与犯罪客体四个犯罪构成要件,而行为只是犯罪客观方面中的一个重要因素。如同剥夺他人生命的行为显然还不等同于故意杀人罪(还要看其行为是否非法,行为人是否具备故意杀人罪的主观要件等),实施恐怖行为也不等于构成恐怖主义犯罪。实践中,行为人实施了恐怖行为也有可能不构成犯罪。例如,不满 14 周岁的未成年人或者无责任能力的精神障碍者所实施的恐怖行为即是如此。因此,恐怖主义犯罪应当是具备恐怖主义特征而被刑法所明文规制和惩治的危害社会的行为。

(三)恐怖主义犯罪与恐怖活动犯罪

中国刑法学界对这两种概念之间的关系问题,存在两种观点:

第一种观点认为,中国刑法中的恐怖活动犯罪就是恐怖主义犯罪。有学者指出,《刑法修正案(三)》的颁布,正是为了履行"9·11"恐怖袭击事件之后联合国向各国提出的反恐怖主义之义务。故该修正案中所使用的恐怖活动犯罪及相关概念实际上就是与恐怖主义相对应的,可以认为这是反对恐怖主义在中国刑事立法中的表现形式。② 还有学者指出,恐怖活动犯罪在字面上是一个外延极其宽泛的概念,几乎一切能使人产生恐惧心理的犯罪都可以称为恐怖活动犯罪。但是,从中国《刑法》规定恐怖活动罪的历史沿革、立法背景和恐怖活动罪的犯罪客体看,中国刑法规定

① 参见吉余:《依法打击恐怖犯罪维护国家安全和社会稳定》,载《国家安全通讯》2001 年第 12 期;谢华:《有组织犯罪和恐怖主义的新威胁》,载《人民公安》2000 年第 19 期。

② 参见高铭暄、张杰:《关于我国刑法中"恐怖活动犯罪"定义的思考》,载《法学杂志》2006 年第 5 期。

的恐怖活动罪就是我们所认定的恐怖主义犯罪。①

第二种观点认为,中国《刑法》中的恐怖活动犯罪与恐怖主义犯罪有着本质的区别。虽然恐怖分子需要通过实施恐怖活动才能达到造成社会恐慌的目的,但这并不能说明恐怖主义等同于恐怖活动。若恐怖活动失去了背后的意识形态及理论依托,那么它就不再是恐怖主义的行为表现。相对地,恐怖活动犯罪也就不再是恐怖主义犯罪。② 还有学者持类似观点,认为“若将恐怖活动犯罪理解为恐怖主义犯罪,就会使恐怖犯罪政治化,也不利于有效预防与惩治恐怖活动犯罪,也违背了刑事立法之初衷”③。

笔者在早前的相关研究中也曾认为恐怖活动犯罪与恐怖主义犯罪有着很大的区别;④但经过进一步的深入研究后,现在改变了这一看法,倾向于认为恐怖主义犯罪即是恐怖活动犯罪。主要理由如下:

一方面,恐怖主义与恐怖活动的含义基本相同。恐怖主义与恐怖主义行为是同一概念(这一点笔者在上文已有论述),而恐怖主义行为即是恐怖活动。既然两者前面的限定符都具有同一含义,那么恐怖主义犯罪与恐怖活动犯罪理应具有相同的内涵。

另一方面,将恐怖活动犯罪界定为不具有系统理论和主张的恐怖主义犯罪,对刑法理论研究与实践并不具有特别的意义。如上所述,笔者认为恐怖活动犯罪的目的具有三个层次,而政治性、社会性目的是其根本目的。实际上,暴力恐怖主义犯罪的相关罪名分布在中国《刑法》的多个章节之中,其客观表现行为各不相同。我们之所以可以把这些恐怖主义犯罪集中在一起作为一类特殊的犯罪进行研究,正是因为此类犯罪除了最直接的犯罪目的外,还具有其政治性、社会性的根本目的,以及制造社会恐慌的次级目的。若去除了其根本目的,那么剩下所谓的“恐怖活动犯罪”又怎样与造成严重危害结果的危害公共安全或侵犯公民人身、财产权

---

① 参见喻义东:《论恐怖主义犯罪在刑法分则中的地位》,载《法学》2005 年第 2 期。

② 参见赵秉志、阴建峰:《论惩治恐怖活动犯罪的国际国内立法》,载《法制与社会发展》2003 年第 6 期。

③ 史振郭:《论恐怖活动犯罪的认定及其处罚》,载《中国刑事法杂志》2002 年第 6 期。

④ 参见赵远:《糯康案件所涉刑事管辖权暨国际刑事司法合作问题研究》,载《法学杂志》2014 年第 6 期。

利的犯罪(如上文提及的杨某袭警杀害多人案、周某华连环杀人案)相区别?对这些犯罪进行研究又有何价值?

综上所述,笔者认为,恐怖主义与恐怖主义行为、恐怖活动犯罪与恐怖主义犯罪是两对相同的概念,而恐怖主义与恐怖主义犯罪则具有不同的含义。

立法研究

●后劳教时代轻罪制度的构建*

赵丽荣**　郭理蓉***

摘　要: 近年来,我国的轻罪立法相当活跃。在劳动教养废止的背景下,为了贯彻宽严相济的刑事政策,实现行政处罚与刑事处罚的良好衔接,更好地、更高效地运用司法资源,有必要构建科学合理的轻罪制度。我国应当将限制人身自由的行政违法行为以及法定最高刑在3年以下有期徒刑的犯罪行为纳入轻罪制度的规制范围,并且建立相应的配套措施以实现轻罪与重罪的区别对待。

关键词: 轻罪制度　限制人身自由　区别对待

近二十年,我国的刑事立法十分活跃,轻罪数量不断增加。出现这种变化主要基于两个方面的原因:首先,劳动教养制度废除之后,一般的治安处罚无法满足维护社会秩序的需要,由原劳动教养制度处罚的部分行为只能分流纳入刑法的规制范围,刑法的轻罪犯罪圈必然扩张。其次,在风险社会背景之下要求刑法积极介入防控风险。然而,目前我国的《刑法》中重罪所占比例仍然较大,刑罚体系仍具有明显的重刑主义色彩,轻罪制度很不完善,难以实现与重罪的区别对待。

---

* 本文系国家社科基金项目"后劳教时代的轻罪刑事政策研究"(14BFX048)的阶段性成果。

** 北京师范大学法学院刑法学硕士研究生。

*** 北京师范大学法学院副教授,硕士生导师。

一、轻罪制度构建的必要性

随着我国劳动教养制度的废止以及刑法立法观念的转变，我国的轻罪立法数量不断增多，尤其是《刑法修正案(八)》以来我国刑事立法开始迈向轻罪制度构建之路。然而遗憾的是，我国现行刑法尚未明确区分轻罪与重罪，重刑色彩突出的现行刑法典已经不能适应我国刑法的转型需求。构建轻罪制度，实现犯罪分层是我国刑事立法发展的必然方向。

(一)弥补劳动教养制度废除后的规制空白

2013 年 12 月 28 日，十二届全国人民代表大会常务委员会第六次会议通过《全国代表大会常务委员会关于废止有关劳动教养法律规定的决定》，历经半个多世纪的劳动教养制度最终被废除。劳动教养制度被废除是必然的。首先，劳动教养制度与我国的《宪法》《立法法》等上位法的规定相冲突，与我国签订的国际公约相违背。其次，劳动教养制度表现出行政权的肆意扩张，经常随着国家政策的变化而任意扩张其适用的范围，甚至一度将上访人员也纳入其适用的范围。最后，劳动教养制度最大的诟病是缺乏正当程序，不需要经过司法程序的制约即可剥夺他人的人身自由长达 4 年。随着社会的发展，公民自由的不断扩张，国家的权力相应地应该是内缩的，但是劳动教养制度却背道而驰，最终不得不走向终结。

劳动教养废除后，我国的制裁体系由三元体系过渡为二元处罚体系。在劳动教养制度废除之前，中国惩治违法犯罪的体系是治安处罚、劳动教养、刑罚处罚三元体系。其中，治安处罚针对的是一般的违法行为，劳动教养针对的是严重违法行为和虽然触犯刑法但不够刑事处罚的行为，而刑罚针对的是刑事犯罪。这样的设计看起来是轻重适当，逻辑严密，层层递进的，但实际上存在天然的缺陷，“劳动教养制度经常表现出一种警察权力的膨胀，向上以行政权篡夺司法权危险之举损害刑法的谦抑性适用，向下以行政权的异化为导向挤压治安处理的合理性”①。实践表明，将轻罪以行政化处理，赋予行政权“准刑罚”的路径并不可行，司法行政化会给公民的人身自由造成严重威胁，不符合法治的要求。合理的设计应当是行政司法化，将限制他人人身自由的措施纳入司法程序的严格监督之下。

① 梅传强：《论“后劳教时代”我国轻罪制度的建构》，载《现代法学》2014 年第 2 期。

劳动教养制度废除后,原先的三元体系变为了治安管理处罚、刑罚二元体系,二元体系总体稳定。但是,一些轻微的犯罪案件又出现适用行政处罚过轻、适用刑罚处罚又过重的问题,亟待解决。

为了做好劳动教养制度废除后法律上的衔接,一方面,我国刑法通过降低犯罪门槛、增设新罪将许多原来以劳动教养制度规制的行为轻罪化。① 尤其是《刑法修正(八)》和《刑法修正案(九)》中轻罪立法数量不断增多。例如,《刑法修正案(八)》关于醉驾、组织出卖人体器官、拒不支付劳动报酬、多次盗窃、敲诈勒索、扒窃等入刑的规定,《刑法修正案(九)》关于客运车严重超载、超速,多次抢夺行为,伪造、变造、买卖居民身份证及使用伪造变造身份证的行为,在国家考试中组织作弊、替考行为等入刑的规定。另一方面,我国的刑事立法理念也从消极刑法观向积极刑法观转变,要求刑法更加积极主动地治理社会,《刑法修正案(九)(草案)》的说明中明确提出要“坚持创新立法理念,进一步发挥刑法在维护社会主义核心价值观、规范社会生活方面的引领和推动作用”。有学者指出,这标志着积极刑法立法观在我国的正式确立。② 在积极刑法观的引导下,轻罪的数量会不断增多,轻罪制度构建具有现实需求。相较于重罪,轻罪体现的客观危害性与主观恶性明显较轻,根据罪责刑相适应原则,对于轻罪的处罚应当明显区别于重罪。然而遗憾的是,我国现行《刑法》的刑罚体系重刑主义突出而宽宥理念不足,很容易导致轻罪重判。但是如果不实现犯罪分层,构建轻罪制度,因轻微犯罪入刑的人仍然不可避免会面临轻罪重判的困境。

(二)限制人身自由措施司法化的要求

现阶段我国限制人身自由的处分内容比较复杂,除了治安拘留、刑罚外,我国还存在不少剥夺人身自由的行政性强制措施,如针对未成年人实施的收容教养制度,针对吸毒成瘾人员实施的强制隔离戒毒制度,针对有严重危害公共安全或社会秩序危险的精神病人实施的强制医疗制度等,③ 这些问题同样需要我们关注。正如刘仁文教授所提出的:“根据 2013 年

---

① 参见周光权:《积极立法观在中国的确立》,载《法学研究》2016 年第 4 期。

② 参见何荣功:《我国轻罪立法的体系思考》,载《中外法学》2018 年第 5 期。

③ 2019 年年底,适用于卖淫嫖娼违法行为的收容教育制度被废止。

年底通过的全国人大常委会的决定，这个‘小劳教’已经废除了。但是，现在需要进一步关注的问题是‘小劳教’之外的‘大劳教’。什么是‘大劳教’呢？就是其他众多剥夺人身自由的行政处罚和行政强制措施。”①各种限制人身自由的法律处分在决定程序上以及实施过程中存在诸多弊端，诸如程序缺乏公开性与透明性，缺乏有力的救济和有效的监督，只注重惩罚而不能实现教育和预防功能等。因此，将限制公民人身自由的措施予以司法化是依法治国的必然要求。

其一，限制人身自由的措施予以司法化符合国际公约和宪法的要求。首先，限制人身自由的措施予以司法化符合我国签订的国际人权公约的要求。根据有关国际公约，限制人身自由的措施必须经过司法决定。1988 年我国政府签署了《公民权利公约和政治权利公约》，其中第 9 条规定：“个人有权享有人身自由和安全。任何人不得随意逮捕和拘禁。除非依法律确定的根据和程序，任何人不得被剥夺自由。任何因刑事审判指控逮捕或监禁被剥夺人身自由的人，应被迅速带至审判官或经法律授权行使司法权力的官员，并要求在合理的时间内审批或释放。任何因逮捕或拘禁被剥夺自由的人，有资格向法庭提出诉讼，以便法律能不拖延地决定拘禁它是否合法以及拘禁不合法时命令予以解放。”根据公约的规定及精神，对于限制公民人身的措施必须经过司法程序。现在的犯罪越来越呈现出全球化的特点，中国的法治建设越来越需要与更多的国家建立司法协助，将限制人身自由的措施予以司法化符合国际上的通行做法，是取得国际司法合作的基础之一。其次，限制人身自由的措施予以司法化符合我国《宪法》和《立法法》的要求。我国《宪法》第 37 条规定：“任何公民，非经人民检察院批准或者决定或者人民法院决定，并由公安机关执行，不受逮捕，禁止非法搜查公民的身体。”根据我国宪法的规定，只有司法机关才能经过正当程序对公民的人身权利予以正当的限制，行政机关无权限制、剥夺公民的人身自由。

其二，限制人身自由的措施予以司法化是司法权与行政权权衡比较后得出的最优解。行政权是一种管理公共事务的权力，具有国家强制力，故又称为公共权力，它的最大价值取向是注重效率。而司法权本质上是

① 刘仁文：《后劳教时代的法治再出发》，载《国家检察官学院学报》2015 年第 23 期。

一种裁判权，它最大的价值取向是公平正义，司法机关要保持公正、透明，始终保持中立地位，以程序正义实现结果的正义。司法权的中立性、程序性、权威性和补救性是保证监督制约得以实现的有效条件。所以，对于人身自由这种重要权益，从保护公民权利的角度看，应当由司法机关予以限制，才能更好地保障人权。将限制人身自由的措施以行政化，最后必将发展成为肆意侵犯公民自由的工具。由司法机关决定是否对行为人限制人身自由，也是出于司法权对行政权制约的考虑，权力潜在的扩张性和腐蚀性决定了权力的行使应当有一定的界限与范围，而且必须以权力约束权力才能防止权力的滥用。[①] 将限制他人人身自由的措施予以司法化，才能更好地保障公民的自由。

（三）贯彻宽严相济刑事政策的要求

宽严相济是我国的基本刑事政策，它的本意概括来讲就是对轻罪轻罚，对重罪重罚，实现区别对待。储槐植教授指出："多数经济发达的国家和法治程度较高的国家大体上属于严而不厉的结构类型，而我国当前的刑法结构基本上算是厉而不严。"[②]所以，构建严而不厉的犯罪圈是贯彻宽严相济刑事政策的基础。宽严相济刑事政策理解起来其实并没有多大的难度，但是在司法实践操作中却存在诸多困难。我国的刑法没有区分重罪与轻罪，如何做到轻罪轻罚、重罪重罚、区别对待？司法实践中法官需要综合考虑犯罪的性质、酌定情节、法定情节来判定罪轻罪重，这种制度设计使法官的自由裁量的余地太大，容易造成量刑悬殊、同案不同判等问题。建立轻罪制度有利于为法官自由裁量提供依据，更好地贯彻宽严相济的刑事政策。

区分重罪与轻罪，实现区别对待，可以为实体法、程序法的改革提供更好的依据。"在实体法上它应当成为未遂、共犯、累犯、缓刑、前科消灭制度、吸收犯理论、量刑、告诉才处理案件的范围、时效、乃至分则中规定的包庇罪构成与否的重要依据。在刑事程序上，重罪与轻罪的划分也是管辖、办案期限、审判程序、行刑地点与方式的确定以及是否选择刑事和

① 参见赵永行：《论行政权与司法权的关系》，载《现代法学》1997 年第 5 期。

② 储槐植等：《刑法机制》，法律出版社 2004 年版，第 8 页。

解、暂缓起诉制度的主要依据。"[①]区分重罪与重罪,也有利于精准打击目标。建立轻罪制度后,有利于在"严打"中贯彻宽严相济的刑事政策。

构建轻罪制度符合比例原则。我国刑法不区分重罪与轻罪,使得大多数的轻罪案件也只能按照一般的刑事程序处理,并且我国的刑事追诉机制也存在一定的问题,它的目的主要是追诉,司法实践中逮捕率高,定罪率高,量刑也相对较重,案件一旦进入追诉机制,很难出罪。所以,不实行犯罪分层,不仅会浪费司法资源而且会造成轻罪重判。因此,出于节约司法资源以及实现轻罪轻判的目的,应当对犯罪进行分层,构建轻罪制度,以实现轻罪重罪的区别对待。

二、轻罪制度的范围

合理地划分轻罪制度的范围是构建轻罪制度的前提和基础。我国轻罪制度的范围应当包括限制人身自由的行政违法行为以及法定最高刑在3年以下的有期徒刑的轻微犯罪。

(一)限制人身自由的行政违法行为

笔者主张将限制人身自由的行政违法行为进行司法化处理,纳入轻罪程序之中。但这里并不是要将所有的行政违法行为通通入罪,而是在性质上仍然将其规定为行政违法行为,行政机关仍然有权对其进行处罚。但是,如果行政机关认为应当对行为人采取限制人身自由的措施,则应当将决定权交由法院,由法院决定是否应当限制人身自由以及限制人身自由的具体期限。这里限制人身自由的措施包括了收容教养、强制戒毒、强制医疗以及治安拘留措施。这些制度都赋予了行政机关限制他人一定期限人身自由的权利,非犯罪化并没有带给公民更多的自由,相反,警察权力和行政权的扩张事实上更容易侵犯公民的权利。将限制人身自由的行政违法行为司法化,适用轻罪程序处理,既可以实现保护公民人身自由的目的,又可以保持法律的稳定性,避免了大刀阔斧的改革。

(二)法定最高刑为3年以下有期徒刑的犯罪

在构成犯罪的前提下,以法定最高刑3年为标准划分轻罪的犯罪圈。关于轻罪与重罪的划分标准主要有实质标准说、形式标准说、实质与形式

① 王文华:《论刑法中重罪与轻罪的划分》,载《法学评论》2010年第2期。

综合标准说三类。实质标准说主张根据犯罪的性质、危害程度等犯罪内在特征确定犯罪的轻重等级。形式标准说主张以刑罚的轻重为标准划定犯罪的轻重等级。实质与形式标准综合说,即两个标准综合考虑。采取刑式标准说的学者占多数,笔者也主张采用形式标准说。因为实质标准说的界定太过模糊,与我国刑法"定性+定量"的刑法结构基本一致,很大程度上取决于法官的自由裁量,轻罪制度的范围还是不明确,用此标准判断行为人是否应当适用轻罪制度又会产生很大的争议。而实质与刑式标准说在实践中又会不可避免变为实质标准说。我们的目的是构建一个相对确定的轻罪制度的犯罪圈,所以形式标准说更为合理。在形式标准说中,又存在以法定刑还是以宣告刑为标准的争议,其中法定刑是主流说法。笔者也赞同以法定刑为划分标准,因为如果以宣告刑为划分标准,就需要综合考虑犯罪的性质、法定情节、酌定情节等因素,实际上就又绕回了实质标准说。

对于法定刑的划分界限也存在争议,有代表性的争议是3年说[①]和5年说[②]。笔者赞同3年说,以3年以下有期徒刑为标准划分轻罪符合我国现行的刑法规定。比如,我国《刑法》第7条关于属人管辖的规定,第8条关于保护管辖的规定,第72条关于缓刑的规定,以及刑事和解规定等的划分都暗含了3年以下有期徒刑为轻罪的含义,这样的划分也利于普通民众更好地理解与接受。

三、轻罪制度构建的阻力

轻罪制度的构建有其合理性和必要性,但是在具体的构建中不可避免地存在一系列的弊端。为了更加合理地构建轻罪制度,需要充分了解轻罪制度构建的顾虑和阻力所在,以便有针对性地研究解决之策。

(一)对于轻罪制度的顾虑

对轻罪制度的顾虑主要来自以下方面:犯罪标签效应的负面影响、程序复杂带来的成本增加,以及刑罚处罚的严厉性。

其一,微罪入刑与犯罪标签效应的矛盾一直是理论界争论的焦点,很

---

① 参见敦宁、韩玫:《论我国轻罪范围的划定》,载《河北法学》2019年第2期。

② 参见郑丽萍:《轻罪重罪之法定界分》,载《中国法学》2013年第2期。

多学者以犯罪标签的负面效应为由否定轻罪制度构建的可行性。根据我国的法律规定,受过刑事处罚或因故意犯罪受过刑事处罚的人,将被剥夺或者限制某些权利及从事某些职业的资格。劳动教养制度属于违法,不是犯罪,行为人不需要承受犯罪标签效应带来的污名影响,故微罪入刑有恶化行为人处境之嫌。首先,应当承认,刑事司法确实会产生犯罪标签效应,"社会按照自己的标准,借助刑法评价而使得戴罪之身带有明显的社会标识。显然,犯罪标签引导着社会舆论将犯罪人排斥在正常社会生活范围与社会价值之外,其体现是某人在犯罪之后,社会舆论会对其加以各种批评,甚至全盘否定其个人品德和个人价值"①。但是,通过片面排斥犯罪圈的扩张来避免犯罪标签由此带来的负面影响并不是明智的选择,改革刑事法制度减弱甚至避免标签效应才是治本之策。从某种意义上说,轻罪制度的构建是推动我国刑事法律制度"去犯罪标签"改革的一个重要动力,以此为契机,推动形成更加宽容的社会文化,让犯罪的人更容易回归社会。如前所述,为了避免犯罪标签的负面影响,对于限制人身自由的诸多行政违法行为,如收容教养、强制戒毒、强制医疗以及治安拘留虽然纳入轻罪程序处理,但是在性质上仍然规定为行政违法行为,防止犯罪标签效应的扩大化。

其二,刑罚的严苛性以及刑事程序的复杂和烦冗不免引起人们对轻罪制度的顾虑,司法程序可能会使行为人不可避免地陷入诉累,增加当事人的时间和经济成本,而且如果缺乏合理的出罪机制及轻重适当的处罚措施,很容易造成惩罚过度。刑法是最重要以及最严厉的社会控制手段之一,对刑法扩张由此伴随的法治风险的合理怀疑是必然的,由此督促刑法始终恪守理性立场也是十分必要的。但需要明确,轻罪制度是与传统的重刑主义刑罚相区别的,轻罪制度的构建是坚决反对单边惩罚主义以及报应主义思想的,轻罪制度构建的同时必然伴随着刑事诉讼程序的简化、出罪机制的完善以及刑罚适用的轻缓化。

其三,轻罪制度的构建意味着权力在各机关之间的重新协调与分配。行政机关的行政权会不断地内缩,司法权对行政权的制约性会进一步加强,但是行政机关同样也需要强有力的处罚措施来保障其法令能够有效

① 谷超、马荣春:《论刑法的标签化及其克制》,载《海峡法学》2014 年第 4 期。

贯彻。依据行政刑法理论,“行政的目的在于促进国家与社会的福利,其促进手段是行政作为,在此行政作为中同样需要有强有力的法规,用以确保行为之畅通无阻,此为行政刑法”①。行政处罚强度不力会影响行政行为的有效实施。但是,随着社会的发展,公民法治和人权意识的日益增强,行政司法化必将是法治社会发展的最终趋势。当然,轻罪制度的改革也是随着时代的发展逐步过渡而非一蹴而就的,对行政机关限制人身自由予以限制的幅度也是逐步实现的。因此,在很长的时间内,行政机关仍然会拥有治安拘留等权力。对于检察院来说,微罪入刑会使公诉机关的压力增加,这同样可以通过制度设计来缓解。

(二)犯罪化与非犯罪化的理论困境

构建轻罪制度必然涉及犯罪化与非犯罪化的问题,涉及刑事犯罪圈的大小问题,如何科学地构建合理的刑事法网是关乎公民权利与自由的重要问题。“科学合理地编制刑事法网显得十分重要。如果犯罪化的范围过宽,刑法的触角延伸过长,必然导致刑事法规的肥大症,其后果是法令滋彰,人民动辄得咎,刑法在抑制违法行为的同时也可能窒息社会生活的活力,妨碍社会的发展;如果犯罪化的范围过窄,刑法对反社会的行为干预不足,该惩治的犯罪行为没有被纳入刑法的调控范围,又会导致行政弛缓,纲纪混乱,社会秩序难以为继。”②

有的学者反对将一些微犯罪入刑,认为微罪入刑会不可避免地扩大犯罪圈,与民主法治的精神不符。但是笔者认为,犯罪化与非犯罪化的趋势并不是绝对的,它是不断变化的。犯罪化并不是代表法治的退步,非罪化也不一定是代表着法治的进步,并不是说刑法介入社会生活越少,刑法规定的罪名越少,这个国家的法治水平就越高。反之,也并不是说刑法规定越多,刑法介入社会生活越多,这个国家的法治水平就越低。犯罪化与非犯罪化都是根据社会的具体情况相调整的,由于刑法调整和规范的社会关系始终是变动不拘的,犯罪圈的范围也是应该与时俱进的。

与西方国家的非犯罪化潮流不同,我国目前的犯罪圈仍然是以犯罪

① 郭建安、郑霞泽主编:《限制对人身自由的限制——中国行政性限制人身自由法律处分的法治建设》,法律出版社 2005 年版,第 92 ~95 页。

② 梁根林:《论犯罪化及其限制》,载《中外法学》1998 年第 3 期。

化为主,这也是有合理依据的。首先,西方国家的非犯罪化针对的大多是道德犯罪、无被害人犯罪,如通奸、卖淫、同性恋,而我国刑法一开始就没有将其规定为犯罪,也就无所谓非罪化。其次,外国刑法采取的“立法定性 + 司法定量”的模式,任何行为只要符合刑法条文的定性描述、该当犯罪构成要件的类型化特征,在法理上就认定为犯罪。因此,西方国家的犯罪圈本身就大。我国刑法采取的是“立法定性 + 定量”的犯罪模式,规定行为构成犯罪需要达到情节、后果等要求。而且我国《刑法》第 13 条但书将一些情节显著轻微、危害不大的行为排除在犯罪圈之外。最后,我国的经济社会各方面都在加速转型过程中,社会矛盾也在不断凸显,不断出现新的社会问题,因此,根据社会情势的变化适度犯罪化是具有合理的依据的,并且劳动教养制度废除之后行政权大为削弱,必然要求犯罪门槛进一步降低,以弥补劳动教养制度废除之后的规制空白。因此,不能以轻罪的构建会伴随犯罪圈的扩大为由质疑其合理性。需要明确的是,微罪入刑并不是盲目的犯罪化,而是基于刑法谦抑主义、自由主义、经济主义的考虑,而适度扩张其现有的刑事犯罪圈。

四、轻罪制度构建的具体设想

要改变现阶段轻罪制度供给不力的现状,就要构建合理的轻罪制度,为实现轻罪与重罪区别对待提供制度支撑,使刑法在社会治理中能够更好地保障公民的权利与自由。

(一)轻罪刑事政策的权衡

其一,轻罪刑事政策更加强调犯罪的预防。违法行为与刑法犯罪之间没有绝对的界限。“行政不法与刑事不法之间的界限本来就不是不可逾越的,量变会引起质变。只要量多些或少些,轻微行为就会越过尺度,于是就会成为完全不同的东西,即犯罪,并且正义会过渡为不正义,德行就会过渡为恶行。”①因此,需要注重对未然之罪的预防,要综合运用各种犯罪手段预防和控制犯罪,摒弃刑法万能主义思想。

其二,轻罪的处罚要更加轻缓化。德国刑法学家李斯特倡导的犯罪原因二元论中,强调社会因素和个人因素对于犯罪的决定意义。在社会

① 王楚:《行政处罚与刑罚的竞合与衔接研究》,载《行政与法》2013 年第 3 期。

因素和个人因素中李斯特更加强调社会因素对犯罪发生的作用。从犯罪原因的二元论看,犯罪除了行为人自身的责任外,还有很大一部分是社会的原因。这个社会提供给每个人的社会资源不均衡,当行为人遭受恶劣的经济环境,不能接受良好的教育时,就更容易走上犯罪道路。因此,社会对行为人犯罪的发生也是负有责任的。而且,犯罪的恶行也是有大有小的,要树立正确的犯罪观,对轻微的犯罪与越轨行为要更加的宽容,在处理上更加轻缓化。

其三,轻罪的处罚范围要更加合理,轻罪制度的构建涉及违法行为与犯罪的界限,涉及轻罪与重罪的界限问题,要合理构建轻罪的犯罪圈。轻罪制度的构建会相应地扩大犯罪圈,但是犯罪圈的扩大仍然需要遵守刑法的谦抑性原则,将一些轻微犯罪入刑的本意不是要加重对行为人的处罚,而是以司法权制约行政权,防止行政权对公民人身权的侵犯。轻罪制度的构建也要注意重罪与轻罪之间的界限,权衡法益的大小,在保障公民自由与打击犯罪之间做出合理的抉择。

(二)轻罪实体制度的构建

其一,在违法行为入刑的同时减弱甚至消除犯罪标签的影响。轻罪犯罪化的同时需要考虑犯罪标签问题。这就需要改革与犯罪标签有关的犯罪记录和前科报告制度。首先,对轻罪的人实行犯罪前科报告制度不符合罪责刑相适应原则,轻微犯罪的行为人的客观危害性和人身危险性较小,所受的处罚也应当是在整个犯罪体系中最轻微的处罚,但是我国刑法规定的犯罪前科报告制度中并未区分重罪与轻罪,无论罪行轻重一律加以报告。刑法对于盗窃犯和杀人犯的量刑明显不同,但是由于犯罪标签效应的影响,社会对于犯罪人无论是杀人犯还是盗窃犯一律拒之门外。例如,根据我国法律的规定,曾经受过刑事处罚或因故意犯罪受过刑事处罚的人,不得从事公务员、法官、检察官、警察、律师、公证员、拍卖师、导游、保安等多种职业,即犯轻罪的人也同样不可从事上述职业。这样实际上加重了轻微犯罪人的处罚,与罪责刑相适应原则明显相悖。其次,一旦某个人被打上了“越轨者”的耻辱标记,他的内心会产生消极的自我认同,给自己消极的自我暗示,认为自己不再那么完美,也不再以之前那么严格的标准要求自己,进而突破内心的心理防线,放任自己做出更为严重的行为。因此,对于犯轻罪的行为人,要尽量减少甚至取消对其的犯罪标签标记,减少其重新融入正常社会生活的障碍。具体来讲,笔者主张实行区别对待,对于轻罪,可以封存犯罪记录,并且犯轻罪的人如果情节显著轻微,危害不大,有悔罪表现,可以修复被破坏的社会关系且不是累犯的情况下可以适用犯罪记录消灭;重罪中对于自然犯保留犯罪记录,法定犯如果行为人不是累犯,犯罪后有悔罪表现,积极修复被破坏的社会关系,且能够取得被害人谅解的情况下,可以对其犯罪记录予以封存。

其二,改革刑种的适用。轻罪制度要避免刑法过度带来的刑罚过重,实现轻罪刑罚的轻缓化。提高罚金刑的适用,减少监禁刑是实现刑罚轻缓化的首要途径。首先,轻罪案件要尽量多适用罚金刑。在轻罪中适用罚金的好处在于易于执行,灵活简单,且不需要限制行为人的自由。但是罚金刑也有其弊端,适用于不同经济基础的人导致处罚的效果不同,它使穷人越穷,富人却无伤大雅,而且有些犯罪人本就是由于贫穷才会犯罪,对其处以罚金,可能使行为人的情况更加糟糕。因此,在对行为人处以罚金的时候,可根据犯罪人的具体财产情况采用以下方法决定:一是延期交纳罚金;二是允许分期缴纳罚金;三是收入不时可暂停缴纳;四是缴纳罚金额的一定比例之后可以免除其剩余数额等。① 为了减少适用罚金带来的不公平感以及适用罚金惩罚力度低的弊端,张明楷教授提出由本人亲自分期缴纳罚金,且规定一个很长的缴纳期限。② 这种方法是期望对行为人处以罚金的同时制造烦琐的程序给当事人施加心理和身体上的疲惫,一方面使罚金的处罚程度不会太低,另一方面增加公正感,富人面对烦琐的程序同样感到痛苦。但是笔者认为,这种方式并不可行。一方面,因为对行为人只适用罚金的话,主要是考虑行为人的违法犯罪的程度较低,对其予以轻缓化处理,不应该变相加重行为人的负担,并且行为人距离法院的远近又会影响处罚的公平问题。另一方面,这种方式也给法院造成了负担,法院需要确认是否是本人亲自缴纳。因此,这种方法在实际中并不可行。其实罚金可以向保证金制度转变,对于一些确实轻微的案件,行为人经济困难,也可以责令犯罪人缴纳一定的保证金,并预留一定的考验

① 参见赵秉志、陈志军:《短期自由刑改革方式比较分析》,载《政法论坛》2003 年第 5 期。

② 参见张明楷:《刑事立法的发展方向》,载《中国法学》2006 年第 4 期。

期,考验期内行为人没有实施危害社会的行为,就由法院将保证金退还行为人,如果在考验期又犯新罪,就没收保证金。这样既可以避免罚金对行为人造成的经济负担,又可以对行为人起到约束作用。

其次,减少监禁刑的适用,扩大社区矫正的适用范围。监禁刑存在很多弊端,它注重对行为人的惩罚但预防矫治功能却不足。轻罪的罪行本身比较轻,对其应当侧重于教育矫治,那么监禁刑就不符合轻罪制度的设置目的。因此,对于犯轻罪的人要谨慎适用监禁刑,这样做一方面有利于保障人权,另一方面符合经济性原则。监禁刑的成本很高,我国每监禁 1 名犯罪人的年平均费用可能要超过 1 万元人民币,在城市地区高达人民币 2 万元左右。[①] 对犯轻罪的人较少适用监禁刑可以节约资源以集中处理重罪。社区矫正可以弥补监禁刑的弊端,有利于行为人回归社会,对犯轻罪的人以及行政违法的人适用社区矫正更符合刑罚的目的,而实践中社区矫正的适用比率还比较低。以缓刑为例,判断行为人是否适用缓刑的实质标准是以“没有再犯罪的危险”及“宣告缓刑对所处的社区没有重大不良影响”为判断标准,但是事实上该标准还是更多地依靠法官的主观判断,在对外地被告人适用缓刑的问题上,法官大多还是持保守态度。[②] 实际上,司法人员固守监禁刑,强调刑罚的报应理念仍然根深蒂固。我们需要进一步破除适用社区矫正的阻力,去掉司法工作人员的思想包袱,改进司法理念,鼓励非监禁刑的适用。

(三)轻罪程序的构建

要建立轻罪案件的快速程序,以避免刑事程序的烦冗复杂使轻罪的行为人陷入诉累,承担不相称的司法成本。建立轻罪案件的快速程序有两种途径,一种途径是简化缩短刑事审理的流程,以缩短案件的审理周期;另一种途径是完全避免刑事审理机制。第一种路径在我国主要有速裁程序。为了提高案件的处理效率,很多国家根据实际需要规定了新的处理程序。例如,在德国有一半左右的案件是通过刑事处罚令处理的。随着我国轻罪数量的不断增加,刑事处罚令等简化程序对我国具有重大

---

① 参见吴宗宪:《关于社区矫正若干问题的思考》,载《中国司法》2004 年第 7 期。

② 参见杨迪:《我国轻罪案件刑罚配置的规范化进路——以刑事裁判大数据为方法》,载《法律适用》2018 年第 7 期。

的借鉴价值。[1] 我国的速裁程序可以进一步完善：例如，轻微的案件由法官独任审理，经过行为人同意，法官可以不开庭审理，采取书面审理的方式，尽量缩短审理周期，对于微罪案件可以当天处理当天审结。第二种路径主要是不起诉制度，即通过对案件的不起诉，实现程序分流，避免审判程序。我国虽然规定了刑事不起诉制度，但司法实践中我国案件的不起诉率并不高，需要进一步提高不起诉制度的适用率。

（四）轻罪组织制度的构建

在基层法院的内部设立治安法庭，与刑事法庭、民事法庭、行政法庭一样作为法院的审判部门。由治安法庭处理轻罪案件，治安法庭的审理范围主要包括可能被限制人身自由的违法案件，如治安拘留案件以及法定最高刑在 3 年以下有期徒刑的轻罪案件。

① 参见刘振会：《论我国轻罪案件刑事处罚令程序的构建——以德国刑事处罚令的考察为视角》，载《人民司法》（应用）2019 年第 4 期。

●新时代背景下的轻罪治理模式*

刘传稿**

摘　要：新时代背景下，我国犯罪呈现恶性犯罪比例逐渐下降，轻微犯罪逐步上升的态势。当前，监禁刑比例过高，与犯罪样态分布及犯罪矫正要求不符，犯罪报告制度阙如致使难以观察犯罪的全貌及内部具体构成，犯罪分层意识淡薄导致犯罪治理效果不明显而且刑法立法杂糅的状态难以改变。基于当前的犯罪情势和治理现状，应当进一步提高非监禁刑适用率，建立犯罪报告制度，确定犯罪报告制度制定的主体、内容、程序等事项；建立犯罪分层制度，实现刑事立法上轻重分离、快慢分道；建立轻微犯罪记录封存制度，消除犯罪化带来的权利保障不足。

关键词：新时代　轻微犯罪　非监禁率　犯罪分层　犯罪治理

进入新时代，我国社会主要矛盾已经转化为人民日益增长的美好生活需要和不平衡、不充分的发展之间的矛盾。人们对法秩序的要求越来越高，原来由生命、健康、财产的安全开始转向生活质量、居住环境、社会秩序等方面的更高需求。为了满足人民对美好生活的向往和期待，刑法保护的范围日益扩大。而由于我国犯罪圈狭小，犯罪化不足，导致很多有危害性的行为难以纳入刑法规制的范围。因此，近年来，我国在刑法立法方面，逐渐树立起积极的刑法观，一是将原来一些不视为犯罪的行为刑法化，扩大犯罪圈；二是处罚的早期化，将部分结果犯改为危险犯。这样，既

---

* 本文系系司法部2020年法治建设与法学理论研究部级项目《习近平“三分原则”在犯罪治理中的体现》的阶段性研究成果。

** 首都经济贸易大学法学院讲师，法学博士、博士后。

拓宽了处罚领域，也在一定程度上转变了法益观（重视行为的抽象危险，不再追求发生实际侵害的“结果导向”）。① 尽管刑法理论界对于犯罪化这一现象有不同的观点，但积极刑法立法观在我国已经确立为一个客观事实。《刑法修正案（十一）》通过降低刑事责任年龄，增设新的轻微犯罪罪名，修改一些犯罪的构成要件进而降低犯罪门槛等方式，再一次印证了我国坚持积极刑法观、持续犯罪化的这一刑法立法思想。在这样的新时代背景下，我国的犯罪结构呈现明显变化，即犯罪总量总体上持续增长但轻微犯罪占比不断提高，重罪比例不断下降。在此背景下，国家对犯罪的治理理念和治理方式应当及时作出必要的回应和调整，以期适应新时代刑事治理的要求，推进国家治理体系和治理能力现代化。尽管目前刑法治理能力在不断提高，但与实现全面依法治国这一目标尚有一定的距离。

一、新时代犯罪态势的新变化

（一）刑事案件立案数量持续增长

公安机关刑事案件立案数量基本反映了我国犯罪的总体变化趋势，笔者收集了1997年《刑法》颁行以来公安机关历年刑事案件的立案数量，力图通过收集一定研究犯罪现象的统计资料，探索我国犯罪现象的量的规律性。② 全国公安机关治安案件和刑事案件的立案数见表1。

表1　全国公安机关治安案件和刑事案件分类统计

年份	治安案件发现受理（起）	刑事案件立案（起）
1997	3,227,669	1,613,629
1998	3,232,113	1,986,068
1999	3,356,083	2,249,319
2000	4,437,417	3,639,307
2001	5,713,934	4,457,579
2002	6,232,350	4,336,712

① 参见周光权：《论通过增设轻罪实现妥当的处罚——积极刑法立法观的再阐释》，载《比较法研究》2020年第6期。

② 参见李田夫、杨士祺、董京平：《犯罪统计学》，群众出版社1988年版，第2页。

续表

年份	治安案件发现受理(起)	刑事案件立案(起)
2003	5, 995, 594	4, 393, 893
2004	6, 647, 724	4, 718, 122
2005	7, 377, 600	4, 648, 401
2006	7, 197, 200	4, 653, 265
2007	8, 709, 398	4, 807, 517
2008	9, 411, 956	4, 884, 960
2009	11, 752, 475	5, 579, 915
2010	12, 757, 660	5, 969, 892
2011	13, 165, 583	6, 005, 037
2012	13, 889, 480	6, 551, 440
2013	13, 307, 501	6, 598, 247
2014	11, 878, 456	6, 539, 692
2015	11, 795, 124	7, 174, 037
2016	11, 517, 195	6, 427, 533
2017	10, 436, 059	5, 482, 570
2018	9, 721, 130	5, 069, 242

数据来源:相应年份公布的《中国法律年鉴》。

从表1数据可以发现,1997年《刑法》颁布后,我国刑事案件的立案数总体上持续增加,从1997年的1,613,629起到2018年的5,069,242起,增加了3.14倍。单纯从立案数量上看,刑事案件是不断增长的,犯罪治理的压力不容乐观。但刑事案件的立案数量的多少并不必然与治安状况的好坏画等号,我国刑事案件持续增加的一个重要原因和我国的犯罪化密切相关。1997年《刑法》颁行以来,我国在刑法立法方面,不断增设新的罪名或者修改已有罪名的构成要件;在司法方面,通过司法解释调整个别犯罪的入罪门槛,导致犯罪圈进一步扩大,刑事案件的数量进一步增多。刑法立法和司法的犯罪化说明了刑法参与社会治理的程度在加深,符合当前刑法发展的国际潮流,不应因为刑事案件数量的增加就认为我国社会治安状况持续恶化,而应当深入分析刑事案件的具体类型以及各类型犯罪在犯罪总数中的比例。

(二)轻微犯罪比率持续升高

刑事案件的立案数量仅从一个方面反映了犯罪的变化,欲深刻了解犯罪的具体结构和发展态势,还应分析轻罪、重罪等不同犯罪类型的比率。对于轻罪和重罪的分界线,理论界历来存在争议,有五年说、三年说、一年说等不同主张。根据官方公布的全国法院审理刑事案件被告人判决生效的数据显示,2002 年至 2012 年,将 5 年有期徒刑作为分界线,分为 5 年以下有期徒刑(实刑)和 5 年以上有期徒刑至死刑两个档次。2003 年开始,官方对 5 年以下有期徒刑(实刑)做了细分,分为 3 年以下有期徒刑和 3 年以上不满 5 年有期徒刑和 5 年以上有期徒刑至死刑三个档次。而从 2017 年开始,更是将有期徒刑(实刑)进一步细分为不满 1 年、1 年以上 3 年以下、3 年以上不满 5 年和 5 年以上至死刑四个档次。从官方的公布的数据分析,有期徒刑是一步步细化的,这反映了国家对犯罪数据的重视和犯罪治理水平的提高。对于犯罪层次的划分,国外存在多个划分标准和划分层次,一般将有期徒刑 1 年以上的犯罪作为重罪。根据我国缓刑的适用范围,将 3 年以下有期徒刑的犯罪作为轻罪似乎更可取;对于 1 年以下有期徒刑和缓刑的犯罪,可以纳入微罪范畴,建立起重罪、轻罪和微罪三个层次。但为了兼顾前后划分标准的一致性,笔者仍将 5 年有期徒刑作为重罪与轻微犯罪的临时划分标准,将 5 年以下有期徒刑、拘役、有期徒刑、拘役缓刑、管制、单处附加刑和免予刑事处罚统称为轻微犯罪。①2002 年以来,我国法院审理刑事案件被告人判决中轻微犯罪的比率见表 2。

① 此处根据刑罚轻重将犯罪分为重罪和轻微犯罪,并不代表笔者同意根据刑罚的轻重将犯罪行为进行分层的形式标准,而是在我国犯罪分层制度缺失的情形下,为了照顾司法实践作出不得已的选择。

表 2　全国法院审理刑事案件被告人判决生效情况统计

单位:人

年份	五年以上至死刑	五年以下有期徒刑	拘役	有期徒刑、拘役缓刑	管制	单处附加刑	免予刑事处罚	宣告无罪	本期生效判决
2002	160, 324	345, 351	45, 438	117, 278	9994	12, 121	11, 266	4935	706, 707
2003	158, 562	357, 991	53, 092	134, 927	11, 508	14, 275	11, 906	4835	747, 096
2004	146, 237	363, 012	59, 472	154, 429	12, 553	16, 538	12, 345	3365	767, 951
2005	150, 878	395, 139	64, 676	184, 366	14, 604	19, 575	13, 317	2162	844, 717
2006	153, 724	409, 571	65, 790	206, 541	16, 166	22, 054	15, 196	1713	890, 755
2007	151, 378	430, 110	66, 606	227, 959	15, 882	24, 675	15, 129	1417	933, 156
2008	159, 020	463, 166	73, 183	249, 111	18, 065	27, 447	17, 312	1373	1, 008, 677
2009	162, 675	459, 621	66, 125	250, 635	16, 833	23, 554	17, 223	1206	997, 872
2010	159, 261	461, 523	63, 848	265, 230	16, 171	22, 430	17, 957	999	1, 007, 419
2011	149, 452	460, 080	76, 683	309, 297	14, 829	22, 125	18, 281	891	1, 051, 638
2012	158, 296	491, 613	112, 766	355, 302	12, 853	23, 602	18, 974	727	1, 174, 133
2013	125, 015	484, 511	133, 044	356, 523	14, 641	24, 819	19, 231	825	1, 158, 609
2014	111, 658	503, 481	145, 086	368, 129	12, 226	23, 951	19, 253	778	1, 184, 562
2015	115, 464	541, 913	157, 915	363, 517	11, 768	23, 059	18, 020	1039	1, 232, 695
2016	97, 816	536, 983	165, 161	366, 321	9463	23, 859	19, 966	1076	1, 220, 645
2017	175, 162	535, 443	158, 860	347, 989	7372	22, 997	20, 684	1634	1, 270, 141
2018	155, 638	639, 529	198, 508	401, 127	7503	9756	16, 711	1319	1, 430, 091

为了更直观地了解重罪率、轻微犯罪比率和无罪率,笔者根据表 2 数据制作成表 3,进一步反映各类犯罪比率的变化。

表 3　各类犯罪比率

年份	重罪比率/%	轻微犯罪比率/%	无罪率/%
2002	22. 69	76. 62	0. 70
2003	21. 22	78. 13	0. 65
2004	19. 04	80. 52	0. 44
2005	17. 86	81. 88	0. 26
2006	17. 26	82. 55	0. 19
2007	16. 22	83. 63	0. 15
2008	15. 77	84. 10	0. 14
2009	16. 30	83. 58	0. 12

续表

年份	重罪比率/%	轻微犯罪比率/%	无罪率/%
2010	15.81	84.09	0.10
2011	14.21	85.70	0.08
2012	13.48	86.46	0.06
2013	10.79	89.14	0.07
2014	9.43	90.51	0.07
2015	9.37	90.55	0.08
2016	8.01	91.90	0.09
2017	13.79	86.12	0.09
2018	10.88	89.06	0.06

从表3可以看出,2002年以来,重罪比率总体不断下降,从20%以上下降到10%以下(尽管2017年比率有所上升,但并未影响整体趋势);而轻微犯罪比率不断上升,从76%上升到90%以上;无罪率变化不太大。总体而言,尽管犯罪案件总量不断增加,但重罪比率不断下降,轻微犯罪比率不断上升。另据统计,在公安机关立案的刑事案件中,2018年以前,占比最高的是盗窃罪,2019年占比最高的是危险驾驶罪,这两类犯罪都是社会危害性相对较小的犯罪。与此同时,故意杀人、故意伤害、强奸等严重涉及人身安全的刑事案件比重不断下降。例如,这三类犯罪在刑事立案总数的比重由1997年的8.42%下降到2017年的2.68%。正如卢建平教授所言,近年我国的犯罪现象呈现明显的"双降""双升"趋势,即8类严重暴力犯罪的数量和占比逐年下降、刑事犯罪的重刑率也逐年稳步下降,而以危险驾驶罪为代表的轻微犯罪数量与占比稳步上升、轻刑率也一路上扬。①

(三)国家犯罪统计意识进一步增强

刑事政策的制定、实施乃至犯罪治理的成效在很大程度上依赖于官方的犯罪统计数据。多年以来,官方对于犯罪具体数据的公布一直"犹抱琵琶半遮面",尽管有多种渠道不间断地公布一些犯罪数据,但这些数据

① 参见卢建平:《刑事政策视野中的认罪认罚从宽》,载《中外法学》2017年第4期。

具有以下缺陷：一是往往只笼统地公布某一大类的犯罪总数，缺乏具体个罪的多视角详细分类，特别是常见多发的具体犯罪的数据公布较为匮乏。二是公检法机关缺乏犯罪数据的联动。对于常见多发的犯罪，公安立案数、检察院起诉数、法院判决数应当统一公开，但目前尚缺乏这种机制。这些不足导致犯罪数据可利用研究的价值不高。但近几年，国家犯罪统计意识逐步增强，公布的犯罪数据较之前更为详尽，有了明显的进步。例如，法院系统对于审理的刑事案件被告人判决生效情况的统计，其中被判处有期徒刑刑罚的统计，2013 年以前只有 5 年以下有期徒刑和 5 年以上有期徒刑两类；2013 年开始，将被判处 5 年以下有期徒刑的情形细分为 3 年以上不满 5 年和 3 年以下有期徒刑；2017 年开始，将被判处 5 年以下有期徒刑的情形进一步细分为超过 3 年不满 5 年、1 年以上 3 年以下和不满 1 年有期徒刑三类。再如，对于单处附加刑，2017 年以前最高人民法院只公布被判处单处附加刑的总数，但 2017 年开始，将单处附加刑细分为罚金（单处附加刑）、剥夺政治权利（单处附加刑）和驱逐出境（单处附加刑）三类。犯罪数据统计的进步反映了国家犯罪统计意识进一步增强，是犯罪治理能力提升的表现。这样可以更加清楚认清犯罪现象，对下一步提出更加科学的刑事政策和治理方式具有重要的基础性作用。

二、当前轻罪治理存在的问题

尽管国家对犯罪的治理能力和治理水平总体上向好，但同时仍然存在以下值得注意的问题。

（一）监禁刑适用率过高

对犯罪人的处遇分为设施内处遇和设施外处遇，监禁刑属于典型的设施内处遇。尽管设施内处遇带有更浓厚的惩罚，具有一定的优势，但对于最后仍要回归社会的犯罪人，监禁刑的劣势更为突出，特别是在我国犯罪圈扩大、轻罪化占比逐步提高的新时代背景下，脱离社会的矫治与刑法发展的时代趋势不相吻合。我国 2002 年至 2018 年非监禁刑的适用率如表 4 所示。

表 4　我国非监禁刑适用比率和轻微犯罪比率

年份	非监禁刑/人	生效判决/人	非监禁刑比率/%	轻微犯罪比率/%
2002	150, 659	706, 707	21. 32	76. 62
2003	172, 616	747, 096	23. 10	78. 13
2004	195, 865	767, 951	25. 50	80. 52
2005	231, 862	844, 717	27. 45	81. 88
2006	259, 957	890, 755	29. 18	82. 55
2007	283, 645	933, 156	30. 40	83. 63
2008	311, 935	1, 008, 677	30. 93	84. 10
2009	308, 245	997, 872	30. 89	83. 58
2010	321, 788	1, 007, 419	31. 94	84. 09
2011	364, 532	1, 051, 638	34. 66	85. 70
2012	410, 731	1, 174, 133	34. 98	86. 46
2013	415, 214	1, 158, 609	35. 84	89. 14
2014	423, 559	1, 184, 562	35. 76	90. 51
2015	416, 364	1, 232, 695	33. 78	90. 55
2016	419, 609	1, 220, 645	34. 38	91. 90
2017	399, 042	1, 270, 141	31. 42	86. 12
2018	436, 416	1, 430, 091	30. 52	89. 02

非监禁刑包括、缓刑、管制、单处附加刑、免予刑事处罚等。由表 4 可见，我国非监禁刑比率占刑事案件生效判决总人数的 30% 多，而轻微犯罪平均比率已达 90% 以上。因此可得出这样的结论：相当一部分轻微犯罪人没有适用非监禁刑。尽管非监禁刑比率和轻微犯罪比率并不必须要求高度一致，但在新时代背景下，轻微犯罪比率不断提高，而非监禁刑比率却维持在一个较低的水平，反映了我国在犯罪治理的理念和方式上没能跟得上时代的要求。在宽严相济刑事政策的指导下，在司法机关和社会各界的努力下，重刑和死刑的适用得到了一定的控制，但监禁刑依然是主

要的治理手段，非监禁刑的适用范围仍然有待扩大。① 轻罪化应当和轻刑化同时推进，在轻微犯罪不断增多、恶性犯罪不断减少的情势下，刑罚应当进一步轻缓化，特别是非监禁刑的比例应当根据轻罪化的进度进一步提高。

（二）犯罪报告制度阙如

犯罪报告制度是国家定期公布犯罪统计数据以及国家对犯罪治理状况的一项重要制度，既是国家制定治理政策的依据，也是学者研究犯罪的前提基础，还是国民认识犯罪的重要途径。目前，发达国家大多建立了比较完备的犯罪报告制度。例如，日本法务省自 1960 年以来，每年出版一次《犯罪白皮书》，其中统计了日本各种犯罪详尽的状况，以此阐明日本刑事司法的现状。但长期以来，我国一直没有建立犯罪报告制度。尽管公安机关、检察机关、法院、刑事执行机关、司法行政机关等都会公布一些犯罪数据，但这些笼统的、碎片化的犯罪数据已不能适应新时代社会对犯罪治理的需求。犯罪报告制度的落后直接反映了犯罪统计制度的不发达，深层次则反映了国家的犯罪观尚未彻底扭转。新时代背景下，国家不应再对犯罪讳莫如深，也不应作为治理犯罪的单一主体，而应充分吸收社会力量积极参与，形成以国家为主要力量、多方参与的犯罪多元治理新格局。多元治理的前提就是所有参与犯罪的主体对犯罪都有一个全面、真实、对等的把握。犯罪报告制度的阙如使社会力量难以有效参与对犯罪的治理，国家机关独自应对大量的犯罪，往往显得力不从心，从而影响了治理效果和治理能力。

（三）犯罪分层意识淡薄

犯罪分层是按照一定的标准，将犯罪分为不同层次的犯罪分类方法，②犯罪分层的目的旨在对轻重不同的犯罪采取不同的对策，实现对犯罪的精准治理。犯罪分层在立法实践中已为多个国家所采用，如有的国家将犯罪分为重罪、轻罪两个层次，有的国家分为重罪、轻罪、违警罪三个层次，还有的国家分为多个层次。尽管理论界十多年前就有将我国犯罪进行分层的呼声，但迄今我国立法仍未对犯罪分层作出实质性反应。这

① 参见卢建平：《我国犯罪治理的大数据与大趋势》，载《人民检察》2016 年第 9 期。
② 参见卢建平：《犯罪分层及其意义》，载《法学研究》2008 年第 3 期。

和我国处罚偏重的刑法传统文化密切相关。综观我国上千年的立法史，刑民不分是中华法系的一大特色，在封建社会用刑事手段干预民事行为更是常事。新中国成立后，开始摒弃传统的立法模式，在借鉴苏联刑法立法的基础上，结合我国实际，制定了1979年《刑法》，但1979年《刑法》只有129个罪名，处罚也比较严厉，呈现明显的"小而重"的特点。刑法规制范围过窄，而且大部分是重罪，导致犯罪分层的前提不存在。1997年《刑法》颁布后，罪名明显增多，特别是随着《刑法修正案（八）》和《刑法修正案（九）》的出台，越来越多的轻微犯罪开始出现，《刑法修正案（十一）》继续增加新的轻罪罪名，这种没有经过犯罪分层的各种犯罪杂糅在一起的情形使刑法体系的合理性进一步遭到质疑。实际上，我国对危害社会的行为一直有区别治理的思想和实践。例如，全国人大常委会1957年制定了《治安管理处罚条例》，其中包括了对某些污染物危害环境的行为进行管理处罚的规定。这种将同类行为适用不同法律规制的做法和犯罪分层有些明显的区别。进入新时代，刑法参与社会治理的程度越来越深，轻微犯罪越来越多，犯罪分层成为刑法必须直面的一个问题。

三、新时代轻罪治理的向度

（一）提高非监禁刑适用率

非监禁刑的适用比例应当和轻微犯罪比率以及社会治安直接相关。从我国当前的犯罪数据分析，近年来，虽然我国犯罪总数在增加，但我国轻微犯罪的比例平均已占90%以上，危及人身安全的恶性犯罪比例持续降低；同时自然犯的比例越来越低，法定犯的比例越来越高。这说明我国犯罪治理的成果相对比较理想。在这种社会治安形势下，适当扩大非监禁刑的适用比例，降低刑罚的严厉程度，与犯罪的现状和时代对刑法的需求更相契合。国外对于缓刑的适用率也大多比较高。例如，在德国，对于1年以下的自由刑，通常可以宣告缓刑；如果有特殊情况，对于1年以上2年以下的自由刑，也可以宣告缓刑。在日本，2008年，地方裁判所判处的2年以上3年以下的惩役或者禁锢刑中，有56.8%被宣告缓刑；所判处的1年以上不满2年的惩役或者禁锢刑中，有67.8%被宣告缓刑；所判处的6个月以上不满1年的惩役或者禁锢刑中，有67.4%被宣告缓刑；所判处的不满6个月的惩役或者禁锢刑中，有67.1%被宣告缓刑。[①] 近几年，我国也注意到了非监禁刑适用率过低的问题，并且开始逐步改革。《刑法修正案（八）》规定"对判处管制的犯罪分子，依法实行社区矫正"，"对宣告缓刑的犯罪分子，在缓刑考验期限内，依法实行社区矫正"。《刑法修正案（八）》的规定为提高非监禁刑适用率奠定了重要的基础，但由于对缓刑适用者缺乏后续的观察、监督措施，导致法院对缓刑的适用比较谨慎，而且缓刑适用的效果也不够理想。2019年7月19日，政法领域全面深化改革推进会在四川成都召开。会议强调，加快刑法执行一体化建设，健全社区矫正制度，构建监禁刑与非监禁刑相互衔接、统一协调的刑法执行体系，推动惩罚与改造、管理与矫正、回归与帮扶等环节相互贯通。这说明国家已认识到非监禁刑过高的现状，开始构建监禁刑与非监禁刑相互衔接、统一协调的刑法执行体系。2020年7月1日起实施的《社区矫正法》第2条规定："对被判处管制、宣告缓刑、假释和暂予监外执行的罪犯，依法实行社区矫正。"这为提高非监禁刑的适用提供了重要的法律基础，扫清了缓刑适用的一大障碍。下一步，应当努力细化缓刑的适用情形，统一缓刑的适用标准，推进缓刑的适用比例；同时，对缓刑适用中出现的问题及时总结、解决，向着提高非监禁刑适用率的方向前进。

（二）建立犯罪报告制度

进入新时代，人民"不仅对物质文化生活提出了更高要求，而且在民主、法治、公平、正义、安全、环境等方面的要求日益增长"。因此，建立犯罪报告制度符合社会公众的普遍期待。此外，随着网络的普及和大数据的广泛应用，也为犯罪报告制度的建立提供了客观可能性。参照域外犯罪报告（统计）制度，结合我国实际，笔者建议我国建立中国犯罪白皮书制度。所谓白皮书，是指一国中央政府机关编辑的关于某项特定内容的政府刊物，其主要内容就是为了让社会大众了解所涉内容的实际情况以及政府的施政状况等。[②] 建立犯罪报告制度，首先应当以法律的形式规定下来，确定犯罪报告制度制定的主体、内容、程序等事项，其中犯罪报告制度

---

① 参见张明楷：《应当提高缓刑的适用率》，载《人民法院报》2016年6月3日，第6版。

② 参见卢建平主编：《中国犯罪治理研究报告》，清华大学出版社2015年版，第294页。

的内容最为重要。根据我国实际情况，可由中央政法委统一制定、发布犯罪报告制度。犯罪统计数据应当具有以下特点：一是全面性。犯罪报告不仅应当包括犯罪人的民族、年龄、性别、出生地、受教育程度等信息，还应该包括对被害人信息的统计，甚至部分犯罪需要对犯罪对象的信息进行统计。二是层次性。犯罪报告应当根据刑法的体系分别对犯罪总量的统计、每一类犯罪的统计以及各个具体罪名的统计。其中，具体罪名的统计尤为重要，如果短期公布所有罪名调剂存在困难，至少应根据最高人民法院2017年公布的《关于常见犯罪的量刑指导意见》和《关于常见犯罪的量刑指导意见(二)(试行)》规定，公布23个常见罪名的报告制度，其后再分步骤公布其他罪名的相关信息。三是衔接性。公检法司等机关按统一的标准进行犯罪信息的统计，包括从刑事立案到批准逮捕、提起公布再到刑事审判最后到刑罚的执行，每个阶段的统计信息都能够有效衔接，通过犯罪报告可以清晰观察动态的司法信息。在统计的范围与对象上，除了对每一种犯罪行为的统计以外，还应当有的放矢地增加一些共性指标与特色指标的统计。例如，公安机关可统计由公安机关移送检察机关起诉的案件数和犯罪人数等，而检察机关亦可统计接受公安机关的移送审查起诉的案件数和犯罪人数等，这样可以统一统计的口径、相互验证统计数据的真实性。①

(三)建立犯罪分层制度

2019年1月15日至16日，中央政法工作会议在北京召开，习近平总书记在会议上指出："要深化诉讼制度改革，推进案件繁简分流、轻重分离、快慢分道"②。实现案件繁简分流、轻重分离、快慢分道的一个重要前提就是建立犯罪分层制度。犯罪分层制度的一个核心问题是犯罪分层的标准。关于犯罪分层采用的标准，从当前各国的刑法规定来看，可以分成两种：一是根据刑罚的轻重，将不同的犯罪行为进行分层，称为形式标准；二是根据犯罪行为本身的严重程度或社会危害性质和程度，将所有犯罪

---

① 参见卢建平主编：《中国犯罪治理研究报告》，清华大学出版社2015年版，第292页。

② 《习近平出席中央政法工作会议并发表重要讲话》，载共产党员网，http://www.12371.cn/2019/01/16/ARTI1547641003866936.shtml?from=groupmessage&isappinstalled=0，最后访问日期：2020年6月16日。

行为进行分层,称为实质标准(或实体标准、严重程度标准)。[①] 无论是形式标准还是实质标准都属于实体标准。另外,近期有学者提出,犯罪分层标准是一个刑事一体化概念,实体性标准和程序性标准缺一不可。[②] 笔者认为,实体标准和程序标准具有不同的功能,实体标准是划分犯罪分不同层次的标尺;程序标准是在实体标准的基础上,针对已发生的刑事案件进行不同处置的尺度。所以,在犯罪分层的标准上,只能坚持实体标准。至于是形式标准还是实质标准,笔者认为,从科学角度和追求良法角度看,应该以实质标准为主,以形式标准为辅。以此为基础重构我国的犯罪体系,根据我国实际情况,可以分为重罪、轻罪、微罪三个层次。值得注意的是,2018 年修改的刑事诉讼法规定了简易程序、速裁程序以及认罪认罚从宽制度,在处理轻重不同刑事案件时发挥了积极的作用,而这也反映了在实体法犯罪分层阙如的情形下,程序法只能进行不得已的补强,这恰恰说明了实体法实行犯罪分层的急迫性。只有在实体法上进行犯罪分层,简易程序、速裁程序以及认罪认罚从宽制度才能进一步充实,繁简分流、轻重分离、快慢分道的界分才能更加清晰、合理。2019 年 1 月 15 日至 16 日,中央政法工作会议在北京召开。习近平总书记指出:"要深化诉讼制度改革,推进案件繁简分流、轻重分离、快慢分道。"这一指导思想的提出,为新时代刑事法参与社会治理提供了明确的导向。目前,刑事诉讼法已基本实现了程序层面的繁简分流、快慢分道,但实体法层面的轻重分离一直没有得到妥当解决。随着犯罪圈的扩大,轻微犯罪罪名的增加,轻重分离变得越来越急迫。目前的刑法还是将轻重犯罪杂糅在一起,这种弊端非常明显。从法治国的视角考虑,坚持犯罪分层的实质标准,应当将轻微犯罪从刑法中剥离出来,单独制定一部轻犯罪法。

(四)建立轻微犯罪记录封存制度

犯罪化的目的是限制警察权,提升司法权,依靠客观中立的审判机关来保障被告人的合法权利,是推进国家治理体系和治理能力的体现。但犯罪记录的存在以及《刑法》第 100 条关于前科报告制度的存在,将使具

---

① 参见卢建平:《犯罪分层及其意义》,载《法学研究》2008 年第 3 期。

② 参见孙道萃:《犯罪分层标准的理论体系续造》,载《江苏警官学院学报》2016 年第 3 期。

有犯罪记录的人承受诸多不利的附随后果。例如,很多行业和工作岗位都要求没有犯罪记录或者没有受过刑事处罚,等于变相剥夺了犯罪人的正当权利。犯罪记录以及前科报告制度是新时代以前,刑法尚未由惩罚法向治理法转型的产物,彼时,犯罪圈狭小,重刑犯比例较高,刑罚严厉,刑法的主要目的在于打击犯罪。而进入新时代,越来越多的轻微不法行为纳入刑法,犯罪圈扩大,刑罚逐步轻缓,刑法和民法一样,逐渐成为社会治理的手段,向治理法方向演进。在此基础上,刑法的面目也应该由"严厉"变为"慈祥",对于轻微犯罪,受过刑事处罚以后,不应该再承担其他不利的附随后果。而犯罪记录的存在将使犯罪化的目的落空,行为人的合法权益最后不仅得不到保障,很多附随利益还会因为有犯罪记录而丧失。因此,如果不对犯罪记录进行妥当的处置,刑法除了制造越来越多的罪犯,并不能有效发挥其参与社会治理的作用。在当前一步到位建立犯罪记录消除制度存在极大困难的情形下,可以参考未成年人的犯罪记录封存制度,建立我国轻微犯罪记录封存制度。根据犯罪分层制度,将轻微犯罪划定一个范围,对于这部分犯罪的行为人,其犯罪记录可以进行封存。待以后条件成熟,和未成年犯罪一起,构建具有我国特色的犯罪记录消除制度。

●设立故意传播艾滋病罪：刑法对艾滋病性传播的规范

蔚泽洋*

摘　要：在我国，性传播已成为艾滋病传播的主要原因。艾滋病性传播包括异性性行为和同性性行为。故意进行艾滋病性传播的行为危害严重，但现行刑法对此规范不足。我国《关于办理组织、强迫、引诱、容留、介绍卖淫刑事案件适用法律若干问题的解释》将艾滋病性传播的三种行为模式拟制为两种罪名，存在同种行为模式拟制罪名不同、罪刑可能不适宜、法律语言含义模糊致规范不全的问题。独立成罪、设立故意传播艾滋病罪是可行的必然选择。

关键词：艾滋病性传播　同性性行为　独立成罪　故意传播艾滋病罪

一、问题的提出

(一)性传播已成为我国艾滋病传播的主要原因

2018年9月27日，第五届全国艾滋病学术大会(以下简称大会)报告，①2018年第二季度全国新发现艾滋病毒感染者和艾滋病人40,104例，其中性传播占93.1%，异性性传播、同性性传播分别为27,968例和9394例。②据大会数据显示，2018年后两个季度的新增量即使保守计算，较2017年

---

* 吉林大学法学院民商法学博士研究生。作者感谢中山大学法学院庄劲教授、杨方泉副教授、陈毅坚副教授、杨文澜博士，中国社会科学院法学研究所李广德助理研究员对本文的修改建议，当然文责自负。

① 参见《第五届全国艾滋病学术大会在昆明召开》，载云南政府网，http://ylxf.yn.gov.cn/Html/News/2018/9/28/264208.html，最后访问日期：2018年11月24日。

② 参见田春琼：《第五届全国艾滋病学术大会在昆明召开》，《2018年第2季度全国艾滋病性病情况报告》，载搜狐网，http://www.sohu.com/a/257370291_99995183，最后访问日期：2018年11月24日。

同期增长 24.15%，而中国 GDP 的增长速度还不到 7%。如果得不到更为有效的控制，几年后中国就有可能成为名副其实的“艾滋病大国”。[①]

2018 年 11 月 23 日，国家卫生健康委员会召开新闻发布会介绍，我国艾滋病输血传播基本阻断，经输血及使用血液制品传播病例接近零报告。2017 年报告经注射吸毒感染者较 2012 年下降 44.5%；艾滋病母婴传播率从 2012 年的 7.1% 下降至 2017 年的 4.9%。

性传播是我国艾滋病主要传播途径，2017 年报告感染者中异性传播占 69.6%，男性同性传播占 25.5%。[②] 2017 年，全国高校学生感染艾滋病中 81.8% 是通过同性性传播。[③] 全国范围内老人（特别是 60 岁以上的男性）感染艾滋病病例报告数上升趋势较明显，老年男性人群感染主要是通过婚外异性性接触和同性性行为，老年女性感染主要是通过婚内性行为。[④] 对比 2011 年（如表 1 所示），《2011 年中国艾滋病疫情估计》显示，截至 2011 年底，估计中国存活艾滋病毒感染者和艾滋病患者中经异性传播占 46.5%，经同性传播占 17.4%，经注射吸毒传播占 28.4%。[⑤]

表 1　2011 年与 2017 年艾滋病传播感染原因对比

年份	经注射吸毒感染（血液传播途径）	母婴垂直传播	性传播		
			异性传播	同性传播	性传播合计
2011	28.4%	7.7%	46.5%	17.4%	63.9%
2017	0	4.9%	69.6%	25.5%	95.1%

上述数据说明，截至 2017 年，艾滋病性传播占艾滋病传播的 95.1%，

① 虽然我国艾滋病感染者检测发现力度不断加大，检测人次数从 2012 年的 1 亿上升到 2017 年的 2 亿。但正如中国疾病预防控制中心流行病学首席专家吴尊友教授所说，由于我国人口基数大，尽管感染率不高，但感染的绝对数仍然很大。参见《2018 年世界艾滋病大会报告》，载 https://mp.weixin.qq.com/s/YLp7zNfAHXeYlzAHaoWIqg，最后访问日期：2018 年 11 月 24 日。

② 参见《国家卫健委：我国艾滋病人全人群感染率约三分之九》，载 https://3g.china.com/act/news/10000159/20181123/34496137.html，最后访问日期：2018 年 11 月 24 日。

③ 参见《直通部委：大学生感染艾滋八成系同性性传播》，载界面新闻，最后访问日期：2018 年 11 月 24 日。

④ 2018 年 11 月 23 日发布，数据来源自中国疾病控制预防中心性病艾滋病预防控制中心主任韩孟杰介绍。杭州疾控中心对老年艾滋病比例上升的解释为“主要原因就是老年群体自我保护意识缺乏”。

⑤ 参见“2011 年中国艾滋病疫情估计”，载《中国艾滋病性病》2012 年第 18 期。

重要性不言自明;①同时,应关注到性传播中不仅有异性性行为,同性性行为(尤其是男同性性行为)占比也较大。这种现象存在于从年轻学生到花甲老人的各个年龄层。对此,我们应着重关注艾滋病性传播,即艾滋病异性传播与艾滋病同性传播。

(二)故意进行艾滋病性传播的行为危害严重

艾滋病性传播包括行为人不知道自己感染艾滋病病毒、行为人明知自己感染艾滋病病毒但非故意传播艾滋病病毒、行为人明知自己感染艾滋病病毒且故意传播艾滋病病毒三种具体行为方式。前两种行为并不属于违法犯罪行为,而最后一种"明知 + 故意"的行为方式受到我国现行刑法规范。最高人民法院、最高人民检察院《关于办理组织、强迫、引诱、容留、介绍卖淫刑事案件适用法律若干问题的解释》(以下简称《解释》)第12条第2款第2项规定了"明知自己感染艾滋病病毒,故意不采取防范措施而与他人发生性关系"的艾滋病性传播方式,但该款规定没有很好覆盖故意艾滋病性传播的各种具体形态。本文认为,故意进行艾滋病性传播的行为方式应当具有以下特征:(1)明知自己患有艾滋病或者感染艾滋病病毒;(2)故意不采取防范措施或破坏防范措施;(3)与异性或同性发生性行为;(4)发生性行为前没有使对方明确知道自己感染艾滋病病毒。

这种行为方式具有以下特点:(1)不同于强奸,它不存在违背妇女意志;(2)不同于卖淫、嫖娼,它不是纯粹的性服务买卖关系;(3)行为双方可能是男女朋友、夫妻或者其他亲密关系,存在故意传播或隐瞒自身病情的情形;(4)行为双方可能是此前并不认识、并不熟悉的陌生人,双方相约见面目的就是合意发生性行为,此前对于对方的情况可能并不完全了解,有些影响作出同意决定的信息没有被知晓。因此,分析故意进行艾滋病性传播这一行为方式,"明知"是整个所讨论问题存在的背景、前提;无防范措施发生性行为是问题中的风险行为,这一行为表面上获得双方同意,但是却因为"发生性行为前没有使对方明知"导致同意的意思表示存在瑕疵。

故意进行艾滋病性传播的行为在近日引起"全网公愤"式的关注。行

① 参考法医鉴定学上的概念,考虑所发生行为与结果的因果关系,参与度为75%可称为"主要",参与度为100%可称为"全部"。截至2017年,艾滋病性传播占95.1%,已经远超于"主要"的程度,几乎达到了"全部"的程度。

为人故意进行艾滋病性传播导致对方精神崩溃、身体受到伤害,行为人甚至公开将艾滋病传播的成功率和传播人数“作为光辉战绩炫耀”,大放厥词。① 央视网对此也作出关注评价。② 故意进行艾滋病性传播的行为在世界范围内早已存在。1997 年震惊世界的“芬兰艾滋病谋杀案”、③2006 年的“英国萨拉案”、④“泰国西曼案”、⑤英国 2017 年发生的意大利男子案⑥等都曾引发过广泛关注。

故意进行艾滋病性传播行为危害严重。行为人多因为自己已为艾滋病患者,认为命运不公,出于报复社会的目的而对社会不特定多数人故意进行艾滋病性传播。行为人主观方面具有故意,客观方面造成了包括对社会公共秩序的危害和对具体个体受害者的身心损害。

---

① 参见《故意传播、炫耀“光辉战绩”》《男子故意传播艾滋病人致他人感染》《故意传播艾滋病致多人中招》,载 https://mp.weixin.qq.com/s/MSUw3SB82drRohIJqMPH9w,最后访问日期:2018 年 11 月 24 日。参见 https://mp.weixin.qq.com/s/FR188ecKtpDJGGCkmq6Wxg,最后访问日期:2018 年 11 月 25 日。参见 https://mp.weixin.qq.com/s/AyMsOXc9lBculRe8ZTnX2A,最后访问日期:2018 年 11 月 28 日。

② 《故意传播艾滋病,别拿生命尝试》,载《重庆晨报》2018 年 11 月 25 日,参见 https://mb.yidianzixun.com/article/0Kfb4uQm? s = mb&miref = newsin_push_model&docid = 0Kfb4uQm&cp = cn-browser-push&itemtype = news,最后访问日期:2018 年 11 月 25 日。

③ 1997 年,芬兰发现一位名叫托马斯的美国人,明知自己携带艾滋病病毒,却不采取任何必要措施,先后与 100 多名妇女发生性关系,致使许多芬兰妇女感染了艾滋病病毒。

④ 英国《泰晤士报》2006 年 6 月 20 日报道,43 岁的英国女子萨拉·简·波特于 2000 年从情人身上感染了艾滋病毒,从此开始了“疯狂的报复”。她专门到夜总会里找人发生一夜情,试图将艾滋病毒传染给其他人。即使在被捕保释期间,她也在进行报复行动。据警方初步调查,和萨拉发生性关系的可能有数十人之多,其中一人已被诊断出 HIV 阳性。萨拉被法庭判处 32 个月司法监禁。

⑤ 中央电视台经济信息联播曾经播出一德国男子与 90 名女子发生性关系以故意传播艾滋病的节目。56 岁的西曼是德国的一名退役海员,腿有残疾,靠养老金生活。他拿着一张旅游签证进入泰国,并在泰国北部一个非常贫穷的地区生活了近 10 年,还娶了一名泰国妻子。在被自己的泰国妻子传染上艾滋病以后,西曼对所有的泰国女子都产生了报复心理,他每次用大约 100 美元诱使贫穷的泰国女子与他发生性关系。有多达 90 名泰国女子被他故意传染了艾滋病。但是依据泰国法律,他的行为不构成犯罪,所以当时泰国警方只能以非法入境的罪名控告他。不过,西曼被引渡回德国受审。按照德国法律,一旦西曼故意传播艾滋病的罪名成立,他将以二级谋杀罪被判处 20 年监禁。

⑥ 《英国卫报》报道,当地时间 2017 年 10 月 27 日,一名名叫瓦伦蒂诺——塔利托的意大利男子,因在过去的 10 年里故意与多名女性发生无保护措施的性行为,导致其中 32 名女性感染艾滋病毒,被法院判处入狱 24 年。参见赵鹏:《男子故意传播艾滋病致 32 名女性感染,应如何定性》,载搜狐网,http://www.sohu.com/a/201830305_99923255,最后访问日期:2018 年 11 月 25 日。

（三）新形势下的法律检讨

从艾滋病产生以来，我国法律界对“用刑法规范故意传播艾滋病”的问题探讨每年都会有一点文章，总体来说讨论较少。20 世纪 90 年代末至 21 世纪初的一次高潮，争论焦点集中在刑法是否要对故意传播艾滋病的行为进行规范以及采用何种模式进行规范。在《解释》出台前的第二次高潮，人们对刑法需要对故意传播艾滋病的行为进行规范已达成共识，争议焦点在于属于何种罪名，即是否需要采用独立成罪模式。但是这些以往讨论的基础均建立在“艾滋病主要通过血液、母婴、性行为传播”，而大家尤为关注的是血液传播（如注射吸毒感染），而很少关注到同性性行为的问题。如前文所述，随着艾滋病防治形势的发展，问题讨论的基础发生了变化。目前为止，我们应当关注的重点是艾滋病性传播，包括艾滋病异性传播与艾滋病同性传播，所以我们需要对新的形势做出新的应对。

《解释》的出台结束了“是否要规范故意传播艾滋病行为”的争论，同时也基于新的形势着力关注故意进行艾滋病性传播的行为。但仍不能平息“属于何种罪名和是否需要采用独立成罪模式”的问题，现行司法解释的规范是否合适仍在引起讨论。本文即是在新形势下对《解释》的规范和存在问题再次予以检讨。

二、我国现行刑法对故意进行艾滋病性传播的规范与问题

（一）我国现行刑法的规范

《艾滋病防治条例》（以下简称《条例》）第 62 条规定，故意传播艾滋病的行为，构成犯罪的应承担刑事责任①。我国刑法文本中并没有出现“艾滋病”的字眼，也没有对故意传播艾滋病或艾滋病性传播做出直接规定。但随着《解释》的出台，这一问题有了规定。根据《解释》第 12 条第 1 款的规定，“明知患艾 + 卖淫、嫖娼”的行为模式，法律拟制罪名为《刑法》第 360 条的传播性病罪，量刑上从重处罚；第 2 款的两项规定，“明知患艾 + 卖淫、嫖娼 + 致他人感染艾滋病病毒”和“明知患艾 + 故意不采取防范措施与他人发生性关系 + 致他人感染艾滋病病毒”两种行为模式，法律

① 《条例》第 62 条规定，艾滋病病毒感染者或者艾滋病病人故意传播艾滋病的，依法承担民事赔偿责任；构成犯罪的，依法追究刑事责任。

拟制罪名为《刑法》第 234 条的故意伤害罪，量刑情节上法律拟制为《刑法》第 95 条第 3 项“其他对于人身健康有重大伤害”所指的“重伤”。① 另外，《中华人民共和国治安管理处罚法》（以下简称《治安处罚法》）第 66 条规定，仅“卖淫、嫖娼”的行为模式只做行政上的治安管理处罚。《刑法》第 360 条的传播性病罪，行为模式是“明知严重性病 + 卖淫、嫖娼”；《解释》第 11 条对传播性病罪的“明知”“本罪成立”“严重性病”作出解释。②

对该解释的三种行为模式和其他相关法律规定的行为模式整理如表 2 所示。

表 2　艾滋病性传播的法律责任形式、行为模式、成罪罪名与量刑

责任形式	行为模式	罪名与量刑情况	
民事责任	故意传艾	承担民事责任，构成犯罪承担刑事责任	
行政责任	卖淫、嫖娼	治安管理处罚	十日以上十五日以下拘留，可以并处五千元以下罚款；情节较轻的，处五日以下拘留或者五百元以下罚款

① 《关于办理组织、强迫、引诱、容留、介绍卖淫刑事案件适用法律若干问题的解释》第 12 条规定：“明知自己患有艾滋病或者感染艾滋病病毒而卖淫、嫖娼的，依照刑法第三百六十条的规定，以传播性病罪定罪，从重处罚。具有下列情形之一，致使他人感染艾滋病病毒的，认定为刑法第九十五条第三项‘其他对于人身健康有重大伤害’所指的‘重伤’，依照刑法第二百三十四条第二款的规定，以故意伤害罪定罪处罚：（一）明知自己感染艾滋病病毒而卖淫、嫖娼的；（二）明知自己感染艾滋病病毒，故意不采取防范措施而与他人发生性关系的。”《刑法》第 95 条规定：……（三）其他对于人身健康有重大伤害的。第 234 条规定：“故意伤害他人身体的，处三年以下有期徒刑、拘役或者管制。犯前款罪，致人重伤的，处三年以上十年以下有期徒刑；致人死亡或者以特别残忍手段致人重伤造成严重残疾的，处十年以上有期徒刑、无期徒刑或者死刑。本法另有规定的，依照规定。”第 360 条规定：“明知自己患有梅毒、淋病等严重性病卖淫、嫖娼的，处五年以下有期徒刑、拘役或者管制，并处罚金。”

② 《治安处罚法》第 66 条规定：“卖淫、嫖娼的，处十日以上十五日以下拘留，可以并处五千元以下罚款；情节较轻的，处五日以下拘留或者五百元以下罚款。”《解释》第 11 条规定：“具有下列情形之一的，应当认定为刑法第三百六十条规定的‘明知’：（一）有证据证明曾到医院或者其他医疗机构就医或者检查，被诊断为患有严重性病的；（二）根据本人的知识和经验，能够知道自己患有严重性病的；（三）通过其他方法能够证明行为人是‘明知’的。传播性病行为是否实际造成他人患上严重性病的后果，不影响本罪的成立。刑法第三百六十条规定所称的‘严重性病’，包括梅毒、淋病等。其他性病是否认定为‘严重性病’，应当根据《中华人民共和国传染病防治法》《性病防治管理办法》的规定，在国家卫生与计划生育委员会规定实行性病监测的性病范围内，依照其危害、特点与梅毒、淋病相当的原则，从严掌握。”

续表

责任形式	行为模式	罪名与量刑情况	
刑事责任	明知患艾 + 卖淫、嫖娼	传播性病罪,从重处罚	处五年以下有期徒刑、拘役或者管制,并处罚金
	明知患艾 + 卖淫、嫖娼 + 致他人感染艾滋病病毒	故意伤害罪,重伤	处三年以上十年以下有期徒刑
	明知患艾 + 故意不采取防范措施与他人发生性关系 + 致他人感染艾滋病病毒		

(二)现有规范存在的问题

通过表2可以看到,我国对故意进行艾滋病性传播的现有规范采用非独立成罪模式,按照不同行为模式构成,拟制为不同罪名。司法解释的出台算是对现实状况做出了应对,但仍存在一些问题。

1. 同种行为模式拟制为不同罪名

“明知患艾 + 卖淫、嫖娼”拟制罪名为传播性病罪,量刑上从重处罚;“明知患艾 + 卖淫、嫖娼 + 致他人感染艾滋病病毒”拟制罪名为故意伤害罪,量刑情节为“重伤”。对比得知,拟制罪名为传播性病罪的行为模式补充完整为“明知患艾 + 卖淫、嫖娼 + 未致他人感染艾滋病病毒”,因为导致他人感染艾滋病病毒已经拟制为故意伤害罪。两者行为模式可以共同归属为“明知患艾 + 卖淫、嫖娼”的行为模式。现行司法解释将“是否导致他人感染艾滋病病毒的最终结果”作为划分不同罪名成立的标准。这里就存在一些疑问。

首先,为什么最终结果会影响罪名成立而不是量刑幅度?一般刑法对同种行为模式的评价总是同种罪名,只是根据后果严重程度区分量刑程度,如故意伤害罪中区分致人重伤、致人死亡、特别残忍等不同情形。其次,《解释》第11条第2款明确规定,“传播性病行为是否实际造成他人患上严重性病的后果,不影响本罪的成立”。作为对传播性病罪的解释,已明确表明性病传播的最终结果不影响本罪成立,那么基于艾滋病病毒传播的最终结果判断是否拟制为传播性病罪与传播性病罪存在内在构成上的矛盾。实则是准用了一半的不完全体。最后,即使按照现有法律规定的拟制罪名,相同条件下“明知患艾+卖淫、嫖娼+致他人感染艾滋病病毒”比“明知患艾+卖淫、嫖娼+未致他人感染艾滋病病毒”具有更严重的社会危害性,应当予以更重的刑罚处罚,但是由于故意伤害罪重伤情节量刑为“三年以上十年以下有期徒刑”,传播性病罪从重处罚量刑为“五年以下有期徒刑、拘役或者管制,并处罚金”,可能存在导致感染适用故意伤害罪获刑4年、未致感染适用传播性病罪获刑4年6个月的情形,产生“重者轻罚、轻者重罚”的不适宜现象。

因此本文认为,同种行为模式因为艾滋病病毒传播的最终结果不同拟制为不同罪名的立法模式存在问题。

2. 对艾滋病的认知不充分与定罪量刑不适宜

对艾滋病的认识是否充分,影响到对受害者的法益评价。换言之,即“明知患艾+卖淫、嫖娼+致他人感染艾滋病病毒”和“明知患艾+故意不采取防范措施与他人发生性关系+致他人感染艾滋病病毒”两种行为模式的定罪量刑是否适宜。目前拟制为故意伤害罪重伤情节,量刑幅度为“三年以上十年以下有期徒刑”,也就是说对于最严重的情形,最多量刑为10年。本文认为这一量刑结果存在量刑过轻的问题。

因果关系是一个复杂的问题,①因此我们暂时先不讨论因果关系如何成立的问题,假设因果关系成立的基础上进一步展开。在此基础上,我们来认知下艾滋病。

90%的艾滋病病毒感染者会发展成为艾滋病患者而并非100%,仍然有部分感染者不会发展成为患者,但一旦确认为患者就是100%的高死亡率(除非在患者死亡之前现代医学在治疗艾滋病方面取得重大突破并且患者获得及时救治)。而被害人从感染艾滋病病毒到死亡平均为10年时间,换句话说,被害人被折磨到死亡平均要10年。而要确认被害人是否

---

① 为了证明是被告人把HIV传染给被害人,检察机关被要求证明以下情形:首先,检察机关应该证明被害人在被告人实施故意传播艾滋病的行为之前没有感染HIV;其次,被害人在HIV测试完成之前没有参加任何可能导致感染HIV的活动;最后,被害人实际上感染了HIV,而且是被告人而不是其他人把HIV传染给被害人。参见黄奉文:《应设立故意传播艾滋病罪》,载《湖南公安高等专科学校学报》2010年第2期。

感染艾滋病毒的潜伏期,一般为6个月至10年或更长。刑法应该充分审视下被害人的处境:没有确诊的被害人要忍受时长不确定的潜伏期和结果不定的生活状况,已经确诊为艾滋病患者则要在确诊的病痛中和明知自己的死亡状态下生活少于正常寿命的时间直至死亡。这不是一个故意伤害致人重伤的法益保护所能拟制的。

有人认为,现有量刑考虑到被害人被治愈的未来可能性。首先,这些时间都是司法审判以及当事人不可能等得到的,司法活动有自己的时间节奏和效率。例如,曲新久教授19年前就猜测过"也许十年后人类的医疗技术就可以应对艾滋病了",而现在我们第二个十年都快过完了。[①] 其次,在我们的社会早已进入风险社会的情况下,刑法体系已经不是简单的罪责刑法,而是安全刑法。风险社会的刑法应当将安全作为基本的价值取向,考虑法益保护的早期化和处罚的预防性。[②] 刑法关注点应该落在受评价行为的风险而不是结果,这里的风险内涵大于后果而且包括了后果在内。

审视该行为模式,行为人主观方面具有极大的恶意和报复社会性,行为人在明知自己感染艾滋病的健康处境和生命状况后,恶意加诸无辜他人,是对自己和他人生命的不尊重,行为人在明知艾滋病的严重危害下,存在恶意对他人生命剥夺的主观意愿;客观上针对不特定多数人破坏了社会公共秩序和性行为中的基本信任,对于具体个体就是确定的精神损害和生命健康的损害。正如传播性病罪的成立不需要确实感染的结果,艾滋病性传播也不需要感染艾滋病的结果或死亡结果,其行为本身的风险就具有严重危害性。

因此本文认为,行为人是基于报复社会、给他人造成精神身体损害、剥夺他人生命的目的,故意实施艾滋病性传播,最终造成对社会公共秩序的危害和对具体个体受害者的身心损害。目前拟制的故意伤害罪重伤情节、量刑幅度为"三年以上十年以下有期徒刑"不能很好回应这一行为的严重性。如果要考虑现有刑法罪名,本文认为更接近通过艾滋病性传播

---

① 参见曲新久:《毋需增设"传播艾滋病罪"》,载《人民公安》2000年第22期。

② 参见郝艳兵:《风险社会下的刑法价值观念及其立法实践》,载《中国刑事法杂志》2009年第7期。

的方式故意剥夺他人生命和以艾滋病性传播的危险方法危害公共安全致人重伤、死亡,即兼有故意杀人罪和危害公共安全罪的特质,两罪的量刑幅度均为“十年以上有期徒刑、无期徒刑或者死刑”①。

3. 法律语言含义不清导致规范不全

法律文本的语言不能模糊,至少通过体系解释等方法可以明确法律语言的含义。本文认为《解释》第12条第2款第2项的“与他人发生性关系”语言含义不清。

首先,如何理解“性关系”一词。我国整个《刑法》文本中只有第241条第2款中出现了“性关系”一词。该款规定,“收买被拐卖的妇女,强行与其发生性关系的,依照本法第二百三十六条的规定定罪处罚”。由此可见在我国刑法的体系话语中,“性关系”是发生在男性与女性之间,是一种异性性行为。《汉语大辞典》对“性关系”的解释是“性交行为或不正当的性交”,举例也为男女异性。② 社会一般语境中的“性关系”是指“就是指异性之间发生性交行为后所形成的关系”。③ 综上,无论是在《刑法》文本话语中还是在社会一般语境中,“性关系”的含义都仅是异性性行为。同性性行为并没有被包含在内。

其次,如何理解“他人”一词。在“性”有关的方面,《刑法》第237条第1款有“强制猥亵他人或者侮辱妇女”的表达。此处“他人”与“妇女”并列,结合立法背景我们知道,此处的“他人”是为了解决男性不受《刑法》第236条强奸罪保护的问题,因此刑法话语中涉及“性”的“他人”应当主要是指男性。但这样的理解可能有所局限,“他人”一词在整个刑法体系中以及日常语境中是自己的对称,可以指代自己外的其他所有人,不区分性别。因此对“他人”的解释不必局限于《刑法》第237条的语境,应

① 《刑法》第114、115条规定:……或者以其他危险方法危害公共安全,尚未造成严重后果的,处3年以上10年以下有期徒刑。……或者以其他危险方法致人重伤、死亡或者使公私财产遭受重大损失的,处10年以上有期徒刑、无期徒刑或者死刑。……第232条规定,故意杀人的,处死刑、无期徒刑或者10年以上有期徒刑;情节较轻的,处3年以上10年以下有期徒刑。

② 参见“性关系”词语含义解释,载在线汉辞网,http://www.hydcd.com/cd/htm16/ci311257o.htm,最后访问日期:2019年5月15日。

③ 参见“性关系”词汇查询,载https://baike.so.com/doc/5570905-5786118.html,最后访问日期:2019年5月15日。

当作一般语境理解。

总结以上，司法解释中“与他人发生性关系”的语言表达的含义就是“与男性或女性发生异性性行为”。① 但如前所述，2017 年报告感染者中男性同性传播占 25.5%，2017 年全国高校学生感染艾滋病中 81.8% 是通过同性性传播。同性性行为是我们在艾滋病性传播中不得不重视并加以规范的行为方式。法律必须回应现实发生存在的问题，同性性行为也是艾滋病性传播的重要方式，法律必须将其与异性性行为同等规范。因此，同性性行为的规范参照异性性行为即可。

本文认为，法解释学的途径可以解释“他人”但无法解释“性关系”，不能将同性性行为规范在内，所以应当通过修改法律语言将法律语言的含义进一步予以明确。

三、设立故意传播艾滋病罪：必然且可行

（一）独立成罪模式：必然和可行的选择

自 1981 年第一例艾滋病患者出现以来，各国就在通过法律对艾滋病性传播行为予以规范，在立法方式的选择上主要分为三种模式：非罪模式、非独立成罪模式和独立成罪模式。

1. 非罪模式

我国在公布施行《解释》前，刑法中并没有针对艾滋病性传播的直接规范，《条例》第 62 条中规定的“构成犯罪的，依法追究刑事责任”难以很好地和刑法衔接。一些地方性的探索，如 2009 年甘肃省卫生厅发布的规范性文件《甘肃省艾滋病检测阳性结果告知工作规范（试行）》第 5 条规定，“……因未将自己的感染状况告诉配偶或与其有性关系者，且未采取必要的防护措施，则视为故意传播艾滋病，依法承担民事赔偿责任；构成犯罪的，依法追究刑事责任”。但是，这一规范性文件同样存在和刑法衔接的问题，而且作为地方政府的规范性文件，效力和作用的地域范围都值得不断观察。又如前述“泰国西曼案”时期的泰国法律对故意的艾滋病性

① 或者“与他人发生性关系”的这一语言想要表达包含了同性性行为的含义，但是从文本分析和体系解释上读者没有接收到这一信息。那么从传播学角度上讲，这依旧是语言表达者的问题。

传播行为不认为成罪。

非罪模式会导致艾滋病性传播缺乏刑法规范,无法有效应对现实需要,因此不值得借鉴。目前由于世界范围内对艾滋病和艾滋病性传播的普遍认知,选择非罪模式立法的国家很少。

2. 非独立成罪模式

非独立成罪模式是指对艾滋病性传播予以刑法规范,但并没有单独规定传播艾滋病罪,而是通过法律拟制的手段归于已有的罪名下。不同国家对此认知不同,因此拟制的罪名也不尽相同,如故意杀人罪、故意伤害罪、投放危险物质罪、危害公共安全罪、传播性病罪。拟制为故意杀人罪的法律认为,故意传播艾滋病的行为人从主观方面上具有剥夺他人生命的意图,如美国佐治亚州立法规定,无论是否有预谋,针对故意传播艾滋病病毒而引起他人死亡的,以谋杀罪论处。① 拟制为投放危险物质罪的法律是从传播方式予以考虑。拟制为危害公共安全罪则认为行为人主观方面上是为了报复社会、引起社会恐慌情绪,侵犯了社会公共秩序这一法益。我国现行司法解释就将艾滋病性传播拟制为故意伤害罪和传播性病罪,按照最后结果是否致人感染艾滋病毒区分;同时,因为艾滋病的潜伏期和不能立刻产生死亡结果,拟制为故意伤害罪重伤情节。

非独立成罪面临的问题是,艾滋病性传播的刑法规范具有其自身特点,难以完全符合现有的某一罪名的构成要件。例如,拟制为危害公共安全罪和故意杀人罪之间观点的争执在于侵犯的法益到底是公共安全还是具体个人的生命,实际上是两者兼有的。对社会造成恐慌,危害公共安全是一定的,而对于受害的具体个人受到的法益侵害也是具体确定的。而行为人在行动时的主观意图是两者兼有、难以分割抽离的。因此,拟制为危害公共安全罪或故意杀人罪均不完全,均不能全面保护法益。

拟制为投放危险物质罪和传播性病罪之间的观点争执在于如何认知艾滋病性传播这一方式。前者将艾滋病性传播理解为投放危险物质的过程,侵犯的法益是社会公共秩序;后者认为艾滋病属于性病之一,艾滋病性传播属于性病传播。前者的问题是艾滋病性传播和刑法体系中意义上

① 金泽刚:《关于惩治故意传播艾滋病行为的立法建议——兼论刑法第三百六十条的修改完善》,载《中国刑事法杂志》2001 年第 1 期。

的危险物质解释还是不同的,而且侵犯法益不仅是社会公共秩序;后者的问题是如何认知艾滋病和性病的关系。世界各国法律对艾滋病和性病的关系有不同认知,本文认为,艾滋病不同于性病,不能拟制为传播性病罪,原因有四。其一,艾滋病传播途径不仅是性传播,还有母婴传播、血液传播,虽然现在我国性传播途径几乎是全部原因,但仍存在少量的母婴传播。而性病传播除了性传播外,还可以通过直接接触传播、间接接触传播等方式,两者传播方式不同。其二,现有医疗水平治愈难度和可能性。性病在现有医疗水平下并不难治疗也不会导致死亡,但是艾滋病的治疗痛苦和死亡结果是现有医疗无能为力的,这也正是艾滋病的可怕之处和本文要讨论进行刑法规范的原因所在。[①] 其三,《解释》第 11 条解释了传播性病罪,其第 3 款指出“刑法第三百六十条规定所称的‘严重性病’,包括梅毒、淋病”,并未列举艾滋病。而第 13 条单独规定艾滋病性传播,且将“明知患艾 + 卖淫、嫖娼 + 未致他人感染艾滋病病毒”拟制为传播性病罪,法律拟制是“A 不是 B,将 A 视为 B,使 A 产生和 B 相同的法律后果”[②]。因此,现行司法解释也不认为艾滋病属于性病。这一法律态度也可以作为例证。其四,《性病防治管理办法》明确列举的性病种类没有艾滋病,而且全文表述将性病防治与艾滋病防治作为两项并列的工作。综上所述,拟制为投放危险物质罪和传播性病罪也不准确。

拟制为故意伤害罪,如我国现行司法解释对“明知患艾 + 卖淫、嫖娼 + 致他人感染艾滋病病毒”和“明知患艾 + 故意不采取防范措施与他人发生性关系 + 致他人感染艾滋病病毒”的规定。拟制的主要原因是考虑到没有立即的死亡结果发生。但世界相同的经验是并不需要死亡结果的立即发生。德国刑法中无法从杀人罪的文义解释上导出应以“立即出现死亡结果”为构成要件的结论。杀人罪并不要求“行为后立即出现死亡结果,如果死亡结果必须迟延数年才出现,则无法成为杀人罪的客观构成要件”。因而被害人因感染艾滋病而死亡,即使此结果并非立即出现,而是

---

① 《解释》的理解与适用也认识到了艾滋病的危害实际远大于梅毒、淋病等,也和这些性病有很多显著不同,但最终仍认为艾滋病是“最严重的性病”,对此本文不能认同。

② 如卢鹏教授认为“法律拟制是一种不允许行为人进行反驳的推定,是一种具有决断性的虚构”。参见卢鹏:《法律拟制正名》,载《比较法研究》2005 年第 1 期。但总之无论是按照推定说、立法技术说还是综合说的观点,《解释》第 12 条都属于法律拟制。

在行为完成的数年之后才发生,此死亡结果客观上仍应规则于行为人。在英美法系,原先英国科克大法官提出的“一年零一天”规则早已被废除,时间长度已不是问题。① 在充分了解艾滋病后仍要求“立即的死亡结果发生”,无异是一种强人所难。此外如前所述,这种拟制完全没有考虑行为人想要剥夺他人生命的主观犯罪意图,没有对艾滋病病情进行充分认识,也没有充分考虑当下风险刑法的关注重点。因此,拟制为故意伤害罪也不准确。

综上所述,非独立成罪模式法律拟制的罪名并不能很好的回应刑法对艾滋病性传播规范的期待。

3. 独立成罪模式

独立成罪模式是指对艾滋病性传播予以刑法规范,并单独设立传播艾滋病罪。例如,1997 年《俄罗斯联邦刑法典》第 122 条规定了传染艾滋病罪,其内容是:“……明知自己患有艾滋病而传染他人的,处 5 年以下的剥夺自由。对 2 人以上,或明知未成年的人实施本条第 2 款所规定行为的,处 8 年以下的剥夺自由。……事先及时被告知行为人患有艾滋病而自愿同意实施构成传染危险的行为的,则免除刑事责任。”美国佐治亚州的法律规定艾滋病传播罪处罚 10 年监禁。②

本文认为,独立成罪模式可以从艾滋病性传播的本身特点考虑,理顺各行为模式之间的关系,以避免同种行为模式不同罪名、定罪量刑不适宜、法律规范不全等问题。“明知患艾 + 卖淫、嫖娼 + 未致他人感染艾滋病病毒”“明知患艾 + 卖淫、嫖娼 + 致他人感染艾滋病病毒”“明知患艾 + 故意不采取防范措施与他人发生性关系 + 致他人感染艾滋病病毒”归属到传播艾滋病罪名下的不同款,解决了同种行为模式不同罪名和拟制罪名不准确的问题。同一罪名的不同款在量刑上也更容易衔接。在传播艾滋病罪的法律语言设计上力求准确,规范好当下现实状况,对艾滋病传播

① “一年零一天”规则即若被害人系因伤害致死,死亡必须是在受到行为人伤害后 1 年整的时间内(包括受伤的那一天在内)发生。但其已经被《1996 年法律改革〈一年零一天规则〉法》所废除。参见陈旭文:《故意传播艾滋病行为的刑法适用》,载《河北法学》2004 年第 1 期。赵秉志主编:《英美刑法学》,中国人民大学出版社 2004 年版,第 258 ~259 页。

② 陈应秋、何宇平:《美国佐治亚州艾滋流行与控制法规简介》,载《中国国境卫生检疫杂志》1995 年第 18 期。

途径、病情、后果进行充分认识后积极回应。① 综上所述,独立成罪模式可以说是可行、必然的选择。

(二)传播艾滋病罪的法律语言设计

审视现有刑法对艾滋病性传播的回应与存在的问题,我们选择单独设立传播艾滋病罪。下面对定罪、量刑两方面进行设计。

1. 传播艾滋病罪的行为模式

现行司法解释规定的行为模式有三:其一,明知自己患有艾滋病或者感染艾滋病病毒而卖淫、嫖娼未致使他人感染艾滋病病毒的;其二,明知自己感染艾滋病病毒而卖淫、嫖娼致使他人感染艾滋病病毒的;其三,明知自己感染艾滋病病毒,故意不采取防范措施而与他人发生性关系致使他人感染艾滋病病毒的。类似于《解释》第 11 条第 2 款的规定,是否造成感染结果不影响罪的成立。因此,前两种行为模式可以合并为"明知自己患有艾滋病或者感染艾滋病病毒而卖淫、嫖娼"。是否造成艾滋病病毒的感染结果将在量刑部分讨论。

如前所述,第三种行为模式具有法律语言不清导致规范不全的问题。"性关系"的含义仅是异性性行为,同性性行为并没有被包含在内。对"他人"一词的理解不能局限于《刑法》第 237 条的语境,应当理解为一般语境下自己以外的任何人,包括男性、女性。"与男性或女性发生异性性行为"的行为模式不能回应现实中存在的同性性行为问题。同性性行为也是艾滋病性传播的重要方式,应当明确纳入刑法规范体系中。因此,本文在之前澄清了故意进行艾滋病性传播这一概念的特征,期望可以做到语言准确、规范完善。将第三种行为模式扩展为故意进行艾滋病性传播,结合其四个特征可以得到故意进行艾滋病性传播的行为模式是"行为人明知自己患有艾滋病或者感染艾滋病病毒,故意不采取防范措施或破坏防范措施与异性或同性发生性行为,且在发生性行为前没有使对方明确知道"。

综上所述,传播艾滋病罪的两种行为模式为:(1)行为人明知自己患

① 有学者认为如果传播艾滋病可以单独成罪,那么其他传染病也可以以同样理由独立成罪,以此作为反对艾滋病独立成罪的理由。本文认为,这是没有充分认识到艾滋病本身的特点和后果的表现。

有艾滋病或者感染艾滋病病毒而卖淫、嫖娼的;(2)行为人明知自己患有艾滋病或者感染艾滋病病毒,故意不采取防范措施或破坏防范措施与异性或同性发生性行为,且在发生性行为前没有使对方明确知道的。两种行为模式均违反了《条例》规定的及时告知义务和不得故意传播义务。①

2. 传播艾滋病罪的量刑幅度考量

澳大利亚《传染病防治法修正案》对故意传播艾滋病的行为规定“应当将其永远拘留于医院,直到死亡”。② 而《奥地利刑法》规定,“实施可能在人群中传播传染病(含艾滋病)的危险行为……处3年以下自由刑,或360单位以下日额金的罚金刑”。③ 由此可以看出,对传播艾滋病行为的量刑轻重程度,世界各国不尽相同。实际上这只是立法价值的考量,对所保护法益的评价④。

如同上文所述,艾滋病性传播行为侵犯的法益兼有危害公共安全罪和故意杀人罪之间的特点。传播艾滋病罪保护的法益包括社会公共秩序和具体个人的生命。而行为人在行动时的主观方面具有极大的恶意和报复社会性,对自己和他人生命的不尊重,存在对他人生命剥夺的主观意愿。因此,在量刑上可以参考危害公共安全罪和故意杀人罪的量刑幅度。根据我国《刑法》第114、115条规定……以其他危险方法危害公共安全,尚未造成严重后果的,处3年以上10年以下有期徒刑。……以其他危险方法致人重伤、死亡或者使公私财产遭受重大损失的,处10年以上有期徒刑、无期徒刑或者死刑。……第232条规定,故意杀人的,处死刑、无期徒刑或者10年以上有期徒刑;情节较轻的,处3年以上10年以下有期徒刑。所以危害公共安全罪和故意杀人罪的量刑一般情况下是10年以上

① 《条例》第38条第1款第2项规定:“艾滋病病毒感染者和艾滋病病人应当履行下列义务:……(二)将感染或者发病的事实及时告知与其有性关系者;……”第2款规定:“艾滋病病毒感染者和艾滋病病人不得以任何方式故意传播艾滋病。”关于告知义务,可参见吕乃达、胡红光:《浅析艾滋病的告知义务》,载《中国艾滋病性病》2014年第2期;张剑源:《法律对伦理的偏好与疏离——以中国艾滋病防治立法中的隐私保护条款为中心》,载《法学家》2013年第6期。

② 莫关耀、张斌:《对故意传播艾滋病的刑事立法刍议》,载《云南警官学院学报》2005年第2期。

③ 《奥地利联邦共和国刑法典》,徐久生译,中国方正出版社2004年版,第78页。

④ 法律价值如何考量可以参见 D. Neil MacCormick & Robert S. Summers, Dartmouth, *Interpreting Statute*:*A Comparative Study*, p. 75。

有期徒刑、无期徒刑或者死刑，情节较轻处3年以上10年以下有期徒刑。本文认为，可以作为传播艾滋病罪的量刑幅度参考。而现行司法解释的量刑幅度是“五年以下有期徒刑、拘役或者管制，并处罚金，从重处罚”或“三年以上十年以下有期徒刑”。对比而言，传播艾滋病罪的刑罚严于现行司法解释的刑罚，与法益保护、行为人主观恶意、客观危害更为相符，对故意的艾滋病性传播行为也更具威慑力。

传播艾滋病罪的量刑幅度存在一般情形和从轻情形，除了法定、酌定从轻减轻情节以外，最终未导致感染艾滋病毒的结果也可以作为酌定从轻量刑情节。一般情形和从轻情形的具体区分，还有待进一步研究和实践案例的支持。

综上所述，传播艾滋病罪的法律文本表达如下：“行为人明知自己患有艾滋病或者感染艾滋病病毒，且具有下列情形之一，处十年以上有期徒刑、无期徒刑或者死刑；情节较轻处的，三年以上十年以下有期徒刑：（一）卖淫、嫖娼；（二）故意不采取防范措施或破坏防范措施与异性或同性发生性行为，且在发生性行为前没有使对方明确知道。”

3. 死刑的设立合理且可行

新设罪名在刑法种类上设置了死刑，似乎与世界形势相悖，但实际上合理且可行。死刑的存废之争从贝卡利亚的《论犯罪与刑罚》开始持续了一百多年。这期间，虽然真正废除死刑的国家很少，但越来越多的国家开始减少死刑，逐渐把死刑限定在最严重的犯罪上。刘仁文教授认为废除死刑成为世界潮流的两个原因是人类不再依赖死刑来有效地维护社会治安和人类可以超越冤冤相报的恶性循环。我国已经签署的联合国《公民权利和政治权利国际公约》第6条在提倡废除死刑的同时，还要求在未废除死刑的国家“判处死刑只能是作为对最严重的罪行的惩罚”。联合国人权事务委员会也提出死刑只能作为“一种相当例外的措施”来使用。《关于保护面临死刑的人的权利的保障措施》确认了“最严重的罪行”范围“不应当超过致命的或导致其他极度严重后果的故意犯罪”。[①]“逐步废除非暴力犯罪的死刑；区分情节尽量减少对暴力犯罪适用死刑”和“死刑

① 刘仁文：《死刑的“温度”》，载《新京报》2013年7月20日，第1304～1305版。

有限存在”[①]是我国刑法当下的立法思想。因此,死刑只能适用于产生致命或其他极其严重后果的故意暴力犯罪,并应该克制适用。据此,新设罪名在量刑上可以适用死刑虽然表面看与世界普遍废除死刑的趋势相悖,但也是符合可以适用的条件。正如苏力教授所言,“首先要正视死刑,而不能简单贬斥死刑”,不能“低估了死刑的生物基础,自然情感基础,因此也是社会基础”。如果确要废除死刑,其真正的基础其实是怜悯,这是情感的、至少不全是理性分析的结果,而怜悯的前提是怜悯者自身绝对安全。[②] 刑罚不会丢下最原初“正义的方式下得到报应”[③]的本质。总之,新设罪名适用死刑并且可以良好地运用死刑,符合刑法的均衡观念和刑罚目的,[④]也符合刑法配刑原则。[⑤]

当然,以上量刑种类和幅度的建议建立在我国现有基础,不排除随着社会多样化、时代进步抑或借鉴国外,刑罚方式和处分手段也会更加的多元化和有针对性效果[⑥]。

四、余论

第一,本文首先尝试了法解释学的方法,但如上文所述,法解释学无法将同性性行为解释进“性关系”中,无法将同性性行为纳入现行司法解释的刑法体系中。对于同种行为模式拟制不同罪名、可能存在的量刑不适宜也无法解释。因此,基于无法进行法解释学路径,本文提出并论述了单独设立传播艾滋病罪的法律修改路径可能最为合适。即便如此,本文也不排除可能存在其他合理的解决方法。

---

① 梁根林主编:《当代刑法思潮论坛(第 3 卷):刑事政策与刑法变迁》,北京大学出版社 2016 年版,第 93 ~ 94 页。引用内容为谢望原教授 2012 年 6 月 7 日的讲座“死刑有限存在论”。

② 苏力:《俯下身,倾听沉默的大多数》,载《法制日报》2011 年 9 月 13 日,第 7 版。

③ [德]克劳斯·罗克辛:《德国刑法学总论》,王世洲译,法律出版社 2005 年版,第 36 页。

④ 梁根林主编:《当代刑法思想论坛(第 3 卷):刑事政策与刑法变迁》,北京大学出版社 2016 年版,第 48 ~ 49 页。引用内容为张明楷教授 2013 年 4 月 23 日的讲座“量刑的三大观念批判”。

⑤ 邱兴隆:《刑罚理性泛论——刑罚的正当性展开》,中国检察出版社 2018 年版,第 239 ~ 244 页。

⑥ [日]佐伯仁志:《制裁论》,日本有斐阁 2009 年版,第 65 页。

第二,本文基于现实数据显示“同性性行为是艾滋病性传播中不可忽视的传播方式”这一情形,明确提出法律应对此现实状况予以回应,参照异性性行为对同性性行为进行规范。本文认为,这是基于社会现实之必需,法律不能对此视而不见。但不可否认的是,传播艾滋病罪对同性性行为的明确规范一定程度上会传递出法律、国家对同性恋暧昧已久的态度,也必将会影响婚姻家庭法等其他相关部门法领域。也许设立传播艾滋病罪中对同性性行为的规制是一种激进之举,我们还要考虑整个法律体系之间的相互逻辑联结。但可以确定的是,这一规范方式所代表的对同性恋问题的法律回应,是我们终将无法避免的,也已经逐步向我们走来。

●虚开增值税专用发票犯罪之目的研究

李　睿*

摘　要：刑法没有明确虚开增值税专用发票罪属于特定目的犯，由此引发裁判结果的重大分歧。从其属性看，虚开增值税专用发票罪属于非法定目的犯、短缩的二行为犯，其目的属于超过的主观要素，即使法条没有明确规定，其仍然应当具备骗取税款的主观目的，不能仅以客观上的"三流不一致"推定其为虚开并认定犯罪。从立法目的、法益侵害、罪刑一致的角度考量，骗取国家税款应当为其目的内容；同时，从文义解释、法条对比、追诉标准、个案批复和目的性限缩解释角度考察，虚开增值税发票犯罪的目的应当限定于骗取国家增值税税款。

关键词：虚开　增值税专用发票　逃税　目的犯

一、判例的纷争

近年来，在国内的石化行业内全面爆发了"变名销售"的案件，这类案件有一个共同特点：石化生产企业由于各种原因在对外销售燃料油时，通过增设交易环节的方式由贸易企业开具品名与货物不一致的发票，即变名销售。但是，在办理案情高度类似的变名销售案件中，由于《刑法》第205条对于虚开增值税专用发票罪的规定较为笼统，没有确定虚开犯罪属于特定目的犯，导致了司法机关对于该罪的界定模糊，法院的判决存在重大分歧。根据查询的案例，全国不同地区法院对同类案件做出了迥然不同的裁决。其中截取两个有代表性的案例：

---

* 上海财经大学法学院副教授，法学博士。

判例一：辽宁葫芦岛海油石化有限公司变名销售脑油案。[①] 辽宁省葫芦岛市法院认为，公诉机关指控邵某的行为构成虚开增值税专用发票罪罪名有误，认为其主观上没有虚开增值税专用发票的故意，客观上也没有实施虚开增值税专用发票的行为。由于邵某等人通过虚设交易环节的方式实际骗取了国家对于石脑油消费税的税收优惠政策，构成逃税罪，最终判决邵某犯逃税罪并追究其刑事责任。

判例二：安徽六安变名销售汽柴油案。[②] 安徽省六安市法院认为，被告人刘某作为鑫鑫公司、铂锦公司工作人员，在贸易过程中，购进甲基叔丁基醚、混合芳烃等化工产品，收到发票再加价后，为江浦公司开具货物名称为汽油及柴油的增值税专用发票。被告人刘某采取将甲基叔丁基醚等化工产品转换成汽、柴油的方式为他人虚开增值税专用发票，隐瞒了生

① 判例一［辽宁省葫芦岛市中级人民法院(2013)葫刑二初字第00010号刑事判决］：葫芦岛海油石化有限公司(以下简称海油石化)成立于2008年12月，主要经营燃料油、溶剂油、塔残油以及液化气等产品。公司法定代表人邵某。邵某为谋取一定的利益，促成以下交易：2010年，山东省博兴县宏发能源有限公司(以下简称博兴宏发)与中海石油葫芦岛精细化工有限公司(以下简称精细化工)签订石脑油购销合同，购进石脑油1000吨，精细化工向博兴宏发开具品名为石脑油的增值税专用发票。随后，博兴宏发将购得的石脑油销售至盘山县富兴隆化工有限公司(以下简称富兴隆)，向其开具品名为石脑油的加工产品芳烃和乙烯的增值税专用发票。博兴宏发从上游企业取得石脑油的增值税专用发票，然后将收购来的石脑油销售给下游企业，开具品名为石脑油加工后的产品芳烃或乙烯的增值税专用发票共51份，石脑油999.32吨，税额863,942.13元，价税合计5,945,954.00元。货款先由富兴隆汇至博兴宏发的银行账户，再由博兴宏发转至精细化工银行账户。

② 判例二(安徽省六安市人民法院2015年1月判决)：被告人刘某于2012年初通过李某某介绍认识江苏江浦经济贸易有限公司(以下简称江浦公司)的副总经理陆某某，并与陆某某商谈由刘某成立一家公司以采购原材料的名义为江浦公司开具增值税专用发票。2012年2月21日被告人刘某在六安市经济技术开发区注册成立六安鑫鑫石油化工产品销售有限公司(以下简称鑫鑫公司，于2013年3月注销)，后又于2013年1月24日在六安市经济技术开发区注册成立六安铂锦石油化工产品销售有限公司(以下简称铂锦公司)，鑫鑫公司、铂锦公司与江浦公司"合作"，由江浦公司联系安徽海德石油化工有限公司、安徽泰合森能源科技有限责任公司、上海海盛石油化工有限公司等供货企业购进甲基叔丁基醚、混合芳烃、二甲苯、碳五、碳九等化工产品，并提供鑫鑫公司、铂锦公司的资料给供货企业，安排供货企业与鑫鑫公司、铂锦公司签订购货合同，而后江浦公司提供购货资金给鑫鑫公司、铂锦公司，通过鑫鑫公司、铂锦公司将购货资金支付给供货企业，供货企业收到货款后由江浦公司安排运输工具到供货企业提货或由供货企业直接将货物运输到江浦公司指定的地点。交易完成后，上游供货企业为鑫鑫公司、铂锦公司开具票货款一致的增值税专用发票。被告人刘某的鑫鑫公司、铂锦公司收到发票后再按每吨50元至70元不等的标准加价后，为江浦公司开具销售货物名称为汽油及柴油的增值税专用发票。

产环节，致使国家消费税损失 3.24 亿元，判决其行为构成虚开增值税专用发票罪。

如何理解虚开增值税专用发票罪的“目的”，是准确定罪的关键。当前，无论是法学理论界还是司法实务界，对该罪虚开行为是否要求有特定目的，存在肯定说与否定说之争。这既造成了理论上的混乱，更给司法机关在处理这类案件时带来了错判的风险，前述两个案例也已经出现类似案件处理结果迥异的情况。《刑法》第 205 条规定：“虚开增值税专用发票或者虚开用于骗取出口退税、抵扣税款的其他发票的，处……”“有前款行为骗取国家税款，数额特别巨大，情节特别严重，给国家利益造成特别重大损失的，处无期徒刑或者死刑，并处没收财产”。显然，刑法对虚开发票罪没有规定以骗取税款为目的，更没有进一步明确骗取的税种是否限定于增值税。如果没有骗取税款目的是否构成本罪？进言之，如果没有骗取增值税税款目的但有其他犯罪目的并实施了其他犯罪行为的，是构成虚开增值税专用发票罪还是其他犯罪？此即本文所要讨论的问题。

二、虚开发票犯罪目的的研究进路

（一）行为犯还是目的犯？

在我国刑法理论中，关于构成虚开发票罪是否须具备以骗取税款为目的为必备要件，问题的焦点首先在于行为犯和目的犯之争。

第一种是目的犯说，认为对于虚开增值税专用发票罪，尽管刑法没有明文规定以骗取税款为目的，但是，可以通过限制解释将该罪确认为目的犯，即非法定的目的犯。[①] 对《刑法》第 205 条中的“用于抵扣税款”的理解不能过于宽泛，“用于”应指主观上想用于和客观上实际用于，而不包括虽然可以用于但行为人主观上不想用于，客观上也没有用于，也不能将行为人使用发票意图不明的视为准备用于。由此，确认本罪为目的犯。[②]

第二种是行为犯说，认为一般来说行为人主观上都是以营利为目的，但法律上并未规定以营利为目的是构成本罪在主观方面的必备要件。

---

① 参见陈兴良：《目的犯的法理探究》，载《法学研究》2004 年第 3 期。

② 参见最高人民法院刑事审判第一庭、第二庭编：《刑事审判案例》，法律出版社 2002 年版，第 258 页。

《刑法》第205条的规定并未将行为人具有偷、逃税目的作为虚开增值税专用发票犯罪构成的必要要件，因此，只要行为人着手实施犯罪并达到法律要求的程度就是完成了犯罪行为。至于行为人有无偷逃税的目的，以及行为人有无实际骗取、抵扣税款，并不影响犯罪的认定。由此可见，该罪属于行为犯。①

第三种观点是抽象危险犯说。例如，张明楷教授指出，本罪属于抽象的危险犯，司法机关应以一般的经济运行方式为根据，判断是否具有骗取国家税款的可能性。如果虚开、代开增值税等发票的行为根本不具有骗取国家税款的可能性，则不宜认定为本罪。例如，甲、乙双方以相同的数额相互为对方虚开增值税发票，并且已按规定缴纳税款，不具有骗取国家税款的主观目的与现实可能的，不宜认定为本罪。再如，代开的发票有实际经营活动相对应，没有而且不可能骗取国家税款的，也不宜认定为本罪。②

在上述三种观点中，笔者赞同目的犯说，主张虚开增值税专用发票罪是目的犯。这一观点，在葫芦岛案中得到确认。尽管《刑法》第205条并未将其规定为目的犯，但刑法将其规定为危害税收征管罪，具有偷骗税款的目的应当是该罪的应有之义。正如有的金融诈骗犯罪一样，刑法并未明确规定行为人必须具有非法占有的目的，但并不妨碍对其进行目的犯的认定。质言之，虚开增值税专用发票犯罪的客体问题与性质认定问题属于一个问题的两个方面，侵犯国家税收征管制度的客体要求客观上决定了该罪的目的犯性质。

（二）断绝的结果犯还是短缩的二行为犯？

在德日刑法以及我国刑法之中，对于目的犯的诸多探讨都基于一个最为基本的分类，那就是以目的和行为的关系为标准，坚持将目的犯分为短缩的二行为犯（verkuemmert zweiaktige Delikte）与断绝的结果犯（kutierte Erfolgsdeliket）两种类型的二分法。短缩的二行为犯（也称间接目的犯）的基本特点是，“完整”的犯罪行为原本由两个行为组成，但刑法

① 参见周道鸾、张军主编：《刑法罪名精释》（第3版），人民法院出版社2007年版，第346页。

② 参见张明楷：《刑法学》（下册），法律出版社2016年版，第613页。

规定,行为人以实施第二个行为为目的实施了第一个行为(短缩的二行为犯的实行行为)时,行为就告既遂的犯罪形态。① 例如,走私淫秽物品罪,实施了符合构成要件的走私行为即犯罪既遂,但要达到牟利或者传播的目的,只有在走私行为完成之后实施相关目的行为,才能实现。该目的行为,显然是出现于构成要件行为之后的行为。而断绝的结果犯(也称直接目的犯),则是只要实施符合构成要件的行为,就可以(但非必然)实现其目的的犯罪形态。例如高利转贷罪,只要实施高利转贷行为,就可以实现牟利目的。

短缩的二行为犯与断绝的结果犯最为本质的区别在于,短缩的二行为犯是以构成要件行为之后的后行为作为目的的犯罪形态,在构成要件行为与其目的行为之间,前者只是后者的手段,两者呈现为“手段与目的”关系;与之不同的是,由于断绝的结果犯属于将结果作为最终目的的犯罪,故而,在构成要件行为与目的之间,前者是后者的结果,两者呈现为“原因与结果”关系。②

短缩的二行为犯中的目的属于主观违法要素。如上所述,在短缩的二行为犯之中,存在两个行为即构成要件行为与后行为,前者是手段行为,后者是目的行为,构成要件行为与目的之间是“手段与目的”关系。只要实施作为犯罪构成要件行为的手段行为,犯罪就告既遂。如此一来,短缩的二行为犯中的目的与犯罪构成客观方面就并不存在“主客观相对应”关系。我们应当例外地承认其属于主观违法要素。

就短缩的二行为犯而言,只有在具备目的而实施行为之时,我们才能得出其行为具备侵害法益危险的结论。也就是说,在判断违法之际,无法舍弃主观目的而单凭客观事实确定其行为是否违法,目的属于判断违法时所不可或缺的要素。鉴于此,我们应当承认短缩的二行为犯中的目的属于主观违法要素。就这一点,如上所述,我国学者陈兴良教授在论述目的与客观事实之间的关系时已经指出:“直接目的犯与间接目的犯在超越客观要素的程度上存在差异。直接目的犯超越较少,其目的可以通过构

---

① 参见张明楷:《论短缩的二行为犯》,载《中国法学》2004 年第 3 期。

② 参见付立庆:《主观违法要素理论——以目的犯为中心的展开》,中国人民大学出版社 2008 年版,第 106 ~ 111 页。

成要件的行为加以实现;而间接目的犯超越较多,其目的须通过进一步的行为才能实现”①。这显然暗含了短缩的二行为犯中的目的系主观违法要素的意思,只不过并未明示而已。我国学者付立庆博士进一步发展此观点,并对目的犯作了全面的分析,并明确指出,在断绝的结果犯中,判断违法的标准是客观行为以及结果,但在短缩的二行为犯之中,判断违法之际,必须考虑有无一定的目的,如此一来,就应当例外地承认短缩的二行为犯的目的属于主观的违法要素。② 这些观点应当得到提倡。③

(三)抵扣税款属于犯罪故意还是超越的主观要素?

法院在虚开发票犯罪裁判中,常见的错误是把犯罪故意与犯罪目的混同。一个犯罪只有一个犯罪故意,而不可能有两个犯罪故意,这是刑法理论之常识。虚开抵扣税款发票罪当然具有虚开的故意。所谓虚开的故意,是指明知是虚开增值税专用发票、用于骗取出口退税、抵扣税款发票的行为而有意实施的主观心理状态。④ 进言之,构成虚开增值税专用发票罪,行为人还须具有抵扣税款的故意。这种抵扣税款的故意是以抵扣税款行为为前提,没有实施抵扣税款的行为,行为人主观上也就不具有抵扣税款的故意。当然,这里的抵扣税款的故意应当表述为抵扣税款的目的或者意图。这种抵扣税款的目的或者意图是超越的主观要素。

这里所谓超越的主观要素,是指主观要素超越客观要素。在通常情况下,在犯罪构成范围内,主观要素与客观要素是相对应的,也就是我们通常所理解的主观与客观相统一。而在目的犯的情况下,主观与客观不相一致,即主观要素超越客观要素。

对此,日本学者大塚仁教授指出,目的犯的目的通常超出构成要件客观要素的范围,称为超过的内心倾向。在这一点上,要把目的与故意区别开来,故意需要以符合构成要件的客观事实作为行为人表象的对象。只是,目的犯的目的中也并非没有处在构成要件客观要素的范围之内的。例如,通说、判例认为作为横领罪要件的不法领得的意思,就是以与横领行为共同的范围为对象,只不过是对其进行规整并且赋予其意义。这种

① 欧阳本祺:《目的犯研究》,中国人民公安大学出版社2009年版,第65页。
② 参见陈兴良:《目的犯的法理探究》,载《法学研究》2004年第3期。
③ 参见周啸天:《目的犯共犯教义学原理的再建构》,载《清华法学》2014年第3期。
④ 参见陈兴良:《规范刑法学》(下),中国人民大学出版社2008年版,第627页。

目的,被称为赋予意义的目的。①

这种主观超过客观的情形,在刑法上并不鲜见,而是一种经常采用的立法例。我国台湾地区学者在分析目的犯(所谓意图犯)时,将构成要件的主、客观要件的关系分为以下两种基本的形态:

第一种是主、客观完全相符的构成要件。一般而言,刑法的构成要件通常是主、客观完全相符,亦即主观要件所要求的内容与客观要件所规定者相当,即所谓一致的构成要件。此种构成要件,主观要件的要求乃以故意为已足。而该构成要件该当的先决条件,必须主观要件涵盖所有的客观事实情状。而此种完全相符的情状,即主观要件的要求 = 客观要件的规定。第二种是主、客观不相符的构成要件。立法者在设定若干犯罪类型的构成要件时,时常使用所谓不一致的构成要件,即在此种构成要件中,主观要件的内容,较客观要件所规定者为多。而对于此种犯罪类型,一般上对于涵盖客观要件的主观要件,亦以故意要求之,但对于超出客观要件规定范围的主观要件则称之为意图或超出的内在倾向。

在一般情况下,主、客观要件相一致,两者之间存在对应关系:客观要件是主观要件的实现。在目的犯的情况下,主、客观要件则不一致。这种主、客观不一致之所以不妨碍刑事责任的追究,是以主、客观相一致为前提的,即基本的行为与故意是相符合的。只不过在此基础之上,主观方面还额外地要求具有一定的目的,而与这一目的相对应的客观要件则并非构成犯罪所必需。因此,这一目的是超越基本行为的主观要素。理解了这一点,我们再来分析虚开发票罪,就可以发现,对于虚开发票罪来说,虚开行为与虚开故意都是必须具备的构成要件,并且两者是主、客观相一致的。关键问题在于:本罪的成立是否还需要抵扣税款的目的。

由于虚开发票罪是非法定的目的犯,从法条的字面上来看,是对法律规定作了某种限制解释。那么,这种限制解释的正当根据何在?这是一个值得进一步探讨的问题,它涉及本罪的立法意图。检察机关认为,虚开用于抵扣税款发票罪侵犯的客体是国家对增值税专用发票和可用于骗取

① 参见[日]大塚仁:《刑法概说(总论)》,冯军译,中国人民大学出版社 2003 年版,第 124 页。文中的横领罪,是直译,相当于我国刑法中的侵占罪。

出口退税、抵扣税款的其他发票的监督管理制度。[1] 按照这种观点，行为人只要有虚开行为，即违反了国家对增值税专用发票和可用于骗取出口退税、抵扣税款的其他发票的监督管理制度，因而也就构成了本罪。但也有学者认为，虚开发票罪的客体是复杂客体，即国家的发票管理制度和税收征管制度。[2] 还有的学者更是认为，虚开发票罪的客体是我国的税收征收管理制度，具体主要是发票管理制度尤其是增值税专用发票管理制度。从广义上说，发票管理制度实际上是税收征收管理制度的重要内容。虚开增值税专用发票、用于骗取出口退税、抵扣税款发票行为正是通过对发票管理制度的违反，进而破坏我国增值税和其他有关税款的征收管理制度。[3] 显然，对虚开发票罪的客体的不同理解，可能会导致对虚开发票罪是否为目的犯的不同解释。笔者赞同对虚开发票罪作实质性的解释，立法者之所以将虚开行为规定为犯罪，主要是因为这种行为侵犯了税收征收制度，《刑法》第 205 条第 2 款将骗取税款的行为包含在本罪中也说明了这一点。因此，如果行为人主观上没有抵扣税款的目的，只是一般的虚开，它不会侵犯税收征收制度，是一般的违反发票管理的行为，不能构成本罪。

三、"真实货物贸易"的识别与犯罪目的破解

实践中，判断是否"虚开"的重要标尺是有没有"真实货物贸易"；是否有"真实货物贸易"，也影响着对虚开增值税专用发票犯罪目的的认定。

(一) 对"货物交易的真实性"的理解争议

一种观点认为，"货物交易的真实性"仅指交易事实本身的客观存在性，只有发票项下所列的货物交易价格和金额具有虚假性才属于票与货不符，并进而导致骗取税款的后果，而开票人的主体身份与骗税的后果并无必然联系。

另一种观点认为，"货物交易的真实性"仅指受票人与开票人之间而

---

① 参见邹志刚：《从两案例看虚开用于抵扣税款发票罪之犯罪构成》，载《浙江检察》2003 年第 11 期。

② 参见高铭暄、马克昌主编：《刑法学》，北京大学出版社、高等教育出版社 2000 年版，第 444 页。

③ 参见高铭暄主编：《新型经济犯罪研究》，中国方正出版社 2000 年版，第 153 页。

言，不考虑第三方的存在，即不考虑货物交易事实的客观真实性，而只注重受票方和开票方之间的货物交易的对应性。只要无此对应性的存在即视为无真实货物交易，进而视为“虚开”。

实践中，之所以将形式上的虚开行为排除在虚开增值税专用发票罪的打击范围之外，是因为这种行为并不会给国家税收造成危害。2000 年 12 月 28 日上海市高级人民法院组织的司法审判会议并印发的《关于审理经济犯罪案件具体应用法律若干问题的意见》（以下简称《意见》）①，以及最高人民法院于 2004 年 11 月 24 日至 27 日在苏州召开的全国部分法院经济犯罪案件审判工作座谈会形成的《全国部分法院“经济犯罪案件审判工作座谈会”综述》（以下简称综述）②均对此予以明确。

（二）行政识别依据与批判

税务机关在认定虚开增值税发票时，通常考量发票流、货物流、资金流是否一致，即由发票开具方向倒推货物、资金流向，判断是否存在真实交易。司法机关往往以行政机关对于真实货物交易的判别标准为依据，直接认定是否虚开。

1.“三流一致”的具体内容

“三流一致”是指资金的流动、发票的流动，货物、劳务及服务的流动须直接保持一致。“三流”直接一致，从具体表现形式上，要求资金由购买方向销售方流动，发票由销售方向购买方开具，货物、劳务及服务等亦必须由购买方向销售方提供；从行为主体的关联性上，要求收款方、开票方和销售方必须是同一个经济主体，付款方、受票方和购买方必须是同一个经济主体。若开票要件不符合上述标准，则被认定为虚开行为。上述认

① 《意见》指出，认定虚开增值税专用发票罪，“还必须查明或证实虚开行为在实质上具有偷逃国家税款的实际危害性或者造成该种危害的现实可能性……如果缺少这一实质特征（即虚开以后如实申报缴税），则意味着行为人在主观上并没有通过虚开增值税专用发票的手段达到偷逃国家税款的非法目的，客观上也没有实际侵害国家税收管理制度。因为主观和客观要件均有欠缺，故单纯具有形式上的虚开行为，不能认定虚开增值税专用发票罪”。

② 《综述》明确，“（1）为虚增营业额、扩大销售收入或者制造虚假繁荣，相互对开或环开增值税专用发票的行为；（2）在货物销售过程中，一般纳税人为夸大销售业绩，虚增货物的销售环节，虚开进项增值税专用发票和销项增值税专用发票，但依法缴纳增值税并未造成国家税款损失的行为；（3）为夸大企业经济实力，通过虚开进项增值税专用发票虚增企业的固定资产，但并未利用增值税专用发票抵扣税款，国家税款亦未受到损失的行为”三种行为不是《刑法》中的虚开行为，不以犯罪来处理。

定标准源于国家税务总局《关于加强增值税征收管理若干问题的通知》(国税发〔1995〕192号)①。由此,"票、货、款"三流一致逐步成为征税机关及司法机关判定是否构成虚开增值税专用发票的标准。

2."三流一致"的要求与民法相冲突

"三流一致"的认定标准,显然已与我国经济发展现状不相适应。国税发〔1995〕192号文件的制定相对较早,经过二十年的发展,我国商业模式及交易方法均有很大创新。交易各方为节约成本,货物不实际交付、委托关联方付款等现象大量存在。而当前合法存在的商业模式及交易方法,不再完全符合"票、货、款"三流直接一致的理想化模型。虚开增值税专用发票的现行认定标准,否定了基础交易的合法性,值得商榷。

《合同法》②生效后,很多特殊交易类型被认可并受到保护。实际操作中,这些特殊交易并不完全符合"三流一致"标准。常见的交易行为有行纪行为、委托行为、合同主体变更行为。以上三种行为,皆属于《合同法》③中的合法行为,但其表现的交易行为却不符合"三流一致"标准。之所以出现上述情况,一是由于国税发〔1995〕192号文件于1995年发布,时间较早,而《合同法》④于1999年生效,二者出台时间存在错位;二是国税发〔1995〕192号文件发布之时,市场经济正处于发展初期,各类交易尚且比较简单;三是税务及司法机关在长时期对虚开行为的认定中,并未主动将税收政策与《合同法》⑤的规定进行有效衔接。

3."三流不一致"与骗税目的并无必然联系

"三流不一致"的真实交易客观存在,大宗贸易的特点决定了"三流不一致"交易的客观性与合法性。

关于货物流:在大宗贸易领域中,货物的流转通常是直接从生产商运输到最终端的购货商,两点一线的货物运输过程中,大宗货物可能在出厂后便经历了多轮交易和转让,其所有权也会一并发生多次变更。为解决

① 该文件规定,增值税一般纳税人进项税额的抵扣必须遵循的原则是,纳税人购进货物及应税劳务,或支付运输费用,支付款项的单位必须与开具抵扣凭证的销货单位、提供劳务的单位一致,否则不予抵扣。

② 已废止。

③ 已废止。

④ 已废止。

⑤ 已废止。

在途货物的所有权转移问题,我国《物权法》[1]专门规定了动产的观念交付方式,这种观念交付转移货物所有权的方式能够极大程度上解放商贸企业的运输成本和仓储成本,符合经济理性人的客观规律。

关于资金流:一般交易过程资金都是先付后收,而商贸企业在从事大宗商品贸易业务时,一般为先收后付。因为如果要做到先付后收,意味着该企业要垫付大量的流动资金,承担巨大的资金占用成本,从经济理性人角度出发,企业天然地希望能够节省这一资金成本。贸易企业通常会先找下游买家,谈妥商品的销路,再找卖家,谈妥商品的购进。因此,先收后付是大宗商品贸易的普遍现象。

因此,笔者认为,不应仅以交易环节不合理推论出交易不真实,更不能基于行为人对交易三流不一致的认知,就推定行为人主观上具有骗取税款的犯罪目的。

四、虚开增值税专用发票犯罪目的之展开

(一)虚开增值税发票需要具备"骗取国家税款"的目的

行为人构成虚开增值税专用发票罪应当以行为人在主观上具有骗抵国家增值税税款的目的为必要条件,即虚开增值税专用发票罪属于目的犯,原因有三:

其一,从立法目的角度考察,《刑法》第205条之规定源于1995年全国人民代表大会常务委员会《关于惩治虚开、伪造和非法出售增值税专用发票犯罪的决定》(以下简称1995年决定)。1995年决定明确指出,"为了惩治虚开、伪造和非法出售增值税专用发票和其他发票进行偷税、骗税等犯罪活动,保障国家税收,特作如下决定……"据此可以看出,国家设立本罪的立法目的是保障国家税收,打击侵害国家税收收入的犯罪行为。因此,对于行为人不以骗抵国家增值税税款为目的的"虚开"行为不是《刑法》第205条的评价对象。

其二,从法益侵害及犯罪的本质角度考察,《刑法》第205条是"危害税收征管秩序罪"之一,所侵害的法益是国家的税收征管秩序,突出表现为对国家税收收入的侵害。如果行为人所实施的"虚开"行为仅仅扰乱了

---

① 已废止。

国家的发票管理秩序，但对国家税收收入没有造成侵害的，则无法充分反映本罪的客体要件，不具有严重的社会危害性，不应受到刑罚处罚的刑法评价，而犯罪必须是具有严重社会危害性而应受刑罚处罚的行为。

其三，从罪责刑相适应角度考察，在我国刑法中，法定刑的轻重一般与行为人所犯罪行即社会危害性大小，和其所承担的责任大小相适应，这也是罪责刑相适应原则的应有之义。据此，从刑法分则关于某罪的法定刑配置中，也可以逆向推导出该罪的社会危害性大小。虚开增值税专用发票罪属重罪，在《刑法修正案（八）》之前，最高可判处死刑，即便是在《刑法修正案（八）》对本罪法定刑修改后，其法定最高刑依然可达无期徒刑。如果不是立法者的疏忽，那就一定是本罪的社会危害性严重才导致为本罪配置如此重的法定刑。行为人如果在主观上不具有骗抵国家增值税税款的目的，而是为了其他一些目的而实施的“虚开”行为，由于其主观恶性不大，以本罪追究其刑事责任，不符合宽严相济刑事政策和罪责刑相适应原则，也背离了人民群众的朴素正义观念。[①]

2018 年 12 月 4 日，最高人民法院颁布了《保护产权和企业家合法权益典型案例（第二批）》，其中张某虚开增值税专用发票罪一案中，最高人民法院经复核认为：“被告人张某以其他单位名义对外签订销售合同，由该单位收取货款、开具增值税专用发票，不具有骗取国家税款的目的，未造成国家税款损失，其行为不构成虚开增值税专用发票罪，某州市人民法院认定张某构成虚开增值税专用发票罪属适用法律错误。该案经某州市人民法院重审后，依法宣告张某无罪”[②]。最高人民法院的裁判理由，也进一步明确了虚开增值税专用发票罪需具备骗取税款的犯罪目的。

（二）虚开增值税专用发票罪仅仅只能限于“骗取抵扣增值税”特定目的

我国刑法规定的虚开增值税专用发票罪，是我国税制改革、实行增值税专用发票抵扣税款制度之后出现的新型经济犯罪。与普通发票相比，

---

① 参见姚龙兵：《如何解读虚开增值税专用发票罪的虚开》，载《人民法院报》2016 年 11 月 16 日，第 6 版。

② 中华人民共和国最高人民法院刑事裁定书，（2016）最高法刑核 51732773 号，载最高人民法院网，http://www.court.gov.cn/zixun-xiangqing-133721.html，最后访问日期：2018 年 12 月 21 日。

增值税专用发票不仅具有记载经营活动的功能,更具有凭票依法抵扣税款的功能。虚开增值税专用发票罪,无论从其立法本意,抑或从法条解释的角度论证,其偷逃的对象只能是增值税。

其一,从法条本身文义解读,《刑法》第205条第1款规定了"虚开增值税专用发票"和"虚开用于骗取出口退税、抵扣税款的发票"两种犯罪行为。之所以能把这两种行为合并在一个法条中,主要考虑有三:一是骗取出口退税罪与虚开增值税专用发票罪均属于危害税收征管的犯罪,危害性相当。二是虚开增值税专用发票罪与虚开用于骗取出口退税发票罪属于选择性罪名,因此虚开增值税专用发票相当于骗取出口退税的手段行为,行为方式密切关联。三是刑法对两个罪名的规定大体一致,例如,均以数额和情节作为定罪量刑的标准,构成要件相似。两个罪名不仅仅在侵害的法益、犯罪的对象、行为的实质方面相似,更重要的是该两种发票除了具有普通发票记载经营活动的功能外,其都具有流转税凭票依法抵扣税款的性质及功能,而这一属性,其他发票是不具备的。同时,因为这两类发票具备流转抵扣的特点,容易造成国家税款损失,因而法律设置了涉税犯罪中较重的法定刑,情节特别严重的,可以判处无期徒刑。在刑法修正案(八)修订以前,甚至可以判处死刑。由此可见,《刑法》第205条第1款虚开增值税专用发票的立法本意,应当是针对增值税在流转环节可以抵扣的特点,专门规制偷逃增值税的行为。

其二,从与虚开发票罪比较解读,从《刑法修正案(八)》对增值税发票的区别性保护制度分析,本罪的虚开行为必须是以可以抵扣税款的增值税专用发票为犯罪对象。增值税发票包括增值税专用发票和增值税普通发票,在《刑法修正案(八)》之前,虚开普通发票,包括增值税普通发票的行为,不作为犯罪处理。之所以如此,是因为这些发票本身不具有抵扣税款的功能,行为人虚开这些发票无法凭票直接骗取国家税款。虽然如此,虚开增值税普通发票行为与虚开增值税专用发票一样,也会扰乱增值税发票的管理秩序。但如果不偷逃增值税的虚开,只能认定虚开发票罪,而不能认定虚开增值税专用发票罪。如果认为虚开增值税专用发票罪可以包含偷逃其他税种的话,会导致虚开发票罪的罪名虚置,《刑法修正案(八)》的修订则没有任何必要,缺乏合理性。由此,从罪名增设的立法目的、法条的对比解读和体系解释看,虚开增值税专用发票罪偷逃的税收,只能是增值税。

同时,虚开增值税普通发票,在《刑法修正案(八)》入刑后,也仅设置了最高可判处7年有期徒刑的法定刑,与虚开增值税专用发票可能判处的无期徒刑量刑有显著差异,说明虚开增值税专用发票偷逃增值税在社会危害性上与虚开其他发票偷逃其他税种的税款有显著的差别,应当区别对待。由此,该罪名的设立目的和量刑的区别,从另一侧面印证,虚开增值税专用发票罪偷逃的税款只能是增值税。

其三,从定罪量刑的标准解读,2018年8月22日,最高人民法院印发的《关于虚开增值税专用发票定罪量刑标准有关问题的通知》(法〔2018〕226号,以下简称《通知》)第2条规定:"在新的司法解释颁行前,对虚开增值税专用发票刑事案件定罪量刑的数额标准,可以参照《最高人民法院关于审理骗取出口退税刑事案件具体应用法律若干问题的解释》(法释〔2002〕30号)第三条的规定执行,即虚开的税款数额在五万元以上的,以虚开增值税专用发票罪处三年以下有期徒刑或者拘役,并处二万元以上二十万元以下罚金;虚开的税款数额在五十万元以上的,认定为刑法第二百零五条规定的'数额较大';虚开的税款数额在二百五十万元以上的,认定为刑法第二百零五条规定的'数额巨大'。"

这是对1996年最高人民法院印发《关于适用〈全国人民代表大会常务委员会关于惩治虚开、伪造和非法出售增值税专用发票犯罪的决定〉的若干问题的解释》(法发〔1996〕30号,以下简称《1996年解释》)的修改,如果继续参照执行《1996年解释》将导致对虚开增值税专用发票罪的量刑明显偏重,与骗取出口退税罪等类似犯罪之间的量刑严重失衡。最高人民法院此次对虚开增值税专用发票立案标准的修改,仅限于对虚开增值税专用发票的定罪量刑标准的修改,拉平了与骗取出口退税罪之间的落差,但并未将虚开增值税普通发票等其他发票犯罪纳入调整的范围,提高定罪量刑的标准。由此可见,最高人民法院的司法解释,同样是仅仅针对增值税这一特殊税种的偷逃,因为较重的法定刑设定,是为平衡罪刑关系而做出的修改。至于利用虚开行为偷逃其他税款的,仍然依照原发票犯罪、税收犯罪的追诉标准执行。从这一司法解释的解读,同样可以得出虚开增值税专用发票罪的犯罪目的,应当仅仅限于偷逃"增值税"。

其四,从个案批复的指导意见解读,2015年,最高人民法院研究室曾作出《关于如何认定以“挂靠”有关公司名义实施经营活动并让有关公司为自己虚开增值税专用发票行为的性质征求意见的复函》(法研〔2015〕58号,以下简称《复函》),明确提出:“行为人利用他人的名义从事经营活动,并以他人名义开具增值税专用发票的,即便行为人与该他人之间不存在挂靠关系,但如行为人进行了实际的经营活动,主观上并无骗取抵扣税款的故意,客观上也未造成国家增值税款损失的,不宜认定为刑法第二百零五条规定的‘虚开增值税专用发票’;符合逃税罪等其他犯罪构成条件的,可以其他犯罪论处”。可见,《复函》实际主张认定“虚开”增值税专用发票要求行为人具有骗取抵扣税款的目的,且只有造成增值税税款损失的,才能以虚开增值税专用发票罪认定。

其五,从目的性限缩的解释方法解读,目的犯作为法律漏洞属于隐含的漏洞,隐藏法律漏洞的适用方法是目的性限缩。① 作为真正非法定目的犯,对于不具有严重社会危害性的虚开增值税专用发票行为,可适用目的性限缩的解释方法,不以虚开增值税专用发票罪论处。所谓目的性限缩的解释方法,是基于规范意旨的考虑,依法律规范调整的目的或其意义脉络,将依法律文义已被涵盖的案型排除在原系争适用的规范外。② 可见,目的性限缩解释方法的适用,并不是从是不是目的犯而是从立法目的的角度考虑问题,它是司法实践中法律适用的重要方法。刑法将虚开增值税专用发票规定为犯罪,主要是为了惩治那些为自己或为他人偷逃、骗取国家增值税税款而虚开增值税专用发票的行为。因此,对于确有证据证实行为人主观上不具有偷、骗增值税目的,客观上也不会造成国家增值税税款流失的虚开增值税专用发票行为,不以虚开增值税专用发票犯罪论处,构成其他犯罪的,以其他犯罪定罪处罚。

《刑事审判参考》曾刊登“芦某兴虚开抵扣税款发票案”。③ 该案例提出,虚开可以用于抵扣税款的发票冲减营业额偷逃税款的行为,主观上明

① 参见刘艳红:《论非法定目的犯的构成要件构造及其适用》,载《法律科学》2002年第5期。

② 参见欧阳本祺:《论真正非法定目的犯的解释适用——兼记刑法漏洞的补充》,载《法学论坛》2008年第1期。

③ 《芦才兴虚开抵扣税款发票案——虚开可以用于抵扣税款的发票冲减营业额偷逃税款的行为如何定性》,载最高人民法院刑事审判第一庭、第二庭编:《刑事审判参考2001年第6辑(总第17辑)》,法律出版社2001年版,第6~13页。

知所虚开的运输发票均不用于抵扣税款,客观上使用虚开发票冲减营业额的方法偷逃应纳税款,其行为不符合虚开用于抵扣税款发票罪的构成要件,属于偷税行为。可见,主张认定“虚开”增值税专用发票要求行为人具有骗取增值税抵扣税款的目的,符合最高人民法院的一贯立场。

五、余　论

税收犯罪目的中有“逃税”与“骗税”目的的分野,逃税的目的不同于骗税的目的。“逃税”是以行为人具有纳税义务为前提的,应当缴纳税款而故意采用伪造、变造、隐匿、擅自销毁账簿、记账凭证,在账簿上多列支出或者不列、少列收入等方法偷逃税款,这是一种逃税行为。而“骗税”的目的,是不以具有纳税义务为前提的,行为通过虚开发票等方法抵扣已缴纳的税款,即为一种骗税行为。事实上,虚开是骗税的预备行为,虚开的目的是骗税。立法者考虑到骗税行为的危害性,将处罚对象提前到虚开,只要为骗税而虚开就构成犯罪。因此,在只有虚开行为而没有骗税目的,但有逃税目的的情况下,不能认定为虚开增值税专用发票罪而只能认定为逃税罪。

司法实务

●论侵犯商业秘密罪的认定

陈　颖[*]　赖早兴[**]

摘　要：从已有的生效判决看，侵犯商业秘密行为被认定为构成犯罪的较少，其原因是该罪的认定中存在一些难以把握的因素。在商业秘密的特征认定上，要特别注意秘密性特征和实用性特征的判断；在侵犯商业秘密的行为认定上，对技术秘密的侵犯要准确认定技术的相同或等同，对经营信息秘密侵犯的推定不能只注重形式，要做结合性分析；在损失的认定中要注意计算方法和计算规则，强调侵权人的获利额而非经营额。

关键词：侵犯商业秘密罪　商业秘密特征　侵犯行为　损失认定

在知识经济时代，商业秘密是企业重要核心竞争力。与专利、商标等传统工业产权相比，商业秘密具有保护范围广、无须前置的程序性权利确认、权利维持无须缴费等优势，但是商业秘密不具有法定的权利外观和“一经公开，权利丧失”的特性，使得其在权利保护上具有明显的脆弱性劣势。一些不法人员通过不正当手段获取他人商业秘密或通过正当手段获得他人商业秘密后不正当使用，致使商业秘密权利人权益受损，甚至出现权利人破产的严重后果。一方面，大数据、云计算、人工智能等新兴技术的发展与运用导致商业秘密被非法获取的风险越来越大。另一方面，频繁的人才流动使得商业秘密被合法占有后非法使用的风险也显著增加。为保护商业秘密权利人的权益、打击侵犯商业秘密的严重危害行为，《刑

---

* 对外经济贸易大学法学院博士研究生。

** 对外经济贸易大学法学院教授，博士生导师。

法》第 219 条规定了侵犯商业秘密罪。最高人民法院和最高人民检察院(以下简称“两高”)也发布了多个《关于办理侵犯知识产权刑事案件具体应用法律若干问题的解释》[指《解释》、《解释》(二)和《解释》(三)]。应当说,这些法律和司法解释的规定体现出最高立法机关和最高司法机关对打击严重侵犯商业秘密行为的严正姿态。但笔者通过中国裁判文书网检索,却发现自 2002 年至 2020 年,可以查阅到的侵犯商业秘密的刑事案件裁判文书仅 121 份。① 虽然并非所有侵犯商业秘密的刑事裁判文书都会在中国裁判文书网公开,但全国 18 年仅 121 份相关裁判文书显然也说明一个问题:侵犯商业秘密罪的案件体量小、总体成案率较低。出现这个现象的原因是多方面的,其中一个问题就是该罪的认定中出现一些难以把握的情况,致使证据认定、罪与非罪处理的界限模糊。本文试图对侵犯商业秘密罪认定中的疑难问题进行解读,为该罪的司法认定扫清障碍。

一、关于商业秘密的认定

根据我国《刑法》第 219 条第 3 款的规定,商业秘密是指不为公众所知悉、能为权利人带来经济利益、具有实用性并经权利人采取保密措施的技术信息和经营信息。从这一概念可以看出,秘密性和实用性是商业秘密的构成要件。但是商业秘密的获得不需要通过专门机构的审查,也无内容清晰的权利要求书,其权利内容具有相当的灵活性,使得侵犯商业秘密罪的犯罪对象的边界处于不确定的状态。而秘密性和实用性的认定有助于消弭商业秘密的不稳定缺陷。一般而言,不为公众所知悉与采取保密措施联系紧密,经济性与实用性亦不可分。在商业秘密的认定中秘密性问题和实用性问题比较棘手。

(一)商业秘密秘密性的认定

商业秘密的秘密性是权利人相对于公众而言的,即权利人采取保密措施而使商业秘密不为公众所知悉。“不为公众所知悉”通常包含了两层含义:“非普遍知悉”和“不易获得”。“公众”不是指广义上的社会公众,

---

① 参见中国裁判文书网,https://wenshu.court.gov.cn/website/wenshu/181217BMTKHNT2W0/index.html?pageId=4d13120f85a916caf1fa6b73840b35e8&s8=02,最后访问日期:2020 年 12 月 5 日。

一般指所属领域的特定相关公众,包括同业竞争者和能够运用该商业秘密获利的自然人和法人,通常不包括科研人员和记者。这就要求商业秘密权利人要通过各种方式使商业秘密与公众隔绝,公众无法通过公开途径获知商业秘密的内容。

首先,商业秘密的秘密性认定应当看权利人是否已经采取了保密措施。商业秘密通常仅为权利人所知悉,但为了科研或经济效益的提升,权利人也会通过某种方式让权利人以外的人知悉商业秘密的内容。例如,为了将技术秘密用于研发升级或生产,权利人会让其科研工作者或部分生产者知悉商业秘密的内容;为了保证这些通过合法方式知悉商业秘密内容的人保守商业秘密,权利人通常会通过保密合同或合同中的保密条款要求其保守获知的商业秘密。例如,《劳动合同法》第 23 条第 1 款规定:“用人单位与劳动者可以在劳动合同中约定保守用人单位的商业秘密和与知识产权相关的保密事项。”因此,侵犯商业秘密刑事案件的处理中,保密合同或保密合同条款是一个认定商业秘密秘密性的重要证据。但保密合同或合同中的保密条款中约定的经济补偿应当符合相关的规定。例如,《劳动合同法》第 23 条第 2 款规定,负有保密义务的劳动者,用人单位可以在劳动合同或者保密协议中与劳动者约定竞业限制条款,并约定在解除或者终止劳动合同后,在竞业限制期限内按月给予劳动者经济补偿。立法上并未规定该经济补偿的标准,有的权利人在与劳动者签订保密合同或在保密条款中没有约定经济补偿,或者仅有象征性的 5 元/月或 10 元/月的经济补偿。现行司法解释①并未明确这种情况下的保密合同或保密条款是否有效,但明确规定了作为经济补偿的月平均工资的 30% 不得低于劳动合同履行地最低工资标准。而象征性的经济补偿显然要低于劳动合同履行地最低工资标准,因此,在合同中没有约定经济补偿的或只约定象征性补偿的,这种合同是无效的。保护商业秘密权利人的合法权益

---

① 《最高人民法院关于审理劳动争议案件适用法律问题的解释(一)》第 36 条规定:“当事人在劳动合同或者保密协议中约定了竞业限制,但未约定解除或者终止劳动合同后给予劳动者经济补偿,劳动者履行了竞业限制义务,要求用人单位按照劳动者在劳动合同解除或者终止前十二个月平均工资的 30% 按月支付经济补偿的,人民法院应予支持。前款规定的月平均工资的 30% 低于劳动合同履行地最低工资标准的,按照劳动合同履行地最低工资标准支付。”

不意味着可以忽视员工的合法就业权。因此,在侵犯商业秘密刑事案件的处理中,该类保密合同或保密条款不能作为权利人已经采取保密措施的证据加以采信。

其次,在商业秘密的秘密性认定中,应当注意商业秘密与专利两种不同保护权利方式的矛盾性。秘密性也是商业秘密区别于专利的核心要素。“专利权的获得是以通过国家知识产权局的审查为前提,技术特征的公开是专利获得前提……如果权利人选择不公开该项技术的技术特征,那么,该项技术即作为商业秘密进行保护。”①与专利“公开换垄断”的模式相比,商业秘密反其道而行之,采取的是“保密成优势,公开即灭失”的模式。在司法实践中,有的商业秘密权利人一方面希望通过秘密的方式来保守自己的技术信息,但同时又想通过申请专利的方式来保护自己的专有技术。实际上,专利申请的过程中,权利人应当公开自己的核心技术信息,以便社会公众对其申请专利的信息进行专有性、新颖性等方面的审查。在专利申请过程中,审批机关会公开申请人的技术信息。因此,当权利人的技术信息已经被审批机关公开后,无论其最终是否被授予专利权,权利人的商业秘密就失去了原有的秘密性特征。在侵犯商业秘密刑事案件的处理中,如果辩护方提出了权利人已经就其技术申请专利的证据,则人民法院应当认定该技术不具有秘密性特征。

最后,在商业秘密的认定中,秘密性要求权利人主张的技术或经营信息不能为公众通过公开途径获取。根据《反不正当竞争法》第 10 条第 2 款的规定,如果该信息从其他公开渠道可以获得则可以认定有关信息不构成不为公众所知悉。在司法实践中,或许权利人对某个技术采取了保密措施,但该技术一直有人在研究,且研究成果可以从公开发表的论文、著作中获得,则该技术亦不能认定为商业秘密。就经营信息而言,其秘密性的认定则更难。在司法实践中经常遇到的案件是,权利人对经营信息中的客户名单进行了编号管理,即每个客户都有相应编号,该客户名单中有客户的名称、地址、负责人、联系方式等,而且权利人要求相关人员不得外传该名单。但实际上,在商业竞争日益激烈的当今社会,众多客户都会

① 涂靖:《商业秘密与专利保护的选择适用分析》,载《中国发明与专利》2019 年第 11 期。

通过网络、纸质宣传广告、行业协会、展销会等方式大力宣传自己。即使侦查机关在犯罪嫌疑人或被告人处搜查到权利人的客户名单，也很难证明其是通过权利人的客户名单联系到客户的。

司法实践中，司法机关也可以通过科技查新的方式了解权利人技术的公知性。科技查新就是由专门的查新机构进行查询，针对技术新颖性做出的认定。司法机关委托查新机构查新后，查新机构将指派适格的人员进行查新，并最终出具《科技查新报告》，得出查新结论。如果查新结论是该技术具有新颖性，说明该技术不是公知的；如果结论是该技术不具有新颖性，则说明该技术可以通过公开检索查阅，失去了秘密性。原国家科技部在2000年出台了《查新规范》，对于查新的委托、机构、合同、人员、检索年限、查新程序、查新报告等作了规定。法庭在认定查新报告时要严格根据《查新规则》对查新报告加以认定。“一份好的查新报告需要具备以下几个特征：要素齐备完整、版面协调美观；文献（论据）充分；文献组织逻辑有序、层次分明；论证逻辑清晰严明，把握重点又体现全面性；措辞严谨，结论鲜明准确，不牵强不模糊。”①

（二）商业秘密实用性的认定

原国家工商行政管理局在《关于禁止侵犯商业秘密行为的若干规定》中将商业秘密的实用性解释为：“该信息具有确定的可应用性，能为权利人带来现实的或者潜在的经济利益或者竞争优势。”技术信息或经营信息的实用性只有用于实践才能体现出来。这种信息可能是权利人正在用的，也可能是现在未用将来要用的，这就是“现实的或潜在的”利益或优势。但对于正在使用的技术或经营信息，控方容易举证证据，只需将权利人正在生产或经营的相关资料提交法庭即可以达到证明的目的；对于权利人将来要使用的证据，控方往往需要将权利人较详细的生产、经营计划、为自己使用或转让该技术或经营信息所做的准备等证据提交法庭。而且，控方应当证明该技术的可应用性。如果该技术或经营信息正用于实践，该可应用性就是通过该信息的运用给社会带来的积极效果；如果该技术或经营信息尚未用于实践，则这种可应用性一般通过技术可行性论证报告加以证明。

① 张焕：《小议科技查新报告质量审核》，载《科技风》2020年第24期。

司法实践中，经常出现控方指控被告人侵犯了权利人的商业秘密，但辩护方则主张权利人曾经用过该技术，现在这个技术已经没有用了，被权利人的新技术替代了。已经被权利人淘汰的技术对权利人而言是否具有实用性？笔者认为，如果确实有证据表明该类技术已经被权利人淘汰，则对权利人而言已经失去了实用性。因为实用性强调的技术给权利人带来现实或潜在的利益或优势。或许有人会认为，权利人淘汰的技术可能比当时其他竞争者所使用的技术要好，如果让竞争对手使用该技术，无疑会使其获得经济利益，会削弱权利人的竞争优势。笔者认为，既然权利人已经有了升级的技术，应当已经获得了更大的竞争优势；权利人之所以淘汰该技术说明该技术对权利人已经失去了实用性。

二、侵犯行为的认定

《刑法》第219条对侵犯商业秘密的行为作了列举性的规定，它主要体现为：以盗窃、利诱、胁迫或者其他不正当手段获取权利人的商业秘密的；披露、使用或者允许他人使用以前项手段获取的权利人的商业秘密的；违反约定或者违反权利人有关保守商业秘密的要求，披露、使用或者允许他人使用其所掌握的商业秘密的。从《刑法》该规定看，以不正当手段获取商业秘密的行为就可以构成犯罪。但该罪的构罪标准是“给商业秘密的权利人造成重大损失”，因此纯粹的非法获取而不使用商业秘密在司法实践中较少见，而且较难以认定。侵犯商业秘密犯罪中侵犯方式多数是最终要落在对商业秘密的“使用”上。司法实践中如何认定犯罪嫌疑人或被告人使用了权利人的商业秘密呢？

（一）侵犯技术信息的认定

技术秘密主要是指工业中的专有技术，包括只限少数人知道的，生产、装配、修理中的技术知识和经验。在技术秘密保护中生产配方经常是被权利人作为商业秘密保护的对象。司法实践中如何认定技术秘密被侵犯？通常的做法是将侵犯者的配方与权利人的配方进行比较，如果配方相同，则可以认定犯罪嫌疑人或被告人侵犯了权利人的技术信息。为了使配方看起来不同，犯罪嫌疑人或被告人通常会对配方进行一定程度的改变，这种情况下配方是否相同在认定上就更为困难。司法工作人员通常并非技术人员，因此，对于改动过的配方是否与权利人的配方相同往往无法判断。司法实践中一般是由司法机关委托鉴定机构进行司法鉴定。

在委托司法鉴定时,司法机关要特别注意如下几个方面:一是合格的司法鉴定机构。司法部《司法鉴定执业分类规定(试行)》中将司法鉴定执业分类为十三个类别,其中知识产权的鉴定是一个独立的种类。因此在委托商业秘密鉴定时应当委托具有知识产权鉴定资质的鉴定机构。二是要确保鉴定所需资料的全面性。由于商业秘密刑事案件中配方的鉴定涉及权利人和侵权人的科研情况,司法机关应当将双方的技术资料全面提交受委托的鉴定机构。如果司法机关委托鉴定时对侵权人技术资料收集不全面或收集全面但仅提供其中的部分资料,那么鉴定机构将无法根据所提供的资料作出准确的判断。三是科学合理判断鉴定报告及其所得出的结论。司法鉴定机构提供的鉴定报告只是一份证据,该证据是否可以采信,决定权在司法人员。在审查司法鉴定报告时,司法人员应当审查鉴定机构的资质、鉴定人员的资质、鉴定过程的合理性、鉴定意见的科学性等。在侵犯商业秘密的刑事案件中,一些司法鉴定人员越俎代庖,得出是否侵权的结论。实际上,司法鉴定人员只能得出权利人的配方与涉嫌侵权人配方是否相同或等同的结论。但司法人员对司法鉴定的审查并不是只看其结论,而是要结合报告的内容对结论进行审查。司法实践中,有的司法鉴定报告本身就说明了由于委托资料不全可能导致鉴定意见有误;有的司法鉴定人员专业素质不高,甚至连专业术语都用错;还有的司法鉴定人员态度不认真,单位名称弄错等。这些情况下,司法人员对报告的采信就要谨慎。在司法鉴定中,权利人的配方和涉嫌侵权人的配方的对比中,有的司法鉴定得出的结论是"相同或相似""相似"。司法部《司法鉴定执业分类规定(试行)》对知识产权司法鉴定的概括中指出,根据技术专家对本领域公知技术及相关专业技术的了解,并运用必要的检测、化验、分析手段,对被侵权的技术和相关技术的特征是否相同或者等同进行认定。这里使用的是"相同或者等同"的规定,并未使用"相似"的概念。"相同"是指两个配方完全一致,"等同"是指涉嫌侵权者的配方与权利人的配方有差异但实质相同。至于"相似"则有可能是相同或等同,也可能是不同。笔者认为,如果司法鉴定的结论是涉嫌侵权人配方和权利人的配方"相似",司法人员不能将该"相似"理解为"相同或等同"。

（二）侵犯经营信息的认定

经营信息通常是指与企业的经营管理方法和销售策略相关的资料、情报，包括客户名单、货源情报、产销策略、经营贸易额、招投标中的标底和投标书以及涉及企业人事、财务、投资方面的信息。[①] 司法实践中，关于侵犯经营信息刑事的案件基本与这些因素相关。例如，陈某侵犯商业秘密案[②]中，法院认定陈某为振兴公司业务员，违反公司有关保守商业秘密的规定，利用其因工作便利而掌握的客户资料、产品信息等振兴公司的经营信息，私自从事钟表生意，通过其他公司向振兴公司的客户销售同类产品，从中获利人民币130余万元，给振兴公司造成重大损失，其行为构成侵犯商业秘密罪。在作为商业秘密的经营信息认定中，应当准确把握该经营信息的实用性、秘密性，而不能将一般的信息作为商业秘密加以认定。以客户名单为例，如前所述，不能因为权利人编制了客户名单并且采取了保密措施就使该名单成为商业秘密。在当今社会，客户信息都是公开的，包括客户名称、客户的经营范围、客户的地址、客户的联系方式等，完全可以通过公开的渠道获得。法院不能基于一份客户名单就确定经营信息的秘密性。实际上，客户名单往往要与其他的经营信息结合，形成包含特殊需求且能够为权利人带来竞争优势的深度信息，如客户的特定要求、客户的决策机制、客户的接受能力等，只有与这些信息结合才能认定客户名单是否为商业秘密。

在经营信息商业秘密侵害行为的认定中，一个比较棘手的问题是，如何认定犯罪嫌疑人或被告人使用了该经营信息。以客户名单为例，司法工作人员一般会通过推定的方式加以认定，即如果涉嫌侵权者对相同的客户提供同样的商业产品或服务，法院会认为被告人侵犯了权利人的经营信息。这种认定并不完全准确。因为在产品具有可选性的情况下，客户会基于自己的需要，从产品质量、价格、服务方面加以比较，选择符合自己需求的产品。也就是说，客户并非始终如一地使用某一个产品。这种

① 参见程永顺、韩元牧、吴莉娟：《经营信息的保护不容忽视》，载《保密工作》2012年第1期。

② 参见福建省漳州市中级人民法院刑事判决书，（2015）漳刑终字第254号，载文书网，https://wenshu.court.gov.cn/website/wenshu/181107ANFZ0BXSK4/index.html?docId=9585315a70674c1eb0de8a7a8b5772c5，最后访问日期：2020年11月5日。

情况下，客户可以选择其他人的产品，当然也可以选择涉嫌侵权者的产品。甚至有的情况下，涉嫌侵权者并未主动联系某些客户，而是客户了解其产品后，发现其产品更符合自己的需要，故而主动联系要求购买其产品。笔者认为，如果权利人的产品非客户长期购买或使用的产品，而是偶尔购买或使用，客户购买或使用了涉嫌侵权人的产品，法院不应当当然认定存在侵犯经营信息秘密的行为；如果不是涉嫌侵权的人主动联系客户，而是客户主动联系涉嫌侵权人，法院不应当认定存在侵犯经营信息秘密的行为。

三、损失额的认定

《刑法修正案（十一）》修改了原《刑法》第 219 条关于侵害商业秘密行为构罪危害程度的规定，以“情节严重的”代替了原来的“造成重大损失”。但作为经济类犯罪，侵犯商业秘密罪的认定中侵犯行为造成商业秘密权利人的损失仍然是该罪定罪量刑的关键切因素。2020 年“两高”颁布的《关于办理侵犯知识产权刑事案件具体应用法律若干问题的解释（三）》规定，“给商业秘密的权利人造成重大损失”包括给商业秘密的权利人造成损失数额或者因侵犯商业秘密违法所得数额在 30 万元以上的；直接导致商业秘密的权利人因重大经营困难而破产、倒闭的；造成商业秘密的权利人其他重大损失的。

虽然司法解释中对“重大损失”标准作了有权解释，但没有具体规定其计算方法或计算规则，对于重大损失的计算方法，学术界一直有直接损失计算法、许可费计算法、侵权人获利计算法、市场价或同类产品市场价计算法、成本计算法等的争论①，司法实践如何具体认定损失额也存在较大分歧。例如，是应当按照民事侵权的计算方法与规则计算损失额，还是应当构建刑事的计算方法与规则，就存在争议。② 司法实践中一般是按民事侵权的方法来计算。例如，公安部《关于在办理侵犯商业秘密犯罪案件中如何确定“给商业秘密权利人造成重大损失”计算方法的答复》中明确，对难以计算侵犯商业秘密给权利人造成的损失的，司法实践中一般可参照反不正当竞争法规定的民事赔偿额的计算方法。法院一般也是根据民事侵权

---

① 参见王文华：《中美贸易谈判中侵犯商业秘密的刑事责任问题研究》，载《经贸法律评论》2020 年第 4 期。

② 参见王文静：《论侵犯商业秘密罪中“重大损失”的认定原则》，载《法学评论》2020 年第 6 期。

的方式来计算该损失额，如根据权利人的损失额、涉嫌侵权人的获得额加以计算；如果存在该商业秘密的许可使用，也可以按许可使用费来计算。由于有不同的计算方法，不同计算方法得出的损失额是有差异的。例如，以权利人的损失额进行计算时，法院往往会考虑权利未受侵犯时的营业额与权利受侵害后营业额进行比较，将两者的差作为权利人的损失额。其实，这种计算方式是不准确的。因为企业经营中有外在经营环境的影响（如2020年的全球新冠疫情），有企业自身商誉、形象的影响（如自身涉嫌犯罪或重大违法行为）等，这些因素的存在无疑会影响企业的经营，导致经营额下降。如果这些因素与侵犯商业秘密行为叠加，就很难分清楚侵犯商业秘密行为到底给权利人造成了多少损失。而且，除非商业秘密权利人与侵权人在市场上没有其他同业竞争者，其商品对目标客户而言存在非此即彼的选择关系，否则难以认定权利人商品销量的减少与侵权行为完全对应。因此，笔者认为在商业秘密并没有公开而导致权利灭失的情况下，应当尽量以涉嫌侵权人的获利额作为损失额认定的基础。因为涉嫌侵权人的获利额更利于实际操作，可以通过合同、财务资料及银行转账记录等证据进行确定，相较而言易于查清。而且，涉嫌侵权人侵犯商业秘密的行为与其获利这一事实是具有因果关系的，涉嫌侵权人在一定程度上可能挤占了商业秘密权利人的市场份额，所以涉嫌侵权人获利和商业秘密权利人损失具有一定因果关系。

司法实践中，对于损失的认定基本也是采取司法鉴定的方法，即进行损失鉴定。在损失鉴定中，司法人员并不是对鉴定意见照单全收，而是要审查损失鉴定本身的合法性、科学性、合理性。这也涉及鉴定机构的资质、鉴定人员的资质、鉴定材料的充分性、鉴定过程的合法性等问题。在损失鉴定中，有两个问题比较难处理：一是原始计账凭证的问题；二是扣除税收问题。司法实践中，由于许多公司的经营中会计制度不健全，一些原始计账凭证缺乏，有的公司甚至故意不留原始凭证。因此，司法机关委托鉴定时只将公司电脑中的数据导出提交给鉴定机构，[①]有的鉴定机构就

① 司法实践中，侦查机关导出的电脑数据可能并非搜查过程中犯罪嫌疑人在场的情况下打印出来，而是电脑被收走后由侦查人员打印，交犯罪嫌疑人签字确认，数据的真实性无法得到保障。有人主张侦查机关从犯罪嫌疑人处获得被控侵权信息应当在第三方专家协助下予以固定。笔者认为这一建议具有合理性。参见唐震：《侵犯商业秘密刑事案件有关鉴定审查问题探讨》，载《人民法院报》2020年4月2日，第6版。

基于这些电脑数据鉴定具体的损失额。涉嫌侵权的公司电脑中的数据有时是真实的,有时是不真实的。因为公司在经营过程中可能申报某些项目,为了使公司符合申报要求,会假列一些数据。这些数据通常是高于其实际的数额。因此,如果司法机关对此完全不加以甄别,将其送鉴定机构鉴定,其鉴定出来的损失额肯定是不准确的。从司法鉴定严谨性的角度看,鉴定中应当基于原始凭证作出鉴定;如果缺乏原始凭证,对电脑数据进行鉴定时,若涉嫌侵权人提出数据不准确的证据,则应当根据其提供的证据,对数据加以调整。对于税收问题,一些鉴定机构在鉴定损失的过程中不剔除涉嫌侵权人上交给国家的税款,将其上交的税款也算为利润。① 笔者认为这显然是错误的。如果涉嫌侵权人提交了纳税的凭证,应当将凭证所记载的税额从利润中扣除。这是因为其上交的税款并没有最终作为自己的利润。当然,如果涉嫌侵权人无法提供纳税凭证,无法证实其缴纳的税款,则可以在损失额的计算中不考虑税收问题。至于其他成本无疑也应当是从经营收入数额中扣除。②

值得注意的是,“两高”《关于办理侵犯知识产权刑事案件具体应用法律若干问题的解释》规定,单位实施刑法第 213 条至第 219 条规定的行为,按照本解释规定的相应个人犯罪的定罪量刑标准的 3 倍定罪量刑。这个解释中,个人侵犯商业秘密构成犯罪的损失标准与单位犯罪标准不同。但“两高”《关于办理侵犯知识产权刑事案件具体应用法律若干问题的解释(二)》中规定:“单位实施刑法第二百一十三条至第二百一十九条规定的行为,按照《关于办理侵犯知识产权刑事案件具体应用法律若干问题的解释》和本解释规定的相应个人犯罪的定罪量刑标准定罪处罚。”因此,现在个人和单位侵犯商业秘密构成犯罪的损失标准完全一致了。

---

① 有司法人员认为,在商业秘密损失数额的计算方式和依据均无明确规定可以参照情况下,在知识产权刑事犯罪案件中采用销售利润(毛利润)计算损失数额具有合理性和可操作性。参见谈信友、潘莉:《侵犯商业秘密罪中经营信息证据如何收集》,载《检察日报》2020 年 7 月 24 日,第 3 版。

② 参见高劲松、王凤:《四个方面认定侵犯商业秘密罪“重大损失”》,载《检察日报》2020 年 6 月 16 日,第 3 版。

●论非法经营罪之“行”“刑”衔接*

黄云波**　白　冰***

摘　要：非法经营罪“行”“刑”衔接问题的凸显是非法经营罪过度扩张的结果，若要限缩非法经营罪的规制范围，就必须妥当地对其法益进行实质性的分析，确立合情合理的法益内容。以往的市场准入秩序说虽然较市场秩序说更为具体，但仍然过于形式化。特许市场的经营秩序则是具有可保护性的现实选择，可以确定“国家规定”的范围，划定“经营行为”的界限。从经营秩序出发，可以对具有可罚性的行为进行周延的规制，而不会出现过于限缩而导致法益保护机能无法充分发挥的现象。要协调好非法经营罪的保护机能与保障机能，还应当重视刑法“二次规范”的特点，在治理非法经营行为中以行政手段为主，刑法为辅，并从立法上为非法经营罪增加前置性的行政措施。

关键词：非法经营罪　“行”“刑”衔接　法益　刑法谦抑主义

非法经营罪是从1979年刑法的投机倒把罪中分离出来的一个罪名，为了避免出现像投机倒把罪那样对市场经济活动产生过多的限制，非法经营罪在法条内容和打击范围上均有了诸多变化，罪状表述较投机倒把罪更为明确。① 然而，非法经营罪因其空白罪状与兜底条款的性质，在司法实践中，该罪出现了“口袋化”的倾向。司法解释频频扩大适用范围，司法实践的滥用化，不仅扩大了犯罪圈，还因为其犯罪行为类型的多样化导

* 本文为国家社科基金项目《犯罪分层背景下的犯罪附随后果研究》(项目号：18CFX040)的阶段性研究成果。

** 常州大学中国法治与德治战略问题研究院研究员，法学博士。

*** 天津大学刑事法律研究中心助理研究员。

① 参见陈兴良主编：《刑法各论精释》，人民法院出版社2015年版，第843页。

致非法经营行为的行政违法与刑事犯罪之间的界限难以确定。正如张明楷教授所言，公检法之所以能够将行政违法认定为犯罪，一方面是因为刑法规范对犯罪的描述可能包含行政违法，另一方面则是因为公检法人员对法条的解释停留在字面含义，没有从实质上理解刑法的规定。仅从理论上说明行政违法与刑事犯罪的区别，意义有限，应当从刑法的正当理念、法益的实质解释与刑事违法的独立判断出发。[①] 基于这一认识，本文将通过非法经营罪规范内容的实质性与目的性解释来确定非法经营罪的保护范围，进而使用法益对非法经营罪的罪状进行限制性解释，合理划定非法经营行为的行政违法与刑事犯罪之间的界限。

一、司法现状

在当下的司法实践中，非法经营行为的行政违法与刑事犯罪的界分属于系统性的难题，但又由于不同的犯罪具有不同的犯罪行为，甚至同一犯罪的犯罪行为类型也呈现出多样化的趋势，使行刑衔接在不同的犯罪中呈现出不同的特点。[②] 就非法经营罪而言，该罪作为一种行政犯罪，其二元化特征导致非法经营罪的认定以违反前置性的行政法律法规为前提，而在何种情况下、何种程度上的非法经营行为完成了从行政违法到刑事犯罪的跨越的问题就是非法经营罪行刑衔接的问题，也就是非法经营罪的入罪门槛问题。[③]

随着非法经营罪的扩张，非法经营行为的行政违法与刑事犯罪之间的界限逐渐模糊，具体表现在以下几个方面。

（一）规制范围过度扩张

非法经营罪在设立时就规定了兜底性条款，自 1997 年设立后还通过《关于惩治骗购外汇、逃汇和非法买卖外汇犯罪的决定》《刑法修正案（一）》《刑法修正案（七）》进行过三次修改，将“非法买卖外汇”“未经批

---

① 参见张明楷：《避免将行政违法认定为刑事犯罪：理念、方法与路径》，载《中国法学》2017 年第 4 期。

② 参见唐煜枫、王明辉：《行政违法与刑事犯罪界分的立法选择》，载《辽宁大学学报（哲学社会科学版）》2017 年第 4 期。

③ 参见郑伟、葛立刚：《刑行交叉视野下非法经营法律责任厘定》，载《法律适用》2017 年第 3 期。

准经营证券、期货、保险业务”“非法从事资金支付结算业务”纳入非法经营罪的规制范围。同时,“两高”和多部委还出台过二十多部司法解释或司法文件对非法经营罪进行了扩大化的解释,诸如“非法出版物”“扰乱电信市场管理”“在饲料和饮用水中使用禁止药品的”“信用卡套现”“非法放贷”等行为都被纳入非法经营罪进行规制。有学者认为这是通过立法扩大非法经营罪的表现。① 实际上,这种批评并不准确,前三次通过立法对非法经营罪进行修改是立法者的权力范围,也是使非法经营罪罪状更加具体的措施。而且从“投机倒把罪”到“非法经营罪”这一转变过程可以得知,立法者并不想设立一个包罗万象的口袋罪,他们更希望将非法经营罪具体化、明确化,没有将其他扰乱市场经营秩序的行为一概纳入非法经营罪当中进行规制正是这一期望的体现。② 然而,在司法实践中,司法解释却屡屡通过对“国家规定”与“非法经营行为”的扩大化解释扩大非法经营罪的规制范围。虽然空白罪状的特点导致司法实践必须通过制定司法解释来将其明确化,但是司法解释往往不能根据非法经营罪的基本立场进行设定。它往往被简单地理解为“非法”与“经营”的简单结合,如在预防、控制突发传染病疫情等灾害期间哄抬物价、牟取暴利也要采用非法经营罪定罪处罚。这种并不需要特殊许可的经营行为可能违法,但却难以满足非法经营罪所要求的刑事违法性。随意扩张的司法解释因其便利与高效,逐渐被作为社会治理的工具,并明显呈现出一种过度化的倾向。正因如此,有学者甚至认为,在二十多部司法解释的逐渐扩张下非法经营罪已经从扩张走向变异。③

(二)行政规制虚位

在非法经营行为的法律规制中,行政规制应当是一种先于刑法规制的手段,行政犯罪基于其二次违法性,应当给行政规制保留恰当的空间。然而,当下的非法经营罪的调整范围不断扩大,行政规制发挥作用的空间

---

① 参见马春晓:《非法经营罪的“口袋化”困境和规范解释路径》,载《中国刑事法杂志》2013 年第 6 期。

② 参见郑勇:《非法经营罪的扩张:原因及其对策》,载《中国刑事法杂志》2018 年第 1 期。

③ 参见高翼飞:《从扩张走向变异:非法经营罪如何摆脱“口袋罪”的宿命》,载《政治与法律》2012 年第 3 期。

不断被压缩，导致行政规制被虚置，难以发挥应有的作用。前述的在预防、控制突发传染病疫情等灾害期间哄抬物价、牟取暴利的行为，实际上通过严格的行政执法也可以起到预防、禁止这种行为的效果，并不一定需要刑法规制。

行政措施应当是规制非法经营行为的最根本也是最直接的手段，但当前的社会现实中对于非法经营行为的治理却过度依赖刑法。其中当然有基层行政执法不作为、不当作为或难作为等原因，但更重要的还是太过轻易就赋予了非法经营罪极为宽广的规制范围。如果刑法能够把非法经营罪的规制范围控制在一个合理的范围内，由于社会治理的要求，行政规制必然会体现出自身应有的价值与作用。而如果行政规制能够在一个恰当的范围中发挥作用，许多非法经营行为很可能就被消灭在未发生之时，或者在萌芽阶段就被妥善处理了。

（三）自由裁量权滥用

非法经营罪不仅在司法解释中通过类似立法的方式扩大自身的规制范围，同时，司法机关在实践过程中也往往因其空白罪状，滥用自由裁量权使用非法经营罪作为兜底罪名。在司法实践中，非法经营罪的滥用主要有两个表现。首先，认定“非法经营行为”过于随意。目前，我国市场经济的发展现状较 1997 年非法经营罪设立之时已经有了翻天覆地的变化，在市场当中进行经营活动的主体也愈发的多样。然而，司法机关却并不能从非法经营罪前三项明确的罪状中充分理解该罪实质，对于缺乏经营资格的主体往往不论其行为类型与危害后果均以非法经营罪进行处罚，甚至泛化到了许多与许可无关的经营行为之上。① 其次，认定“情节严重”也过于机械化。情节严重是非法经营罪的入罪门槛中关于社会危害性的“量”的要求，是行政违法与刑事犯罪之间的界限。如果机械地认为违反了相关行政法规的非法经营行为均构成非法经营罪显然并不合适。②

---

① 参见潘娟：《从“口袋罪化”到去“口袋罪化”：非法经营罪兜底项规制范围的司法限缩》，载《司法体制综合配套改革与刑事审判问题研究——全国法院第 30 届学术讨论会获奖论文集》，2019 年 6 月编印。

② 参见叶晓川、钱程、管依依：《非法经营罪的异化扩张与理性限缩》，载《行政管理改革》2020 年第 9 期。

这两个问题在王某军收购玉米案①中就展现得非常充分，王某军无证收购玉米违反了当时的行政法规但并未扰乱市场秩序，不具有实际上的社会危害性，即使违反了行政法规，在"量"上也不符合"情节严重"，而且无证收购玉米显然在"质"上不能与非法经营罪的前三项的犯罪行为同等讨论。一审法院以非法经营罪定罪处罚明显滥用了自由裁量权，扩张了非法经营罪的入罪门槛。当然，也要清楚地认识到，自由裁量权的滥用实际上是非法经营罪过度扩张而给人造成了"口袋罪"的刻板印象，导致司法机关更倾向于使用非法经营罪处理非法经营行为。

二、非法经营罪之法益辨析

如前所述，非法经营罪的"行""刑"衔接问题实际上就是非法经营罪的入罪门槛问题，而非法经营罪的过度扩张、行政规制的虚置、自由裁量权的滥用等问题均源于对非法经营罪保护法益理解的泛化。亦即是说，司法解释与司法实践并未能严格按照罪刑法定原则从《刑法》第225条前三项具体的罪状中推定第4项空白罪状的范围，反而对非法经营罪进行解释，这实际上已经突破了非法经营罪所保护的法益范畴。② 就此而言，对非法经营罪的认定，重点应当在于明确该罪所保护的法益，③围绕行为人的行为是否严重扰乱市场秩序而展开。

（一）既有学说评析

我国刑法学界关于非法经营罪所保护的法益究竟是什么，主要存在以下几种学说。

管理秩序说。该说认为，为了维护市场秩序，我国法律和行政法规规

① 王某军是内蒙古巴彦淖尔市的一名农民，于2014年11月至2015年3月在周边农户的手中收购玉米，因无证收购玉米被工商局等相关部门查获。2016年4月15日，内蒙古自治区巴彦淖尔市临河区人民法院以被告人王某军没有办理粮食经营许可证和工商营业执照而进行粮食收购活动，违反《粮食流通管理条例》相关规定为由，以非法经营罪判处王某军有期徒刑1年，缓刑2年，并处罚金人民币2万元。2017年2月13日，巴彦淖尔市中院再审认为但尚未达到严重扰乱市场秩序的危害程度，不具备与刑法第225条规定的非法经营罪相当的社会危害性和刑事处罚的必要性，不构成非法经营罪。

② 参见田宏杰、阮柏云：《非法经营罪内涵与外延扩张限制思考》，载《人民检察》2012年第23期。

③ 参见赵祖斌：《非法经营罪的认定研究》，载赵秉志主编：《刑法论丛》（第2卷），法律出版社2019年版，第326页。

定了针对一些特定商品的经营、进出口实行专营、专卖以及特殊许可制度,对于垄断、暴利、背信等侵犯市场公平秩序的行为进行必要程度内的规制。[①] 与该说在本质上基本一致的观点还有管理制度说、管理活动说等。[②] 然而,该说却存在着重大缺陷,市场管理制度本身只是一种维持市场管理秩序的手段,将手段本身当作最终的保护目的显然是本末倒置的,所以管理秩序说对非法经营罪所保护的法益的解释并不准确、全面。

市场秩序说。此说认为,《刑法》第225条中本就规定了"扰乱市场秩序",所以该罪所保护的法益应当是市场秩序。但是,对于市场秩序做何种解释,学者们有着不同的看法,具体而言,又可以分为市场经济秩序说与市场准入秩序说。市场经济秩序说认为,非法经营罪所保护的法益是由行政法规所确立的市场经济秩序。市场准入秩序说认为市场经济秩序说有把破坏社会主义市场经济罪所保护的同类法益当作具体罪名法益的问题,不能准确地描述非法经营罪所规制市场的特殊性。因为刑法没有或者不允许有不针对特定法益的刑法规定。[③] 所以提出市场准入秩序说,认为国家要求特殊市场的经营行为在取得特殊许可后才有资格进行经营活动,该罪所维护的秩序就是这种取得特殊许可的秩序。[④] 近年来,市场准入秩序说因其较管理秩序说更加具体的优势逐渐被刑法学者所接受。[⑤] 但是市场准入秩序实际上还是一种规范秩序,而非现实的秩序。这实际上把行政法规的秩序与行政法规所规制的秩序混同了,意味着只要违反了法规就侵害了该罪所保护的法益。但是刑法的目的并不是保护法规范本身的效力。[⑥] 更重要的是,《刑法》第225条第2项所规定的内容是我国绝对禁止的行为,并非某种需要经过准许才可以进行的经营行为。立法从未设立允许经营这类证书、文件的法律制度,又何谈准入秩序呢?显

---

① 参见高铭暄、马克昌:《刑法学》,北京大学出版社2010年版,第504页。

② 参见但伟:《论非法经营罪》,载《法商研究》1999年第2期。

③ [德]冈特·施特拉腾韦特·洛塔尔·库伦:《刑法总论Ⅰ——犯罪论》,杨萌译,法律出版社2006年版,第29页。

④ 参见陈超然:《论非法经营罪的法益》,载《江南大学学报(人文社会科学版)》2013年第1期。

⑤ 参见赵祖斌:《非法经营罪的认定研究》,载赵秉志主编:《刑法论丛》(第2卷),法律出版社2019年版,第327页。

⑥ 参见张明楷:《也论刑法教义学的立场》,载《中外法学》2014年第2期。

然，市场准入秩序说难以妥善解释非法经营罪的法益问题。

（二）非法经营罪法益之确定

我们认为，前述分类过于注重行政法规在非法经营罪的成立中发挥的作用，往往忽视了从刑法规范出发理解该罪所保护的法益。"法益必须与法相关联，既然'法'益，就不可能是离开法的利益。"[①]理解一个罪名所保护的法益不能脱离刑法规范，非法经营罪的危害实质并非仅仅是违反市场管理法律法规的扰乱市场秩序的行为，而是因为违反了国家对于特殊市场所设定的法律法规，未获得特殊许可而擅自经营特殊业务的经营行为。[②] 也就是说，该罪所保护的法益应当是特许市场的经营秩序。

从刑法规范本身来看，《刑法》第 225 条第 1 项规定"未经许可经营法律、行政法规规定的专营、专卖物品或者其他限制买卖的物品"，从这里的"专营、专卖或者其他限制"可以看出，此类经营行为的准入制度要求获得的行政许可均为特殊许可，涉及的市场均为特许市场。第 2 项规定"买卖进出口许可证、进出口原产地证明以及其他法律、行政法规规定的经营许可证或者批准文件"，这类行为是属于我国绝对禁止的非法行为，虽然并不是经营行为，但其却与经营行为存在着直接的联系，相关许可证、证明或者批准文件均为在特定领域进行经营行为的必要条件。此类文件与被许可人之间的关系是特殊且固定的，被许可人不能通过买卖、出租或者出借等方式将此类文件转交他人。此类买卖行为不仅破坏了特定机关的管理秩序，同时通过这种具有瑕疵的方式获得相关文件的经营主体加入特许市场后，无疑也扰乱了其中的经营秩序。第 3 项规定"未经国家有关主管部门批准非法经营证券、期货、保险业务的，或者非法从事资金支付结算业务"，这一项是经《刑法修正案（一）》和《刑法修正案（七）》两次修改的罪状。"未经国家有关主管部门批准"就直接表明了相关经营行为均需要获得相关部门的批准文件后才可以进行。同时，我们也知道证券、期货、保险等业务属于特许市

---

① 张明楷：《法益初论》，中国政法学出版社 2003 年版，第 162 页。

② 参见最高人民法院刑事审判第一庭、第二庭编：《刑事审判参考》（第 4 卷）（下），法律出版社 2004 年版，第 52 页。

场。所以，这一项规定的经营秩序也是有关特许市场的。第4项规定“其他严重扰乱市场秩序的非法经营行为”，作为空白罪状，其所保护的法益应当是由同一罪名中前三项明确罪状决定的；[①]作为兜底性罪名，它的作用显然是涵摄刑法条文难以一一举例说明的诸多相关非法经营行为，而这些行为应当与条文中已经列举的行为在性质上保持一致。虽然这一项的规范表述上没有出现“违反国家规定、未经许可”等字样，但在刑法条文主干中早已提及“违反国家规定”这一要求。第4项所规制的非法经营行为同样必须违反国家规定，否则不能构成刑事犯罪。[②] 从前三项规定来看，非法经营行为均与特殊许可制度有关。[③] 所以，第4项的非法经营行为相关的市场也应当是特许市场。

这些特许市场有其特殊之处，所以需要建立特殊许可制度。这些特殊市场一般是由于多种原因形成的不允许市场化、尚未市场化、未完全市场化的经济领域，如电信、烟草、食盐、金融证券、支付结算等。以“上海联泰非法经营案”[④]为例，该案中联泰公司未经国家主管机关批准，擅自开展黄金保证金交易业务，数额特别巨大，扰乱了期货市场这一国家统一监督管理的特许市场的经营秩序，因而构成非法经营罪。这一案例直接表明了特许市场的特殊性，即使该公司是通过工商注册成立的，但未取得国家主管机关批准，就不能擅自开展相关业务。在《行政许可法》草案的说明中也阐明了特许的特点，特许是由行政机关代表国家向被许可人授予某种权利，主要适用于有限自然资源的开发利用、有限公共资源的配置、直接关系公共利益的垄断性企业的市场准入等，其功能主要是分配稀缺

① 参见陈超然：《非法经营罪适用范围的扩张及其限制研究》，上海交通大学2013年博士学位论文，第157页。

② 参见陈兴良：《违反行政许可构成非法经营罪问题研究》，载《政治与法律》2018年第6期。

③ 肖中华：《空白刑法规范的特性及其解释》，载《法学家》2010年第3期。

④ 该案系上海市首例非法经营黄金案。联泰公司是由王某、金某南等人合伙成立的一家未经过国家主管机关批准，擅自开展个人无实物交割的黄金保证金交易业务的公司，自2004年3月至2006年5月，该公司共发展客户723名，交易总买入金额达119亿余元人民币。上海市黄浦区人民法院认定联泰公司及王某、金某南等人未经国家主管机关批准，非法经营期货业务，扰乱市场秩序，情节特别严重，构成非法经营罪。

资源,其一般有数量限制。① 这些领域或有关国家安全、或有关国民生活、或有关经济秩序等极其重要的问题,所以需要一个稳定封闭的内部经营状态。为了建立、保护、维持这种稳定的经营秩序,在设立特殊许可制度时,设立相关的法律法规。综上所述,非法经营罪中非法经营行为是在特许市场中进行的,是区别于一般的市场的。

因此,非法经营罪所保护的法益应当是特许市场的经营秩序。这种经营秩序与一般的经营秩序不同,既不是扰乱市场秩序罪的同类法益,也不是一个形式性的制度秩序,而是经营主体的经营活动中形成的、较为稳定的特许市场经营秩序。它较市场经营秩序说更为细致,限缩了法益的范围;较市场准入秩序说更为现实,是准入秩序所维护的对象。这种解释实际上是从目的与实质出发,对非法经营罪所意图保护的内容进行分析,而不局限于形式上的"非法经营"概念。非法经营罪所保护的法益是特许市场的经营秩序,这一概念既可以对司法解释的过度扩大化进行修正,还可以限制司法实践中滥用非法经营罪的现状。

三、对非法经营罪之空白罪状与兜底条款的合理解释

空白罪状与兜底条款均因模糊性在刑学界饱受争议。而《刑法》第225条中同时使用了空白罪状和兜底性条款,导致了非法经营罪入罪条件的模糊,也给非法经营罪的扩张提供了空间。正如前文所言,非法经营罪的"行""刑"衔接问题就是非法经营罪的入罪门槛问题,在当下的语境中就意味着如何限制非法经营罪的扩张。所以,对非法经营罪中空白罪状与兜底性条款进行限制正是题中应有之义。

(一)限制"国家规定"的范围

我国《刑法》第96条规定:"本法所称违反国家规定,是指违反全国人民代表大会及其常务委员会制定的法律和决定,国务院制定的行政法规、规定的行政措施、发布的决定和命令。"从规范内容来看,"国家规定"的内涵有着明确的解释,即由全国人大及其常委会、国务院作为立法主体所

---

① 参见杨景宇:《关于〈中华人民共和国行政许可法(草案)〉的说明——2002年8月23日第九届全国人民代表大会常务委员会第29次会议上》,载《中华人民共和国全国人民代表大会常务委员会公报》2003年第5期。

制定的规范性法律文件。除此之外，其他国务院的各个部门、各级地方人大及其常委会、各级地方政府及其部门均不能成为国家规定的制定主体。有观点认为，因为上位法规要求部门规章需要做出具体的规定，所以该部门规章应当视作“国家规定”。① 司法实践中，也经常将国务院的各个部委发布的规范性文件和地方性法规视为“国家规定”，从而扩大非法经营罪的处罚范围，导致错案的出现。② 以古某群等非法经营案③为例，该案二审法院就没有对国务院的部委发布的规范性文件与行政法规进行区分，以至于将国家药品监督管理局的规定视为“国家规定”。法院参照原国家药品监督管理局《关于氯胺酮管理问题的通知》，进而得出盐酸氯胺酮系国家专营、专卖物品，认为其符合《刑法》第 225 条第 1 项“行政法规规定的专营、专卖物品”的规定的结论。这样的结论显然是错误的。④ 我们认为这有违罪刑法定原则，也违背刑法的谦抑性，实际上是进行了二次“立法”。刑法规范既然已经作了清晰、明确的规定，我们就不应该对“国家规定”过多地做二次解释，扩大其内涵。

就非法经营罪所规定的特许市场来看，这些特许市场均应该由《刑法》第 225 条中规定的“法律、行政法规规定”。其中，法律是由全国人大及其常委会制定的，行政法规是由国务院制定的，地方性法规与部委所发布的规范性文件显然无权对由法律、行政法规规定的特许市场进行规制。其他需要非法经营罪规制的同类特许市场虽然并未在罪状中一一表述，但依照体系性解释原理，除法律和行政法规以外的其他规范性文件显然也不能对其他特许市场进行规制。有论者批评最高人民法院发布的《关于准确理解和使用刑法中“国家规定”的有关问题的通知》中规定“各级

---

① 参见吴大勇、周天京：《论非法经营罪中的“国家规定”》，载《中国检察官》2016 年第 7 期。

② 参见卢建平、楼伯坤：《对非法经营罪罪状要素司法认定的新思考》，载《人民检察》2018 年第 11 期。

③ 2003 年 5 月至 7 月，古某群用广东省医药进出口有限公司的名义，购入盐酸氯胺酮注射液 66 万支，转卖给陈某耀，之后陈某耀又转卖给他人用于制造毒品。一审法院认为古某群、陈某耀等人构成非法买卖制毒物品罪。二审法院审理后依据《刑法》、《刑事诉讼法》以及国家药品监督管理局《关于氯胺酮管理问题的通知》之规定，认为盐酸氯胺酮注射液系国家专营、专卖物品，古某群、陈某耀等人未经许可，经营法律、行政法规规定的专营、专卖物品，情节特别严重，构成非法经营罪。

④ 参见陈兴良主编：《刑法各论精释》，人民法院出版社 2015 年版，第 887 ~ 888 页。

人民法院在刑事审判工作中,对有关案件设计的‘违反国家规定’的认定要依照相关法律、行政法规及司法解释的规定准确把握”,认为这实际上已经授权审判机关可以将司法解释视为判定“违反国家规定”的依据,是司法权对立法权的明显越界。① 就该罪所保护的法益来看,这些经营专营、专卖物品的特许市场有其特殊性,司法机关既不了解为何立法者将特定市场设置特殊许可制度,也不了解特许市场的经营秩序的实然状态,显然不能对“国家规定”的内涵进行界定。

就非法经营罪中的“国家规定”的内容而言,非法经营罪所保护的特许市场的经营秩序已经为其划定了界限。有学者援引《行政许可法》第12条规定中的内容,认为“国家规定”的内容是限定在全国人大及其常委会、国务院制定的有关市场主体准入的法律和法规。② 我们认为,这种观点虽然并无错误,但却仅说明了制定主体,并未对内容进行说明。从该罪所保护的法益来看,特许市场的经营秩序必须是拥有特殊许可的行为人才能够在该市场中进行经营行为的市场经营秩序。而《行政许可法》第12条实际上是规定了所有可以设置行政许可的事项,并不限定于特殊许可,这两者之间存在范围大小上的区别。应当说,并非所有违反“国家规定”的行为都是刑法之中的非法经营行为,只有涉及特殊许可的非法经营行为才是刑法所规制的。

(二)兜底条款的解释界限

兜底条款是一种立法技术,高度概括性使它可以弥补法律规范内容的不周延。非法经营罪的兜底条款的内容是“其他严重扰乱市场秩序的非法经营行为”,这一项是针对现实生活中非法经营犯罪活动的复杂性和多样性所作的概括性规定,其条件是:(1)发生在经营活动中,主要是生产、流通领域;(2)违反法律、法规;(3)具有社会危害性,严重扰乱市场经济秩序。③ 然而,虽然立法者对这一条款作了解释,但却是一般原则性的

① 参见周宁宁:《非法经营案件行刑衔接问题研究》,西南政法大学2019年硕士学位论文,第17页。

② 参见赵祖斌:《非法经营罪的认定研究》,载赵秉志主编:《刑法论丛》(第2卷),法律出版社2019年版,第328页。

③ 参见全国人大法工委刑法室编:《中华人民共和国刑法条文说明、立法理由及相关规定》,北京大学出版社2009年版,第459页。

规定，仍然给司法中留有很大的自由裁量与解释的空间。[1] 模糊的《刑法》第225条第4项规定使非法经营罪并没有建立起被司法者与公众熟悉的行为类型，[2]从而使非法经营罪成了又一个“口袋罪”。

我们认为，应当以非法经营罪所保护的法益对兜底条款进行解释，不属于侵害特定市场经营秩序的行为，就不能解释进兜底条款中。就“市场秩序”的内涵来说，特许市场的经营秩序明显区别一般的开放性市场，而且这种市场的经营秩序绝非简单地等于准入秩序，而是包含准入秩序、流通秩序、交易秩序在内的经营秩序。就经营的范围来讲，并非所有非法经营行为均为《刑法》第225条第4项中所提及的“非法经营行为”，其是指在特许市场内的非法经营行为。在司法实践中，司法机关对非法经营罪的非法经营行为理解往往流于表面，往往认为所有非法经营行为都是非法经营罪的规制范围，只要行为在“量”上达到一定程度后就以非法经营罪定罪处罚。这显然是一种误读。就非法经营罪所保护的法益来讲，一般的非法经营行为虽然也会扰乱市场秩序，但是在“质”上与特定市场的经营秩序并不相同。“其他”所代指的内容必须有赖于“其他”之前的描述对属性、数量和时空位置等信息的描述。[3] 前述全国人大常委会上对特许的描述就恰好可以对“其他”进行妥当的限定。其他具有刑事可罚性的非法经营行为由于并不需要特殊许可，则不能以非法经营罪进行规制，应当依照我国对传销、毒品、枪支弹药的刑法规制一样单独设置罪名。并不能为了惩罚特定行为而突破罪刑法定的原则。如果不具有刑事可罚性，则应当就在行政违法的维度内进行规制，不能够忽视非法经营罪的社会危害性要求。

四、非法经营行为之“行”“刑”规制

我国刑法立法采用“立法定性 + 立法定量”的模式，这种模式决定了我国对于危害社会行为采取的是行政处罚与刑事处罚共存的治理方式。这意味着只有当某种危害行为具有严重的社会危害性时，才会被纳入我

---

① 参见陈兴良：《刑法的明确性问题——以刑法第225条第4项为例的分析》，载《中国法学》2011年第4期。

② 参见葛恒浩：《非法经营罪口袋化的成因与出路》，载《当代法学》2016年第4期。

③ 参见葛恒浩：《非法经营罪口袋化的成因与出路》，载《当代法学》2016年第4期。

国刑法的规制范围，也就导致了我国刑法相较其他国家的刑法具有更强的“二次规范”性质。与此相对应，存在着两种互相独立的法律事实，一是行政不法事实，二是犯罪事实。[①] 两者分属不同的法律位阶，应当发挥各自的作用。但由于法定犯中往往适用空白罪状来连接行政法，导致刑法与行政法规之间并没有明确的界限，经常出现以“刑”代“行”的现象。[②] 在我们看来，如果要有效地治理非法经营行为，使刑法与行政法规之间形成良好社会治理体系，应当强调刑法的“二次规范”特点。“二次规范”是对刑法与其他社会治理手段之关系的强调，可以帮助区分行政不法与刑事犯罪，同时还会有效地避免社会治理对刑法的依赖。

（一）以行政规制为主，刑法规制为辅

传统行刑衔接程序中要求“刑事优先”的观点颠倒了行政规制与刑事规制之间的关系，而且违反了刑法的保障法地位，也影响了刑法强制力的补充功能的发挥，导致行政犯罪的刑事违法性的认定成了空中楼阁。[③] 刑法本应是一种在其他社会治理手段无法发挥作用时才不得选择的工具，但我国司法实践在治理非法经营行为之时却表现出过于依赖刑法的乱象。司法机关不断地通过司法解释将种种非法经营行为纳入刑法规制，实践中也倾向于将行政不法等同于行政犯罪。刑法越来越成为社会防卫机制的一部分，预防危险、追求安全和助力社会成为优先的价值选择。[④] 实际上，行政规制的手段远比刑法多样，也更能适应社会治理中的各种问题，是社会治理中最根本也最直接的手段。在非法经营行为最初并未造成严重的社会危害时，如果行政规制能够及时发现问题、发挥作用，许多非法经营行为可能就不会发展成刑事犯罪，在萌芽阶段就被遏制，也就更不会出现非法经营罪的过度扩张化。刑法是保障法，只有在行政手段难以有效发挥作用之时，才应当采取刑法手段。这不仅是我国刑法立法定量模式的要求，也是刑法谦抑性的要求。所以，应当把行政规制视为“常

---

① 参见陈瑞华：《行政不法事实与犯罪事实的层次性理论》，载《中外法学》2019 年第 1 期。

② 参见马春晓：《区分行政违法与犯罪的新视角：基于构成要件之质的区别说》，载《中国刑事法杂志》2020 年第 1 期。

③ 参见田宏杰：《知识转型与教义坚守：行政刑法几个基本问题研究》，载《政法论坛》2018 年第 6 期。

④ 参见何荣功：《预防刑法的扩张及其限度》，载《法学研究》2017 年第 4 期。

规武器”,充分发挥在治理非法经营行为上的根本性作用,积极行使行政管理职权,让行政不再缺位;同时要切实认识到刑法作为“二次规范”的特点,充分发挥刑法的保障作用,使其成为“战略威慑力量”。

(二)为非法经营罪增设前置性的行政措施

如前所述,法定犯具有“二次规范”的特点,构成法定犯的行为同时也会违反了行政法规。违反前置行政法的同时造成法益侵害是认定构成刑事犯罪的前提,不仅行政法的违法性与法益侵害部分需要该领域的专业性认定作为基础,刑事责任的认定显然也需要凭借前置法律规范对特定行为的认定方可成立。[①] 与一般的行政前置概念不同,前置性的行政措施意味着罪名的成立以前置性的行政措施为必备的构成要件。它不仅仅要求前置行政法的违反与法益侵害,同时要求相关行政机关已经采取了行政手段。如果该行政手段没有发挥实际作用,行为人不顾行政机关的警告、责令或者处罚,继续进行具有严重社会危害性与刑事违法性的行为,才应当以刑法进行处罚。我国刑法中逃税罪、拒不支付劳动报酬罪等罪名都设置了前置性的行政措施,具有代表性的《刑法》第276条之一“拒不支付劳动报酬罪”规定“经政府有关部门责令支付仍不支付的”。这意味着该罪的成立以“经政府有关部门责令支付仍不支付”必备的构成要件,即使有其他社会危害特别严重的情节,若无这一要件则依然不能够成立拒不支付劳动报酬罪。[②] 这种前置性行政措施的设立可以有效地避免刑法规制范围的扩大,充分发挥刑法的“二次规范”特点,是将“二次规范”予以具体化的表现。我国传统行政犯的行政前置认定理论认为,只需要在形式上具有违法性,在实质上侵害了特定法益就构成了行政规范违反,进而导致刑事司法对前置认定的过度依附,刑法独立性的缺失。[③] 前置性行政措施的设立在形式上似乎是进一步加强了这种依附性,但实际上是将模糊的前置性规范违反具体为对规范违反采取的行政措施,是对刑法独立

---

① 参见田宏杰:《立法扩张与司法限缩:刑法谦抑性的展开》,载《中国法学》2020年第1期。

② 参见罗军:《论行政前置对拒不支付劳动报酬罪犯罪构成的影响》,载《中国劳动关系学院学报》2018年第4期。

③ 参见付倩:《行政前置认定的刑事司法适用:困境、误区与出路》,载《南京大学法律评论》2019年秋季卷。

性的强调。我们认为,在以后的立法中也应对非法经营罪增加前置性的行政措施,以使行政违法与刑事犯罪的界限更加清晰,两者之间的衔接也更加顺畅,同时还可以有效地避免非法经营罪的立法扩张与司法滥用。

●以危险方法危害公共安全罪在高空抛物案件中的司法适用

曹宇翔[*]　刘　科[**]

摘　要：以危险方法危害公共安全罪侵犯的客体为不特定或多数人的生命、身体、财产安全。其中的"不特定"是指"危险的不特定扩大"；"其他危险方法"是与放火、决水、爆炸等行为具有危险相当性的行为，对于"危险相当性"，要从行为性质的高度危险性与行为程度的相当性来考察。认定高空抛物行为是否构成以危险方法危害公共安全罪，应从抛掷的场所、抛掷物的性质、抛掷的时间、造成的损害后果等综合判断，以厘清该罪与高空抛物罪的界限，避免该罪的"口袋罪"倾向。

关键词：以危险方法危害公共安全罪　高空抛物　危险

近年来，高空抛物的报道频频见诸报端。根据实验表明，苹果从10米的高空坠落，能直接把一块很厚的板子砸裂；空易拉罐从60米的高空坠落，相当于200多斤的人压在别人身上。由此可见，极小的物体从高空抛下都会对人民的生命、财产安全造成极大的危害。为遏制危害严重的高空抛物行为，司法机关倾向于按照以危险方法危害公共安全罪定罪处罚。《刑法修正案(十一)》增设了高空抛物犯罪，即"从建筑物或者其他高空抛掷物品，情节严重的行为"，但是，《刑法修正案(十一)》也同时规定了"有前款行为，同时构成其他犯罪的，依照处罚较重的规定定罪处罚"，因此以危险方法危害公共安全罪在高空抛物案件中仍有适用的空

* 北京师范大学法学院硕士研究生。
** 北京师范大学刑事法律科学研究院副教授，法学博士。

间,而且由此还产生了该罪与高空抛物罪之间发生竞合时如何选择适用的问题,因而需要展开研究。

一、高空抛物刑事案件概览

根据最高人民法院《关于依法妥善审理高空抛物、坠物案件的意见》(以下简称《意见》),认定高空抛物犯罪应当根据行为人的动机、抛物场所、抛掷物的情况以及造成的后果等因素全面考量犯罪行为的社会危害程度,准确判断行为性质,正确适用罪名、准确裁量刑罚。本文以“高空抛物”为关键词在中国裁判文书网进行搜索,共有1217件,其中刑事案件35件。

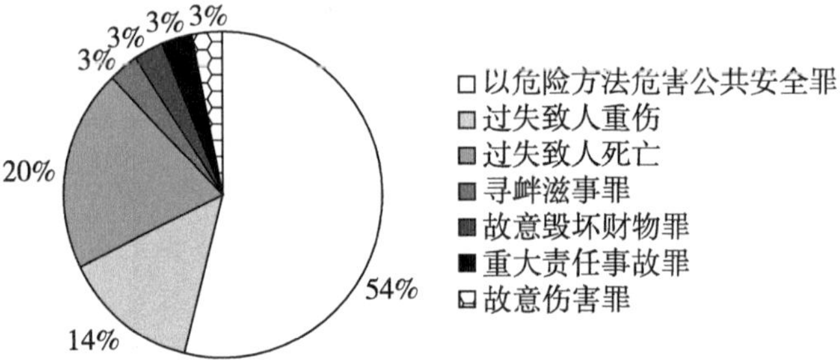

图1　适用罪名

如图1所示,54%的案件中行为人为酒后发泄不良情绪、泄愤等实施高空抛物行为,司法机关认定构成以危险方法危害公共安全罪;34%的案件中行为人过失在公共场所实施了高空抛物行为,造成致人重伤、死亡的损害结果,法院作出过失致人重伤、死亡的判决;3%的案件中行为人酒后高空抛物,造成财产毁损,行为人被认定构成寻衅滋事罪;3%的案件中行为人将他人的财物从高空抛掷,构成故意毁坏财物罪;3%的案件中行为人在施工过程等生产作业中,高空抛掷建筑垃圾等物品致人重伤、死亡,构成重大责任事故罪;被认定为故意伤害罪的3%的案件中,行为人以特定人为目标实施了高空抛物行为。

本文对其中被认定为以危险方法危害公共安全罪的19个案件中的抛掷场所、抛掷物情况、造成后果进行总结,见表1。

表 1　以危险方法危害公共安全罪的 19 个案件中的抛掷场所、抛掷物品、造成后果

案例序号	抛掷场所	抛掷物品	损害结果
1	14 楼	平板电脑、手机、水果刀	击中三辆轿车，不同程度损坏
2	4 楼阳台	啤酒瓶、床板、菜刀、床垫、餐具	尚未造成严重后果
3	宿舍楼顶	使用弹弓发射弹珠	击穿途经的公共汽车一块车窗玻璃
4	7 楼平台	毛竹梯、儿童自行车、儿童滑板车	砸伤葛某
5	21 楼	空啤酒瓶；一个玻璃杯	砸伤一名学生，砸中叶某头部，造成重伤
6	4 楼	广告玻璃	砸中楼下汽车
7	5 楼	砖块	致人死亡
8	家中	数个瓷碗、木质椅子	尚未造成严重后果
9	801 房	煤气罐、铁锤、曲线锯、戒纸刀等	砸坏小型客车、轿车
10	14 楼	数个铁质花架、鞋架及纸箱等杂物	砸坏一辆轿车
11	7 楼楼顶	一块红砖及一块水泥砖	砸坏两辆轿车
12	4 楼阳台	一个消防箱	砸坏一辆自行车
13	24 楼楼顶天台	汽车轮胎、铁锹、木板等杂物	砸坏一辆越野客车及一辆小型轿车
14	X 楼	酒瓶、罐头瓶等	六辆汽车
15	5 楼	抛掷花盆、玻璃罐、灭火器等物品	砸坏多辆汽车
16	顶楼天台	3 支灭火器，花盆	树枝被砸断
17	9 楼	不锈钢盆、铸铁火炉	致熊某受伤
18	7 楼	花盆	一人死亡
19	3 楼	瓷砖、不锈钢菜刀	无

如表 1 所示，54% 的被告人的高空抛物行为被认定为以危险方法危害公共安全罪，此处从中抽取两例典型的被认定为“以危险方法危害公共

安全罪”的案件并分析如下：

在案例6中，行为人抛掷一件物品致一辆汽车受损，法院根据行为人的抛掷场所为公共场所，认定行为人构成以危险方法危害公共安全罪。在本案中，行为人的高空抛物行为是否危害了公共安全，关键在于两点：一是行为人在抛掷物品时没有特定的犯罪对象，能否将其解释为以危险方法危害公共安全罪中的“不特定”；二是行为人的危害行为仅造成一辆汽车受损的财产损失结果，并没有造成人身损害，对此是否可以认定为危害了公共“安全”。

在案例12中，行为人的高空抛物行为砸坏一辆自行车。法院根据行为人的抛掷时间是公司员工上下班进出宿舍高峰期，宿舍楼下和停放自行车区域会有不特定多人经过，高空抛物行为可能危害不特定多人的生命、财产安全，因而认定其构成以危险方法危害公共安全罪。在本案中，是否构成以危险方法危害公共安全罪的关键在于，对不特定多人的生命、身体安全造成抽象危险的高空抛物行为是否为“其他危险方法”。第十九个案件中，高空抛物行为并未造成任何损害后果，但抛掷地为市区居民楼，居住人员多，易造成人身财产损失，因而法院认定行为人构成以危险方法危害公共安全罪。本案中行为人的行为是否满足“其他危险方法”的构成要件，仍待讨论。

我国法律对以危险方法危害公共安全罪的行为方式与侵犯客体未作出具体规定，这就为司法机关对相关案件的认定提供了较大的自由裁量空间。根据罪刑法定原则与罪责刑相适应原则，认定某一行为是否构成犯罪，首先要满足该罪的犯罪构成。因此，对于高空抛物行为能否适用以危险方法危害公共安全罪，关键在于如何解释“公共安全”及“其他危险方法”。

二、以危险方法危害公共安全罪中的“公共安全”

以危险方法危害公共安全罪的保护法益为“公共安全”，究竟何为“公共”、何为“安全”，就成为考量某一犯罪行为是否构成本罪的两个关键要素。然而，学界对于如何界定“公共”、如何界定“安全”，存在不同的看法，因此需要先行厘清。

(一)“公共”的含义

对于何为“公共”,学界有四种不同观点:

第一种观点认为,公共危险是指对不特定人的生命、身体或财产的危险。① 第二种观点认为,公共危险与是否特定无关,是指对多数人的生命、身体或财产的危险。② 第三种观点认为,公共危险是指对不特定并且多数人的生命、身体或财产的危险。③ 第四种观点认为,公共危险是指对不特定或多数人的生命、身体或财产的危险与公众生活的平稳与安宁。④

我国学界的通说为不特定且多数人的生命、身体或财产的危险,本文不完全认同此种观点。将“公共”界定为“不特定且多数”,意味着不特定的少数与特定的多数均被排除在“公共”的范畴外,从而缩小了危害公共安全罪的适用范围,不利于打击犯罪,也不利于保障公民的权益。理由是:

首先,“公共”的本意是指多数人。《辞海》中,“公”有属于大众之意,“共”有合用之意。《史记·张释之冯唐列传》:“法者天子所与天下公共也。今法如此而更重之,是法不信于民也。”其中的“公共”是指公有的、公用的,也即多数的人。因此,如张明楷教授所言,“公众”和“社会性”要求重视量的多数,即公共概念的核心为“多数”。⑤ “公共”是与社会性不可分割的,此处的“多数”一定是置于社会的前提下来理解的,⑥社会本就是以人为主体的集合体,那么独立的个体基于一定的社会关系停留在某一时点变成特定的多数时,“特定的多数”就是置于一个“小社会”的前提下,正是这些小社会组成了大社会。例如,高中校园,在上课期间基本处于封闭状态,若行为人此时向校园内扔炸弹,或行为人以一个小区为目标投放炸弹,校园、小区在一定的时间节点就属于“特定的多数”,但是校园、

① 参见张小虎:《放火罪之理论探究》,载《河南省政法管理干部学院学报》2002 年第 4 期。

② 参见张明楷:《高空抛物案的刑法学分析》,载《法学评论》2020 年第 3 期。

③ 参见张明楷:《高空抛物案的刑法学分析》,载《法学评论》2020 年第 3 期。

④ 参见张明楷:《高空抛物案的刑法学分析》,载《法学评论》2020 年第 3 期。

⑤ 参见张明楷:《论以危险方法危害公共安全罪——扩大适用的成因与限制适用的规制》,载《国家检察官学院学报》2012 年第 4 期。

⑥ 参见李泽坤:《以危险方法危害公共安全罪中“其他危险方法”的理解与认定》,甘肃政法学院 2019 年硕士学位论文,第 22 页。

小区依旧具有人员流动的可能性，只要有人在的场所，就是一个动态的场所，他们中的每个人在法律上都是独立的个体，独立享有权利、承担义务。因共同的社交关系聚集在一起暂时变成特定的小团体就被认为不具有“社会性”，不符合常理，也不符合罪责刑相适应的原则。因此本文认为，“公共”包含特定多数，即“公共”安全是指不特定或多数人的生命、身体或财产的安全。

其次，“不特定”也是公共的应有之义。对于“公共”中的“不特定”如何理解，一直在学界存有较大的争议。在德国旧刑法时代，刑法理论上对“不特定”有两种理解，一种是“危险化对象物的个性的不特定”（以下简称“对象不确定说”），另一种是“危险的不特定的扩大”（以下简称“危险不特定扩大说”）。[①] 部分学者认为“不特定”仅指人数的不特定，[②]部分学者认为不特定指对象的不特定及结果或危险的不特定。[③]

本文认为，不特定不是指“对象的不特定”，而是指行为所带来的危险的不特定扩大。对象的不特定是指行为选择侵害对象具有随意性，即事前不确定行为危害的对象是哪一个，谁碰到谁倒霉。若认为“公共”中的“不特定”是指对象的不特定，那么行为人持概括的故意在公共场所实施的危害行为，均会被认为危害公共安全，从而可能无限扩大危害公共安全罪的适用。因此，“不特定”是指行为所带来的危险的不特定扩大，即损害结果不在其预料或者是控制范围之内。不论行为对象是否特定，只要行为人实施的行为的危险具有高度危险性和迅速蔓延性，即行为一旦实施，行为人无法轻易终止行为或控制行为带来危险的扩散范围，并无法预估将会造成的损害范围，行为就侵害了“公共”安全。例如，在放火罪中，行为人为了报复甲，采用在甲家放火的方法杀害甲，行为人实施放火行为时虽然具有特定的对象，但火势一旦蔓延，将会危害到整栋楼内居民的安危，此时放火行为仍构成放火罪。相反，若行为人针对处于野外单独的甲家放火，即使甲家中有多人，放火造成的损害结果也是可以预见的、可以控制的，此时放火行为便不构成放火罪，而是构成故意杀人罪。

---

① 参见张明楷：《高空抛物案的刑法学分析》，载《法学评论》2020 年第 3 期。

② 参见刘子良：《疫情防控下以危险方法危害公共安全罪的构成要件分析》，载《湖北经济学院学报（人文社会科学版）》2020 年第 6 期。

③ 参见张明楷：《高空抛物案的刑法学分析》，载《法学评论》2020 年第 3 期。

现举一真实案例加以说明。被告人刘某因在自家门口停车与黄某发生争吵,引起多人围观,李某等人对二人进行劝阻,刘某独自回到七楼家中,李某等人继续与黄某沟通、交流。刘某在七楼平台休息时,因不良情绪,遂将花盆从七楼扔下,击中楼下坐在摩托车上的被害人安某头部,致安某受伤倒地,后经抢救无效死亡。经现场勘验,该房屋地上一层为临街门面房,门前为巷道(可通行车辆),巷道往北通往民族路,往南通往体育馆路,公路东侧为怡和大酒店院墙,南侧、西侧、东侧均为私宅。周边居民区密集,来往行人及车辆较多。人民法院认为,刘某明知其楼下为行人及车辆较多的街道,酒后不计后果地从七楼投掷花盆,放任可能的危害结果,主观方面系间接故意;刘某的行为危及街道上不特定人的生命、健康以及财产的安全,危害公共安全并致一人死亡,构成以危险方法危害公共安全罪。[①] 本文认为,本案中被告抛掷一个花盆,造成致一人死亡的损害后果,即使当时楼下人员密集,被告所抛掷的物品也只能造成一个损害结果,按照"对象的不特定"的观点,楼下的任何一个人都可能成为受害者,高空抛物行为即危害了公共安全;但按照"不特定"是指行为产生的危险的不特定扩大的观点,则本案中行为产生的危险是特定的,一个花盆带来的危害也不具有发展的可能性,不能迅速蔓延并危及他人的生命、身体安全。因此,如果采用"不特定及结果或危险的不特定"说,本案并不符合此罪的犯罪构成。

(二)"安全"的含义

一般认为,以危险方法危害公共安全罪中的公共"安全"是指不特定或多数人的生命、身体或公私财产的安全。其中,单纯的财产安全是否被包含在此处的"安全"中,学术界存在争议。

有的学者认为,公共"安全"包含单纯的财产安全。理由是,从语义表达来看,"生命、身体或财产的安全"中的"或者"表达的是一种选择关系,那么单纯的危及财产安全的行为和危及生命或身体一样是能够成立危害公共安全的犯罪的。[②] 也有学者认为,一般的财产与生命相比是不够分量

① 参见湖北省高级人民法院刑事判决书,(2018)鄂刑终 375 号。

② 参见劳东燕:《以危险方法危害公共安全罪的解释学研究》,载《政治与法律》2013 年第 3 期。

的,因此仅限于危及“重大公私财产安全”才能够危害到公共“安全”。①

反对公共“安全”包含单纯的财产安全的学者认为,“使公私财产遭受重大损失”应限制解释为“在使公私财产遭受重大损失的同时,还存在致人重伤、死亡的现实可能性”。理由是:其一,若单纯的财产安全属于公共安全,则盗窃、诈骗银行、博物馆的财物也会被认为危害了公共安全;其二,如果一种方法只危及了财产安全而不可能危及他人的生命、身体安全,则不属于以危险方法危害公共安全罪中的“危险方法”;其三,如果认为单纯的财产安全属于公共安全,则无法合理处理本罪与故意毁坏财物罪的关系。②

本文支持上述的最后一种观点,即单纯的财产安全要认定为公共“安全”,是以造成人身损害的可能性为前提的。

首先,行为人以故意的心态仅造成一般财产的损害,可以故意毁坏财物罪定罪处罚,而过失造成一般财产损害,刑法未对此作出相关规定,并非说这种行为不需要受到处罚,而是出于谦抑性与处罚的严厉性,此种行为由其他相关法律作出处罚即可达到抑制犯罪,赔偿或补偿受害人的目的。

其次,行为人采用切割、打孔、撬砸的手段破坏正在使用的油气设备或盗窃油气,表面来看,行为人盗窃油气的行为仅造成了财产损害,但是对油气设备的毁坏随时会诱发爆炸的可能性,一旦发生爆炸,将对人的生命、身体安全产生极大的危险,即使在爆炸范围内没有人员,也需要有相关工作人员去抢修,也会对他们的生命、身体安全造成危险。

综上所述,本文认为危害公共安全罪中的公共“安全”包括以对人的生命、身体安全造成危险或损害为前提的财产安全,其中财产是否重大应作为量刑情节考虑,因为造成财产损害是否构成危害公共安全罪,还需要判断行为人的行为方式是否为“危险方法”。

三、以危险方法危害公共安全罪中的“危险方法”

刑法条文没有明确规定以危险方法危害公共安全罪的具体行为结构

---

① 参见詹诗渊:《论以危险方法危害公共安全罪》,载《商界论坛》2016 年第 3 期。

② 参见劳东燕:《以危险方法危害公共安全罪的解释学研究》,载《政治与法律》2013 年第 3 期。

与方式,导致“其他危险方法”缺乏具体的限定,尤其是随着“风险刑法”概念的提出,近年来以危险方法危害公共安全罪的适用范围不断扩张,司法实践中有不断走向“口袋罪”的趋势。基于罪刑法定原则与罪责刑相适应原则的约束,司法实践中应当限缩“危险方法”的范围,以平衡本罪与其他犯罪之间的逻辑关系。具体的限缩方法,可以考虑从“危险方法”的相当性和具体危险性入手。

(一)“危险方法”的相当性

在刑法中,以危险方法危害公共安全罪与放火、决水、爆炸、投放危险物质并列规定,按照同类解释规则,即刑法条文在列举了具有确定的构成要件要素之后又使用“等”“其他”等概念时,必须做出与所列举的要素性质相同的解释规则,①“危险方法”应是与放火、决水、爆炸等行为的危险具有相当性的行为。

所谓的放火、决水、爆炸行为的“相当性”,应通过考察放火、决水、爆炸等行为的共同特征来得出结论。一般认为,放火、决水、爆炸等行为具有以下共同特征:(1)行为自身的危险性。在大众认知范围内,放火、爆炸是危害性极大的行为,一旦实施将会造成无法预估的结果,将给民众带来极大的心理恐慌。因此,与放火、爆炸等并列规定的“其他危险方法”中的危险行为本身也应该是能够给公众造成极大的心理恐慌,足以震动国民情感和法秩序安全感的危险方法。(2)一次行为即可造成危险(结果)的迅速蔓延性。放火行为一旦构成放火罪,只需要实施一次就能迅速造成火势的蔓延,从而对人的生命、身体安全及财产造成紧迫的危险,究竟会造成多大的损伤结果无法预估。决水、爆炸等行为也是如此。与之具有相当性的“其他危险方法”也应具有此特性。根据上述特征,司法实践中将很多在公众场所持刀随机伤人的行为认定为此处的“其他危险方法”并不妥当。这是因为,持刀伤人一次只能伤及一人,而且一次伤及一人的损害结果也不能无限蔓延到其他人或财产。对于这种行为,宜按照具体的侵害行为选择合适的罪名(如故意伤害罪、故意杀人罪或者寻衅滋事罪)。

(二)“危险方法”的具体危险性

一般认为,以危险方法危害公共安全罪为具体危险犯。我们处于风

---

① 参见孙万怀:《以危险方法危害公共安全罪何以成为口袋罪》,载《现代法学》2010年第5期。

险社会之中，每天面临不同来源的风险，刑法为了发挥预防功能，提前打击犯罪，抽象危险犯呈现扩张趋势。但是，一味地提前刑法的适用，将导致国家刑罚权的不断扩张，可能侵害公民的权益。因此，本文主张此罪为具体危险犯，"危险方法"应具有危害公共安全罪的现实可能性。

首先，从法条相衔接的角度而言，《刑法》第115条为实害犯，只有第114条为向实害结果转化可能性最高的具体危险犯才更符合法条对同一犯罪的两个发展阶段的规定。

其次，从法条的具体内容而言，一方面，法条中在罪状中明确规定了"危害公共安全"；另一方面，行为人实施了放火、决水等危险行为后，只有在已经侵害了公共安全或对公共安全产生了具体危险的情况下，才构成以危险方法危害公共安全罪。如果行为人的行为并没有致人重伤或死亡或者其他重大公私财产损失的现实可能性，就不应认为具有危害公共安全的危险，不属于以危险方法危害公共安全罪中的"危险方法"。

最后，根据《刑法》第114条的规定，以危险方法危害公共安全罪的法定刑为3年以上10年以下有期徒刑，此罪的法定刑与故意伤害致人重伤的法定刑相同，将本罪界定为具体危险犯，与本罪较重的法定刑幅度相适应。①

四、以危险方法危害公共安全罪在高空抛物案件中的具体运用

判断高空抛物行为是构成以危险方法危害公共安全罪，还是构成《刑法修正案(十一)》增设的高空抛物犯罪，首先应判断高空抛物行为能否危害"公共安全"；其次判断能否像放火、爆炸等行为一样危害公共安全，即高空抛物行为是否为本罪中的"其他危险方法"。如果高空抛物行为与放火、爆炸等行为具有相当性，而且足以危害公共安全，则应当认定为以危险方法危害公共安全罪；如果不足以危害公共安全，或者足以危害公共安全但不具有放火、爆炸等犯罪行为的相当性，则不能认定为以危险方法危害公共安全罪，视情况可以认定为高空抛物罪。

(一)高空抛物行为是否危害了"公共安全"

如上文所述，本罪中的"公共安全"是指不特定或多数人的生命、身体

---

① 参见李泽坤：《以危险方法危害公共安全罪中"其他危险方法"的理解与认定》，甘肃政法学院2019年硕士学位论文，第24页。

安全或重大公私财产安全。从司法实践来看,目前所有的高空抛物案件基本上都呈现以下形态或特征:行为人基于酒后、发泄情绪等原因从高空抛掷物品;行为人所抛掷的物品均为日常生活中常见物品,如消防栓、花盆、砖块等;抛掷数量较为有限。鉴于公共安全中的"不特定"是指造成的危险(损害结果)的失控性扩散,而当前的高空抛物行为仅是在抛掷时所针对的对象是不特定的,即楼下任何人都可能成为受害人,抛掷造成的损害后果并不会呈现出迅速蔓延的趋势(例如,一个花盆只能砸伤一个人,并不能造成一系列的连环反应),因此,当前司法实践中的绝大多数的高空抛物案件,都不应认定为以危险方法危害公共安全罪。当然,如果行为人高空抛掷炸弹这样杀伤力大、破坏范围广的物品则会侵害公共安全,可能构成以危险方法危害公共安全罪。

(二)高空抛物行为是否属于"其他危险方法"

如上文所述,以危险方法危害公共安全罪中的"其他危险方法"必须与放火、爆炸等行为具有危险相当性和具体危险性,足以产生致人重伤、死亡或使财产遭受损失的危害结果。高空抛物行为要适用此罪也需具备这两个特性。

首先,实践中大部分的高空抛物行为产生的危险与放火、决水、爆炸以及投放危险物质的危险并不具有相当性。如表1中案例7,行为人的高空抛物行为造成一人死亡;案例10,仅砸坏一辆轿车。行为人的高空抛物行为造成的损害结果是特定的,伴随着高空抛物行为的结束,损害结果也停止扩散,因而不具有放火、决水、爆炸等行为危险的相当性。

其次,大部分高空抛物行为不具有具体危险性。忽视本罪为具体危险犯的特性,将这部分高空抛物行为以以危险方法危害公共安全罪定罪处罚,并不妥当。具体危险犯需要结合具体个案的情况,来判断危害行为是否足以造成法益侵害的危险。例如,放火罪的认定中,并非一实施放火行为就够成本罪。如果行为人放火烧毁野外的独立小屋,周围并无其他可燃物,在此种情形下,即使对象物能够独立燃烧,结合行为时的外部环境等具体案情判断,该行为也不构成放火罪。

在具体考察是否具有具体危险的时候,可以参考以下因素:第一,抛掷的场所。行为人在小区内高空抛下一块砖与在车辆往来密集、高速行驶的立交桥上抛下一块砖,同样是针对不特定对象,行为造成的损害后果却可能大不相同。小区内实施高空抛物行为造成的损害结果不会呈现扩张趋势,而对车辆往来密集的高速路上实施高空抛物,极可能会砸中其中的一辆车,而司机可能在惊吓中使车辆失控,引发一系列的事故,从而危害公共安全。第二,抛掷的时间。在同一街道,下午 6 时正处于人员流动量较大的时间段,而深夜 12 时则人烟稀少,很少有人外出活动。假设行为人高空抛掷炸弹,在人员密集时刻抛下,将产生具体危险;而在深夜抛掷,则只能产生抽象危险,不满足“其危险方法”的构成。第三,抛掷物品的性质。行为人从 12 楼扔下一把水果刀,只可能致一人重伤或死亡,损害后果处于行为人的控制之中,不具有随时扩大的可能性;而行为人从 12 楼抛下炸弹产生的危险性就与放火、爆炸等行为的危险性相当,从而产生具体的危险。

综上所述,高空抛物行为只有在少数情况下才符合以危险方法危害公共安全罪的犯罪构成,司法实践中将并不符合本罪犯罪构成的高空抛物行为认定为本罪,不仅违反了罪刑法定原则与罪责刑相适应原则,也有损司法权威。因此,司法实践中要合理划定以危险方法危害公共安全罪与高空抛物罪的界限,避免扩大以危险方法危害公共安全罪的处罚范围,避免使其成为“口袋罪”。

●论逃税罪的“不予追究刑事责任”情形

罗素敏*

摘　要:《刑法》第201条第4款的“不予追究刑事责任”应理解为非罪而非不罚。行为人对该情形能否实现存在预见,故不宜被视为客观处罚条件;在此也应区分“不予追究”与“免予追究”刑责的不同。危害消除说难与犯罪论体系相协调;行为人未能满足该情形并不仅意味着没有预防必要,故不宜归于需罚性范畴。基于逃税罪的行政犯属性,破除数额作为其唯一罪量表现形式的局限,将逃税行为是否能为行政手段有效处理视为其违法性程度的征表,既实现了保障税收的立法目的,也最大限度维护了人权与自由。基于构成要件实质解释论,行为人未能补缴应纳税款或未能缴纳滞纳金或行政罚款,宜还原为构成要件要素。相应地,逃税罪中“不予追究责任”情形排除不法构成而除罪。

关键词:逃税罪　不予追究刑事责任　行政规制段　刑事违法性

《刑法》第201条逃税罪之第4款规定①乃是一个颇为特殊的条款,自《刑法》第241条第6款收买被拐卖妇女儿童罪中“可以不予追究刑事责任”经第九次刑法修正被删改,成为《刑法》分则中唯一一个规定了“不予追究刑事责任”的条款。该款中的“不予追究刑事责任”到底该如何理解,又应该如何从刑法基础理论上,对满足该款规定的“不予追究刑事责任”情形——行为人经税务机关依法通知后补缴应纳税款,缴纳滞纳金,接受行

---

* 对外经济贸易大学法学院博士研究生。

① 《刑法》第201条第4款规定:“有第一款行为,经税务机关依法下达追缴通知后,补缴应纳税款,缴纳滞纳金,已受行政处罚的,不予追究刑事责任;但是,五年内因逃避缴纳税款受过刑事处罚或者被税务机关给予二次以上行政处罚的除外。”

政处罚进行合理解释，学界一直存在不少争议，本文欲就此一抒浅见。

一、逃税罪中“不予追究刑事责任”：非罪抑或不罚

学界对于《刑法》第201条第4款中“不予追究刑事责任”性质的解读大致可以分为以下两种观点。

（一）“不罚说”

此观点认为，该款规定的“不予追究刑事责任”并非意味着前逃税行为不构成犯罪，而是不对行为人进行刑事惩罚。至于为何对其不罚则有以下两种较典型的看法。

一是以刑法学中的客观处罚条件（处罚阻却事由）理论予以佐证。有学者认为，若逃税行为满足《刑法》第201条第1款的规定，且不欠缺其他责任要素，则逃税罪已经成立；而该条第4款规定中的“不予追究刑事责任”情形，基于体现刑事政策的考虑，仅阻止刑罚权的启动，而不影响犯罪成立。这完全符合消极的客观处罚条件（或者说处罚阻却事由）处在犯罪构成要件之外，一旦具备则不得处罚而不阻止犯罪成立的特点。[①] 持这类观点的学者不在少数。[②]

二是从免责的立场出发分析不罚的原因。有学者认为，本款规定中的“不予追究刑事责任”情形并非消极的真正客观处罚条件，它照应的是《刑事诉讼法》第16条第6项“其他法律规定免予追究刑事责任”。其认为这是阻却处罚的情形，[③]即阻却刑罚权的发动，而不影响犯罪成立本身。而本款中的“不予追究刑事责任”与“免予追究刑事责任”的区别仅仅在于，前者情形下不得启动刑事诉讼程序，后者则可能启动刑事诉讼程序，只是根据不同的诉讼阶段对案件作不同的处理。

---

① 参见张明楷：《逃税罪的处罚阻却事由》，载《法律适用》2011年第8期。

② 还有学者持同样观点，如有学者明言该款规定的是“消极的客观处罚条件，是与逃税罪成立无关的外在条件”。参见杨莹莹：《正确理解逃税罪的刑罚阻却事由》，载《检察日报》2014年11月26日，第3版。另有学者从行政犯罪行为的双重违法性出发，认为法理上需合并处行政处罚与刑事处罚，而此处本应合并处罚，但立法增设了消极的客观处罚条件——当事人补缴税款与滞纳金且为首次因逃税行为受行政处罚，合并处罚中的刑事处罚即可被阻却，在形式上仅表现为行政处罚，也即行政责任前置于刑事处罚。参见刘莘、陈悦：《行政犯罪的规范与处罚——逃税罪中行政责任前置的法理解析》，载《河南工业大学学报（社会科学版）》2019年第1期。

③ 参见王强：《罪量因素：构成要素抑或处罚条件?》，载《法学家》2012年第5期。

上述两种观点分别试图从犯罪理论体系与刑事立法印证的角度寻找“不罚”的支撑,但“客观处罚条件论”也好,照应“免予追究刑事责任”也罢,其论证都有待商榷。

就前者来说,“客观处罚条件”本身就是刑法教义学上一个充满争议的概念,“不仅对它的本质属性众说纷纭,就连它存在的正当性也时常受到怀疑”①。从根本上否定其存在的人不在少数,认为其应被还原到不法或责任中去,又或者被视为刑事诉讼条件。② 暂且不论这种与生俱来的争议性,而持客观处罚条件存在的立场,此处将逃税罪中的“不予追究刑事责任”情形视为客观处罚条件也存在不妥之处。

目前关于客观处罚条件达成的基本共识是,客观处罚条件是不法中立的,也即与不法和罪责无关。其逻辑在于,客观处罚条件是由第三方介入引起的,与行为人的行为关联不大,不能为行为人所控制,故不在行为人认识或者预见范围之内。比如,该学者给出的其认为的客观处罚条件典型:事前受贿罪中事后就任公务员,以及诈欺破产罪中破产宣告的确认。但在不赞同者看来,尽管这种外部的介入看似偶然,但犯罪的实现大多时候都会受到一定的外力加成,这种偶然性并不特殊;更重要的是,之前的犯罪行为引起了后来介入因素实现的风险,这种真实存在的危险性是易为人所想的,如枪支丢失就很容易引起危急人生命的严重后果,是以并不能否定行为人对后来的介入因素有主观认知,甚至可以说行为人很难想不到这些可能造成的风险。③

同样地,行为人与逃税罪中“不予追究刑事责任”情形的实现与否有很大关联。首先,行为人是参与其中的,行为人是拒不配合还是积极配合,对这一情形的实现与否存在决定性影响;其次,这与行为人的前逃税行为存在法律上的必然联系,不管其事实上发不发生,行为人心理上总是对此存在预知的,而且前逃税行为越严重,该情形的实现就越难,二者之

---

① 王钰:《对客观处罚条件性质的历史性考察》,载《清华法学》2012 年第 1 期。

② 参见[德]耶赛克、魏根特:《德国刑法教科书(总论)》,徐久生译,中国法制出版社 2001 年版,第 749 页;许玉秀:《当代刑法思潮》,中国民主法制出版社 2005 年版,第 106 页;[日]松原芳博:《客观的处罚条件》,王昭武译,载《河南省政法管理干部学院学报》2010 年第 1 期。

③ 参见陈少青:《罪量与可罚性》,载《中国刑事法杂志》2017 年第 1 期。

间存在正比关系，尽管还受一些其他因素影响，但这种正比关系是主要的，也是不变的。可见，直接将此处之“不予追究刑事责任”情形认为是不法中立的客观处罚条件仍存在可讨论之处。

就后者而言，其试图以刑事立法的相互照应，来说明《刑法》第201条第4款规定的“不予追究刑事责任”情形即是其他法律规定的免予追究刑事责任的情形。但问题在于，其一，“不予追究刑事责任”与“免予追究刑事责任”并不等同。所谓“不予追究”，可以指本就不存在刑事责任所以不予追究，即对“追究”与“刑事责任”的双重否定，而不仅仅否了“追究”。在《刑事诉讼法》中，“不予追究刑事责任”这一说法在犯罪不成立的前提下得到适用，便有此意。同样是《刑事诉讼法》第16条第1项规定“情节显著轻微、危害不大，不认为是犯罪”，故不予追究刑事责任。但“免予追究”，则应指本来存在刑事责任但免予追究，是以二者不能强行对应。对此，有学者基于法律用语的统一性与法条体系原理进行了更详细的阐述，[①]故不再多言。其二，在未能阐明为何是不罚的前提下，便不能说两法条相互照应。若两处条文是照应的，必先说明《刑法》第201条第4款规定的“不予追究刑事责任”情形应作“不罚”解，在这一任务未能完成的情况下就说其与《刑事诉讼法》第16条最后一项相照应，等于陷入“不罚，所以照应‘免予追究刑事责任’”，“为何是不罚，因为与‘免予追究刑事责任’相照应”的循环论证中。

（二）“非罪说”

“非罪说”认为，《刑法》第201条第4款规定的“不予追究刑事责任”并非对行为人免罚，而是因该规定的存在使行为不构成犯罪。不过，主张“非罪说”的学者得出其结论的立足点存在差异。

注重行为社会危害消除的学者大都试图提出新的理论。例如，有学者将该规定解释为“解除刑事责任的事由”，即某种符合犯罪构成的行为，由于事后的补救措施使已经造成的损害得以消除，刑法因而解除前行为的刑事责任的事由，其不仅排除刑罚，还进一步消除犯罪；[②]也有学者将中

① 参见赖早兴：《论不追究刑事责任》，载《法学杂志》2020年第4期。

② 参见齐文远、魏汉涛：《“解除刑事责任的事由”之立法价值——从〈刑法修正案（七）〉对偷税罪的修改切入》，载赵秉志、陈忠林、齐文远主编：《新中国刑法60年巡礼，下卷：聚焦〈刑法修正案（七）〉》，中国人民公安大学出版社2009年版，第1088～1090页。

国刑法中独有的罪量因素考虑进来，提出“除罪条款说”予以解释，认为可将之视为犯罪定量因素的具体体现，是不同于数额、情节等对行为的社会危害性进行静态描述的动态衡量因素；①还有学者以“法益恢复”的“条件性出罪机制”说来对此进行解释。② 尽管被冠以不同理论名号，但其对《刑法》第201条第4款规定的“不予追究刑事责任”情形的解释逻辑大体一致，即行为人经税务机关依法下达追缴通知后，补缴应纳税款，缴纳滞纳金，接受行政处罚，消除了前行为造成的损害，或者说使前行为对法益的侵害出现“退化”，被侵害的法益得以恢复，故而犯罪性排除。

有学者则提出“犯罪合作模式”，试图从罗克辛教授的目的理性犯罪论体系出发以需罚性为基础进行解释。其认为《刑法》第201条第4款规定的“不予追究刑事责任”情形是行为人在犯罪后，以自身努力寻求与国家的合作，弥补损失的表现，这不应以传统的以应罚性为基础的刑法理论进行分析，而应从刑事政策目的角度进行需罚性评价。据此，行为人自愿的“犯罪合作”使其前行为不再具有刑事政策意义上的预防必要性，故而无须处罚。③

从违法性角度对此进行分析的学者同样有之。有学者早期曾认为符合《刑法》第201条第1款规定的逃税行为的违法程度并不够，只有当其经税务机关下达通知后仍未补缴应纳税款、缴纳滞纳金及接受行政处罚，其行为之违法才“逐步升高到客观可罚的程度”，故该学者认为该款是足以影响违法性要件的内在的客观处罚条件，并可进一步还原为非典型的

---

① 在该学者看来，除罪条款符合基本的罪刑规范，但规定某种特定事由，该事由的存在使法益侵害“退化”，据此排除犯罪性、不追究刑事责任。参见姚兵：《论刑法中的除罪条款》，载《湖北社会科学》2012年第10期。

② “条件性出罪机制”是对某些已经停止于既遂状态但是辅之以特别规定的法定条件、经过行为人事后补救能够完全恢复被侵害的社会关系并弥补被侵犯的法益的情形的一种全新的处理方式。他认为，传统上一些事后弥补行为一般被视为悔罪态度而只影响量刑，但现在也被视为出罪的条件，而这与相关犯罪的“法益可恢复”特点有关，在“法益可恢复”的基础上，行为人实施恢复法益的行为，消除了前行为的危害后果，使之最终无害。《刑法》第201条第4款即在此类情形之内。参见庄绪龙：《论经济犯罪的“条件性出罪机制”——以犯罪的重新分类为视角》，载《政治与法律》2011年第1期。

③ 参见姜涛：《刑法中的犯罪合作模式及其适用范围》，载《政治与法律》2018年第2期。

违法要素。[①] 有学者则更进一步将之还原为不法构成要件要素。其认为,从行政犯实质不法的角度来看,如果行为人最终没有造成"逃"的结果,意味着在行政不法划定的框架下,其行为只是单纯违反了税收征管秩序,没有造成刑法保护法益的侵害或者核心价值与利益的积极减少,行为不具有法益侵害性,只是行政不法而非刑事不法。[②]

本文赞同"非罪说"之"非罪"立场。从修法初衷来看,《关于〈中华人民共和国刑法修正案(七)〉(草案)的说明》明确指出:"考虑到打击偷税犯罪的主要目的是维护税收征管秩序,保证国家税收收入,对属初犯,经税务机关指出后积极补缴税款和滞纳金,履行了纳税义务,接受行政处罚的,可不再作为犯罪追究刑事责任"。可见,立法的原意即是若行为人满足《刑法》第201条第4款规定的"不予追究刑事责任"情形,原逃税行为将不再作为犯罪进行刑事责任追究。而且,司法实践中对此类情况的处理其实等同于无罪。最典型的便是2018年的某明星天价逃税事件,以税务机关的巨额罚款决定告终,并未被作为犯罪以刑事程序处理。[③] 正如有学者所言:"对于行为人乃至社会公众来说,只要逃税行为人没有被定罪(定罪处罚、定罪免罚)或者没有被法院作出有罪宣告,就是不构成犯罪。"[④]但显然,这些都还不够。对《刑法》第201条第4款规定的"不予追究刑事责任"坚持"非罪"立场的最大难题是,如何对这一创新性的立法规定进行刑法理论特别是犯罪论体系上的解释。对此,各非罪论者试图提出新的理论观点,可尽管根本立场一致,他们在为何"非罪"的问题上却可谓各执一词。在提出本文观点之前,先对目前"非罪说"的各种理由予以分析。

二、既有"非罪说"理由评述

如前所述,目前有关逃税罪中"不予追究刑事责任"的"非罪说"其理

---

① 参见周光权:《论内在的客观处罚条件》,载《法学研究》2010年第6期。

② 参见万国海:《逃税罪"不予追究刑事责任"条款的理解与适用》,载《政治与法律》2019年第12期。

③ 参见《税务部门依法查处范冰冰"阴阳合同"等偷逃税问题》,载《光明日报》2018年10月4日,第3版。

④ 郭昌盛:《逃税罪的解构与重构——基于税收制度的整体考量和技术性规范》,载《政治与法律》2018年第8期。

由大致可分为三类:其一,危害消除(法益恢复)说;其二,与需(要)罚性范畴相联系的无预防必要性说;其三,未满足不予追究刑责条件才补足违法性的非典型违法要素说;本文认为,此三种理由都有可进一步商榷之处。

第一类理由中,“刑事责任解除说”“法益恢复说”以及“除罪条款说”虽然采用了不同的概念与表达方式,但其核心观点是一致的,即认为行为人补缴应纳税款,缴纳滞纳金,接受行政处罚消除了行为造成的客观损害,使受损害法益得到恢复,故而非罪。这类新的观点旨在为行为人事后行为为何能影响前符合犯罪构成行为的犯罪认定提供理论基础,也就必然要与犯罪论体系相协调。但显然,三者在此都有所欠缺。“刑事责任解除说”可谓只字未提,“法益恢复说”者尽管洋洋洒洒从惩罚根据阙如、法益保护路径可逆、恢复性制裁法理等方面给出了法益恢复性犯罪出罪逻辑的理论基础,却只言其与三阶层犯罪构成体系的协调问题尚待讨论,至今没有后续研究。[①] 其实这在意料之中,倘若“受损法益恢复”真乃影响原行为犯罪三性评价的关键,在该论者与逃税罪相提并论的其他“法益可恢复性犯罪”处,它又怎么会更多作为从宽处理事由存在呢?至于“除罪条款说”,论者避开了目前主流的犯罪论体系,采用了陈兴良老师的“罪体—罪责—罪量”体系,认为《刑法》第201条第4款是“犯罪定量因素”,也即法益恢复意味着“罪量”的减少,体现了对犯罪“量”或者说社会危害性的评价从静态向动态转变的趋势。[②] 暂且不论此处之犯罪论体系的合理性,这等于是换个方式说犯罪认定要把后来的法益恢复算上,即所谓“静态”评价转“动态”评价,并没有真正论及为何要以及为何能转“动”的原因。如此论证显然尚有不足。

持第二类理由者将逃税罪中“不予追究刑事责任”情形与需(要)罚性范畴相联系进行解释,试图实现犯罪论体系上的协调。在此,逃税罪中“不予追究刑事责任”情形之意义在于,从犯罪预防角度出发,行为人自愿合作满足该情形,则意味着其人身危险性下降,预防必要性减少,即使施加刑罚也不具效果与意义。但是,行为人“经税务机关依法下达追缴通知

---

① 参见庄绪龙:《“法益可恢复性犯罪”概念之提倡》,载《中外法学》2017年第4期。

② 参见姚兵:《论刑法中的除罪条款》,载《湖北社会科学》2012年第10期。

后，补缴应纳税款，缴纳滞纳金，已受行政处罚”，真的就意味着对其而言，“一种惩罚在特殊预防和一般预防意义上并不是必要的”①吗？对此本文持否定态度。

《刑法》关于逃税罪所规定的，“经税务机关依法下达追缴通知后，补缴应纳税款，缴纳滞纳金，已受行政处罚”并没有对行为人主动自愿认罪并合作的强调。有学者在比较中美税收犯罪立法时指出的，“中国适用不予追究刑事责任，不要求纳税人有积极的悔罪表现，只要被动接受行政处罚”，其甚至认为，这“是纳税人因违反法律义务必须承担的法律责任，即使不履行，也应当强制执行，纳税人只履行了最低限度的法律义务”。②同样地，有学者在比较我国与德国的税收免责条件③后认为，“在这方面，德国刑法对悔罪的要求更加严格，它要求行为人从心理上认识到偷逃税款行为的错误并在现实中有效地弥补和改正，并且要求，这种悔改不能直接源于对法律惩处的现实威胁的惧怕”④。正如有学者评价《日本国税法规违反行为的取缔法》中的反则金制度⑤所言，它并不能视为在起诉裁量的延长线上。因为决定不起诉的前提在于行为人无再犯可能及对行为的深刻反省。但是反则金的适用案件中，一定数额的反则金支付便可免除刑事追诉，这种支付与行为人的自我反省并不必然相关，此时执法者也并

① ［德］克劳斯·罗克辛：《德国刑法学总论》（第1卷），王世洲译，法律出版社2005年版，第699页。

② 刘荣：《美国逃税罪刑事法网之介评及启示》，载《比较法研究》2012年第4期。

③ 《德国税法》第371条规定，向财政管理机关说明、补充说明第370条中没有向财政管理机关说明的情况的，在说明或补充说明的范围内免受刑罚处罚……如果税收短少已经发生或者税收的好处已经被取走，行为人被逮捕后，只有当他逃避的税收在财政机关规定的期限内缴回后才能免除刑事处罚。德国刑法同时规定，具有以下情况的，不在免责范围之列：(1)在行为人说明或者补充说明之前，财政管理机关的官员已经开始税收检查或者开始税收检查、或者开始税收犯罪、税收违反秩序行为的调查；(2)已经向行为人或者其代表人宣布开始了刑事程序或者违反秩序的程序；(3)偷逃税收的行为在说明的时候就已经完全或者部分被发觉的，并且行为人知道这一点或者他通过对实际情况理智的估计应当考虑到的。

④ 刘亚娜、高尚、肖茜莹：《中德刑法逃税罪比较研究》，载《吉林工商学院学报》2010年第1期。

⑤ 税务官对违反国税法规行为进行调查后进行报告。辖区的国税局局长和税务责任人听取报告后认为有必要则通知行为人交纳反则金，并说明理由。行为人经通知后完全自愿决定是否交纳，如果在期限内没有交纳，则其行为将被检举到检察院由其提起公诉。反则金并非刑罚，而是一种行政罚金。参见于佳佳：《日本轻微犯罪处理机制的经验与启示》，载《交大法学》2015年第4期。

不考虑行为人是否有再犯可能。① 尽管反则金制度与《刑法》第 201 条第 4 款规定的“不予追究刑事责任”情形在制度背景上存在不同,但对其是否必然减弱预防必要性的评价应是没有差别的。

当然,逃税罪中规定的“不予追究刑事责任”情形的满足不必然表明行为人不再具有预防必要性,并不意味着这一规定毫无教育与预防作用;但这更意味着,对满足该条件的行为人不作为犯罪处理,所首先考虑的并不是行为人的预防必要性。进一步而言,的确会有人抱着忏悔的心态自愿地满足了逃税罪中规定的“不予追究刑事责任”情形;但也可能有人心存侥幸,补缴缴纳相应款项,接受行政处罚只是为了躲过牢狱之灾;还有人可能真正意识到了错误,也很自愿去合作,但因支付能力不足而客观上无法满足条件,最终入狱。可见,逃税罪中规定的“不予追究刑事责任”情形的满足,会使一部分并不悔罪但客观上满足了惩处条件的人不再面临刑罚,也会使一部分自愿悔罪但客观上不能满足惩处条件的人仍必须面临刑罚。很明显,行为人的自愿悔罪并非最优先被考虑的,若坚持认为此处是因行为人不再具预防必要性而不再追究刑事责任,难免以偏概全。因此,认为逃税罪中的“不予追究刑事责任”情形的满足是行为人人身危险性减弱,预防必要性减少的表现,并不妥当。

持第三类理由的论者与前二者最大的不同,在于其皆认为,符合《刑法》第 201 条第 1 款规定的逃税行为的违法性不足以成立犯罪,而逃税罪中“不予追究刑事责任”情形的实现与否,影响了原行为的违法性。只是二者对该情形在犯罪阶层论体系上的定位不同,一个止步于违法性阶层,一个更深入延伸至构成要件符合性阶层,这主要与其阶层论立场不同有关。本文同样认为逃税罪中“不予追究刑事责任”情形是否实现影响原行为的违法性,故对其体系定位问题将于后文进行说明,此处仅就其具体论证方式进行分析。

“非典型违法要素”论者是在“客观处罚条件”概念下对此进行讨论,更注重对其他如丢失枪支不报罪的“造成严重后果”等所谓典型“内在客观处罚条件”的特点,难免存在为“类型化”而强论类型性共性却忽略个

① 参见于佳佳:《日本轻微犯罪处理机制的经验与启示》,载《交大法学》2015 年第 4 期。

性之嫌,从而对一些关键问题的讨论不足。例如,认为丢失枪支不报、未成为公务员前受贿等行为违法性不足确实不需要过多说明,毕竟其并未造成切实的法益侵害,但符合《刑法》第 201 条第 1 款规定的逃税行为却并非如此,其造成的法益侵害是实实在在的,仅给出一个“违法性不足”的结论却没有相应的论述,其说服力无疑大打折扣。论者自身也在将该情形归于真正的客观处罚条件还是影响违法性的内部处罚条件间犹疑,就很能说明问题。[①] 至于后一个“构成要件要素论”,从行政犯的实质违法性出发抓住了逃税罪的行政犯特征是值得肯定的,但是却并未说明所谓“刑法保护的核心价值与利益”是什么。[②] 如果按其所言行为人最终没有逃税便是没有侵犯核心价值,那么其显然将国家税收收入视为核心价值,但这与一直以来将个人的生命、自由、财产等权益视为刑法保护核心的通说是相违背的。而且,在原逃税行为已经造成了税收损失的情况下,就应该是侵犯了核心法益,为什么能通过此处之“不予追究刑事责任”情形而变得“不具法益侵害性”? 这也未能得到很好的说明。但如果其并非将国家税收视为刑法保护的核心价值,那此处论者就应对其有所说明,并进而具体说明为何此处之“不予追究刑事责任”情形对原行为的法益侵害有所影响。

总体来说,上述“非罪说”者虽在解读《刑法》第 201 条第 4 款规定的“不予追究刑事责任”情形的基础上,选取了不同的、各自认为最关键的引起犯罪排除的变量因素,以进行犯罪论体系上的论证,但其解读视角在整体上是单一的。他们都将此处之“不予追究刑事责任”情形的实现视为行为人的自主行为过程。比如,被认为意味着预防必要性减少的行为人行为时的心态变化,被认为“可以提高违法性”的行为人的整个行为加成,而“受损法益恢复”则被认为是行为人的行为带来的客观结果。这种解读视角很自然,但由于前逃税行为的存在,不可避免要面对的问题是怎么解释行为人的后续行为能对前行为的定罪产生影响。显然,既有的解释都存在值得商榷之处。那么,是否存在另一种解读视

---

① 参见周光权:《论内在的客观处罚条件》,载《法学研究》2010 年第 6 期。

② 参见万国海:《逃税罪“不予追究刑事责任”条款的理解与适用》,载《政治与法律》2019 年第 12 期。

角呢？这也是接下来本文要展开探索的问题。

三、逃税罪中不予追究刑事责任情形排除行为构成而除罪

尽管本文大致赞同"非典型违法要素"论者所言行为人未完成税款补缴或滞纳金缴纳或行政罚款的缴纳影响违法性之论断，但不同于其仅将行为人未完成税款补缴或滞纳金缴纳或行政罚款的缴纳之情节，作为"补足"前行为违法性的"非典型违法要素"归入违法性阶层讨论。本文认为，就目前《刑法》关于逃税罪的规定而言，行为人未完成税款补缴或滞纳金缴纳或行政罚款的缴纳，与其说是对前逃税行为的违法性产生影响，毋宁说是对逃税罪的不法构成产生影响，宜进一步将之还原为构成要件要素。相应地，逃税罪中的"不予追究刑事责任"情形排除构成要件符合性而除罪。对此，下文从以下三个方面进一步予以阐述。

首先，为什么说《刑法》第 201 条第 1 款规定的逃税行为体现的违法性不足。"刑法上的不法是一种以刑事行为构成为条件的，因此，它总是一种特定的刑法上的物质"①，"在实质上表现在运用刑法外手段不足以战胜的危害社会的法益侵害中，"②与民法上的不法、行政法上的不法在违法性程度上存在差别。在刑法立法上采取"立法定性、司法定量"模式的德、日等国，这种区别表现为将具有特定侵害强度的行为类型内置于犯罪构成要件之中，③即侵害行为的"质"的不同；而在采用"定性又定量"的刑法立法模式的我国，虽也表现为不法类型的不同，更多则表现为"客观上的行为后果或者行为外在表现的数学上的值"④的不同，即行为侵害的"量"的不同。《刑法》第 201 条第 1 款规定的逃税行为要件及"数额 + 比例"标准即是后者的典型，其与一般的逃税行政不法在违法性的"量"的差异上就表现为逃税行为侵害后果所化数值上的差异。之所以说该款规定表现的违法性不足，一方面在于对逃税罪所保护法益的认知变化使得

① ［德］克劳斯·罗克辛：《德国刑法学总论》（第 1 卷），王世洲译，法律出版社 2005 年版，第 389 页。

② ［德］克劳斯·罗克辛：《德国刑法学总论》（第 1 卷），王世洲译，法律出版社 2005 年版，第 390 页。

③ 参见陈少青：《罪量与可罚性》，载《中国刑事法杂志》2017 年第 1 期。

④ 王莹：《论行政不法与刑事不法的分野及对我国行政处罚法与刑事立法界限混淆的反思》，载《河北法学》2008 年第 10 期。

有必要重新评价逃税行为本身的侵害强度，另一方面则在于“数额”这一罪量表现形式的局限性。

就前者而言，纵使在我国逃税行为入罪主要看行为侵害的“量”而非行为侵害的“质”，但行为本身具备的侵害强度对行为入罪并非没有影响，行为侵害强度越低，将之入罪所需的侵害的“量”就应该越高。在《刑法修正案（七）》之前，少纳税被视为偷窃国家财产，这种直接将不属于自己的东西据为己有的行为，被认为严重侵犯了国家财产所有权，于是有了“偷税罪”。“偷”的性质是十分恶劣的，就跟“盗窃”个人财产一样，当以刑罚进行制裁。后来，认知发生变化，纳税被认为是从个人合法收入中拿出一定比例交给国家，涉及的是个人和国家利益的分配问题。换句话说，逃税不再是行为人从国家那里偷拿不属于自己的东西，而是不愿意给国家自己原本就具有所有权的东西。如此一来，逃税罪要保护的国家税收权益，并非国家财产所有权，而是“国家基于税法规定而享有对纳税人财产的请求权”，或者说“税法债权”，[①]而且这种公法债权是建立在社会契约的基础之上的，作为债权人的政府税务部门相对于行为人而言当是强势的一方，有足够的权力与资源“追债”，实现“损害”的恢复。是以，尽管行为方式没有发生变化，但对行为侵害法益的认知变化，也足以使人重新认识到逃税行为本质上并不具有人们所想的那种“恶”。当然，这种认识变化并没能改变逃税行为入罪的既成事实，可这不妨碍其成为为逃税刑事不法的认定设置更多限制条件的助力。

就后者而言，随着社会的发展，越来越多的民事侵权行为、行政违法行为被纳入刑法的禁止范围，利用法益侵犯标准来区分一般违法行为与刑事不法已经失去实际的意义[②]，法益概念的立法批判功能也逐渐受到质疑[③]。

---

① 参见张书琴：《立法为何提高逃税初犯免责门槛》，载《检察日报》2019 年 8 月 5 日，第 3 版。

② 参见王莹：《论行政不法与刑事不法的分野及对我国行政处罚法与刑事立法界限混淆的反思》，载《河北法学》2008 年第 10 期。

③ 参见杨兴培：《中国刑法领域“法益理论”的深度思考及商榷》，载《法学》2015 年第 9 期；时延安：《犯罪化与惩罚体系的完善》，载《中国社会科学》2018 年第 10 期；冀洋：《法益保护原则：立法批判功能的证伪》，载《政治与法律》2019 年第 10 期；陈家林：《法益理论的问题与出路》，载《法学》2019 年第 11 期；陈璇：《法益概念与刑事立法正当性检验》，载《比较法研究》2020 年第 3 期。

换言之,法益侵害决定的行为类型本身已经不具有质的区分功能,是否达到刑事不法的违法性程度,完全凭借相关罪量规定,以“量变”实现“质变”,但这种立法技术上划定的“质变”与法益价值本身形成的“质”的区别终究是存在差距的。尽管目前刑法立法所采用的罪量表现方式被认可,但不代表不存在追求更科学的区分标准的余地。有学者指出,“对罪量的考察是一个多维的全面性的考察过程,衡量罪量大小的因素可以是多方面的”,我们“亟须拓宽关于罪量的过于狭窄的思路”①。

就《刑法》第201条第1款规定来讲,以行为侵害后果所化数值上的差异虽确实能表现违法性程度的不同,但这种以简单的数值叠加到某一标准表现违法性质发生变化的方式并非没有再优化的余地。当然,此处“数额+比例”标准也是根据社会经济发展水平等因素决定的,并非不具有合理性,但长期以来我国刑法存在的这种“数额中心论”下的“迷思”——“认为对于侵犯财产犯罪、职务犯罪以及经济犯罪而言,数额是其社会危害性严重程度最直接甚至是唯一的征表形式,以至于在刑法规范的罪量设置上以及司法实践中将数额作为衡量犯罪社会危害性轻重的唯一或最主要标准”②,需要被打破。当不再将一般逃税行政不法与逃税刑事不法之违法的“量”的区别完全以逃税款项之数额量化并认为只能以数额量化,也就有寻找其他违法性征表形式的可能。

其次,为什么说《刑法》第201条第4款规定的“不予追究刑事责任”情形影响不法构成。下文分两步对此进行说明。

第一,《刑法》第201条第4款规定的“不予追究刑事责任”情形对违法性的影响。换一种不同于“行为”的视角来看此处之“不予追究刑事责任”情形,补缴税款、缴纳滞纳金以及行政处罚是一种行政上的处置方式,在责令行为人补履行税法上义务的同时,要求其承担因不履行行政纳税义务所带来的责任。该情形的满足意味着行为人被动完成被要求的行为,同时意味着这一包含行政责令与行政处罚的国家行政处置手段的有效实现。从修法背景来看,落到实处的行政手段相较刑罚

① 王莹:《论行政不法与刑事不法的分野及对我国行政处罚法与刑事立法界限混淆的反思》,载《河北法学》2008年第10期。

② 于志强、王鼎:《情节要素的适用路径变革与探索——以情节与数额关系为着眼点》,载《政法论坛》2019年第2期。

在处理逃税行为上更显优越性——既有助于流失税款追缴,又不失一定的惩罚与教育功能,且不会对当事人(企业)造成毁灭性打击,故立法者以此将刑罚取而代之。[①] 当行为人无法补足税款或无法缴纳滞纳金或者罚款,行政手段落空,才最后动用刑事手段,毕竟税收关乎国计民生,对其保护不容有失。行政手段未能有效实现则动用刑罚,行政手段有效实现则取代刑罚,《刑法》第 201 条第 4 款规定的"不予追究刑事责任"情形创设了一种特殊的二元规制机制,不再拘泥于法益侵害数学上的值的大小,转而从规制手段方面衡量法益被侵害程度并进行刑事违法性判断。

表面上看,这只是单纯基于手段特性进行的刑罚必要性判断,但实际上,这从手段角度对行为的法益侵害有加成影响。当逃税行为造成的法益侵害不能为行政手段有效处理的那一刻,该行为的法益侵害便不仅仅只停留在其对国家税收权益与税收征管秩序的既有实际侵害上。一方面,这表明行为对国家税收征管秩序的实际侵害处于一个不动用刑罚则完全失控的状态,税收亏损已成定局且这种亏损最终必将由其他纳税人承担。另一方面,由于行政手段的无能为力,将致使在行政处置阶段,行为人并未为自己的危害行为承担相应的责任,这极易给一般人带来逃税不用接受惩罚或惩罚可以不了了之的观感,从而在客观上造成更多人逃税的可能,给国家税收权益与国家税收征管秩序带来更高的被侵犯风险。换言之,逃税行为的既有现实危害能否为行政手段有效处置,与行为的直接客观后果及所化数值一样,同样是对行为违法性程度的体现。若能,则逃税行为的法益侵害程度保持为既有的行政手段可控的实际侵害程度,由行政手段处置即可,行为违法性没有达到应动用刑罚的程度;若不能,则逃税行为造成的现实法益侵害的数值虽没有实际变化,但却成为非刑罚不可控的、引发更高法益侵害风险的一种法益侵害,行为违法性程度由此提升,只能动用刑罚。

如此,不仅考虑原逃税行为侵害的可控性,更好地保障了国家应收税收,也合理保障了国家预期税收收入与税收征管秩序。正如有学者所言,"违法判断的内容及违法要素的范围,必须由该刑罚法规所预定的规制目

① 参见黄太云:《偷税罪重大修改的背景及解读》,载《中国税务》2009 年第 4 期。

的、保护目的予以限定”①。从《刑法修正案(七)》开始,立法者设立逃税罪的目的从侧重打击逃税者转向了侧重保障税收利益。② 相应地,对逃税罪的刑事违法性判断也应有所改变。更何况,“国家”或者“社会”虽然都具备持有利益之“主体”的性质,但其本身并无“利益”的性质,当秩序本身缺乏其他具体法益支撑的时候,通常情况下并不能直接成为犯罪所侵犯的法益。③ 国家税收权益与国家税收征管秩序作为集体法益虽也是由人的法益衍生出来的,但原则上并不能还原成某个人或某一群人的特定法益,在此仍将其纳入刑法保护范围,则必须对相应侵害行为的危害性有更高标准的要求。④

有学者认为这种因存在更轻缓更有效的手段而不必适用刑罚的情形意味着在预防上不具效果与意义,所以影响的是行为的需罚性,而非应罚性,也就与不法构成无关。⑤ 但显然,处置手段的有效或者无效,固然与手段本身特点有关,却也是基于被处置行为危害而言,行为造成的危害能否被行政手段有效地处理,本身就可以视为表现行为违法性程度的一种情节,并不单单是刑罚手段有效与否的问题。

第二,《刑法》第 201 条第 4 款规定的“不予追究刑事责任”情形排除行为构成。如果说上述第一点讨论的是逃税罪的刑事违法性由什么体现的问题,那这里要讨论的便是此处“不予追究刑事责任”情形的体系定位问题,又或者说刑事不法的判断应通过违法性阶层还是构成要件阶层完成的问题。这其实已经与个罪无关,只是一个阶层体系安排问题,但安排不同会导致该情形的体系归属不同,是以还是有必要交代清楚。

前述“非典型违法要素”论者将行为人未完成税款补缴或滞纳金缴纳或行政罚款的缴纳之情节,归入违法性阶层讨论而未涉及构成要件该当

---

① [日]井田良:《犯罪論の现在と目的的行为論》,成文堂 1995 年版,第 147 页。转引自张明楷:《法益保护与比例原则》,载《中国社会科学》2017 年第 7 期。

② 参见张书琴:《立法为何提高逃税初犯免责门槛》,载《检察日报》2019 年 8 月 5 日,第 3 版。

③ 参见黄荣坚:《基础刑法学(上)》,中国人民大学出版社 2009 年版,第 16 页。

④ 参见时方:《我国经济犯罪超个人法益属性辨析、类型划分及评述》,载《当代法学》2018 年第 2 期。

⑤ 参见姜涛:《从定罪免刑到免刑免罪:论刑罚对犯罪认定的制约》,载《政治与法律》2019 年第 4 期。

性阶层,可见其坚持将构成要件该当性阶层与形式违法性相对应,而违法性阶层与实质违法性相对应。其特点在于将法益侵害从构成要件该当的判断中分离,转至违法性阶层进行第二次判断。但这意味着对构成要件符合性阶层进行形式化理解,与当前主流理论观点所倡导的构成要件实质化不符。① 正如有人在对违法性之"法"进行多元解释时指出,"犯罪构成要件的违法性之'法'是指'刑罚法规',违法性是指'可罚的违法性'或'实质的违法性'",以"从各种各样的违法行为中区分出那些刑法上不被许可的、科处刑罚的行为"。② 当认为《刑法》第 201 条第 1 款规定的逃税行为体现的违法性不足以构成犯罪,就意味着逃税罪的构成要件需要接纳新的要素,否则将面临一个违法性不足不能成立犯罪的犯罪构成要件,这与在行为构成符合性的判断中对法益侵害进行实质考量是相违背的。故本文认为,行为人未完成税款补缴或滞纳金缴纳或行政罚款的缴纳宜还原为构成要件要素,《刑法》第 201 条第 4 款规定的"不予追究刑事责任"情形排除行为构成而除罪,没有必要将之作为仅排除所谓可罚的违法性,不能彻底正当化原行为的特殊的刑事违法性排除事由。③

四、结　语

从根本上说,一个行为是否违法,取决于当时的社会认为其是"对"还是"错",又或者说,是取决于当时的社会对这个行为的容忍与接受程度。我国在社会治安处罚上采"刑罚 + 行政罚"的二元模式,行政罚在严厉程度上次于刑罚,却仍然代表社会对行为的否定与惩处。《刑法》关于逃税罪的规定以"补缴应纳税款,缴纳滞纳金,已受行政处罚"即不予追究刑事责任取代绝对的刑罚处置,重新审视了其作为行政犯罪不同于传统意义上刑事犯的特点。犯罪的根本在于不履行行政法上的义务而非对一般社会伦理道德的侵犯(虽然也存在);④也充分考虑了社会发展的真正需求,更体现了刑法的辅助性保护原则,"以尽可能有效、同时又维护自由的方

---

① 参见张明楷:《刑法的基本立场》,中国法制出版社 2002 年版,第 110 ~ 114 页。

② 于佳佳:《违法性之"法"的多元解释》,载《河北法学》2008 年第 10 期。

③ 参见[德]克劳斯·罗克辛:《德国刑法学总论》(第 1 卷),王世洲译,法律出版社 2005 年版,第 389 页。

④ 参见姜涛:《行政犯与二元化犯罪模式》,载《中国刑事法杂志》2010 年第 12 期。

式,为社会上符合预期的法益保护提供可能”。[1] 正是因为在保障逃税者人权、打击逃税犯罪与保护国家税收之间达成这种恰到好处的平衡,《刑法》第201条第4款规定的“不予追究刑事责任”情形才更宜被认为是对逃税罪不法构成的排除,而其所特有的违法性评价方式——以规制手段有效性衡量行为违法性程度,也为一般违法行为犯罪化提供了更审慎的思考角度。

① [德]克劳斯·罗克辛:《对批判立法之法益概念的检视》,陈璇译,载《法学评论》2015年第1期。

●疫情期间网络谣言犯罪的认定问题

——以编造、故意传播虚假信息罪为例

刘易霖[*]

一、网络谣言犯罪概述

我国《刑法》使用了较多条款规制网络言论的犯罪。按照犯罪客体的排列顺序,大体上可以列举如下:其一,在危害国家安全罪一章中,规定了捏造、故意散布谣言实施的犯罪行为,如分裂国家罪、煽动分裂国家罪、煽动颠覆国家政权罪等。其二,在危害公共安全罪一章中,规定了宣扬恐怖主义、极端主义、煽动实施恐怖活动罪等犯罪。其三,在破坏社会主义市场经济秩序罪一章中,规定了违规披露重要信息罪、编造并传播证券期货交易虚假信息罪。其四,在侵犯公民人身权利、民主权利罪一章中,规定了煽动民族仇恨、民族歧视罪。其五,在妨害社会管理秩序罪一章中,规定了编造、故意传播虚假恐怖信息罪,编造、故意传播虚假信息罪,以及利用言论侵害个人合法权益的网络谣言犯罪,如诬告陷害罪、诽谤罪等。其六,在危害国防利益罪一章中,规定了煽动军人逃离部队罪,战时造谣扰乱军心罪。在上述言论犯罪体系中,有些犯罪是行为犯,行为实施完毕,犯罪即告成立;有些则是结果犯,只有传播的言论影响范围和后果达到一定的程度才可以构成犯罪。本文主要探讨的是编造、故意传播虚假信息罪的合理认定问题。

编造或者故意传播虚假信息罪,是指编造虚假的疫情、灾情、警情等虚假自然或者人为的险情,在信息网络或者其他媒介上传播的行为,或者

---

* 北京师范大学法学院硕士研究生。

明知是上述虚假信息而在信息网络或者其他媒体上传播,严重扰乱社会秩序的。在突发性公共卫生事件中,编造、故意传播虚假信息的行为较为常见,但是在司法认定中对于编造、故意传播虚假信息罪则存在诸多争议。因此,本文选取编造、故意传播虚假信息罪进行研究,对其司法认定中存在的问题进行总结并提出完善的建议,厘清罪与非罪的界限,以期为疫情期间准确认定编造、故意传播虚假信息罪提供良好的参考借鉴。

二、编造、故意传播虚假信息罪的合理认定

(一)合理区分虚假信息与谣言

网络言论是指在网络空间中表达的观点和思想。网络言论大体上可以分为"四种、两类",所谓的"四种"是指对真实事件的客观陈述、对真实事件的主观评论、对真实事件的虚假陈述,以及对虚假事实的主观评论。所谓的"两类",一类是基于真实事件的客观描述以及主观评论,只要是基于真实事件发表的主观评论就不构成虚假言论,如果超出真实事件的评论则属于虚假言论、虚假信息;另一类是对事实的虚假陈述,以及对虚假事实的主观评论。(见图 1)

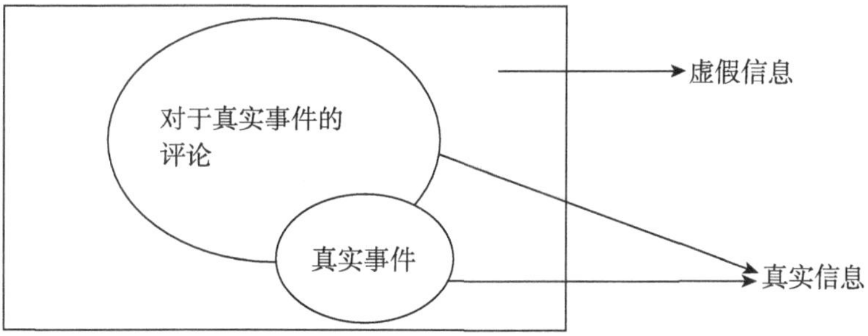

图 1　虚假信息与真实信息区分

虚假信息与谣言应当如何区分和界定,对于科学认定编造、传播虚假信息罪十分重要。美国的学者奥尔波特(Gordon W. Allport)和波斯特曼(Leo Postman)曾经为谣言做过如下定义:"谣言大多在人群中传播以口头的形式表达存在,它没有具体的特别的或者普遍的说法来证明其标准。"①我国学

① ［美］奥尔波特、［美］波斯特曼:《谣言心理学》,刘水平等译,辽宁教育出版社 2003 年版,序论。

者刘建明则强调谣言与事实之间的关系,认为谣言是“没有事实依据的虚假消息”;[①]匡文波、郭育丰对谣言的界定体现了对谣言的价值判断。他们认为谣言“主要是指故意编造和传播的虚假信息,恶意攻击他人”;[②]巢乃鹏、黄娴在比较国内外有关谣言定义的基础上提出,谣言是“在一定情况下通过公共或非公共渠道传播的涉及公共利益的事情、事件或问题,以及一些未经证实的解释”。根据以上描述,学界关于谣言的定义大致概括为以下几种观点:(1)无事实根据论,也就是谣言是没有事实根据所支撑和依托;(2)未经证实说,也就是谣言是未经证实的不确定的消息;(3)官方未公开说,即谣言出现的时机在官方公布的消息之前。

本文认为,谣言具有以下特点:其一,内容的不确定性。所谓谣言,其内容应当是大部分的浏览者在第一时间看到的时候,难以用自己的常识进行辨别真伪的信息。其二,传播时间的及时性。随着互联网技术与社会生活各方面融合,在网络空间中,伴随着媒体的扩张、流量的加持,未经证实的消息会被媒体冠以吸引人的标题,第一时间得到传播。其三,情绪的调动性。新冠疫情期间的有关疫情、疫情防控的言论属于公共事件,此时被媒体冠以极具关注度的字眼,自然博得了大多数人的关注。况且这些消息本就与每个人的生命健康息息相关,所以当民众看到这些消息的时候,由于对突发性的公共事件具有一定的恐惧感,其情绪很容易被左右,或惊吓、或恐惧、或害怕、或愤怒等。其四,扰乱秩序性。由于网络空间中第一时间传播的信息,民众在短时间内无法确定其中的内容是否准确,因此这种并不准确的信息在传播的过程中便会产生歧义,再加上网络空间中媒体对于公共事件的宣扬,用户浏览后的情绪爆发与渲染,便会在情绪主导下做出不理智的或者不合理的行为,由此造成的秩序混乱也是谣言传播的结果。

信息分为虚假信息和真实信息两大类。如果是基于真实信息的情况下,没有扰乱社会秩序的,肯定不是谣言。如果是基于虚假信息而扰乱社会秩序的言论,肯定是谣言,这两部分是没有争议的。具有争议的是以下

① 刘建明:《舆论传播》,清华大学出版社2001年版,第296页。

② 匡文波、郭育丰:《微博时代下谣言的传播与消解:以“7·23”甬温线高铁事故为例》,载《国际新闻界》2012年第2期。

两类:其一,真实信息或者基于真实信息衍生的言论,未夸大达到虚假信息的程度,而引起了扰乱社会秩序的后果,该类言论是否为谣言?其二,虚假信息或基于虚假信息引发的言论但未扰乱社会秩序的,该类言论是否为谣言?

本文观点如下:其一,如果是基于真实信息而发表的言论,即使扰乱了社会秩序,也不应当将其列为谣言。这是因为,在现代社会,看到信息的公民应当有自己的判断能力,以及相信官方能够针对恶劣的真实情况作出处理的信心和决心。其二,虽然是虚假的信息,但是未扰乱社会秩序的,也不应该列入谣言的范畴。这是因为,尽管是虚假的信息,但由于未能造成影响,它的作用有限、影响有限,故不能将其列入谣言的范畴。

综上所述,虚假信息不一定属于谣言。虚假信息,是指已经有真实信息相对应并已被证明是虚假的信息。它不是未经证实的消息,也不是基于真实信息与真实事实的情况下发表的边缘化评论。如果要将虚假信息作为谣言进行治理,其应具备以下条件:其一,言论中表达的信息以及传达出来的内容意思与真实情况不符;其二,此类消息被大量浏览者所阅读且相信,并对其的行为造成一定的影响;其三,对社会秩序造成了一定程度的混乱。只有同时具备上述条件,才可以认定为编造、故意传播虚假信息罪中的虚假信息(谣言)。

(二)准确界定“社会公共秩序”

公共秩序又称社会秩序,是法律、行政法规、国家机关、企业事业单位、社会团体的规章制度确定的维护社会公共生活稳定所必需的秩序,具体包括社会管理秩序、交通秩序、工作秩序、生产秩序、公共场所秩序等。

认定编造、故意传播虚假信息罪的一个重要因素就是该行为是否侵害社会公共秩序。网络空间与社会公共秩序的关联性则是认定该罪的重要因素。网络空间是否属于公共秩序的范畴,在我国存在争议,主要形成了两派观点,赞成网络空间作为公共场所的代表曲新久教授认为,网络空间作为公共场所的定义可以从《网络诽谤解释》入手,如公共场所的一些基本属性网络空间也同样具备。[①] 对于公共场所的解释,网络空间的含义均在公共场所含义的射程范围之内,因此可以将网络空间作为公共场所

① 参见曲新久:《刑法的逻辑与经验》,北京大学出版社2008年版,第105页。

来对待。周光权教授也认为,从行为角度出发,公共场所起哄闹事的语言表达及其行为表达,可视为扰乱公共秩序的行为。而在信息网络社会,如果造成网络社会秩序的混乱的话,也就可以证明其具有公共场所的属性。反对派的观点代表如张明楷教授,他认为公共场所是人的身体可以自由进出的物理性场所,而网络空间的虚拟性使公众身体无法在物理上客观进入该场所,实际的行为不能对空间发生实际的作用,因此网络空间不属于公共场所。孙万怀和卢恒飞教授认为,虚拟空间并不等同于真实空间,网络空间没有空间所应具备的物理特性。网络是信息的集散地,是人与人交流沟通的工具,是传统媒体的更高级整合创造,他不具备现实社会的种种条件,因此不可以构成公共场所的概念。

本文认为,网络空间秩序与社会公共秩序紧密相连,虽说不能完全类比,但是某些方面对于网络空间的秩序管控也可以类比社会中的公共秩序管控。判断网络空间是不是社会公共秩序,可以从以下几个方面考虑:

首先,网络空间中有人的集合。随着时代的发展,网络空间越来越重视对于用户准入的要求,基本上现在几乎所有的 APP,只要使用,几乎都要与手机号码与身份证信息进行绑定。由此,通过绑定,我们可以确定用户的真实信息,这样将现实世界与网络世界联系在了一起,人的准入的确定,也保证了网络中人行为的确定。因此在网络空间中用户发表言论、表达观点,相当于在现实社会中人的行为。

其次,网络空间中公众有相互行为的可能。网络有人的集合,在网络空间中人的行为即用户发表言论、点赞、评论、转发等与相关言论有关的行为,这些行为并非单向的,而是实时互动的。网络世界中,陌生人与陌生人之间都可以利用网络平台进行交流。这可以类比于现实社会中,人与人之间面对面的交谈、争吵等行为。网络空间中的行为其背后也是人的行为,虽然网络空间中用户的行为不能完全涵射到现实中的行为,但其或多或少都对现实社会中人的行为产生了影响。

最后,相关规则的约束。网络空间并非法外之地,在现实社会中有法律与道德的约束,在网络空间中依旧有法律与道德的约束。网络空间不仅仅是舆论信息的集散地,还受到相关规则的制约。例如,网络上也不得随意侮辱谩骂他人,不得随意捏造谣言。

综上所述,网络上的言论表达是构成网络秩序的重要因素,网络上秩序的混乱极可能导致现实空间的秩序混乱。在公共健康危机面前，网络用户的注意力容易集中在紧急的“点”上，进而丧失一些基本判断能力，而该行为则会对现实的社会秩序产生辐射效应，不但会使网络中虚假消息遍布，而且会直接影响到现实社会中的行为，从而造成现实社会秩序的混乱和无序状态。

（三）准确界定“传播行为”

2013 年 9 月 8 日最高人民法院、最高人民检察院颁布了《关于办理利用信息网络实施诽谤等刑事案件适用法律若干问题的解释》（以下简称《解释》），对网络上的违法行为应当如何定罪量刑作出了较为细节的规定，因此被称为“惩治网络谣言”的司法解释。《解释》对传播的定义主要包括两个方面：一是客观上在各种 APP 或者媒体上进行了散布的行为，且达到一定的规模；二是主观明知传播的事实是捏造的，会损害他人名誉。其中“情节严重”的程度标准是指“同一诽谤信息实际被点击、浏览次数达到 5000 次以上，或者被转发次数达到 500 次以上的”，应当被认定为属于“情节严重”。①

本文认为，分析扰乱社会秩序的行为，首先要分析网络社会中各种用户的不同类型。不同的用户类型，其行为方式也存在很大不同，因而是否属于传播行为也有很大区别。笔者认为，可以将网络用户分为未知者、浏览者、转发者、评论者四类。未知者是指存在于网络空间中，但在事件中不关注相关信息的用户。浏览者是指浏览相关事件信息的用户。转发者是对于事件以及所看到的评论观点进行转发的用户。评论者是指在看了相关事件消息，在网络上进行评论的人。如果单看这四类用户的话，未知者这类群体在公共事件中的作用微乎其微。浏览者也只是浏览过消息，可能会根据自己看到的消息对自己的行为进行调整，这就有可能影响到现实当中的行为。转发者在阅读信息、接收信息之后进行传播，转发者的转发行为会让更多的人看到该信息，因此也是扩散信息最直接的群体。评论者是对于事件发表的看法意见，可能只是基于真实的事件下，也可能是超出真实情感的过限评论。

这四类群体中，需要重点关注的是评论者和转发者，这两类群体是最

① 参见张书琴：《网络谣言刑法治理的反思》，载《学海》2014 年第 2 期。

有可能传播网络言论的群体。同时也要警惕这四类群体中的相互转换,浏览者与未知者会随着事件的发展逐渐演变为评论者与转发者。明确该罪的主体之后,既要分析转发者和评论者网络言论直接造成的影响,也要分析其言论造成的间接影响,即被其他转发者转发以后所造成的后续影响,并适当衡量直接影响和间接影响的程度及其在社会影响中所占的比重,进而准确评价其社会危害性。

(四)准确界定“扰乱社会秩序”

目前司法判例中对于扰乱社会秩序的判断较为主观,缺乏明确的客观标准。结合传播行为的特点,本文建议从以下因素入手,综合分析是否“扰乱社会秩序”:

其一,言论的内容是否有歧义。言论的内容是由表达者决定的,而表达者在传播的过程中,可能会对事件过程进行描述,也可能对事件结果进行描述,但由于表达内容的侧重点不同,接受者可能会产生不同的理解。传播学中有个理论叫作“噪声理论”,是指信息在传播的过程中,是存在“噪声”的。噪声是信息论中的概念,根据信息理论奠基者香农和韦弗的说法,信息在传递的过程中会造成干扰,由此产生信息的衰减和失真。语言的“噪声”很大,就会影响意思的表达。因此,我们在言论表达的过程中,不仅要注重表达内容是否有歧义,还应该在判断认定消息是虚假消息的同时,在其消息传播的时候要准确定位到消息受到的噪声源最大的时候,以及被污染的消息被传播出去时的最大受众面,以便准确判断具有歧义的虚假信息的社会危害性。

其二,言论的传播量。言论的传播量是衡量虚假信息传播的重要指标。传播量的大小意味着上述分类中提到的浏览者数量的大小,以及未知者转变为浏览者、进而浏览者再转化为评论者和转发者所引发的相关信息传播量的大小。传播量越大,意味着看到信息的群体越多,从而在网络空间上更有可能引发讨论;而网络空间中引发的讨论越多,则越有可能引发现实社会人们的行为,这就是所谓的网络社会行为的“辐射效应”。目前法院在认定网络谣言犯罪的时候,采用最多的一个标准就是谣言或者说虚假言论的传播量,也就是可能了解到该消息的用户量。该标准具有一定的科学性,可以比较准确地衡量传播量的大小。但是,其也存在一定的局限性。比如说,浏览者可能看到谣言或者虚假言论,但是并没有选择相信，这就不能构成谣言影响大众的有效传播量。因此在认定传播行为是否有效的时候，还应该注重其他因素。

其三，用户的关注度。用户的关注度是指有思考能力的人在面对信息时的真实反映。用户的关注度与上述的传播量相似，但并不完全相同，不能混为一谈，用户的关注度才是衡量传播范围的真正标准。传播量大意味着流量大，但流量大并不意味着用户的关注度一定高，也不意味着对网络社会秩序的影响一定大。网络社会中除了存在正常用户之外，还存在不少的“水军”。网络水军，又称网络枪手，是指受雇于网络上为特定内容发布特定信息的网络写手。他们通常活跃在电子商务网站、论坛、微博等社交网络平台上。他们假扮普通网民或消费者，发布、回复、传播博客文章，影响正常用户对一件事情的正确评价与客观理智的情绪。水军不仅会扰乱事件的正确导向，造成社会秩序的混乱，也一定程度上影响了网络社会的秩序，从而使以传播量来评价社会秩序混乱的标准不够精确。因此，在认定社会秩序混乱的标准时，既要设定一定的传播量的标准，也要充分考虑网络水军的因素，把网络水军造成的影响剔除出去，而不应仅仅从逻辑上进行推定。

其四，虚假信息的迷惑性。不同的虚假信息，迷惑性并不相同，从而对社会秩序的影响也不相同。比如疫情期间的谣言“粮油短缺，急需囤货”此类言论，是具有一定的迷惑性的，需要官方进行辟谣措施。“新冠抗体可以抵御二次传染”这类消息也不容易判断，且具备一定的迷惑性，有待医学专家的考证。“5G 造成新冠疫情传播”此类言论，明显属于虚假消息，也很容易被网络用户认定为虚假不实消息，从而成为笑谈。因此，在衡量破坏社会秩序的程度时，应当对虚假信息进行科学的分类，将那些迷惑性比较强的虚假信息纳入衡量标准，将那些没有迷惑性的虚假信息从衡量标准中予以排除。

●涉疫网络谣言的刑法适用研究

魏　玲*

公共卫生领域向来是谣言的重灾区,在网络时代更是如此。2020 年年初暴发的新冠肺炎疫情这一突发公共卫生事件,迫使人们居家隔离,人心相较平日更脆弱和惶恐,大家对网络信息的依赖性也进一步加剧,于是谣言借助网络的"翅膀"大量应运而生。据资料介绍,截至 2020 年 3 月,我国网民规模为 9.04 亿,网络新闻用户规模达 7.31 亿,网民中使用手机上网的比例为 99.3%。① 疫情这一特殊时期的网络谣言一旦蔓延得不到有效治理,不仅会混淆视听造成民众恐慌、社会动荡,甚至影响国家总体安全。谣言止于智者,更止于"治者"。涉疫网络谣言不能仅仅靠官方辟谣平台的线上应对,更应通过法律来进行线下的有效治理,刑法对此也应有所作为。

一、涉疫网络谣言的刑法边界

《辞海》解释"谣言"为"没有事实根据的传闻,捏造的消息"。② 虽然有观点认为"谣言未必是虚假的,只是在传播过程中未经证实而已,在事后被证实的谣言也不乏存在",③但本文探讨的"网络谣言"是"通过网络介质传播的、被证伪的言论,无论是在什么时间段被证伪"。从这个意义上讲,涉疫网络谣言与《刑法》第 291 条之一第 2 款所规定"虚假的险情、

---

* 中南财经政法大学刑事司法学院博士研究生。

① 参见中国互联网信息办公室:《第 45 次〈中国互联网络发展状况统计报告〉》,载中国网信网 2020 年 4 月 28 日,http://www.cac.gov.cn/2020-04/27/c_1589535470378587.htm。

② 夏征农主编:《辞海》,上海辞书出版社 1999 年版,第 1158 页。

③ 王佳宁:《网络谣言对态度改变的影响》,吉林大学 2012 年博士学位论文,第 20 页。

疫情、灾情和警情”信息有相同之处,但不是所有的网络涉疫谣言均等同于刑法中的“虚假信息”或者说都构成犯罪,对于罪与非罪、此罪与彼罪,要严格按照犯罪构成要件来认定。简单来说,即遵循“罪刑法定”刑法基本原则,并合理运用刑法解释学、刑事政策来科学界定涉疫网络谣言的刑法惩治边界。

(一)主观恶意

谣言众多,除了别有用心博眼球和非法牟利外,大部分谣言本身,只是编造者本身知识水平、信息量受限,对信息攫取和处理时片面、牵强附会地解读,或者人云亦云地传播。这说明对涉疫网络谣言在区分罪与非罪时需要把握的一个关键点——主观恶意。一般应从以下三个方面把握主观恶意:一是行为人明知该谣言为虚假信息,或者有可能为虚假信息仍编造、传播。对于传播虚假信息行为主观恶意的认定,应当结合其身份、动机、经历、认知能力、消息来源等综合判断是否为明知。2020 年 2 月最高人民法院、最高人民检察院、公安部、司法部《关于依法惩治妨害新型冠状病毒感染肺炎疫情防控违法犯罪的意见》(以下简称《意见》)也明确规定,“对于因轻信而传播虚假信息,危害不大的,不以犯罪论处”。二是谣言必须是以具体事实为依托,如制造疫情恐慌、抹黑政府、颠覆政权或社会主义制度、哄抬物价、虚构诈骗事实等。这里特别要注意观点与事实的区分,谣言不仅仅只是一种虚假的观点,而主要是对事实的捏造,一般都有时间、地点、人物等具体要素。捏造的事实比观点更容易误导公众,更容易引发社会混乱。三是动机与目的一般是为了诋毁他人、发泄情绪、政治意图或者非法牟利,也不排除纯粹是因为无聊而编造、传播。有司法实务界人士根据动机与目的,将涉疫网络谣言分为“阴谋型谣言”“无端生事型谣言”“牟利型谣言”。[①] 对“阴谋型谣言”和“牟利型谣言”可以根据主观意图来确定其主观恶意,而在处理“无端生事型谣言”时则应注意刑法的谦抑性,避免“一刀切”地都当成犯罪处理。例如 2020 年 6 月暴发的北京新发地新冠肺炎疫情,不到一个月时间,北京警方共侦办谣言类案件 92 起,查处 113 人。网民陈某筱为发泄无聊情绪而编造谣言污蔑一名确

① 参见刘金泽、于爽:《浅析防疫期间网络谣言的类型及法律认定(上)》,载《上海法治报》2020 年 3 月 25 日,第 3 版。

诊病人，造成恶劣影响，依法被行政拘留。[①]

（二）客观失真

判断涉疫网络谣言罪与非罪，应回归到以言论内容本身为核心的要件上来。涉疫谣言内容一般分为两种：一种全部虚假。这种谣言因为没有一定的事实作支撑，让人很容易察觉是虚假的。另一种真假掺杂，行为人在事实基础上加工或夸大。这种谣言具有更大的迷惑性。如受疫情影响，一些国家限制粮食出口，于是“新冠疫情导致粮荒，再不囤积粮食马上有钱都买不到食物”的谣言应运而生，人们跟风出去抢粮油，官方不得不发表辟谣声明，才平息了群众的抢购潮。

对于编造、故意传播虚假信息罪等言论型犯罪而言，言论内容的客观真实性是绝对的违法阻却事由。何为“客观真实”？美国侵权法理论采取了“大体真实”原则，认为言论真实或大体真实，诉因即不存在。[②]“大体真实”原则有其合理性，但不能简单地以占比来划分真假，要重点研究引发危害后果的是哪部分言论，即使这部分言论只有一句话，如果这句话是虚假的，再结合行为人的主观恶意，那么可以认定为虚假信息。我国司法解释也反映出了这一主张。例如，1993 年 6 月最高人民法院《关于审理名誉权案件若干问题的解答》第 8 条规定，“文章反映的问题基本真实，没有侮辱他人人格内容的，不应认定为侵害他人名誉权。文章反映的问题虽基本属实，但有侮辱他人人格的内容，使他人名誉受到侵害的，应认定为侵害他人名誉权”。2013 年 9 月最高人民法院、最高人民检察院《关于办理利用信息网络实施诽谤等刑事案件适用法律若干问题的解释》第 1 条规定，具有下列情形之一的，应当认定为《刑法》第 246 条第 1 款规定的“捏造事实诽谤他人”：(1)捏造损害他人名誉的事实，在信息网络上散布，或者组织、指使人员在信息网络上散布的；(2)将信息网络上涉及他人的原始信息内容篡改为损害他人名誉的事实，在信息网络上散布，或者组织、指使人员在信息网络上散布的。由此可以看出，“有侮辱他人人格的内容”和“损害他人名誉的事实”是关键点，而不在于大体真实即可。因

---

① 参见《北京警方侦办 92 起涉疫情谣言案　查处 113 名违法人员》，载人民网，http://legal.people.com.cn/n1/2020/0708/c42510-31776262.html。

② 参见[美]文森特·R. 等：《美国侵权法》，赵秀文等译，中国人民大学出版社 2017 年版，第 283 页。

此，对于涉疫谣言部分虚假是否可以认定为虚假信息的问题，要判断虚假的那部分信息是否为引起危害后果发生的核心信息。

（三）危害后果

犯罪的本质在于行为具有法益侵害性或者使法益陷入危险可能性的性质，且违反了社会基本规范，从而应当受到司法机关的否定性评价。[①] 被刑法类型化的严重的社会危害性（不法）与有责性（责任），是犯罪的两个基本特征。[②] 从《意见》关于涉疫网络谣言罪名来看，严重扰乱社会公共秩序、市场秩序、非法获利等后果只是危害后果的表现形式之一，这里的危害后果是指实质侵害了法益。另外，不是所有的言论型犯罪都以发生具体现实的危害后果为成立要件，只要有使法益陷入危险可能性的行为（须达到司法解释认定的标准），即可以推定使法益陷入危险可能性而产生了危害后果将其入罪，如煽动分裂国家罪、煽动颠覆国家政权罪等。现实中，除了那些有明确行为指向或引起人们内心恐慌、激愤等情绪而去实施一定行为的谣言，大多数涉疫谣言并不会对社会秩序产生太大影响，如"疫情期间上海市离婚率暴增"，其实离婚登记暴增的情况不存在，只是预约名额受限制，登记需要预约较长时间。该谣言只是编造、传播者的片面解读，实际上不会严重影响社会秩序，因为正常人不会看到该谣言就去排队离婚，因此，由于不会产生刑法上具体的危害后果或使法益陷入危险可能性，该谣言不应被纳入犯罪评价。

二、涉疫网络谣言犯罪办理的重点和难点

（一）因果关系的认定

涉疫谣言的传播与危害后果之间必须是"引起和被引起"的直接因果关系。如果谣言被及时辟谣未造成扰乱社会秩序的后果，或者因为其他强势因素的介入才导致严重后果，都不能认定为直接因果关系。规范论的相当因果关系说将因果关系相当性分为行为相当性和因果流程相当性。行为相当性的标准是行为人的行为包含了禁止风险（指刑法上的禁止风险，下同），即违反了客观注意义务；因果流程相当性的标准是结果是

① 参见周光权：《刑法总论》（第2版），中国人民大学出版社2011年版，第4页。

② 参见张明楷：《刑法学》（第5版），法律出版社2016年版，第87页。

对禁止风险的实现。[1] 编造、传播虚假疫情信息的行为体现了刑法中所包含的禁止风险,如果出现规范化的后果——严重扰乱社会秩序、公共秩序严重混乱、非法获利等,除去介入因素的影响(要通过收集证据综合评估介入因素的作用大小),就可以认定为直接因果关系。例如“鞍山交警小龙”编造、故意传播虚假信息案,系辽宁省鞍山市赵某某为满足虚荣心,扩大网络影响力,将微信头像设为自己身着警服的照片,微信昵称设为“鞍山交警小龙”,2020 年 1 月 26 日在朋友圈发布不实涉疫信息,并配发多张警察执勤图片。该条信息发布后,被多名网友转发至朋友圈和微信群,大量市民电话咨询相关部门,严重影响疫情防控工作的正常秩序。当地检察机关于 2020 年 2 月 10 日以编造、故意传播虚假信息罪批准逮捕犯罪嫌疑人赵某某,提起公诉后,赵某某被判处有期徒刑 1 年 6 个月。该案中,赵某某编造、传播虚假涉疫信息这一行为包含了禁止风险,并直接引起了“大量市民电话咨询相关部门,严重影响疫情防控工作的正常秩序”的结果。在公安机关取证时,还要通过询问不特定人来证明市民打电话是受该谣言的影响,而不是因为其他原因。如果在赵某某编造、传播虚假疫情信息时,发生了其他事件引发大量市民电话咨询相关部门,则赵某某的行为和严重扰乱社会秩序结果之间的因果关系就会被切断。

(二)此罪与彼罪问题

《意见》中规定涉疫网络谣言可能触犯的罪名有煽动分裂国家罪、煽动颠覆国家政权罪、编造、故意传播虚假恐怖信息罪、编造、故意传播虚假信息罪、寻衅滋事罪、非法经营罪、诈骗罪、虚假广告罪等,其中有的是行为犯,有的以非法牟利为目的,有的范围比较广而不限于疫情信息,有的是针对特殊主体,区分难度不大,关键是在证据的收集。这里重点分析编造、故意传播虚假恐怖信息罪,编造、故意传播虚假信息罪和寻衅滋事罪这三个在司法实践中容易混淆的罪名。

1. 编造、故意传播虚假恐怖信息罪和编造、故意传播虚假信息罪的区别。区分这两个罪名时要注意以下两点:一是编造、传播的内容虽然都跟疫情相关,但如何区别虚假疫情信息和与疫情有关的虚假恐怖信息。以往的司法解释扩大了“恐怖信息”的范围,将灾情、疫情也列入恐怖信息。

---

① 参见邹兵建:《论相当因果关系说的三种形态》,载《清华法学》2019 年第 4 期。

《刑法修正案(九)》增设编造、故意传播虚假信息罪后,对编造、故意传播涉疫情虚假信息似应不再以编造、故意传播虚假恐怖信息罪论处,但《意见》为了严厉打击虚假疫情信息犯罪,仍将"编造与突发传染病疫情等灾害有关的恐怖信息"认定为该罪名。因此,司法工作者应严格把握编造、故意传播虚假恐怖信息罪中"恐怖"这一用语的内涵,即只有虚假疫情信息产生的威胁达到了与爆炸、生化、放射威胁等恐怖信息同质的程度,引发重大公共安全方面的恐慌,让人们感觉到会威胁不特定多数人生命、健康、财产的安全事故,才能以编造、故意传播虚假恐怖信息罪论处。例如,2020 年 2 月广州市海珠区刘某编造虚假恐怖信息案,系被告人刘某为阻止与其有恋爱关系的李某乘坐飞机离开广州,在明知李某身体无恙的情况下,拨打广州市白云机场客服热线电话,谎称李某在某医院被确诊患有新冠肺炎并私自逃离到广州,导致街道、公安、疾控等部门单位启动应急处置,到李某入住的某酒店核实,并对李某及酒店其他住客采取隔离措施。经检测,李某核酸检测结果为阴性,其他人员亦不存在疑似症状,被告人刘某后被法院以编造虚假恐怖信息罪被判处有期徒刑 7 个月。[①] 被告人刘某编造的虚假信息即属于能够引发重大公共安全方面恐慌的信息,让不特定人感受到了健康威胁,并产生了严重扰乱了社会秩序的危害后果,可以认定为"恐怖信息"。二是编造、故意传播虚假信息罪仅限于在信息网络或者其他媒体上传播才构成,成立编造、故意传播虚假恐怖信息罪则不限传播途径。

2. 编造、故意传播虚假信息罪和寻衅滋事罪两者的区别,主要有以下三点:一是谣言具体内容不完全一致。前者仅限于虚假的险情、疫情、灾情、警情,后者不限这四种情况。二是行为模式有所不同。前者仅限于编造、传播,后者还包括了组织、指使他人散布,有无聊生事、起哄闹事之意图。如无锡李某、向某某等 9 名犯罪嫌疑人在疫情暴发后,为博取眼球、牟取非法利益,炮制多篇涉疫虚假帖文,并将文章发至"网络水军"群内进行"炸群"推广,先后操纵 35 个公众号推送,共获点击量超 1000 万次,严重加剧了人们的心理恐慌,造成公共秩序严重混乱,公安机关以涉嫌寻衅

---

① 参见《为挽留女友谎报疫情　广东首起涉疫编造虚假恐怖信息案宣判》,载正义网 2020 年 3 月 11 日,http://www.law-lib.com/fzdt/newshtml/gzaj/20200311082757.htm。

滋事罪对李某、向某某等人采取刑事强制措施。[①] 三是危害后果程度不一。前者严重扰乱社会秩序，后者是造成公共秩序严重混乱，后者侵害法益的程度比前者重，因此，后者配置的刑期也更重。

（三）对危害后果以及个案的综合判断

涉疫网络谣言犯罪是各类涉疫情违法犯罪中最难把握的一类，既要体现从严惩处的司法价值取向，又不能限制人们的言论自由。“众口铄金，三人成虎”，言论是易变的，在信息传播过程中不可避免地会失真。因此，谣言的诞生不可避免。特别是在重大疫情期间，很多未经证实的信息借助网络得以光速传播。2013 年 9 月最高人民法院《关于审理编造、故意传播虚假恐怖信息刑事案件适用法律若干问题的解释》第 2 条对编造、故意传播虚假恐怖信息罪的“严重扰乱社会秩序”规定了详细的界定标准，即是否对现实社会的生产、工作和生活产生具体的、实质性的影响，如造成秩序混乱、公共交通停运或企业停工、占用或浪费国家资源等。司法实践中有些人将“传播范围广”认定为“严重扰乱社会秩序”，但这两者不能画等号，传播范围广仅代表有严重扰乱社会秩序的可能性，大部分涉疫谣言犯罪都是结果犯，不能简单地以传播范围广就认定为“严重扰乱社会秩序”，除非在传播后引起了人们在现实社会中的作为，严重扰乱了社会秩序。这里要注意与利用信息网络实施诽谤等刑事案件区分开来，按照相关司法解释，后者可以以传播范围广来认定“情节严重”从而入罪，如“同一诽谤信息实际被点击、浏览次数达到五千次以上，或者被转发次数达到五百次以上的”。

在以罪与非罪的标准判断后，还需要结合个案进行考察，是否有更低成本的治理方式也能达到较好效果，是否有必要上升到刑法高度处以刑罚？事实上，近期最高人民检察院发布的《全国检察机关办理涉疫情防控刑事案件情况》《全国检察机关依法办理妨害新冠肺炎疫情防控犯罪典型案例》显示，截至 2020 年 4 月 16 日，全国检察机关依法批准逮捕编造、故意传播虚假信息罪 8 件 8 人，提起公诉 9 件 9 人。从目前统计的数据看，涉疫犯罪案件罪名相对集中在诈骗、寻衅滋事、妨害公务、生产销售伪劣

① 参见《炮制疫情谣言“炸群”推送发疫情财，〈华南海鲜市场供货商的忏悔书〉是假的》，载搜狐网 2020 年 3 月 24 日，https://www.sohu.com/a/382834707_120207020。

产品等罪名上，这几类罪名占了全部案件的八成。[①] 涉疫网络谣言犯罪所占比例相对较低，绝大部分处以行政处罚，说明司法实务界对涉疫网络谣言犯罪保持了足够的审慎态度。

三、涉疫网络谣言案件的检察应对

（一）提前介入

对于涉疫网络谣言案件，检察机关应一律提前介入，启动重大敏感案件快速反应工作机制，掌握案件进展与取证情况，就证据调取、适用法律问题与公安机关充分交换意见。一是检察机关要从政治、法律和社会效果上全盘考虑，涉疫网络谣言是否达到了入罪的标准，采用刑法手段是否符合刑法谦抑性原则，从而全面准确把握罪与非罪的界限。二是帮助公安机关确定正确的侦查方向，围绕指控罪名所需，准确全面地收集和固定证据，避免侦查方向错误而影响办案效率和质量，纠正只收集有罪证据而忽略无罪或罪轻证据的观念。三是监督侦查活动是否合法，强制措施是否适当，排除非法证据，及时补充瑕疵证据，避免证据"带病"进入后续程序。

（二）重视经验法则

经验法则是人们在生产、生活反复实践中理解并认可的反映事物客观属性以及规律性联系的一般抽象知识和规则，可以作为评价证据、推定事实、适用法律的依据。我国台湾地区学者陈朴生教授在他的著作《刑事证据法》中将经验法则在司法实务中的作用分为两类，一是认定事实的作用；二是适用法律的作用。[②] 涉疫谣言与人们的生活息息相关，办理此类案件应高度重视经验法则在诉讼认识和判断中的重要性，虽然经验法则不能替代刑事司法证明标准的内容，但可以起到补充作用。司法机关应采纳一定区域内大多数人的共同认识，而不是其中小部分人的认识或偏见，"以人民为中心，坚守人民立场"是公、检、法在办案中都需要贯彻的基本原则。检察机关在办理涉疫网络谣言时，可以采取公开听证会的形式，

① 参见最高人民检察院：《全国检察机关办理涉疫情防控刑事案件情况（截至4月16日）》，载 https://www.spp.gov.cn/spp/wsfbt/index.shtml，最后访问日期：2020年4月17日。

② 参见陈朴生：《刑事证据法》，台北，三民书局1985年版，第89页。

邀请公安机关、人大代表、人民监督员、犯罪嫌疑人居住地或单位代表、律师等参与听证,充分听取群众意见。一方面可以兼听则明,了解同一区域社会群体对“谣言”的理解和反应;另一方面可以开展法制宣传,用群众思维解决问题,又不失法律权威。

(三)注重适用认罪认罚从宽制度提出科学量刑建议

涉疫网络谣言犯罪大多数是行为人临时起意的冲动之举,或者未考虑到严重后果,如不想上班编造虚假疫情信息、为了增加点击率和粉丝数而造谣、寻求刺激而谎称自己感染新冠病毒,一般都具有适用认罪认罚从宽制度的良好基础,检察机关在提出量刑建议时,应充分考虑疫情这一特殊时期行为人的生理、心理状态,以及身份、认知能力、信息来源等,结合行为人认罪认罚的态度,谨慎提出量刑建议,最大可能体现罪责刑相适应,促使犯罪人认罪服法,促进社会和谐稳定。

●论传染病防治失职罪的“四性”特征及其实践认定

单奕铭[*] 单碧霄[**]

1997 年修订的《刑法》第 409 条规定了传染病防治失职罪，规定，“从事传染病防治的政府卫生行政部门的工作人员严重不负责任，导致传染病传播或者流行，情节严重的，处三年以下有期徒刑或者拘役”。2020 年新型冠状肺炎疫情的出现，促使传染病防治工作广泛呈现在民众视野之中。危难之时，总有一些人妨碍疫情防治工作顺利开展，甚至造成疫情扩大。对此，必须用好刑法、严厉惩治。① 而在疫情防控过程中，从事传染病防治工作的人员能否正确履职直接关乎“战疫”能否胜利。但是在司法实践中，由于适用对象和情形较为特定，导致传染病防治失职罪适用情形较少。在疫情防控日渐常态化的背景下，以本罪的犯罪构成要件作为分析模板，对本罪构成要件方面的特征以及具体适用问题予以阐述分析，将有助于提升本罪的适用活性、确保本罪的准确适用。

一、本罪的犯罪主体具有“特定性”

根据《刑法》第 409 条之规定，传染病防治失职罪的犯罪主体是“从事传染病防治的政府卫生行政部门的工作人员”。在 2003 年“非典”疫情时期，为了强化政府卫生行政部门的职责行使、推进传染病防治的工作效能，最高人民法院、最高人民检察院联合发布的《关于办理妨害预防、控制

---

* 河南工业大学法学院讲师，法学博士。

** 中国政法大学刑事司法学院刑法学硕士。

① 参见刘志伟：《防控新冠肺炎疫情，刑法须担重任》，载《检察日报》2020 年 2 月 14 日，第 3 版。

突发传染病疫情等灾害的刑事案件具体应用法律若干问题的解释》(以下简称《解释》)对本罪的构罪主体范围作出了扩张解释。详言之,根据《解释》第16条的规定,本罪的构罪主体包括“从事传染病防治的政府卫生行政部门的工作人员,或者在受政府卫生行政部门委托代表政府卫生行政部门行使职权的组织中从事公务的人员,或者虽未列入政府卫生行政部门人员编制但在政府卫生行政部门从事公务的人员”。本条解释规定将特定组织中从事公务的人员以及政府卫生行政部门的编外人员通过扩张解释纳入了本罪的构罪主体范围,进而扩展了本罪名的规制空间。

但是问题在于,对于《解释》规定的“受政府卫生行政部门委托从事公务的人员”是否必须具有国家机关工作人员的身份,存在争议。在刑法分则第九章“渎职罪”中,关于犯罪主体的设定可以分为两种情形:一是普遍将“国家机关工作人员”作为构成渎职罪的主体;二是规定了对一定领域负有监管职责的国家工作人员(包括司法工作人员、税务机关的工作人员、海关工作人员等)能够成为渎职罪的主体。从具有兜底性质的《刑法》第397条关于滥用职权罪、玩忽职守罪的规定来看,是将犯罪主体明确为“国家机关工作人员”。那么对于特定领域的工作人员而言,一般也应当具有“国家机关工作人员”的身份。由此,《刑法》第409条规定的“政府卫生行政部门的工作人员”,显然是指在政府卫生行政部门中从事公务的国家机关工作人员。然而实践中,渎职类案件经常出现实施了渎职行为的工作人员因不具有“国家机关工作人员”的主体身份而难以认定为犯罪的情况。对此问题,理论观点认为,渎职罪的本质是对从事公务活动的背离。无论是国家机关工作人员或一般国家工作人员,他们都是从事公务的人员,如果工作中不负责任,都属于渎职行为。① 具体到传染病防治失职罪而言,该罪的犯罪主体可以概括为“具有传染病防治职责的国家工作人员”。② 结合司法实践来看,本罪的主体也包括乡镇卫生院的院长等,并未将其限定在国家机关工作人员的范畴。例如,易某系四川某县镇中心卫生院院长、该地区传染病管理检查员,2002年12月,当地出现3

① 参见卢勤忠:《论传染病防治犯罪的立法完善》,载《政治与法律》2003年第4期。

② 参见卢建平、田兴洪:《传染病防治失职罪的主体范围研究》,载《人民检察》2008年第11期。

例甲肝病例,其中2例为该镇中学学生。易某从医院防保科疫情登记簿上发现疫情后,既未向防疫人员和医生了解情况,也未督促工作人员及时上报疫情和采取控制疫情扩散的措施。至次年7月,当地出现190余例甲肝患者,其中大部分为该中学学生。最终,当地人民法院以传染病防治失职罪依法判处易某有期徒刑1年,缓刑1年零6个月。从政府行政职能设置来看,乡镇卫生院显然是事业单位编制,其负责人明显不具有国家机关工作人员的身份。而根据媒体报道的信息显示,该案中的被告人在担任卫生院院长职务的同时,身兼当地"传染病检查管理员"的职务。这意味着,本罪的主体不要求必须具有国家机关工作人员的身份,只需具有从事国家机关公务的职权性质即可。

进一步分析,就《解释》规定本身而言,"代表政府卫生行政部门行使职权"中的"代表"一词的范围在实践中非常广泛,容易导致认定上的争议。结合新冠肺炎疫情来看,由于疫情发生在春节前的特殊时间节点,在湖北地区采取"封城"措施前,已有大量疫区人员流入其他省份。为此,全国大多数省份先后启动应急事件一级响应,对人员流动采取相应的管控措施,政府人力资源明显不足。在此过程中,有大量不具有国家机关工作人员身份的党员群众,响应地方政府号召,自愿参与到各个社区、村庄的隔离、管控工作,协助实施疫情管控措施。对于这些具有"志愿者"性质的人员,如果在疫情防控工作中出现了失职渎职的情形,能否以传染病防治失职罪定罪处罚呢?对此问题,笔者认为,将这一类主体认定为传染病防治失职罪的构罪主体时应当格外慎重。原因如下:

其一,这些自愿从事传染病防治工作的人员,虽然在管控现场或卡点对居民、村民行使登记、测量、疏导等职权,但是其职责的行使没有法律明确授权或者明文委托,在性质上更多体现为自愿行为,以防治传染病失职罪定罪缺乏依据。其二,法律设定的权利和义务应当是对等的。结合渎职罪的立法沿革来看,1979年《刑法》规定的渎职罪的主体是"国家工作人员";1997年修订的《刑法》将1979年《刑法》中的"国家工作人员"改为"国家机关工作人员",明显缩小了渎职罪的主体范围。《刑法》设立防治传染病失职罪的目的,很大程度上在于督促政府卫生行政部门的工作人员认真履行职责,如果行为人本来就没有法律要求的义务,在其"自愿付出"的情形下以本罪处罚,就会造成权利义务不对等的局面,容易打消人民群众的防疫积极性,影响案件处理的社会效果。

因此,对于不具有国家机关工作人员身份的人员“依政府卫生行政部门委托”或“代表政府卫生行政部门行使职权”的主体的认定应当严格限制,即仅限于政府卫生行政部门明确委托、授权的情形,而不包括政府卫生行政部门临时口头委托或者行为人自愿参与防疫工作的情形。

综上而言,传染病防治失职罪的主体具有特定性,即仅限于政府卫生行政部门的工作人员。与此同时,本罪的主体并不要求必须具有国家机关工作人员的身份,未列入政府卫生行政部门编制但实际从事政府卫生行政公务的人员也可能构成本罪。对于不具有国家工作人员身份的主体,在“依政府卫生行政部门委托”或“代表卫生行政部门行使职权”的情形下,可以依其实际享有的“职权”予以认定,并非唯“职务”论。不具有国家工作人员身份又没有政府卫生行政部门明确委托或授权的主体,不能构成本罪。

二、本罪在犯罪主观方面表现为“过失性”

《刑法》第409条规定了本罪的主观方面是过失。理论上,犯罪过失可以分为疏忽大意的过失和过于自信的过失两种。具体到本罪的主观方面,一般是指行为人应当预见自己工作严重不负责任的行为可能导致传染病传播、流行的结果,由于疏忽大意而没有预见或者虽然已经预见但轻信能够避免的心理状态。

虽然法条规定得比较明确,但在刑法学理论上,对于本罪的主观方面存在不同看法。有观点认为,该罪一般由过失构成,但也不能排除间接故意可以构成本罪。[①] 因此,该论者认为本罪的主观方面可以表现为过失和间接故意。也有观点认为,本罪的实际危害事由往往是突发性的,这种事由通常不是行为人应当或者能够预见的。行为人不履行或不全面履行职责的原因,通常不仅因为已发生的危害难以控制,而且积极履行职责可能与其自身利益存在冲突(如披露疫情会影响政绩评价)。面对这种重大冲突时,行为人实际上是在“放任”心态支配下导致危害结果发生的。行为

① 参见林斌:《试论传染病防治失职罪的立法缺陷及完善》,载《湖南警察学院学报》2004年第5期。

人的主观罪过是间接故意。[1] 这种分析看似合乎常理,但问题在于,间接故意心态下可以成立本罪的解释结论,不仅与《刑法》第409条明确规定的"严重不负责任"存在根本上的语义冲突,而且在很大程度上可能导致重罪轻处的结果,不利于传染病防治工作的实际开展。毕竟,负有传染病防治工作职责的人员比一般人更了解某种传染病的传染性、危害性,如果行为人不认真履行职责,而是在故意心态支配下放任疾病流行,那么无异于推动传染病流行,这导致的后果比一般的传染病患者故意躲避防治、导致疾病传播的危害更甚。行为人在这种故意心态支配下实施犯罪,完全超出了传染病防治失职罪的罪责范围。根据前述《解释》第1条的规定,这种情形下行为人可能构成以危险方法危害公共安全罪。因此,虽然行为人在工作中可能有违反规定职责的故意,而且通过作为或者不作为的方式实施了违反规定职责的行为,但是,对引起传染病传播的危害结果而言,行为人主观上只能是出于过失心态,而不能是在故意心态支配下导致危害结果的发生。反之,如果有证据证明行为人是出于故意心态而导致传染病流行或者传播的后果时,就理应按照以危险方法危害公共安全罪定罪处罚。

进一步分析,在面对突发的、新型的传染病时,判断行为人主观上对传染病具有传染性的"明知"更加复杂。例如,在新冠肺炎疫情暴发初期,负有传染病防治工作的人员基本不具备判断疾病传染性的专业知识,而具有专业知识的医学专家又未能在第一时间内获取大部分患者的资料,从而导致对传染病传染性、传染方式以及危害性的认识未能形成精确判断。在此情形下,对于负有防治职责的政府卫生行政部门工作人员"明知"的认定应当持审慎的态度,不能自动推定其主观上具有预见危害结果可能发生的过失心态。也就是说,在新型传染病的传染性缺乏准确、统一认识的阶段,原则上不能以传染病防治失职罪追究相关人员的刑事责任。但是,这并不意味着这一罪名在此阶段就完全不适用,如果有确切证据证明不具有专业知识的政府卫生行政部门的人员指使医生、医务工作者或者掌握诊疗资料的人员瞒报、谎报真实病情,导致具有专业知识的人不能

① 参见周伟萍:《传染病防治失职罪》,载《湖南冶金职业技术学院学报》2005年第4期。

及时准确地判断传染病的传染性以及传染方式等特性，从而致使防控措施的迟缓或者不到位，进而导致传染病流行或者传播的情况下，对负有卫生行政管理职责的工作人员仍可以防治传染病失职罪追究刑事责任。

由上述分析可知，本罪的主观方面只能由过失构成而不能包括间接故意，即行为人应当知道自己严重不负责任的行为可能会导致传染病传播或者流行，但是由于疏忽大意而没有预见，或者虽然已经预见到危害结果可能发生但轻信可以避免，以致发生严重危害结果。行为人主观上的过失是针对造成重大损失的结果而言的，并不排斥行为人对实施严重不负责任的行为可能是故意。如果行为人主观上不是出于过失，而是在明确预见到危害结果会发生的前提下仍然放任结果发生，那么就不构成本罪而成立相关的故意犯罪。

三、本罪的犯罪客体具有“单一性”

在刑法学理论上，按照犯罪所侵犯的社会关系的范围将犯罪客体分为一般客体、同类客体与直接客体。其中，直接客体是指某一犯罪直接侵犯的是刑法所保护的某种具体的社会关系。根据犯罪行为侵犯直接客体的数量，将其区分为两种形式：一是简单客体，即某种具体犯罪只侵犯一种社会关系；二是复杂客体，即某种犯罪侵犯了两种或两种以上的社会关系。

关于传染病防治失职罪侵犯的直接客体，我国刑法学传统理论认为，本罪侵犯的客体是国家传染病防治的正常管理制度。① 但也有意见认为，本罪侵犯的客体是政府卫生行政部门工作人员的职务勤政性或职权正当性，也可以认为是国家对传染病防治工作的正常监督管理活动。② 二者的共同之处在于均认可本罪的客体是国家对传染病防治的管制制度或活动，存在的主要分歧在于本罪的犯罪客体是否还包括政府卫生行政部门工作人员的职务或职权。从刑法学理论分析，犯罪客体的基本特征之一在于其是一种“社会关系”，或者说是犯罪行为所侵犯的统治阶级用刑事

① 参见高铭暄、马克昌主编：《刑法学》（第9版），北京大学出版社2019年版，第658页。

② 参见谢望远主编：《国家工作人员犯罪认定中疑点难点问题研究》，中国方正出版社2000年版，第330页。

法律手段调整和维护的某种社会关系。由于作为犯罪客体的“社会关系”不是具体的人或物,而是凭借人的思维才能认识的观念的东西,在界定犯罪客体的时候,就必须按照理论上设定的一般规则进行判断。

在我国刑法分则中,一般会通过明确规定犯罪客体、规定犯罪客体的物质表现、规定犯罪违反的某些法规、规定犯罪侵害的被害人特征等方式表明犯罪的直接客体,但大多数条文并没有对犯罪客体作出明文规定。结合《刑法》第409条的罪状规定来看,法条只规定了“从事传染病防治工作的政府卫生行政部门的工作人员”这一主体严重不负责任产生严重后果的要承担刑事责任,并没有通过上述列举的方式对本罪的犯罪客体作出明文规定。但也说明传染病防治失职罪做侵犯的客体是渎职犯罪的一般客体。与贪污贿赂犯罪既侵犯国家廉政建设制度、公共财产所有权,又侵犯国家工作人员的职务廉洁性的复杂客体比较而言,渎职类犯罪侵犯的客体相对简单,即一般是国家机关的正常管理活动。具体到传染病防治失职罪而言,行为人严重亵渎公职的行为,侵犯的正是地方各级政府卫生行政部门开展传染病防治工作的正常管理活动。这种不负责任的行为给政府机关的正常管理活动产生严重侵害。因此,传染病防治失职罪侵犯的客体具有单一性,应当是国家预防、控制传染病的管理制度和管理活动。

四、本罪在客观方面呈现出“失职性”

(一)“失职性”的主要体现

阻止传染病传播的最有效办法是注射疫苗和采取预防性控制措施,①这一医学共识在当前仍具有现实指导意义。从新型冠状肺炎疫情的应对过程来看,在缺乏疫苗的情况下,采取预防性控制措施成为阻止传染病传播的主要办法。而各种预防性控制措施制定、实施的关键就在于负有传染病防治职责的人员认真、正确地履行职责。与此对立,行为人不认真履行防控职责的“失职性”是传染病防治失职罪客观方面的根本属性。理论上,传染病防治失职罪是因违反行政法规而被刑法规定为犯罪的行政犯,

① 参见黄瑶、聂云飞:《传染性疾病的监控与国际法——兼谈应对“非典”问题》,载《比较法研究》2003年第5期。

与作为行政法的传染病防治法之间存在从属关系，因此，应当结合《传染病防治法》的规定对本罪的客观行为进行认定。① 根据《传染病防治法》的规定，传染病防治工作分为传染病预防、疫情报告、通报和公告、疫情控制、医疗救治、监督管理以及保障措施等部分。在传染病防控的不同阶段，需要开展的具体防治工作不同，行为人渎职行为的具体表现因而有所区别。通过对新冠肺炎疫情期间传染病防治工作的观察，政府卫生行政部门工作人员的渎职行为主要存在于两个节点：

一是传染病尚未流行的阶段，在对传染病的传染性、可控性进行评估的过程中，负有相应职责的工作人员瞒报、谎报实际情况，由此对防治工作产生误导进而导致传染病流行。在疫情初期，政府卫生行政部门工作人员的法定义务之一就是"如实上报"，如果行为人瞒报、谎报，乃至不报，或者负有领导职责的人员指使他人不如实汇报的，足以证明行为人没有完成法律对他所在岗位的期待。② 行为人在明知可能出现更广范围传染的情形下贻误时机，妨碍传染病防治工作的及时开展，足以构成犯罪。例如，四川某市区卫生院防保科工作人员王某某，在 2003 年 2 月至 4 月期间，先后接到当地某小学出现 10 例肝炎患者的疫情报告，但王某某既不向上级报告疫情，又不采取任何防控措施，导致近百名学生和教师被传染病毒性肝炎。最终，当地人民法院以传染病防治失职罪依法判处王某某拘役 6 个月。结合前述的易某传染病防治失职罪的案例来看，从事传染病防治工作的政府卫生行政部门的人员"在接到疫情报告后，既未向上级报告疫情，又不采取任何防控措施，最终导致多人感染传染病的严重后果"属于是一种较为典型的渎职情形。

二是传染病已经在一定范围出现传播之后，负有相应职责的工作人员不认真履行职责、不按照防疫要求落实相应的防控措施，由此导致传染病在更广范围的人群流行。刑法之所以将传染病防治失职罪规定失职类型的犯罪，是期待防治部门工作人员能够在疫情防控的关键时期主动作为，最大限度控制疫情、减少感染。客观而言，一些新出现的、传染性较强

① 参见谢望原、吴光侠：《传染病防治失职罪研究》，载《中国法学》2003 年第 4 期。

② 参见肖飒：《瞒报缓报疫情，小心构成传染病防治失职罪》，载《检察日报》2020 年 2 月 25 日，第 8 版。

的传染病并不是人力所能完全控制的,但是负有特定义务行为人的不作为导致传染病在原本可控的情形下失控进而传播、流行的,其危害性之大不言而喻。

由此,结合《传染病防治法》的规定,本罪在客观方面主要表现为行为人在传染病防治工作中的失职行为。具体又可分为两个阶段:第一,在传染病尚未流行的阶段,行为人故意隐瞒、缓报、谎报疫情或者授意、指使、强令他人瞒报、缓报、谎报疫情的行为;第二,在传染病疫情出现之后,行为人不执行或不认真执行疫情指挥机构的决定、命令,对发生疫情的地区(如新冠肺炎疫情期间政府明确的中高风险地区)或者需要采取防治措施的人群(包括传染病病人、无症状的病原携带者、疑似传染病病人)等,未按照防疫要求履行检测、筛查、隔离、救治等工作的行为。

(二)实践中认定“失职性”时需要注意的三个问题

司法实践中,在认定本罪客观方面所要求的“失职性”时,还应当注意以下三个方面的问题:

一是应当注意“工作失职”与“工作失误”的区分。行为人的工作失误往往也会给国家利益带来损失,但客观而言,工作失误在某种程度上是不可避免的,与具有渎职性质的工作失职应予以区分。在“工作失误”的情形下,虽然客观上行为人的错误行为会导致一定的危害结果,但行为人主观上不具有刑法意义上的犯罪过失。因此,不能因行为人的“工作失误”而对其定罪量刑。实践中,工作失误与工作失职区分的关键,在于行为人是否能够预见自己的行为可能导致危害结果的发生。详言之,如果行为人主观上不能预见危害结果的发生,那么不存在主观过失,属于工作失误;如果已经预见到因自己的行为可能发生危害结果,那么存在主观过失,属于工作失职。在具体判定上,也可以从行为特征上予以区分:在工作失误的情形下,行为人是积极、认真履行工作职责的,可能因工作制度不完善、政策界限不清、管理上的漏洞,或者因行为人业务水平不高、采取措施不当等客观原因而发生错误;在工作失职的情形下,行为人是刻意地不履行或不正确履行自己的工作职责、义务,由于行为人主观心态不端正、对工作严重不负责任,甚或违反工作纪律、规章制度等原因,导致危害后果的发生。

二是关于传染病“流行”的判断问题。从法条规定来看,本罪成立的关键在于行为人的渎职行为导致传染病传播或者流行的严重后果。司法解释规定了疫情期间传染病防治失职犯罪“情节严重”的客观表现，但是对于如何判断传染病是否“流行”尚无具体规定。也就是说，传染病在多大范围的人群传播属于《刑法》第409条规定的“传染病流行或传播”没有明确规定。在医学上，根据某种传染病在某一地区、一定时间内人群中数量的多少，以及各病例之间的联系强度，一般将传染病的流行强度分为散发、流行、大流行、暴发等不同形态。其中，流行是指在一定地区，某种传染病的发病率显著超过历年发病水平（一般为前三年平均发病率的3～10倍）的状况。就此而言，对于新冠肺炎等新出现的传染病，由于没有往年的发病水平作为参照，很难界定其是否在一定范围“流行”。而在司法实践中，对“流行”的判断采用的是“常人标准”，即以一般人是否认识到传染病或将在一定区域或人群流行作为标准，欠缺专业的医学判断标准，这种判断标准很显然容易导致定罪的随意性。对此，实践中相对合理的做法是对某种传染病使用相应的医学依据作为判断标准。这种依据应当是来自权威机构依据科学标准作出，比如由政府牵头成立、有相关医学专家参与的调查组出具的调查报告，而不能仅由司法机关根据一般人的认知对传染病是否“流行”予以判断。

三是行为与结果之间因果关系的判定问题。在司法实践中，即使传染病“流行”的医学标准得以明确，但想要进一步证明行为人的失职行为与传染病的传播或流行之间具有因果关系也是比较困难的。在理论上，出于对传统因果关系难以胜任传染病犯罪因果关系判定的担忧，有学者提出引入域外以流行病学为基础的“疫学因果关系”作为传染病犯罪的因果关系判断标准。所谓疫学因果关系，是指在行为引起结果的可能性非常大，但根据现有技术水平，不能确证该结果是由该行为引起时，可以根据统计学上的高度盖然性，推定存在因果关系。① 这种认定思路在理论上招致部分人的反对。理由主要在于，与传统的因果关系理论相比，疫学因果关系基于盖然性而进行推定的特性降低了因果关系的判断标准，加大

① 参见庄劲：《论传染病犯罪因果关系的认定——疫学因果关系理论的倡导》，载《政法论丛》2003年第6期。

了行为入罪的风险，会突破“疑罪从无”原则和刑法的人权保障机能。①具体到渎职犯罪因果关系的判断，其显著特点在于以结果为导向的归责路径，即出现某种法定的危害后果之后，逆向反推负有相应职责的行为人的行为是否合理，而这种“以果推因”逆向评估的结论往往是对行为人不利的。但是，这种以结果为导向的因果关系判断本身也存在不合理之处。结合新冠肺炎疫情防控情况来看，社会环境是开放的，人员的自由流动不能完全限制。由于这种新出现传染病的传染性非常强，被感染的病人普遍在出现症状几天、十几天乃至几十天之后才知道被感染。当这些感染者被发现时，往往已经造成一定范围的传播和扩散，这种特点导致控制疫情异常困难。在新冠肺炎疫情控制过程中，我们确立的基本观念或策略是“可防可控”。根据流行病学专家的解读，“可防可控”不是说一个病例不出现，而是说即使病例出现了，能够第一时间发现并进行处置，从而使疫情控制在最小的范围内。② 这意味着，在发现传染病确诊者之后，如果负有传染病防治职责的人员能够及时介入疫情，果断地落实各项防控措施。那么，即使这种传染病已经在一定范围内“流行”了，也不能按照结果归责的思路推定负有传染病防治职责的行为人“渎职”。就此而言，对于传染病病人传播疾病的犯罪，疫学因果关系可能具有适用的空间，但对于传染病防治失职罪的因果关系认定，疫学因果关系尚不完全可取。因此，在当前的实践中应当坚持以结果为导向的传统的因果关系判断规则，同时严格把握危害结果与渎职行为之间因果关系证据的审查和认定。

五、结语

根据我国刑法构成要件的基本理论，行为人成立传染病防治失职罪，要符合犯罪主体、犯罪主观方面、犯罪客体和犯罪客观等四个方面的要件特征。通过本文的探讨，本罪在认定上的争议主要集中在犯罪主体、犯罪主观方面、犯罪客观方面。在具体案件查办过程中，必须结合实际案情严格把握本罪犯罪主体、犯罪主观方面、犯罪客观方面的特征，从而准确适

① 参见王晓滨：《疫学因果关系理论中国化之否定》，载《法商研究》2020 年第 3 期。

② 参见韩亚栋：《疫情暴发点为何指向批发市场 访中国疾病预防控制中心流行病学首席专家吴尊友》，载央视网 2020 年 6 月 14 日，https://www.cctv.com/，最后访问日期：2020 年 6 月 14 日。

用本罪。在疫情初期,病毒传播具有突发性,且病毒的传染性断难以把握,此时对官员的失职行为的刑事追究应当慎重。经过一段时期的“战疫”行动,对病毒已有较为充分的认识、已有明确防控措施要求,在此前提下,如果个别地区肩负疫情防控职责的官员在疫情防控过程中的失职失责行为确实构成犯罪,那么应当适当发挥刑法的作用,追究相关人员的刑事责任。

●我国受贿案件量刑地区差异实证研究

——基于2019年受贿案件判决书的分析

章　琦*　周振杰**

摘　要：对2019年公开裁判文书的浙江省、湖北省、四川省和黑龙江省受贿案件的量刑情况分析显示，受贿案件量刑中存在受贿数额作为受贿案件主要量刑标准、受贿罪情节占比较低、受贿罪量刑轻缓化的现象。从按照来源对案件进行的比较分析可以看出，受贿案件量刑，包括主刑量刑、财产刑量刑和缓刑适用情况，明显受到案件来源地区的影响。在加入受贿数额和受贿相关情节后，部分地区之间的量刑差异仍然存在。因此，在“类案类判”的定罪量刑意见下，受贿案件量刑地区之间的差异可能进一步增大。

关键词：受贿罪　类案类判　量刑分析　地区差异

前　言

为统一法律适用，提升司法公信力，最高人民法院于2020年7月27日发布了《关于统一法律适用加强类案检索的指导意见（试行）》（以下简称《意见》），要求案件承办法官依托中国裁判文书网、审判案例数据库等进行类案检索，以统一裁判标准，实现类案类判。本文以中国裁判文书网2019年公开的受贿案件裁判文书为基础，对受贿案件的量刑情况进行地区比较分析，以发现在进行类案类判中可能遇见的问题，并为司法机关以及承办法官提供参考资料。

---

* 北京师范大学刑事法律科学研究院2020级硕士研究生。

** 北京师范大学刑事法律科学研究院教授、博士生导师。

从上述研究目的出发,本文首先根据中共中央《关于促进中部地区崛起的若干意见》《国务院发布关于西部大开发若干政策措施的实施意见》以及党的十六大报告的精神,将我国按照经济区域划分为东部地区、中部地区、西部地区和东北地区。[①] 然后在上述四个地区中分别选取 2019 年 1 月 1 日至 2019 年 12 月 31 日受贿罪判决书数量最多的浙江省、湖北省、四川省和黑龙江省,对其 2019 年受贿案件按照受贿罪量刑标准的"受贿数额+受贿情节"的量刑模式,进行分析。

在现有的关于受贿罪量刑的地区差异的分析中,主要集中在对于主刑量刑与地区的关系之间,对于财产刑和缓刑适用情况的分析则相对较少,而这两个问题对于预防贪利性的贿赂犯罪而言,具有不言而喻的重要性。因此,本文对上述四个省份 2019 年受贿案件的主刑量刑、财产刑和缓刑适用情况同时进行了分析。此外,本文根据受贿案件量刑标准和量刑情节引入调节变量,以分析在受贿数额和受贿相关情节的调节之下的受贿案件量刑与地区之间的关系。

一、受贿罪量刑理论分析与研究假设

(一)地区与受贿罪量刑的逻辑关系

政府机关雇员人数和党政机关雇员人数、政府财政收入、政府开支情况等对地区的腐败程度产生影响,[②]各个地区之间受贿案件本身的具体情况不同,而受贿案件的量刑主要并不是受到受贿案件来源的影响,而是与其他因素有关,因此在仅考虑受贿案件来源与量刑之间的关系时,量刑的影响因素并不主要是其案件来源,而是因受贿案件本身的不同而不同。基于此,受贿罪定罪量刑在仅考虑受贿案件来源的情况下进行比较存在差异。

---

① 其中东北地区包括:辽宁省、吉林省、黑龙江省;东部地区:北京市、天津市、河北省、上海市、江苏省、浙江省、福建省、山东省、广东省、海南省、台湾地区、香港特别行政区、澳门特别行政区;中部地区:山西省、安徽省、江西省、河南省、湖北省、湖南省;西部地区:内蒙古自治区、广西壮族自治区、重庆市、四川省、贵州省、云南省、西藏自治区、陕西省、甘肃省、青海省、宁夏回族自治区、新疆维吾尔自治区。由于香港特别行政区、澳门特别行政区、台湾地区的数据并不在中国裁判文书网和北大法宝网站中,所以本文不予讨论。

② 参见周黎安、陶婧:《政府规模、市场化与地区腐败问题研究》,载《经济研究》2009 年第 1 期。

具体而言,受贿罪量刑可以分为主刑量刑、财产刑量刑和缓刑适用情况三个部分。因此假设受贿罪的主刑量刑、财产刑量刑和缓刑适用情况与案件来自浙江省、湖北省、四川省还是黑龙江省有关,该差异主要是与各地区之间受贿案件本身的不同而出现差异。

(二)受贿数额、受贿相关情节与受贿罪量刑的逻辑关系

受贿行为属于背离了为政清廉义务,损害了党和政府在人民群众中严明公正的形象,是对职务行为不可收买性的侵害。① 受贿行为侵害法益的严重程度应当取决于财物与职务行为的关联程度、国家工作人员是否利用职务行为为他人谋取利益,以及利益的性质等因素。② 根据《刑法》第 386 条的规定,受贿罪定罪量刑与受贿数额和受贿行为情节有关,结合《刑法》中关于量刑的从轻、减轻有关情节,以及最高人民法院发布的《人民法院量刑指导意见(试行)》中的定罪量刑应该结合全案事实和量刑情节,对受贿案件进行定罪量刑。因此,各地区的受贿罪量刑均应当基于受贿行为侵害的法益出发,即犯罪行为对社会的危害程度予以统一量刑。③

(三)在受贿数额、受贿相关情节调节下,地区与受贿罪量刑的逻辑关系

2016 年 4 月 18 日,最高人民法院、最高人民检察院公布《关于办理贪污贿赂刑事案件适用法律若干问题的解释》(以下简称《解释》),对于受贿数额作为受贿罪定罪量刑的标准予以提升,认为该标准的提升是顺应 GDP 增长,随着社会经济的发展状况而相应地变化。对于受贿罪的定罪量刑采用全国统一标准,而非按照各省市的人均 GDP、人均可支配收入规定不同的数额标准,维护了司法的公平公正,增强了司法的可操作性。④ 按照此理论逻辑,受贿罪量刑标准并不应该受到地区差异的影响。即在控制了受贿数额和受贿相关情节以后,受贿案件的量刑不应受到案件来源地区的影响。

---

① 参见马克昌主编:《百罪通论(下)》(第 1 版),北京大学出版社 2014 年版,第 1169 页。

② 参见张明楷:《贪污受贿罪的司法与立法发展方向》,载《政法论坛》2017 年第 1 期。

③ 参见赵秉志:《贪污受贿犯罪定罪量刑标准问题研究》,载《中国法学》2015 年第 1 期。

④ 参见赵秉志:《略谈最新司法解释中贪污受贿犯罪的定罪量刑标准》,载《人民法院报》2016 年 4 月 19 日,第 3 版。

二、受贿案件量刑地区差异研究设计与变量描述

本文以中国裁判文书网 2019 年 1 月 1 日至 2019 年 12 月 31 日公开的浙江省、湖北省、四川省和黑龙江省的 704 份受贿罪案件判决书作为研究样本，具体变量情况如下：

(一)核心自变量：受贿案件地区来源

因本文拟研究受贿案件量刑“类案”是否会因地区不同而案件量刑结果不同，因此将受贿案件的地区来源作为核心自变量。对研究样本进行具体量化如下：“0 = 浙江省；1 = 湖北省；2 = 四川省；3 = 黑龙江省”，将后三个变量分别引入回归模型，各地区的受贿案件数量如表 1 所示。

表 1　2019 年四省份受贿案件总体统计

地区	受贿案件/件	百分比/%
地区 0	182	25.85
地区 1	178	25.28
地区 2	264	37.50
地区 3	80	11.37
合计	704	100.00

(二)控制变量：受贿数额和受贿相关情节

《刑法修正案(九)》之后，我国采取“受贿数额 + 受贿情节”的量刑方式，结合量刑规范意见中对量刑产生影响的因素考虑，受贿罪中影响量刑的因素主要包括受贿数额和受贿相关情节。

如表 2 所示，从不同地区受贿案件的整体情况来看，地区 3 受贿案件受贿金额的平均数最低，为人民币 64.81951 万元，且案件之间受贿的数额的分布较为密集，极差最小；地区 0 受贿案件受贿金额的平均数最高，为人民币 144.1229 万元，且案件之间的受贿数额分布较为分散，极差也最大。所有样本案件中的受贿数额最大值出现在地区 0，为 3301 万元；最小值出现在地区 1，为 1.9 万元。

表 2　2019 年四省份受贿案件受贿数额统计

地区	平均数/万元	标准差	最大值/万元	最小值/万元
地区 0	144.1229	345.3703	3301	3
地区 1	70.62342	138.3491	1334.586	1.9
地区 2	97.24047	211.7211	1780	3
地区 3	64.81951	102.6015	657.5484	3
总体	98.94657	233.1266	3301	1.9

如表 3 所示,从不同地区的受贿数额的具体情况来看,四省份受贿数额较多分布在 20 万元以上不满 150 万元这一区间内。四省份中,地区 1 受贿数额在 300 万元以上的占比最高,约为 9.89%;地区 3 受贿数额在 300 万元以上的案件占比最少,约为 1.25%。

表 3　2019 年四省份受贿案件受贿数额交叉列表

受贿数额	地区 0/件	地区 1/件	地区 2/件	地区 3/件
不满 3 万元	0	1	0	0
3 万元以上不满 10 万元	44	33	51	21
10 万元以上不满 20 万元	20	39	40	15
20 万元以上不满 150 万元	80	88	135	32
150 万元以上不满 300 万元	20	11	23	11
300 万元以上	18	6	15	1
合计	182	178	264	80

基于量刑标准和司法实践中适用情况,本文在考量影响受贿案件量刑的受贿情节时主要考虑以下量刑情节:共同犯罪、认罪认罚、自首、坦白、立功、重大立功、退赃、索贿、多次索贿、谋取不正当利益,谋取职务提升,①而在将上述因素纳入受贿影响量刑因素时候按照虚拟变量的形式对

① 此处“谋取不正当利益”是指:为他人谋取不正当利益,致使公共财产、国家和人民利益遭受损失的;此处“谋取职务提升”是指:为他人谋取职务提拔、调整的。在整理数据时同时也考虑了《解释》的其他有关受贿情节,但是在所有案件的量刑中并不存在含有其他受贿情节的案例,在此予以说明。

其进行处理,如表4所示。

表4　2019年四省份受贿案件受贿相关情节统计

量刑情节		地区0/件	地区1/件	地区2/件	地区3/件
共同犯罪	0 = 否	154	165	229	66
	1 = 主犯	6	1	18	2
	2 = 从犯	9	8	14	4
	3 = 不区分主从	13	4	3	8
认罪认罚	0 = 否	37	47	124	23
	1 = 认罪	80	69	58	30
	2 = 认罪认罚	65	62	82	27
自首	0 = 否	138	111	161	50
	1 = 是	44	67	103	30
坦白	0 = 否	141	112	131	58
	1 = 是	41	66	133	22
立功	0 = 否	171	168	247	75
	1 = 是	11	10	17	5
重大立功	0 = 否	182	178	261	80
	1 = 是	0	0	3	0
退赃	0 = 否	7	4	10	1
	1 = 部分退赃	17	8	78	4
	2 = 全部退赃	158	166	176	75
索贿	0 = 否	165	159	236	67
	1 = 是	17	19	28	13
多次索贿	0 = 否	180	175	243	76
	1 = 是	2	3	21	4
谋取不正当利益	1 = 是	182	178	259	80
	0 = 否	0	0	5	0
谋取职务提升	1 = 是	182	178	264	80
	0 = 否	0	0	0	0

2020年第十三届全国人民代表大会常务委员会第二次会议中指出，2019年1月至2020年8月，全国适用认罪认罚从宽制度办结案件人数占同期办结刑事案件犯罪总数的61.3%。① 根据最高检的数据表明，2019年12月，全国检察机关认罪认罚从宽制度适用率、量刑建议采纳率均超过80%。② 然而，结合表4，2019年浙江省、湖北省、四川省和黑龙江省四省的受贿案件中，认罪认罚案件人数占其地区的总受贿案件的比例分别为35.71%、34.83%、31.06%、33.75%，远低于刑事案件中认罪认罚的整体情况。

虽然《刑法修正案（九）》将受贿罪的量刑标准由修改前的按照犯罪金额的量刑标准改为以受贿金额加犯罪情节的量刑标准，以求具体的犯罪情节的社会危害性惩处受贿犯罪的立法意图，完善刑法修改前"唯犯罪金额"量刑的制度缺陷，③但是在该量刑标准已实施4年后，即2019年，浙江省、湖北省、四川省和黑龙江省在裁判受贿案件时对于受贿罪犯罪情节的关注仍然较少，对于最高人民法院、最高人民检察院颁布的《解释》中有关受贿罪的量刑情节的八种情节中，仅有两种情节在上述四个省份的2019年受贿案件中出现，即在上述判决书中仅存在多次索贿和为他人谋取不正当利益，致使国家和人民的利益遭受损失的情况，而剩下六种情况在判决书中并没有显现。④

（三）因变量：地区不同与受贿案件量刑情况

结合我国《刑法》中将量刑分为主刑和附加刑，具体到受贿罪的量刑采用主刑加财产刑的量刑模式，因此本文分别设置因变量受贿案件主刑量刑情况和财产刑量刑情况。缓刑作为刑罚轻缓化与人道主义的产物，在弥补监禁刑的弊端、贯彻刑事政策执行过程中发挥着不可替代

---

① 参见邱春艳：《把认罪认罚从宽制度进一步做实做好 助推国家治理体系和治理能力现代化》，载《检察日报》2020年10月16日，第1版。

② 参见徐日丹：《2019年12月份认罪认罚从宽制度适用率超过80%》，载中华人民共和国最高人民检察院网，https://www.spp.gov.cn/spp/zdgz/202001/t20200119_453239.shtml，最后访问日期：2020年1月22日。

③ 参见张智全：《贪污受贿以情节量刑考验司法智慧》，载《人民法院报》2015年9月15日，第2版。

④ 此处没有显现一方面可能是本身此类受贿情节在实践中并不存在，另一种可能性则是虽然存在但是因难以证明或缺乏关注而予以忽视。

的作用。[1] 缓刑制度随着刑法理论的完善逐渐勃兴，有学者认为，缓刑本质上是刑罚的一种替代措施，[2]缓刑的适用也能够反映出各地对于受贿案件量刑的态度。因此，本文将缓刑适用情况也作为各个地区受贿罪量刑是否存在差异的研究变量。以下将分别描述四个省份在2019年受贿案件主刑量刑、财产刑量刑和缓刑适用情况的整体情况。

如表5所示，将所有案件按照地区分布进行分析后，发现在所有地区样本案件中，东部地区浙江省受贿案件的平均量刑时间最长，约为40个月，即为3年4个月。中部地区湖北省受贿案件的平均量刑时间最短，约为个29个月，即为2年5个月。结合各省份受贿数额和受贿相关情节的情况，发现受贿案件的整体量刑偏低。在不考虑其他受贿相关情节的情况下，各省份受贿数额的平均值所对应的受贿案件量刑高于各省份受贿案件的主刑量刑。而各省份受贿数额最大值存在较大差异，但各省份的受贿案件量刑最大值差异并不明显。

表5　2019年四省份受贿案件主刑量刑情况统计

地区	平均量刑/月	方差	量刑最大值/月	量刑最小值/月
地区0	39.54396	32.39357	144	0
地区1	28.64607	25.86194	144	0
地区2	33.77273	25.43181	138	0
地区3	29.23750	28.28214	144	0
总体	33.45313	28.07029	144	0

针对上述受贿案件的具体量刑情况如表6所示，按照受贿案件中量刑的具体分布来看，东部地区的样本案件中量刑区间最多的案件处于被判处有期徒刑120个月以上，即被判处10年以上有期徒刑。中部地区、西部地区、东北地区的样本案件中量刑区间最多的案件则均处于被判处有期徒刑36个月以上120个月以下的区间，即被判处3年以上10年以下

① 参见关昕：《我国缓刑制度适用的现实困境与完善举措》，载《江西社会科学》2018年第11期。

② 参见叶良芳：《缓刑适用应受责任刑的制约——以国内最大基金老鼠仓案为分析重点》，载《法学》2014年第9期。

有期徒刑的区间内,整体上符合受贿数额所处区间对应的受贿案件量刑区间。

表6　2019年四省份受贿案件主刑量刑交叉情况

主刑量刑幅度	地区0/件	地区1/件	地区2/件	地区3/件
免予刑事处罚	1	10	13	14
拘役	6	2	1	1
有期徒刑36个月以下	70	98	112	27
有期徒刑36个月以上120个月以下	94	61	130	35
有期徒刑120个月以上	11	7	3	3
合计	182	178	264	80

注:在将主刑量刑结果引入因变量时,对于免予刑事处罚的案件按照主刑量刑为0个月处理,对于拘役和判处有期徒刑均按照其量刑时长予以处理。

从表7来看,四省份罚金平均数排列情况和四省份的主刑量刑情况排列基本一致,浙江省主刑量刑时间最长,其罚金平均数也最高,湖北省主刑量刑时间最短,其罚金刑平均数也最低。

表7　2019年四省份受贿案件罚金刑和缓刑适用情况

	地区0/件	地区1/件	地区2/件	地区3/件
罚金平均数/万元	28.26519	18.54167	22.79969	21.49231
缓刑适用情况[1]/%	14.85	23.03	24.24	32.50

〔1〕缓刑适用情况指被判处缓刑的案件占该省份受贿案件整体的比例。

三、受贿案件量刑的回归分析

(一)主刑量刑结果多元线性回归分析

第一,受贿案件来源地区对主刑量刑的影响。

在不考虑其他因素对主刑量刑结果的影响下,构建模型如下:主刑量刑 $=\alpha+\beta_1$地区 $i+\varepsilon$。其中主刑量刑为案件量刑的总月份,本文按照受贿案件来源不同生成四个虚拟变量,分别为浙江省为"地区0",湖北省为"地区1",四川省为"地区2",黑龙江省为"地区3"。在引入模型时,将

"地区 0"作为对照组,然后引入"地区 1""地区 2""地区 3"与"地区 0"进行比较生成结果如表 8 所示。

表 8　受贿案件主刑量刑与案件来源的回归分析

主刑量刑/月	Coef.	Std. Err.	T	P > t	[95% Conf. Interval]	
地区 1	-10. 8979	2. 932239	-3. 72	0. 000	-16. 6549	-5. 14085
地区 2	-5. 77123	2. 679931	-2. 15	0. 032	-11. 0329	-0. 50956
地区 3	-10. 3065	3. 731331	-2. 76	0. 006	-17. 6324	-2. 98052
_cons	39. 54396	2. 061855	19. 18	0. 000	35. 4958	43. 59212
Prob > F = 0. 0013; Adj R-squared = 0. 0180						

表 8 报告了基本的回归结果,模型整体的 P 值为 0. 0013,小于 0. 05,表明模型整体具有显著性,即模型整体表明受贿案件主刑量刑与地区之间存在相关性。

具体来看,与对照组地区 0 相比,地区 1、地区 2、地区 3 的量刑低于地区 0 的幅度分别为 10. 8979、5. 77123 和 10. 3065,而由于地区 1、地区 2、地区 3 所对应的 P 值均小于 0. 05,即表明上述三地区对对照组相比均具有显著性。在不考虑其他变量影响之下,不同地区受贿案件的量刑存在显著差异。

第二,引入调节变量受贿数额的影响。

在《刑法修正案(九)》之前,我国存在着受贿案件以受贿数额作为影响量刑的决定性因素的唯数额论的现象,受贿数额成为影响量刑的最为关键的因素。① 《刑法修正案(九)》对受贿罪的定罪量刑采取"受贿数额 + 受贿情节"的方式,仍然将受贿数额作为影响受贿罪定罪量刑的重要因素,一方面受贿数额的大小体现了行为的危害程度,从而体现了对法益的侵害程度,②另一方面我国对犯罪采取"定性 + 定量"的处罚模式,相对于行政处罚系统而言,二元制的制裁体系更能够实现打击的公平。③ 尤其

① 参见林竹静:《受贿罪数额权重过高的实证分析》,载《中国刑事法杂志》2014 年第 1 期。

② 参见李希慧主编:《贪污贿赂罪研究》(第 1 版),知识产权出版社 2004 年版,第 203 页。

③ 屈学武:《中国刑法上的罪量要素存废评析》,载《政治与法律》2002 年第 1 期。

是在党纪政纪与刑刑法共同打击贪污受贿案件之下，受贿数额即使受贿情节的体现，也是受贿行为侵犯法益的体现。因此，在上述模型的基础上考虑受贿数额这一因素对主刑量刑结果的影响，即：主刑量刑 = $\alpha + \beta_1$ 地区 i + $\beta_2$log（受贿数额）+ ε。

针对控制受贿数额后对不同地区间的量刑情况进行分析结果如表 9 所示。

表 9　受贿案件主刑量刑与案件来源、受贿数额的回归分析

主刑量刑/月	Coef.	Std. Err.	T	P > t	[95% Conf.	Interval]
地区 1	-6.10008	1.612438	-3.78	0.000	-9.26588	-2.93428
地区 2	-4.14304	1.470236	-2.82	0.005	-7.02965	-1.25643
地区 3	-3.25547	2.05372	-1.59	0.113	-7.28767	0.776724
Log（受贿数额）	16.81845	0.41676	40.36	0.000	16.0002	17.6367
_cons	-22.4093	1.906666	-11.75	0.000	-26.1528	-18.6658
Prob > F = 0.000；Adj R-squared = 0.7047						

表 9 显示了加入受贿数额之后的回归结果，在加入受贿数额这一自变量后，模型整体的 P 值为 0.000，具有明显显著性，且模型整体的调整后的 R 方位 0.7047，这表明仅考虑受贿案件来源地区相比模型的拟合度有明显的上升。

地区 1 引入自变量时，P 值为 0.000，表明地区 1 与地区 0 相比，在受贿数额引入自变量后，受贿案件量刑仍然具有显著差异，地区 1 受贿案件主刑量刑低于地区 0；地区 2 与对照组地区 0 相比，P 值为 0.005，在受贿数额及其他因素相一致的情况下，地区 2 的受贿案件量刑低于地区 0；在比较地区 3 和地区 0 时，P 值为 0.113，不具有显著性，这表明地区 3 与地区 0 之间受贿案件之间的地区差异可以用受贿数额这一自变量的影响来解释。

第三，引入调节变量受贿相关情节的影响。

受贿罪不是财产犯罪，而是对国家法益的犯罪。[①] 受贿情节反映出受

① 参见张明楷：《贪污贿赂罪的司法与立法发展方向》，载《政法论坛》2017 年第 1 期。

贿人的主观恶性和行为的社会危害性。对于影响量刑的情节而言,又可以分为受贿时的情节和案发后的情节,前者包括受贿时是否为共同犯罪,是否存在索贿的情节,是否存在多次索贿,是否存在谋取不正当利益,造成重大社会危害,是否利用职务受贿为他人谋取职务提升等;受贿后影响量刑的情节则包括认罪认罚、自首、坦白、退赃退罚、重大立功、立功等,引入上述受贿情节后构建模型:主刑量刑 = $\alpha + \beta_1$地区 i + $\beta_2$log(受贿数额) + β_3共同犯罪 + β_4认罪认罚 + β_5自首 + β_6坦白 + β_7索贿 + β_8多次索贿 + β_9谋取不正当利益 + β_{10}谋取职务提升 + β_{11}退赃退罚 + β_{12}重大立功 + β_{13}立功 + ε。

对上述模型在将地区、受贿数额和受贿情节纳入案件的自变量后进行回归结果如表 10 所示。

表 10　受贿案件主刑量刑与案件来源、受贿数额和受贿相关情节的回归分析

主刑量刑/月	Coef.	Std. Err.	T	P > t	[95% Conf. Interval]	
地区 1	-5. 72795	1. 524559	-3. 76	0. 000	-8. 72128	-2. 73461
地区 2	-5. 16897	1. 516868	-3. 41	0. 001	-8. 14721	-2. 19073
地区 3	-2. 94713	1. 905068	-1. 55	0. 122	-6. 68757	0. 793302
Log(受贿数额)	16. 16581	0. 398375	40. 58	0. 000	15. 38364	16. 94799
共同犯罪	-2. 63958	0. 738499	-3. 57	0. 000	-4. 08955	-1. 1896
认罪认罚	-1. 55440	0. 676779	-2. 3	0. 022	-2. 88320	-0. 22561
自首	-7. 40372	1. 436297	-5. 15	0. 000	-10. 2238	-4. 58368
坦白	-0. 67100	1. 417760	-0. 47	0. 636	-3. 45465	2. 112649
索贿	7. 846859	2. 039731	3. 85	0. 000	3. 842023	11. 85169
多次索贿	9. 551985	3. 265896	2. 92	0. 004	3. 139683	15. 96429
不正当利益	-7. 90994	6. 550906	-1. 21	0. 228	-20. 7721	4. 95219
谋取职务提升[1]	0	(omitted)				
退赃	-4. 37398	1. 190559	-3. 67	0. 000	-6. 71154	-2. 03642
重大立功	-5. 01388	8. 187355	-0. 61	0. 540	-21. 089	11. 06128

续表

主刑量刑/月	Coef.	Std. Err.	T	P > t	[95% Conf. Interval]	
立功	-6.42204	2.008831	-3.2	0.001	-10.3662	-2.47788
_cons	-7.8037	3.046212	-2.56	0.011	-13.7847	-1.82273
Prob > F = 0.0000; Adj R-squared = 0.7519						

〔1〕在样本中虽然存在有谋取职务提拔调整的案例，但是在量刑时，法院并未将其作为影响量刑的因素。

表10显示了在同时引入受贿数额和受贿情节之后，核心自变量受贿地区与量刑之间的关系，整体模型的P值为0.0000，调整后的R方位0.7519，相比于前一模型有小幅度的上升。

具体来看，在引入了受贿情节作为调节变量后，地区1与地区0相比，P值为0.000，这表明在引入受贿数额和受贿相关情节的变量后，地区1受贿案件量刑低于地区0，且该结论具有明显显著性；地区2与地区0相比，P值为0.001，即地区2受贿案件在引入受贿数额和受贿相关情节之后，地区2的受贿案件量刑仍低于地区0。

（二）罚金量刑结果多元线性回归分析

根据最高人民法院《关于适用财产刑若干问题的规定》第2条规定："人民法院应当根据犯罪情节，如违法所得数额、造成损失的大小等，并结合考虑犯罪分子缴纳罚金的能力，依法判处罚金。"由此可见，财产刑的主要影响因素和主刑量刑的主要因素一致。那么在实践中，财产刑是否会受到地区的影响，则需要通过实证研究的方式予以分析。分别将核心自变量和调节自变量引入模型中得到结果如表11、表12、表13所示。①

根据表11、表12和表13可以发现，罚金量刑的结果同样受到地区因素的影响，这种影响结果在纳入了受贿数额和受贿情节的调节变量后，地区1和地区2的罚金刑量刑仍然受到地区因素的显著影响，与地区0相比，地区1和地区2的受贿案件在受贿数额相同，受贿情节相同的情况下，地区1和地区2的受贿案件的罚金刑较低。

① 具体模型构建和主刑量刑的模型相一致，仅将因变量变为罚金刑量刑。

表 11　受贿案件罚金刑量刑与案件来源的回归分析

罚金刑/万元	Coef.	Std. Err.	T	P > t	[95% Conf. Interval]	
地区 1	-0. 34201	0. 064859	-5. 27	0. 000	-0. 46937	-0. 21466
地区 2	-0. 13824	0. 058994	-2. 34	0. 019	-0. 25408	-0. 0224
地区 3	-0. 14515	0. 087908	-1. 65	0. 099	-0. 31777	0. 027464
_cons	3. 078026	0. 04493	68. 51	0. 000	2. 989802	3. 166249
Prob > F = 0. 0000; Adj R-squared = 0. 0366						

表 12　受贿案件罚金刑量刑与案件来源、受贿数额的回归分析

罚金刑/万元	Coef.	Std. Err.	T	P > t	[95% Conf. Interval]	
地区 1	-0. 26544	0. 036421	-7. 29	0. 000	-0. 33696	-0. 19393
地区 2	-0. 12998	0. 033077	-3. 93	0. 000	-0. 19493	-0. 06503
地区 3	-0. 06145	0. 049337	-1. 25	0. 213	-0. 15833	0. 035429
Log(受贿数额)	0. 366395	0. 009668	37. 9	0. 000	0. 347411	0. 38538
_cons	1. 723704	0. 043723	39. 42	0. 000	1. 63785	1. 809558
Prob > F = 0. 0000; Adj R-squared = 0. 6971						

表 13　受贿案件罚金刑量刑与案件来源、受贿数额和受贿相关情节的回归分析

罚金刑/万元	Coef.	Std. Err.	t	P > t	[95% Conf. Interval]	
地区 1	-0. 25645	0. 036287	-7. 07	0. 000	-0. 3277	-0. 18519
地区 2	-0. 13428	0. 036052	-3. 72	0. 000	-0. 20507	-0. 06349
地区 3	-0. 05783	0. 047731	-1. 21	0. 226	-0. 15156	0. 035895
Log(受贿数额)	0. 362014	0. 009657	37. 49	0. 000	0. 34305	0. 380977
共同犯罪	-0. 05190	0. 017901	-2. 90	0. 004	-0. 08705	-0. 01675
认罪认罚	-0. 01634	0. 016458	-0. 99	0. 321	-0. 04865	0. 015981
自首	-0. 12638	0. 034591	-3. 65	0. 000	-0. 19431	-0. 05846
坦白	-0. 03214	0. 034113	-0. 94	0. 346	-0. 09912	0. 034847
索贿	0. 070684	0. 048496	1. 46	0. 145	-0. 02454	0. 165913

续表

罚金刑/万元	Coef.	Std. Err.	t	P > t	[95% Conf. Interval]	
多次索贿	0.191536	0.077621	2.47	0.014	0.039116	0.343957
不正当利益	-0.20326	0.152864	-1.33	0.184	-0.50343	0.096907
谋取职务提升	0	(omitted)				
退赃	-0.03965	0.028007	-1.42	0.157	-0.09465	0.015343
重大立功	-0.05572	0.233583	-0.24	0.812	-0.51439	0.402952
立功	-0.21809	0.053778	-4.06	0.000	-0.32369	-0.11249
_cons	1.891456	0.072208	26.19	0.000	1.749666	2.033247
Prob > F = 0.0000; Adj R-squared = 0.7200						

(三)缓刑适用情况的 logit 回归分析

本文在构建模型时,仅将其是否被判处缓刑作为因变量,即最终判处缓刑为“1”,未判处缓刑为“0”,对缓刑情况进行二元 logistic 回归,按照首先仅核心自变量即地区因素纳入模型,之后以此纳入受贿数额和受贿情节因素的影响,进行处理后得到表 14、表 15 和表 16。

表 14 受贿案件缓刑适用情况与案件来源的 logit 分析

缓刑	Coef.	Std. Err.	Z	P > z	[95% Conf. nterval]	
地区 1	0.541179	0.274186	1.97	0.048	0.003784	1.078575
地区 2	0.608154	0.253207	2.40	0.016	0.111878	1.104430
地区 3	1.016701	0.316968	3.21	0.001	0.395455	1.637947
_cons	-1.747590	0.208539	-8.38	0.000	-2.156320	-1.338860
Prob > F = 0.0096; Pseudo R2 = 0.0152						

表 15 受贿案件缓刑适用情况与案件来源、受贿金额的 logit 分析

缓刑	Coef.	Std. Err.	Z	P > z	[95% Conf. Interval]	
地区 1	0.485412	0.282135	1.72	0.085	-0.067560	1.038385
地区 2	0.634636	0.261464	2.43	0.015	0.122176	1.147097
地区 3	0.917845	0.328071	2.80	0.005	0.274839	1.560852

续表

缓刑	Coef.	Std. Err.	Z	P > z	[95% Conf. Interval]	
Log(受贿数额)	-0.49250	0.078252	-6.29	0.000	-0.645870	-0.339130
_cons	-0.11774	0.316886	-0.37	0.710	-0.738820	0.503346
Prob > F = 0.0000; Pseudo R2 = 0.0757						

表 16　受贿案件缓刑适用情况与案件来源、受贿金额和受贿相关情节的 logit 分析

缓刑	Coef.	Std. Err.	Z	P > z	[95% Conf. Interval]	
地区 1	0.461028	0.297145	1.55	0.121	-0.12137	1.043422
地区 2	0.739734	0.295249	2.51	0.012	0.161057	1.318412
地区 3	0.905685	0.339753	2.67	0.008	0.239781	1.571589
Log(受贿数额)	-0.50611	0.08312	-6.09	0.000	-0.66903	-0.3432
共同犯罪	0.400044	0.124705	3.21	0.001	0.155627	0.644461
认罪认罚	0.261722	0.121975	2.15	0.032	0.022656	0.500788
自首	0.609855	0.273215	2.23	0.026	0.074364	1.145346
坦白	0.390426	0.281161	1.39	0.165	-0.16064	0.94149
索贿	-0.85087	0.459911	-1.85	0.064	-1.75228	0.050539
多次索贿	-0.03748	0.774144	-0.05	0.961	-1.55477	1.479815
谋取不正当利益	0	(omitted)				
谋取职务提升	0	(omitted)				
退赃	0.366162	0.268687	1.36	0.173	-0.16045	0.892779
重大立功	1.037651	1.356809	0.76	0.444	-1.62165	3.696947
立功	-0.33104	0.385028	-0.86	0.390	-1.08568	0.4236
_cons	-1.46141	0.641552	-2.28	0.023	-2.71883	-0.20399

根据上述表 14、表 15 和表 16 结果表明，在仅将地区因素作为缓刑影响因素之下，模型整体的 P 值为 0.0096，而地区 1、地区 2 和地区 3 分别与地区 0 相比时，其 P 值均小于 0.05。这表明在不考虑其他因素的情况之下，受贿案件是否被判处缓刑会受到地区因素的影响。在分别考虑受贿

数额和受贿情节作为缓刑影响因素的情况下,地区 1 的 P 值大于 0.05,其显著性消失,表明在地区 0 和地区 1 之间受贿案件被判处缓刑与否更多受到受贿数额和受贿情节等因素的影响,与地区差异的关系不大。而地区 2 和地区 3 在引入受贿数额和受贿情节作为调节表变量的情况下,其受贿案件被判处缓刑与否仍然受到地区的显著影响,这表明地区因素对缓刑判决的影响大:与地区 0 相比,类似的受贿案件如果发生在地区 2 和地区 3 有更大的概率被判处缓刑。

四、实证分析研究结论

基于以上事实,本文就受贿案件地区对受贿罪量刑结果的影响进行初步分析。

(一)受贿案件来源对受贿案件主刑量刑有影响

如上所述,在本文所涉及的浙江省、湖北省、四川省和黑龙江省四个省 2019 年上传至“中国裁判文书网”上所有受贿案件的量刑情况来看,在仅考虑受贿案件来源的情况下,湖北省、四川省和黑龙江省的受贿案件的量刑均明显低于浙江省。在分别加入调节变量——受贿数额和受贿情节对受贿案件的量刑影响之后,湖北省、四川省的受贿案件的量刑仍然显著低于浙江省,但模型的整体拟合度有明显上升。这表明受贿案件的量刑受到受贿数额和受贿情节的影响,且受到受贿数额影响非常明显,但是其影响并不能够消除受贿案件在量刑时候存在的地区差异,结果表明在相同受贿数额和受贿相关情节的情况下,湖北省和四川省的受贿案件的主刑量刑低于浙江省。即类似的案件发生在浙江省,主刑量刑结果将重于湖北省和四川省;黑龙江省和浙江省受贿罪的量刑结果之间的显著性消失,表明其在仅考虑受贿案件来源的情况下的存在的显著性与受贿数额和受贿相关情节有关。

(二)受贿案件来源对受贿案件罚金刑有影响

根据《刑法》第 383 条的规定,对于受贿案件在判处主刑的同时需要并处罚金或者没收财产,但是在 2019 年浙江省、湖北省、四川省和黑龙江省四个省上传至裁判文书的案件来看,并不存在没收财产的情况。因此,本文仅对存在罚金刑的情况进行了地区之间的差异分析。从结果来看,在仅考虑核心自变量即受贿案件来源的情况下,部分地区受贿案件的罚金情况存在显著的地区差异:与浙江省相比,湖北省和四川省的罚金刑明显低于浙江省;在加入了受贿数额和受贿情节的调节变量后,该显著性仍然存在,即在受贿数额和受贿情节相一致的情况下,湖北省和四川省的罚金刑低于浙江省,或者说类似受贿案件如果发生在浙江省,其罚金刑将高于湖北省和四川省。

(三)受贿案件来源不同对受贿案件缓刑适用情况的影响

根据我国《刑法》第72条规定,缓刑适用的实质条件是犯罪分子的犯罪情节较轻,具有悔罪表现,没有再犯的危险,形式条件为被判处拘役、3年以下有期徒刑。缓刑的适用本身并不应当受到案件地区来源的影响,而应该受到案件的本身的情节、案件当事人的悔罪态度和人身危险性,在满足缓刑形式条件之下进行决定。但是根据上述实证分析现实受贿案件的缓刑适用在实践中却受到案件来源的影响,即来自不同地区的案件被判处缓刑的概率并不一致。在仅考虑本文核心自变量即受贿案件来源的情况下,湖北省、四川省和黑龙江省的缓刑情况与浙江省均存在显著性。具体而言,在其他条件相同的情况下,与浙江省相比,案件发生在湖北省、四川省和黑龙江省有更多概率被判处缓刑。在分别加入了受贿数额和受贿情节的调节变量后,四川省和黑龙江省被判处缓刑仍与浙江省存在显著性,即在其他条件相同的情况下,类似受贿数额和类似受贿相关情节的案件与发生在浙江省相比,发生在四川省和黑龙江省时被判处缓刑的概率更高。

五、结语

上述分析表明,在调节了受贿数额和受贿相关情节后,部分地区受贿罪的量刑仍然受到案件来源地区的影响,量刑差异包含了主刑量刑差异、财产刑量刑差异和缓刑适用情况的差异:(1)浙江省受贿案件主刑量刑重于湖北省和四川省;(2)浙江省受贿案件财产刑量刑重于湖北省和四川省;(3)四川省和黑龙江省的受贿案件适用缓刑概率高于浙江省。根据《意见》要求,人民法院办理案件类案的检索范围一般包括最高人民法院发布的指导性案例、最高人民法院发布的典型案例及裁判生效的案件、本省(自治区、直辖市)高级人民法院发布的参考性案例及裁判生效的案件、上一级人民法院及本院裁判生效的案件,且已经在前一顺位中检索到类案的,可以不再进行检索的标准。在现有受贿案件地区之间量刑的差异之下,虽然前述类案检索范围的前两个级别均为全国层面上的生效判决,但是上述两个级别的案件更偏向对定罪的指导意见,对于大多数一般案件的量刑影响不大,而根据本地区生效判决的类案量刑,有可能进一步扩大受贿案件量刑的地区差异。因此,我国现行关于受贿罪的立法规定和司法实践应该对受贿罪量刑之间的地区差异予以关注,及时作出妥当回应。

●论中间人截留贿赂款的刑法规制*

商浩文** 李济芳***

摘　要：中间人截留贿赂款刑法规制的重点和难点在于对特定关系之外的第三人，介绍贿赂罪、受贿罪共犯、侵占罪等现有的刑法规制思路均存在一定的不足。中间人截留贿赂款的刑法定性存在利用影响力受贿罪的空间，应考虑中间人与特定关系人的密切关系情况、介绍贿赂中发挥的作用，视具体情况进行综合判断。

关键词：截留贿赂　利用影响力受贿　密切关系

一、问题之提出

关于截留贿赂的界定，理论界存在不同的界定。而概念的厘清是进行学术探讨的基本前提，因此有必要就截留贿赂进行界定，以有助于在统一语境下探讨截留贿赂款的刑法规制问题。有论者认为，截留贿赂是指在介绍贿赂案件中，行为人在受托向受贿人转交贿赂财物的过程中，出于非法占有目的，截取贿赂财物的全部或者一部分据为己有的行为。① 有论者认为，"截贿"是指中间人在接受行贿人的委托，将处于自己控制下的被赋予特定目的（促成行贿得以完成）的款项，基于非法占有的目的，私自将

---

* 本文系中央高校基本科研业务费专项资金资助项目、教育部国别和区域研究专项资金资助课题（19GBQY020）成果；也是作者主持的中国法学会2019年度部级课题《企业合规视野下金融企业贿赂犯罪防治模式研究》[CLS（2019）C08]、最高人民检察院检察理论项目"境外追赃新形势下违法所得没收程序司法适用研究"[GJ2019D31]阶段性成果。

** 北京师范大学刑事法律科学研究院暨法学院副教授，G20反腐败追逃追赃研究中心研究员，刑法学博士、经济法方向博士后。

*** 北京师范大学刑事法律科学研究院硕士研究生。

① 参见孙国祥：《"截贿"行为的刑法性质辨析》，载《法治研究》2016年第1期。

赌赂款的部分或全部据为己有的行为。[①] 还有论者认为，截贿行为是指在涉及贿赂犯罪的案件中，作为行贿人或受贿人以外的第三人，允诺或者实施贿赂财物转交，并从中截取部分或者全部财物，致使该转托财物未完整交付到受贿人手中的一系列行为。[②] 也有论者认为，“截贿”行为是指在涉及贿赂犯罪的案件中，作为行、受贿双方之外的中间人在允诺或帮助委托人实施贿赂财物转交的过程中，以非法占有为目的，截留一部分或全部财物并对委托人称贿赂财物已全部转交的行为。[③]

中间人截取贿赂的行为不仅仅发生在介绍贿赂案件中，还可能发生在行贿、受贿等贿赂犯罪案件中。截贿案件中的委托人也不只包含行贿人，也存在委托人是受贿人的可能性。截贿行为不仅存在于给付贿赂款给受贿方之前，在被受贿方拒绝之后的情形中也同样存在。纵观以上相关界定，对于截留贿赂并未区分行为人的身份，而是笼统地冠以中间人或者第三人，而事实上，第三人的身份对于截留贿赂的行为定性具有十分重要的意义。对于特定关系人而言，由于我国刑法中针对特定关系人已经有比较完善的刑法规制，如利用影响力受贿罪、受贿罪的共犯等，所以在特定关系人截留行贿人的部分贿赂款的情形下，根据不同的情形可以以利用影响力受贿罪、受贿罪共犯进行定罪量刑。问题的关键在于，如果中间人系特定关系人之外的第三人，此时如何定罪量刑？本文的研究重点集中于中间人为特定关系之外的第三人。司法实践中的中间人，一般与国家工作人员存在某种关系，比如经常相聚及单独会面等，只有行贿者及被利用的其他国家工作人员与中间人存在同学、战友、上下级等关系，行贿者才敢于将贿赂款交给中间人，国家工作人员也才能接受贿赂款，这样贿赂方面才易于实现。因此，截留贿赂案件中的中间人主要负责财物的转交，有时会从事贿赂双方的沟通撮合工作，不仅帮助行贿人和受贿人建立联系，而且有时还接受其中一方委托，涉及贿赂款物的转交。中间人在接受转交财物委托之后，又出于非法目的私自截留财物的行为，之后的截留行为是建立在前一个不法行为之上的另一个不法行为，由此引发了中

① 参见裴雪梅：《贿赂款截留行为研究》，兰州大学2018年硕士学位论文，第6页。
② 参见李万生：《截贿行为定性研究》，武汉大学2017年硕士学位论文，第3页。
③ 参见张瑶：《论截贿行为的刑法定性》，山西大学2018年硕士学位论文，第3页。

间人截贿行为究竟如何定性以及行为人应当承担何种刑事责任的问题。

二、中间人截留贿赂款的定性观点之评述

截贿的沟通、传递行为极易与行贿罪、受贿罪相混淆。虽"截贿"犯罪的主体身份相对受贿罪来说是一般主体,但相对其他刑事犯罪来说,又具有特殊性和复杂性。因为能够充当截贿人的,一般都是具有较为充分的社会经验,或者与国家工作人员之间具有不同于一般人的关系。这才使其中间桥梁作用得以实现,也给截贿行为的准确定性带来一定困惑。刑法理论界和实务界主要有以下几种定性的观点:

(一)介绍贿赂罪观点及其评述

"截贿"的犯罪人多为介绍贿赂人,故有观点认为直接将其截留财物行为作为介绍贿赂行为的一部分予以处理,按介绍贿赂罪一罪评价即可。该观点认为按照法律规定,介绍贿赂的行为表现模式为接受行贿人的委托,向国家工作人员介绍贿赂,情节严重的构成犯罪。[①] 而情节严重主要包括以下这些情形:一是行为人以此为业,多次实施介绍贿赂行为,既包括多次为他人寻找行贿对象,也包括为多人介绍贿赂的;二是适用恶劣手段来达成介绍贿赂行为,造成恶劣影响的;三是因促成的贿赂行为给国家、集体利益造成重大损失或者造成其他严重后果的;四是因介绍贿赂行为而从中谋取数额较大财物的。在介绍贿赂人实施截留财物行为的情况下,其截留行为完全可以按照第四种情节严重的情形来评价,说明我国刑法对于截贿行为如何处置是有较为明确规定的,完全应当按照介绍贿赂罪来定罪处罚。这种观点虽看似有利于实务操作,但其对截贿行为的打击力度并不够。现在国家对贿赂犯罪的打击力度相当大,为更好地肃清贿赂犯罪,将其附带衍生的介绍贿赂犯罪以及截贿犯罪予以精准严肃打击,也有利于更好地维护社会秩序,起到一般预防的作用。

其一,从客观行为表现来看,介绍贿赂罪的构成要件是,在行贿人与国家工作人员之间进行引荐、沟通、撮合,促使行贿与受贿得以实现。[②] 刑

---

① 参见牛克乾:《介绍贿赂未实现但拒不交还财物行为的处理》,载《中国审判》2013年第2期。

② 参见赵秉志、李希慧主编:《刑法各论》(第3版),中国人民大学出版社2016年版,第410页。

法明文规定的罪状是“向国家工作人员介绍贿赂”，此处的行为指向的对象是国家工作人员，故只可能是行为人明知行贿人想通过某国家工作人员的职务行为来谋求利益而向该国家工作人员透露该信息，不可能是行为人接受国家工作人员的委托来寻找行贿人。在以介绍贿赂罪定罪时，介绍贿赂人只有一种，即接受行贿人的委托为其寻找行贿对象的情形。而在理论上讲，“截贿”行为不仅包括行贿人委托截贿人代为交付财物的情形，还包括截贿人接受受贿人委托，为其物色行贿方的情形。介绍贿赂罪无法对委托人是受贿人一方的情形进行评价。

其二，从法定刑的角度来讲，我国刑法不但规定了介绍贿赂罪，还规定了行贿罪和受贿罪等典型贿赂犯罪，且介绍贿赂罪的法定刑也与其他贿赂犯罪差异较大，不同罪名的适用将出现定罪量刑的差异。介绍贿赂罪的法定最高刑为 3 年有期徒刑，这就与法定刑最高为无期徒刑的行贿罪和最高刑为死刑的受贿罪相差甚远。就拿行贿罪来说，只有在情节较轻的情况下，才有可能在 3 年有期徒刑以下判处刑罚，而介绍贿赂只有在情节严重时才可能判处最高 3 年有期徒刑的刑罚。且截贿人除了沟通、撮合等行为外还实施了贿赂款的交付传递等行为，而对于其截留财物的行为，介绍贿赂罪更不能将其完全纳入评价范围。若将截贿行为认定为介绍贿赂罪，这就使得犯罪情节更加严重的截贿行为反而受到了较轻的处罚。这势必造成罪刑失衡，难以切断权钱交易的利益链，不利于从源头上遏制腐败。

（二）受贿罪共犯说及其评述

受贿罪破坏的是国家工作人员职务行为的廉洁性，其行为主体一般认为是具有国家工作人员身份或从事公务的人，即受贿罪的主体需要具有特殊身份，才能使他人相信其能为自己谋求不正当利益，主动或被动地向其交付财物。但根据刑法关于共同犯罪的规定，非国家工作人员与国家工作人员勾结伙同受贿的，二人是在共同犯意支配下实施的行为，非国家工作人员帮助国家工作人员物色行贿并帮助其收受贿赂的，属于帮助犯，当然应当以受贿罪的共犯追究刑事责任，这就说明非国家工作人员也可以成为受贿罪的共犯。① 可见，在截贿人接受国家工作人员委托为其寻

① 参见赵江勇、马崭：《介绍贿赂中截留行贿款的行为应该如何认定》，载《中国监察》2011 年第 18 期。

找索贿对象并收受财物时，即使截贿人不存在国家工作人员身份，其也可能因帮助行为而成立受贿罪，说明特殊身份并不是划分关键，这就使“截贿”行为与受贿共犯行为更加难以区分。

而根据法律规定，行为人与受贿人能否构成共同犯罪，要看二人有无共同受贿的故意和行为，而在索贿的情形下，基本上不会存在不相干的截贿人，也就不存在共同收受贿赂的问题。可见，需要讨论的只是收受他人财物为他人谋取利益的情况。只有在收受他人贿赂的情况下，才会有截贿人与受贿人共同占有受贿所得的问题。此时受贿罪的成立必须以收受和占有非法利益为前提，也即截贿人与受贿人不仅在犯意上形成了一致，而且在具体的行为以及非法获利方面密切相连。[①] 截贿人实施介绍贿赂行为，并不是为了谋求利益，也不一定是利用职务之便，其行为的目的是促使行贿与受贿得以实现，并在行贿受贿双方不知情的情形下将部分或全部财物据为己有。此时，其既没有利用职务之便索取或收受他人财物，也没有参与到具体的贿赂行为之中，只负责提供信息，获得居间报酬。不同于受贿罪共犯，其并未共同占有受贿所得，所截留的贿赂款也并不为受贿人所知，截留贿赂款的行为是独立的犯罪行为。是以，如何判断行为人与国家工作人员的共同受贿故意则是司法实践中存在的重大疑难问题。

（三）侵占罪说及评析

该说认为行为人的行为构成单独构成侵占罪，[②]理由如下：行为人此时已经在事实上控制了这部分用于贿赂的财物，而且从其客观行为表现可以看出他具有非法侵吞该部分财物的主观故意。但是这部分财物的性质属于让其保管的他人的财物。不管是出于合法目的的委托还是出于非法目的的委托，都存在一种相互信赖的关系。行为人违背信赖关系，私自截留贿赂款的行为就可以构成侵占罪的处罚对象，这符合现行刑法关于侵占罪犯罪构成要件的规定。对行为人进行刑事处罚的实质却并不是因为行为人侵犯了请托人对贿赂款享有的所有权或者请求权。也就是说，请托人丧失了返还请求权并不意味着行为人就取得了该部分贿赂款的所

① 参见王雄飞：《贿赂犯罪之中间人定性研究》，载《人民检察》2007年第10期。

② 参见苏云峰、金舟民、徐宣哲：《中间人截留行贿款应如何定性》，载《检察日报》2011年3月28日，理论版。

有权。还有一种情形，行贿人为谋取不正当利益，委托行为人向行贿对象转交财物，但遭到拒绝，行为人乘机将全部贿赂“截留”，占为己有，对行贿人谎称贿赂已经转交。在该情况中，行为人实施介绍贿赂最初并无“截留”贿赂物的故意，是在替行贿人保管贿赂物后才产生“截留”故意的，因此完全符合侵占罪的主客观要件。①

侵占罪说认为，行为人基于行贿人的委托行为而获得对财物的控制权，但这种控制权是暂时的，行为人最终要将该笔财物转交受贿人，此时若行为人对受贿人拒不交出或者行贿目的未能达成而对行贿人拒不返还，则构成侵占罪。可问题是，在贿赂款截留案件中，由于截留行为的隐蔽性，行贿人难以知晓行贿款被私自扣留，所以不会提出返还财产的要求，而受贿人一般也不会向行贿人求证贿赂款的具体数额，加之行为人没有义务向受贿人转交贿赂款，所以侵占罪所要求的对他人财产的拒不返还或拒不交出难以认定，因此侵占罪的成立也有待进一步根据案件情况确定。因此，在贿赂犯罪中，如果行贿人直接针对受贿人交付贿赂财物，是一种不存在委托信任关系的终局性交付，无论受贿人是否按要求办理事务（所谓的对待给付），根据民法上的物权无因性理论，物权的转移不受原因行为的影响，即使是行贿这样的不法行为，民法和刑法上均认为所有权已经转移了，受贿人将财物占有时不存在侵占罪的问题。在截贿行为中，原财物所有人向中间人交付财物的行为，显然是一种出于“信任关系”的委托，根据民法理论，该委托合同因为违反国家强行法而至始无效，中间人保持着对财物的占有可视为一种“事实上的保管”。因此，在截贿行为发展过程中，原财物所有人交付用于贿赂的财物于中间人的行为，是一种不法原因委托行为，由于委托合同具有不法性，根据法律规定最终应当认定为无效合同，在民法上财物应当返还原所有人，在刑事法上应当由国家追缴或没收。

三、中间人截留贿赂款的刑法定性思路

现实生活中，截贿人大多扮演着促进贿赂犯罪实现的角色，通过行贿

① 参见王赤岸：《贿赂犯罪中间人截留财物的行为定性》，载《广州广播电视大学学报》2019年第3期。

受贿浑水摸鱼从中捞得好处，是截贿人实施截贿行为的主要动机，如果刑法在评价贿赂犯罪的同时，贯彻“零容忍”反腐刑事政策，对截贿行为一并给予打击，截贿人不仅没有好处可捞，还要就此承担刑事责任，就会削弱其实施介绍贿赂行为的动力，不仅能够取得“拍蝇”的反腐效果，而且有利于预防贿赂犯罪的发生。

（一）中间人截留贿赂款的刑法定性考量因素

第一，从事实来看，截留贿赂款中的中间人一般与国家工作人员存在特定关系。利用影响力受贿罪的犯罪主体主要是与国家工作人员具有密切关系的人，既可能是在法律上便能加以区别的家属、情妇等具有家庭情感因素的人，也可能是具有利益往来的同学、战友等具有社会交往因素的人。利用影响力受贿罪只有在其具有特殊身份时，其才具有权利外观，也就是使他人相信其能利用国家工作人员职务上的行为，或者利用该国家工作人员职权或者地位形成的便利条件来帮助自己实现不法利益。构成本罪一般要求行为人实施了索贿或收受他人数额较大财物的谋取财物行为。可见，截留委托贿款的截贿人与利用影响力受贿罪中的行为人都具有利用或依赖国家工作人员的职务、地位等优势条件来实现贿赂的目的。而截贿人若具有与国家工作人员密切关系的身份则其前期的介绍贿赂行为也更易实施，行贿人也更加容易相信他而将财物交付给截贿人，可见在截贿人具有与利用影响力受贿罪的行为人类似身份时，其介绍贿赂行为往往掺杂了利用影响力的因素，从而容易转化为利用影响力受贿罪。为准确界定截贿人的行为何时可能转化为利用影响力受贿罪，需要对利用影响力受贿罪的犯罪构成进行分析。实践中，中间人一般都与国家工作人员存在特定关系，具有密切关系。在这种情况下，截贿行为往往更易实施，其中不免会掺杂利用影响力的因素，从而使其行为进入到利用影响力受贿罪的评价范围内。

第二，从中间人所处的地位和作用来看，中间人对于贿赂的发生具有重要影响。利用影响力受贿罪的行为人能实施受贿行为一般都是因为其向行贿人表示自己具有特定关系人的身份，这种主动介绍的行为也体现着牵线搭桥的意愿，但这种行为在本质上来看其实是直接的权钱交易罢了。因为利用影响力受贿的行为人的最终行为模式都是借国家工作人员职务上形成的便利条件，来使请托人与其达成合意，以为请托人谋求利益为条件收受财物。截取贿赂款案件中,中间人一般处于居间介绍的位置,如同中介一般,将行贿人的行贿意图和不法所求转告受贿人,并在受贿人同意“帮忙”后将财物交付给受贿人,从而使贿赂犯罪得以实现完成。在此过程中,行贿人和国家工作人员有时并不认识,截贿人通过其沟通辅助作用,对贿赂行为的最终实现具有重要影响。

第三,“关系密切的人”范围大于“特定关系人”。2007 年,最高人民法院、最高人民检察院《关于办理受贿刑事案件适用法律若干问题的意见》给出了“特定关系人”的概念,特定关系人主要有三种形式:近亲属、情妇(夫)以及其他共同利益关系的人。对于共同利益关系的理解和把握的重点,就是共同利益关系主要是指经济利益关系。纯粹的同学、同事、战友关系,没有共同经济利益关系交叉,不属于上述共同利益关系。刑法就利用影响力受贿行为规定了“关系密切的人”的概念,但并未给出具体认定标准。那么,如何认定“关系密切”? 刑法指出,“关系密切的人”包含国家工作人员的近亲属和其他与国家工作人员关系密切的人两种。国家工作人员的近亲属容易理解,“其他与国家工作人员关系密切的人”应该理解为,这些人可以间接及以特殊方式对国家工作人员行为、决定施加影响。实践中主要表现为以下几种常见的关系:血缘关系、亲属关系、情妇(夫)关系、同学战友关系、老朋友关系、同事上下级关系、老乡关系等。这些关系可以单独存在,也可交叉存在。“特定关系人”是司法解释规定的概念,而“关系密切的人”存在于刑法具体条款,“关系密切的人”范围大于“特定关系人”。① 对于“特定关系人”实施的截留贿赂款的行为,完全是可以评价在利用影响力罪的评价范围,截留贿赂款案件中重点关注的制裁对象应该是实践中与国家工作人员未有共同利益关系的密切人员,也即特定关系人之外的密切关系人。

(二)截留贿赂款财物刑法定性思路

中间人在介绍贿赂的过程中可能获得的财物包括两种:第一种是居间报酬,即行贿方给予的好处费;第二种是自己私自截留的财物,对于该款项流入截贿人手中,行贿双方都不知晓。对于第一种获得的财物,如果

① 参见魏艳昭:《受贿案件中特定关系人和关系密切人概念辨析》,载《犯罪研究》2013 年第 2 期。

是行贿人给予或者中间人索取的,应构成利用影响力受贿罪;对于第二种截留的贿赂款,则需根据行贿方和受贿方的知情情况、受贿人与国家工作人员之间的关系进行具体判断。

其一,考虑特定关系之外的第三人与国家工作人员存在一定关系的事实。“截贿”的主体也需为与行贿方与受贿方一方或双方所信任的人。中间方之所以存在,是因为行受贿双方缺乏直接的联系。在此种情况下,中间方才有条件去实施截贿行为。若中间方与行贿人或受贿人没有关系,其不可能协助行贿人或受贿人实施相关的贿赂行为,更不用说有可能以合法形式获取贿赂财物。因此,截贿行为的主体一般是与行贿人或受贿人有一定直接或间接关系的特定中间人。因此,特定关系之外的第三人在介绍贿赂的过程中,在国家工作人员不知情的情况下索取或者收受请托人的财物,符合利用影响力受贿罪事实的,对第三人以利用影响力受贿罪定罪量刑,此时应按照介绍贿赂罪和利用影响力受贿罪对特定关系之外的第三人进行数罪并罚。

其二,特定关系之外的第三人与国家工作人员通谋的情形。若国家工作人员与特定关系之外的第三人通谋,在索取或者收受请托人的财物共同占有的过程中,第三人对国家工作人员隐瞒并截留部分贿赂款的,此时该如何定性?笔者认为,此时,应分情况进行讨论。若国家工作人员在与特定关系人通谋收受财物的过程中,持有的是概括故意的心态,也即对于受贿数额并无具体指示和要求,此时应按照共同犯罪的原理,对特定关系之外的第三人以受贿罪共犯进行定罪处罚,截取的贿赂款不影响共同受贿的数额认定;若国家工作人员在与特定关系人通谋收受财物的过程中对于收受财物数额有具体要求,此时特定关系之外的第三人收受的财物大于实际数额,如果请托人知情,考虑到中间人与国家工作人员一般存在较为密切关系,此时应以受贿罪的共犯和利用影响力受贿罪进行数罪并罚;若中间人隐瞒请托人,请托人处于不知情的情况下,此时对于侵占的部分数额应纳入介绍贿赂罪的评价范围。

其三,特定关系之外的第三人与国家工作人员之间不存在关系密切的事实。如果特定关系人之外的第三人与国家工作人员之间并不存在密切关系,却谎称能够向国家工作人员转达请托事项,事实上也未转达请托事项。此时,属于典型的诈骗型“截贿”行为,因为在这种情况下,“截贿”

行为人实质上是没有介绍贿赂的实际能力和行为的,但是却以欺骗的方式试图让行贿人相信其具备这样一种介绍贿赂的能力,进而试图占有行贿人财物。行贿人虽然是基于自身的意愿把财物交付给“截贿”行为人,继而委托“截贿”行为人实施行贿行为,但行贿人此时的委托和交付行为都是由于相信了“截贿”行为人的欺骗行为才实施的,“截贿”行为人所称的介绍贿赂行为在这一行为结构中已经成为一种骗取他人财物的工具,已经远远超出贿赂犯罪的范畴,更应当界定为财产犯罪,应以诈骗罪来对“截贿”行为人的行为进行定性。

域外法治

●终身责任的制度漏洞和补救措施[*]

肯特·罗奇(Kent Roach)[**] 著
蒋 娜 付一方 张安泽[***] 译

审查和监督国家安全工作中,若缺少必要的权力或资源,问责制漏洞就产生了。2006 年设立的阿拉尔委员会与 2010 年设立的印度航空委员会,都发出有关警报。① 阿拉尔委员会在 2015 年针对第 C-51 号法案展开辩论时,②曾倡议将审查范围扩展至其他安全机关,并促使这些审查人员同安全机关那样,相互共享信息与联合调查。印度航空委员会建议,提升总理的国家安全顾问在监督和解决安全机关纠纷,尤其是加拿大国家安全情报局(CSIS)与皇家骑警(RCMP)之间必然争端中的作用,③但这

---

* 此文出处:"Permanent Accountability Gaps and Remedies" in Michael Geist Law, Privacy and Surveillance in the Post-Snowden Era, Ottawa: University of Ottawa Press, 2015, 163-204,翻译发表已征得英文原作者肯特·罗奇教授本人同意与有关方面的特别授权。

** 加拿大多伦多大学法学院讲席教授。

*** 蒋娜系北京师范大学教授、博士生导师;付一方系北京师范大学法学院硕士;张安泽系美国纽约 H&Z 律师事务所律师。

① Canada, Commission of Inquiry into the Actions of Canadian Officials in Relation to Maher Arar, A New Review Mechanism for the RCMP's National Security Activities (Ottawa: Public Works, 2006) at 456-458. 本文作者是本报告研究咨询委员会的成员。

② Four former prime ministers, as well as former members of the Security Intelligence Review Commission (SIRC) and Privacy Commissioners, signed a joint letter in February 2015 that noted that the government had not acted on the recommendations of the Arar Commission and stressing the need for "cross agency reviews." Jean Chrétien, Joe Clark, Paul Martin, & John Turner, "A Close Eye on Security Makes Canadians Safer," Globe and Mail, 19 February 2015.

③ Commission of Inquiry into the Investigation of the Bombing of Air India Flight 182, Air India Flight 182: A Canadian Tragedy (Ottawa: Public Works and Government Services Canada, 2010). 本文作者是该委员会法律研究部门主任。

些建议都被政府拒绝了。

现在,作为2014年10月发生在黎塞留和渥太华的恐怖袭击事件之后的恶果,关于问责制度的漏洞问题已显现出来了。政府采纳的2005年法案准予政府基于大范围的安全事由可以信息共享,但未加强对政府工作的全面审查。① 这一新法案也授予加拿大安全情报局监控权和干预权,包括突破加拿大法和外国法底线在境外监控或干预之权力。② 考虑到《宪章》中所规定的这种现代权力之含义,以及加拿大有关审查的体系架构的滞后性与不稳定性,政府已把审查与监督这些权力的任务交给了联邦法院的法官。政府还强调了司法监督在捍卫这一新法案中的重要性,并公正地指出了对国家安全的活动进行司法审查和监督的利弊得失问题。

本文的第一部分将阐明审查、监督、问责及其责任漏洞的含义,以便正本清源、厘清关于这些问题的思路。第二部分将探讨在强化和整合国家安全活动与对其审查和监督之间的博弈中,所出现的终身责任的制度漏洞风险。问责制度的缺乏会导致包括人权侵犯和隐私泄露在内的不法行为。它也会隐藏政府在保护国家安全方面的效率低下与无计可施等问题。阿拉尔委员会和印度航空委员会都主张探索健全责任制的方法。阿拉尔委员会着重关注的是国家安全活动的正当性,而印度航空委员会则专注于国家安全活动的效率性。这两个委员会都承认国家安全活动的审查与监督体系显然是不完善的。遗憾的是,哈勃政府却拒绝接受这两个委员会的有关重要提议。该政府用强化审查多此一举,③来回应关于《反

---

① Bill C-51, Anti-Terrorism Act, 2015 1st reading, 30 January 2015, Part I, Security of Canada Information Sharing Act. 政府的背景资料强调,即使隐私专员在2014年的报告中指出,隐私专员将要求政府在安全信息共享方面拥有更多法律权力,包括就个人信息的收集和披露,向联合调查和向联邦法院提起诉讼。See Canada, Office of the Privacy Commissioner of Canada, Checks and Controls: Reinforcing Privacy Protection and Oversight for the Canadian Intelligence Community in an Era of Cyber-Surveillance (Ottawa: Public Works and Government Services Canada, 2014). C-51法案不包含隐私专员建议的改革措施。

② Bill C-51, Anti-Terrorism Act, 2015 1st reading, 30 January 2015, Part 4. 另参见 Protecting Canadians from Terrorism Act S. C. 2015 c., 9 (Bill C-44)。

③ David Pugliese, "Government Knows Best, Says Conservative MP, No Need for More Oversight on Spy and Security Agencies," Ottawa Citizen, 1 February 2015; Aaron Wherry, "The Heart of Our Democracy in a Time of Terror," Maclean's, 5 February 2015, <http://www.macleans.ca/politics/the-heart-of-our-democracy-in-time-terror/>. (最后访问时间2015年2月5日。)

恐怖主义法》中新规定的信息共享权与强化政府整体责任的不适应性的相关问题。该政府还认为立法审查与加拿大传统的法律体制不相匹配,并强调司法监督制度相对于加拿大安全情报局新权力的优势。①

本文第三部分将分析有关强化国家安全活动立法审查的提议。反对者特别是自由党,已促使加强国会审查的必要性成为反对《反恐怖主义法》的很多主张中的焦点问题。加拿大与其他五眼联盟的国家不同的是,不允许任何议员接触秘密的信息。如果接触不到秘密的信息,对安全问题的详细审查就会毫无意义。尽管加强国会审查可能会增加公开的信息量和部长责任,但是其他民主国家的经验和目前向国会提出的提案,都没有证据可以表明立法委员会制度在健全问责制方面的有效性。

本文的第四部分,关于与立法监督不同的司法监督的问题。根据C－51 法案规定,②司法监督是继扩展加拿大安全情报局的权力范围之后,切实可用的主要监督形式。司法监督能最大限度地保证各机关在不同的情形下做出正确的决定。莫斯利法官正是在知道加拿大国家安全情报局和通信安全机构没有法定或司法授权却得到了五眼联盟中其他合作国家的帮助之时,作出了严厉判决。政府就这项判决向最高法院提起上诉。③ 尽管与"9·11"事件之前相比,司法机构已成为一种更有效的合乎行为规范的审查机制,④但在依赖司法监督时,谨慎却是必要的。莫斯利法官能利用大量专业知识和对审阅机构报告的兴趣,发现加拿大安全情报局已超出了他签发的逮捕令中条款权限,但问题是法官是否总能进行类似的监督。联邦法院法官将审查加拿大安全情报局在逮捕令制度中新权力,其中只有法官和政府律师能介入。一旦逮捕令被授予,就不太可能有上诉,而且国家安全背景使逮捕令不太可能在刑事审判中引入证据时得到审查。此外,C－51 法案中新的扰乱令是基于宪法上激进的前提,即司法的角色不是防止违反宪章的行为,而是授权违反宪章的行为。这种授权,包

① Hansard,19 February 2015,per Hon. Peter Van Loan; Tonda MacCharles & Bruce Campion-Smith,"Stephen Harper Rejects Calls for More Oversight of New Spy Powers," Toronto Star,2015 年 2 月 19 日。

② Protecting Canadians from Terrorism Act,S. C. 2015 c. ,9(Bill C－44).

③ 对于 X 根据《加拿大安全情报服务》法[2013]FC 1275 条第 12、21 款提出的逮捕令申请,[2014]FCA 第 249 条许可授予 SCC 于 2015 年 2 月 5 日发布。

④ See Adrian Vermeule & Eric Posner,Terror in the Balance(New York:Oxford,2007).

括关于什么是适当和合理的权利限制的司法判决,不太可能在上诉时得到审查。审查机构和议会委员会可能不愿质疑司法逮捕令的范围,即使他们担心自己走得太远了。

本文第五部分所强调的最为重要的问责机制,并不是存在于立法或司法中,而是存在于行政体制本身之中。行政人员自己所主要负责的国家安全活动,必须要受到行政部门内部的严密监控。这符合阿拉尔委员会和奥巴马总统的审查委员会都接受的基本原则,即审查应反映和匹配正在审查的活动。① 特别是,对国家安全活动的有效审查将需要与行政部门相关的主动性和保密性,而不是立法和司法审查的更公开和更具响应性的性质。行政审查可以采取多种形式。CSIS 过去有一名监察长,这是一个内部监督机构,负责报告其行动的合法性。加拿大通信安全机构(CSE)专员是一名独立的退休法官,负责审查 CSE 工作的合法性。合法性作为行为规范的重要方面,却可能包含的内容太少。在斯诺登对加拿大的每一次爆料之后,CSE 专员一再保证加拿大通信安全机构的行为仍然合法,因为它们不是针对加拿大人的,这让政府感到很欣慰。合法性的结论取决于基本法律的好坏。前 CSE 专员自己也对 CSE 在"9·11"事件后,仓促颁布的授权立法以及司法部律师对该法律的一些宽泛解释表示担忧。②

对加拿大的问责体系进行重要改革的时机或许已经到来了。在作者看来,现在所需要的是建立一个新的负责审查联邦政府内所有国家安全活动的独立委员会,或者"强大的安全情报审查委员会"。这个委员会像阿拉尔委员会一样,应当有能力找到所有所需的机密信息,并且在法庭上可以质疑政府做出的修改决定。一个更完善、规模更大的委员会可能需要一名全职工作的主席、更多可以专门与不同的机构进行协同工作的人员,以及更广泛地面向公众的跨部门的组成结构。尽管审查机构以前属

① US, The Review Group on Intelligence and Communications Technologies, Liberty and Security in a Changing World (Washington, DC, 2013).

② See, for example, Office of the Communications Security Establishment Commissioner [CSEC Commissioner], Annual Report 2005 – 2006 at 9 – 10 (Ottawa: Public Works and Government Services Canada, 2006); CSEC Commissioner, Annual Report 2006 – 2007 at 2 – 3 (Ottawa: Public Works and Government Services Canada, 2007).

于行政管理部门，但同时却可以被视为一个结合了政府三个部门中组成部分的混合型机构。特别是在让退休的法官充当审查者的情况下，其作为混合型机构的特征就更为明显了。

本文的最后一部分会具体说明，即使设立一个强大的安全情报审查委员会和一个能够获取机密信息的委员会，依旧是远远不够的。所以仍然有必要建立起"面向全社会"的责任制度。换句话说，需要多层次的问责机制，包括特别的调查行动、调查性的媒体、社会的参与、消费者的行动主义、对隐私敏感的电信公司以及检举者。总统审查小组关于风险管理方面的问责的构想是正确的，并借鉴了政府的所有部门，①但其阻止泄密的建议可能会降低未来的问责。这些提案，以及美国其他拟议的新立法，在允许私营部门（而不是政府）存储有关通信的元数据的提案中，也依赖于企业和消费者对监控的抵制。在要求政府和电信公司尊重隐私方面，社会责任将需要更多的消费者知识和行动主义。笔者对社会问责的关注反映了减少问责差距的民主要求的必要性。②

一、需要厘清一些关键的区别和定义

鉴于安全权力和监视能力的不断扩大，许多人越来越担心审查和监督国家安全活动的充分性，这是可以理解且有益的。许多公开讨论把审查和监督的不同含义混为一谈。松散的语言和混乱的思维是一个真正的危险。如果一开始没从概念上厘清审查和监督所追求的不同目标，那么，即使改革施行也只会造成混乱和失望。

（一）审查和监督

审查是指独立机构对安全活动进行回顾性评估的能力。③ 审查员对正在审查的内容不承担操作责任。这有助于确保审判员保持中立，在审查活动中不与人合谋或有受人指使的倾向。安全情报审查委员会

---

① See US, The Review Group on Intelligence and Communications Technologies, Liberty and Security in a Changing World (Washington, DC, 2013).

② See Kent Roach, *Public Inquiries and Three Processes of Accountability*, in Accountability for Criminal Justice, ed. Philip Stenning (Toronto: University of Toronto Press, 1995), 268 – 293.

③ See Reg Whitaker & Stuart Farson, "Accountability in and for National Security," (2009) 15:9 IRPP Choices 1.

(SIRC)、加拿大通信安全情报局(CSE)的专员以及市民投诉审查委员会都是审查机构在了解事实之后进行审查的例子。除了听取投诉外,他们还提出调查结果和建议,试图促进对政府的问责,并促进公众的信任和信心。① 他们没有权力对他们审查的机构施加补救措施。

监督是指一个指挥和控制过程,在这个过程中,那些实行监督的人可能能够影响他们正在审查的行为。② 负责任的长官应该在议会民主制中发挥重要的监督作用。公安安全部长同时会对加拿大皇家骑警队和加拿大安全情报局负责。部长监督的一种表现形式就是向这些机构发布指导方针和指示。部级对警察的监督受到宪法原则的限制,即警察独立于调查、逮捕和指控等执法决定。③ 阿拉尔委员会不建议监督加拿大皇家骑警,部分原因是这样可能会干扰警察的独立性。它还对干预该机构管理的监督作用可能会将其牵连到所审查的决定中,从而损害该审查机构的独立性的问题表示关切。④

(二)适当性与效率性

在对国家安全活动的适当性和有效性进行审查时,往往会发现两者的区别。阿拉尔委员会指出,独立的审查通常会涉及适当性,包括但不限于明文规定的法律。⑤ 一些基于适当性的审查,如审查一项措施的相衬性,可能会涉及效率性和胜任力的问题,但它们并不是此类审查的重点。

---

① See Canada, Commission of Inquiry into the Actions of Canadian Officials in Relation to Maher Arar, A New Review Mechanism for the RCMP's National Security Activities (Ottawa: Public Works, 2006) at 499 - 503.

② See Canada, Commission of Inquiry into the Actions of Canadian Officials in Relation to Maher Arar, A New Review Mechanism for the RCMP's National Security Activities (Ottawa: Public Works, 2006) at 499 - 503.

③ See Canada, Commission of Inquiry into the Actions of Canadian Officials in Relation to Maher Arar, A New Review Mechanism for the RCMP's National Security Activities (Ottawa: Public Works, 2006) at 499 - 503.

④ See Canada, Commission of Inquiry into the Actions of Canadian Officials in Relation to Maher Arar, A New Review Mechanism for the RCMP's National Security Activities (Ottawa: Public Works, 2006) at 499 - 503.

⑤ Canada, Commission of Inquiry into the Actions of Canadian Officials in Relation to Maher Arar, A New Review Mechanism for the RCMP's National Security Activities (Ottawa: Public Works, 2006) at 499 - 503.

(三)问责制及其缺陷

问责制指官员和组织为其行为提供解释和辩护的过程。一个机构即使无权控制或改变要求解释的行为,也可要求问责。① 即使该审查机构不属于此次活动的负责机构,仍然能对它进行问责。那些接受命令的人也同样如此,如那些拥有监督权的部长们。问责制如审查和监督,能与行为的适当性与效率性联系起来。

当审查者或监督者不具备与被审查的行为相匹配的足够的权力和资源时,问责制的缺陷就会出现。"9·11"事件发生后,所有的民主国家都在努力解决国家安全事务中的漏洞。这些差距是随着各国政府转向更密集、更一体化的"整体政府"国家安全活动而产生的,但并不总是确保审查员和监督员拥有相应增强的整体政府权力和足够的资源,以跟上正在审查的内容。② 当审查者与监督者还停留在20世纪的孤岛上,而安全机构为了与国内外的合作伙伴一起合作以逃离孤岛时,问责制的缺陷就会显现。

起初,问责制缺陷可能是无意中造成的,是针对"9·11"事件作出快速反应的结果,但多年后他们的坚持引出了这样一个问题:这样做是否符合政府的利益?问责制缺陷应是一个值得关注的问题,因为它能同时对权力和安全造成威胁。对权力的威胁体现在政府行动的过程中可能会侵犯一些权利,如隐私权。而安全风险包括实施效率低下以及产生安全故障等一系列问题。

(四)政府三部门及其综合机构的作用

因为政府的所有三个部门都可以进行审查和监督,从而使问题变得更加复杂。法官可以通过司法审查和事后审查,在刑事或民事审判过程中审查国家安全活动。例如,他们可能参与监督,以此来确保情报机构能正确地执行搜查令。立法委员会通常较关注事后审查,但在一些特殊情

① See Phillip Stenning, ed. Accountability for Criminal Justice (Toronto: University of Toronto Press, 1995).

② See Kent Roach, The 9/11 Effect: Comparative Counter-Terrorism (Cambridge: Cambridge University Press, 2011) at 455 – 59; Kent Roach, "Public Inquiries as an Attempt to Fill Accountability Gaps Left by Judicial and Legislative Review," in Critical Debates on Counter-Terrorism Judicial Review, eds. Davis & de Londras (Cambridge: Cambridge University Press, 2014) at 183ff.

况下，他们能发挥出更实际的监督作用。最后，行政部门在多个方面发挥着不同的作用。部长们应该对国家安全活动的有效性和适当性进行监督。此外，在执行活动中负责监督执行机构的组织，就像安全情报审查委员会和加拿大安全情报局专门委员会一样，它们都参与到对加拿大安全情报局和加拿大通信安全局以往行为的适当性与合法性进行审查的活动中。

加拿大安全情报局和加拿大通信安全局都是部分隶属于行政机构的混合机构。SIRC 成员由总理任命，与下议院主要政党的领导人协商后任命。① SIRC 成员不能成为国会议员，却常在立法机构和政党的工作中积累经验。现实中，退休的法官和先前的公务员也都是如此。CSE 专员必须是编外法官或退休法官。② 这也表明审查过程中加入了司法因素。

（五）问责制缺陷损害规范与效率：阿拉尔委员会和印度航空委员会被拒的倡议

问责制往往与披露和防止行为不规范的需求相关，如政府组织可能曾参与实施酷刑的行为，以及斯诺登揭露的大规模的侵犯隐私权的行为。比如，与马尔·阿拉尔的非常规引渡和酷刑有关的加拿大官员行为的调查委员会，建议重点审查行为的规范性，也提及有时“效能和规范问题交织在一起，对规范性能力的评论将非常有用和可取”③。

相反，印度航空委员会评估“政府如何有效地利用现有资源应对恐怖主义威胁”，④并特别关注情报的分配及其与证据的关系。它建议加拿大安全情报局（也包含加拿大通信安全局）不应享有不把相关情报与政府其他部门共享的自由权利。它建议应由一个享有披露特权的新的立法机构，来负责保护情报，以及进行情报共享工作，除非国家总理的安全顾问作出决定，来决定情报是否即使在有可能泄露或有揭露需要的情况下也

① CSIS Act, s. 34.

② National Defence Act, s. 273. 63.

③ Canada, Commission of Inquiry into the Actions of Canadian Officials in Relation to Maher Arar, A New Review Mechanism for the RCMP's National Security Activities (Ottawa: Public Works, 2006) at 468.

④ Canada, Commission of Inquiry into the Investigation of the Bombing of Air India Flight 182, Air India Flight 182: A Canadian Tragedy (Ottawa: Public Works and Government Services Canada, 2010) vol. 3 at 1. 28.

应该在政府内广泛传播。从本质上来说，总理的国家安全顾问应根据公众的意愿决定情报是应该被保密还是该被用于检查，或者是否该用于对披露造成威胁的其他目的。政府对这项建议几乎没兴趣，是因为其拟重点加强对国家安全决策有效性的监督和问责。①

(六)问责制与保密性

如果把相关信息对那些要求追究责任的人保密，那么问责制是不可能实现的。因此，阿拉尔委员会强调，不管信息属于什么类别，负责审查国家安全活动的人都应能接触到所有的相关信息。此外，国家安全活动的保密性意味着审查人员内部应能进行自我审查，而不仅仅是在接到投诉后再进行处理。总的来说，虽然安全情报审查委员会和加拿大通信安全局的专门委员会有这样的权力，但担负着审查加拿大皇家骑警队实施的国家安全活动的机构却缺少这样的权力。而之后的立法也没有达到阿拉尔委员会在建议中的要求，因为加拿大皇家骑警的民事审查和投诉委员会须经历一个精心设计的过程，其中包括：若加拿大皇家骑警专员拒绝向其提供获取秘密信息的机会，则该委员会须向退休法官咨询意见等。②

阿拉尔委员会还建议在战略研究中心、加拿大通信安全局和加拿大皇家骑警队三个审查机构之间设置一个法定的关卡，以便与审查机构(像安全机构本身)共享机密信息，并在必要时进行联合调查。但政府拒绝采纳这一提议，并且即使是在条例草案 C－51 提案中设定法定关卡以促进政府内部信息共享，政府也不考虑这项提议。

可以肯定的是，阿拉尔委员会认识到政府和审查人员可能就信息公开的种类意见分歧，但同时强调争议应在审查后妥善解决。安全情报审查委员会和加拿大通信安全局委员们所做的大部分工作都是保密的，且工作报告仅提交给部长。鉴于政府近来在实施保密性方面的经验，建议应当允许审查机构适当引用加拿大证据法第 38 条。③

鉴于保密工作的时间敏感性以及责任制对公众而言的重要性，一些

① 政府已对这份报告作出了正式回应，并发布了一份进度报告，但这两份文件都没有对这项关于加强总理国家安全顾问作用的关键建议保持沉默。

② Act to amend the RCMP Act S. C. 2013, c. 18, ss. 45. 4－45. 43.

③ Attorney General of Canada v. Commission of Inquiry into the Actions of Canadian Officials in Relation to Maher Arar, 2007, FC 766.

旧的但仍然处于保密状态的，由安全情报审查委员会和加拿大安全情报局专门委员会提交给国家安全部部长的审查文件现在应该考虑向公众公布。美国为了减少斯诺登揭露事件的影响已把很多机要信息销密了，而加拿大没这样做。SIRC 列出了从 1986 年开始提交给部长的近 200 份秘密报告，[①]CSE 专员列出了自 1997 年以来的 80 多份机密报告。[②] 但鉴于政府始终坚持文件应该被保密，因此很难想象任何一个这样的报告具有被公开的可能性。

（七）问责制价值

缺乏透明度以及对国家安全活动可以有效地进行问责的制度，包括缺乏信息情报，将给人权和国家安全带来危险。政府关于人权及隐私权的担忧是在斯诺登曝光事件后产生的。同时，责任制的缺乏会导致政府行为效率低下或者国家安全活动被不适当地授权，甚至起到对国家安全保障的相反作用。斯诺登揭露出来的许多关于 CSE 对巴西采取间谍活动的评论都是在质疑这类措施的有效性。同样地，印度航空委员会在接受前安全审查委员会专员詹姆斯巴特曼关于 1985 年安全审查委员会的调查中发现，在爆炸事件发生之前，曾有机会向印度航空公司的飞机发出信号情报。这一事件导致 331 人丧生，这是“9·11”事件发生之前世界上最致命的航空恐怖袭击。工作的有效性不能被忽视，即使有的时候要实现它是十分困难的，并且有时候想从由美国国家安全局和加拿大安全审查委员会搜集的大数据库中找到具有可诉性的情报是不可能的。

虽然问责制建议不像其本身内部机制的不完善或低效率那样引起政府足够的重视，但我们仍然应该提高重视。因为机密机构始终比政府领导者、审查者、社会公众以及全体公民先一步或几步知晓政府信息，这一现状会出现的永久性责任制的缺陷。目前能够确认的是，过去那些没有成功进行问责的案子和政府越来越不重视的态度，让许多人对问责制的改革持有怀疑。前任 CSE 的专门委员会驳回了阿拉尔委员会关于加强

① List of SIRC reviews under section 54 of the CSIS Act，10 November 2014，<http://www.sirc-csars.gc.ca/opbapb/lsrlse-eng.html>.

② Classified reports，20 August 2014，<http://www.ocsec-bccst.gc.ca/ann-rpt/cr-rc_e.php>.

问责制的提议，视其为增加“负担和成本的额外超级官僚机构”。[①] 这样的声明可能会鼓励加拿大政府积极地将额外审查定性为“不必要的繁文缛节”，[②]尽管它大幅增加了 C－51 法案的安全权力。

（八）缺少审查制度的后果

认为审查制度多此一举是失之偏颇的。这样的观点忽视了自“9·11”事件以来国家安全活动的资源、力量以及一体化程度的不断加强。其实适用于审查国家安全活动的资源与进一步扩大的情报机构的预算相比已经相形见绌了。例如，CSE 专门委员会每年的预算约为 200 万美元，这相当于 10 位负责审查加拿大通信安全局的预算，报道出来的预算为 3.5 万到 4.22 亿美元。[③] 安全情报审查委员会每年的预算在 300 万以下，相当于 17 位全职人员的预算（从 2006 年的 20 位下降到 17 位，尽管已经废除了监察长）。该委员会审查有 3200 名雇员且预算超过 5 亿的 CSIS。[④] 在 2015 年 4 月，政府决定增加安全审查委员会的预算，和原来的预算相比几乎是翻了一倍，但是仍旧难以解决缺少信息共享的和联合审查权力的行为。

问责制的缺陷能够影响公众对政府在社会范围内实施安全活动的信心。条例草案 C－51 关于信息共享范围的广泛定义能够使加拿大穆斯林团体和大范围的原住民及其分离主义团体受到密级信息共享制度的管制。

如果加拿大政府拥有一个资源充足的全政府审查机构，能够审查信息共享，那么它就可以更可信地驳斥这些担忧，认为这是危言耸听。政府辩称，隐私专员提供了这种全政府审查。但隐私专员在 2014 年的一份报告中表示担心，该委员会的运作依据的是过时的立法，这些立法没有赋予

---

① Canada, CSEC, Annual Report 2012 – 2013 (Ottawa: Minister of Public Works and Government Services, 2012) at 5.

② David Pugliese, “Government Knows Best, Says Conservative MP, No Need for More Oversight on Spy and Security Agencies,” Ottawa Citizen, 1 February 2015.

③ David Pugliese, “Government Knows Best, Says Conservative MP, No Need for More Oversight on Spy and Security Agencies,” Ottawa Citizen, 1 February 2015.

④ Chris Hall, “CSIS Watchdog Agency Starved of Staff, Resources,” CBC News, 20 February 2015, < http://www.cbc.ca/news/politics/csis-watchdog-agency-starved-of-staff-resources-1.2965276 >.

它足够的权力来分享信息和进行联合审查，或在收集和披露机密个人信息方面无权诉诸联邦法院。① 条例草案 C－51 并未回应私隐专员最近提出的这些关注。

整个政府的安全应对措施及其审查和监督之间出现的问责差距非常令人不安，特别是在后“9·11”时代，政府正启动第二轮的安全权力增加，以应对真正的外国恐怖分子威胁。这种差距可能会损害包括隐私在内的权利。此外，可怕的描述和抗议，带有歧视性的分析以及关于犯罪的相关推理也是令人担忧的。这反过来又影响到公众对情报和其他安全活动的信任和容忍度。最后，如果问责漏洞使独立审查者无法看到总体情况，难以确定是否正在收集适当数量的情报并将其及时有效分享给谁，那么问责漏洞可能损害安全。根据条例草案 C－44 和 C－51，CSIS 的权力和特权有所增加，但 CSIS 人力权力的新特权及其新扰乱权力，却可能产生意外效果，使起诉恐怖活动变得更加困难。可见，这些监督问题尤其紧迫。②

二、立法问责：小心你的期许

加拿大不像五眼联盟中的其他伙伴，未给任何国会议员定期访问机密信息的机会。在阿富汗囚犯事件中，议会坚持接触关于移交囚犯给阿富汗官员后酷刑的机密文件，这表明介入制度是严重缺陷。从 2009 年议会针对请求准入的行为而休会，可知政府和议会之间的争斗。此外，加拿大还创设由退休法官和国会议员组成的特别委员会，负责在议长藐视法庭后重新审查机密文件。然而，加拿大漠视议员获得机密信息的权力。这种现象可能在其他党派，特别是不反对审查权的自由党执政后有改变。

（一）现在的改革建议

关于议员获得机密信息的最新建议，认为扩大议会的审查权不能修复条例草案 C－51 中多个漏洞。下院议员自由党的韦恩·伊斯特提出的

---

① Canada, Office of the Privacy Commissioner of Canada, Checks and Controls: Reinforcing Privacy Protection and Oversight for the Canadian Intelligence Community in an Era of Cyber-Surveillance (Ottawa: Public Works and Government Services Canada, 2014). Bill C－51 does not contain the reforms suggested by the Privacy Commissioner.

② Kent Roach, "The Problems with the New CSIS Human Source Privilege in Bill C－44," (2014) 61 C. L. Q. 451.

议案其实没有实践意义。拟议中的委员会的成员不仅根据法规必须永久保密,①而且负责的部长将拥有最终和不可复审的权力,决定向委员会提供多少秘密信息(如果有的话)。② 这种做法与允许加拿大国会议员接触秘密信息的创新有关,也反映人们担忧加拿大常被视为情报净进口国,若机密泄露则易受制于盟国切断情报窃听。③ 加拿大始终担心泄密,源于一个通常不言而喻的真实因素,即议员的可靠度较低。伊斯特的提案只是尝试为议员在涉密机构内谋求一席之地。

下院自由党议员乔伊斯穆雷提出了另一项议案,主张通过赋予更强大的权力以获取机密信息,但这项议案在 2014 年 10 月被政府否决。事实上,为减少问责制缺陷,确实有必要多管齐下。该议案拟以多种方式促进问责,以加强对 CSE 与 CSE 专员的部长级司法监督。④

一些评论家批评阿拉尔委员会的提案未包括加强议会改革。⑤ 在笔者看来,考虑到该委员会的任务重点是审查加拿大皇家骑警的国家安全活动,这样的批评是不公平的,高估了通过议会审查可取得的成果。其他民主国家的立法审查经验表明,议会审查的贡献可能不大。特别是,考虑到加拿大各委员会的人员配备不足,议员的更替率很高,以及他们对安全事务的知识和兴趣的随意性,情况尤其如此。

英国的情报和安全委员会(ISC)经常成为范例,但加拿大对其报道往往忽视英国敏感问题,包括可能在酷刑方面的共谋。美国立法审查还不如英国那么完善。多名国会议员在“9·11”事件后听取了有关美国国家安全局活动的简报,但直到 2005 年,《纽约时报》才披露布什总统对美国国家安全局国内间谍活动的非法命令,之后斯诺登泄密事件揭露了美国

---

① An Act to Establish the National Security Committee of Parliamentarians, 2nd Sess., 41st Parl., 2013, cls. 10 – 11 (first reading 7 November 2013) Bill C – 551.

② An Act to Establish the National Security Committee of Parliamentarians, 2nd Sess., 41st Parl., 2013, cls. 14.

③ 该法案第 14(4)(C)条鼓励部长,如果信息是从外国获得的,不要向委员会披露,甚至没有像法院越来越多地要求的那样,询问外国是否准备修改任何限制进一步披露共享情报的警告。

④ Bill C – 622, 2nd Sess., 41st Parl., defeated on second reading, 5 November 2014.

⑤ Reg Whitaker & Stuart Farson, “Accountability in and for National Security,” (2009) 15:35 IRPP Choices 1.

国家安全局近年的活动。

美国立法委员会在人员配备上，加拿大立法委员会好得多，但仍有人担心国会立法者往往缺乏专业知识或预算权力，会影响有效监督。① 赋予立法者获取机密信息权，但缺少披露信息的有效机制，或致使政府把非法或不当的行为认为合法，因为一些立法者已“简要介绍”这些。有美国评论员提出了有趣的建议，即让有权获得秘密信息的反对党推动解密文件。② 但这些建议几乎未被采纳。获得机密信息的委员会能私下质询部长等官员，但不能视为公开了机密信息文件。

（二）我们想要从强化的议会审查中得到什么？

我们应慎重考虑想要从强化立法审查体系中获得什么。阿富汗囚犯的问题表明，议员们较为关注审查的适当性，尽管这带有明显的党派色彩。反对派一直关注加拿大军队是否实施酷刑，但最终却不了了之。其他安全问题大多不会那么引人注目。议会问责制的发展最终可能取决于媒体和社会对安全事务的关注程度，本文将在最后部分讨论这些问题。

议会委员会可接触到许多审查机构提供给部长的机密报告，让部长们在看过报告后进行说明。而 SIRC 和 CSE 专门委员会，只能向部长及其所在机构提出无约束力的建议。议会委员会可要求负责的部长做出解释，但未迫使部长及其机构行使监督权和指挥权，以补救建议效力之不足。

议会委员会能处理其他审查机构忽略的效力问题。例如，它可帮助部长们对有争议的监视形式负责，比如 CSE 在巴西的间谍活动。③ 目前，国家安全委员会要求公共安全部长和负责 CSE 的国防部部长对其行动进行说明。若公共安全部长负责所有非军事方面的情报，则能促成对有

---

① Amy Zegart, Eyes on Spies (Stanford: Hoover Institution Press, 2011).

② Bruce Ackerman, Before the Next Attack (New Haven, CT: Yale University Press, 2005); Stephen Schulhofer, "Oversight of National Security Activities in the United States," in Secrecy, National Security and the Vindication of Constitutional Law, eds. David Cole et al. (Cheltenham: Elgar, 2013) at 42.

③ Phillipe Lagassé, "Accountability for National Defence," (2010) 4 IRPP Study at 8 – 12. Lagassé conflates accountability and control when he 200 REFORMS ANd ACCOUNtAbiLity asserts that a stronger parliamentary committee could undermine the responsibility of the minister and the Cabinet for defence.

关情报予以有效问责,以保证情报工作方面的责任集中。

关于完善议会审查体系的提议面临着一个问题,即加拿大委员会并没有美国或英国委员会的强大研究能力。情报机关专门委员会最近建议国会议员进行"加拿大情报监督和审查机制的全球研究",[①]它忽视了议会委员会资源的有限性,因为即使是在整个议会的帮助下,资源也是不足的。

有人认为议会委员会能减少安全问题,但目前这是难以保证的。条例草案 C-51 是哈勃首相在 2015 年 1 月的一场选举集会上提出的。阿富汗囚犯事件的解决方式有明显的党派性。议会委员会是否提升公众对安全活动行为的信心,目前尚不确定,特别是对选举产生的国会议员和非选举产生的参议院议员的信心不足时更如此。议会委员会的合法性可能更多地是来自社会和媒体的监督,而不是来自其成员本身。任何一个议会委员会都需要通过自身的工作赢得公众对其的信任度。

新增的议会审查制度,可助力提高公众对安全事务的认识。同时,也不应低估议员特别是下议院议员,在安全事务工作中面临的挑战。例如,条例草案 C-51 规定了 17 个部门机构能获取安全信息。这将在信息共享和禁飞名单中创建两个新的安全法规,并修订调查法、刑法、移民和难民保护法等的 15 项其他法案。议员是否能继续遵循这些法律是不确定的,更不要说了解这些法律如何施行了。我们的确需要加强议会审查,以获取秘密信息,但对这一进程不可期待过高,否则将招致严重错误。

(三)司法问责:陷入或促成违约?

阿拉尔委员会对依赖国家安全活动司法审查的问责制,态度并不乐观,因为"司法机构作为被动的机构",只有为诉讼主体时才处理不当行为。它警告由于机密性,"被影响到的个人可能永远不知道曾受过国家安全活动调查"。[②] 即使个人有这样的想法,也缺少质疑法院的资源。即使

① Canada, Office of the Privacy Commissioner of Canada, Checks and Controls: Reinforcing Privacy Protection and Oversight for the Canadian Intelligence Community in an Era of Cyber-Surveillance (Ottawa: Public Works and Government Services Canada, 2014) at 12.

② Canada, Commission of Inquiry into the Actions of Canadian Officials in Relation to Maher Arar, A New Review Mechanism for the RCMP's National Security Activities (Ottawa: Public Works, 2006) at 491.

有足够资源也会在诉讼中面临保密问题障碍。最后，与其他刑事调查案相比，国家安全领域的诉案不足，意味着法院对国家安全调查的监督“较少”。①

然而，司法审查和司法监督中有一些珍贵资源。“9·11”事件后，司法部门对国家安全活动长期依从有所减少。法官们连看都不看机密信息的日子一去不复返了，而加拿大法院在“9·11”事件后也在许多方面进行了回应。司法部一直坚持要求在使用秘密信息的情况下提高透明度。

（四）莫斯利法官将监控权赋予五眼联盟合作伙伴的决定

法官们能有效确保安全机构在授权范围内采取行动。2009 年莫斯利法官授权允许 CSIS 拦截加拿大公民的外交通信。2013 年 8 月，在阅读 CSE 专员的年度公开报告后，他主动召开了一次新的听证会，可他并不高兴。

莫斯利法官认为 CSIS 误导了他，因为 CSIS 没有透露其与 CSE 的五眼联盟伙伴合作行使监控权的计划。他认为，加拿大官员监控外国机构是非法的。根据 SIRC 的报告，莫斯利法官警告说，加拿大可能会失去对其外国合作伙伴收集的情报的控制权。②

莫斯利法官裁定，CSIS、CSE 或其法律顾问不应提及 CSIS 许可外国机构授权分配任务的错误行为。他研读了加拿大的法律，以了解如何防止加拿大要求外国机构以一种没有控制其目标和任务的方式有效地离开加拿大，而避免出现跨国责任制的缺陷。司法试图填补和预防问责制漏洞的做法有益，但一般只有当国家试图滥用司法权力并公然地实施不当行为时才会发生。事实上，莫斯利法官的大胆判断，多以加拿大五眼联盟成员的监控行为违反国际法为前提。

莫斯利法官也认识到执行监督机构需要不断地进行审查，审查会使他从中受益。为此，他要求向 SIRC 和 CSE 委员提供他判决的副本。这个判决，就像在斯诺登泄露后被解密的美国对外情报监控法院（FISC）的一些决定一样，显示出法官是如何补充审查过程，以及如何依靠执行机构

① Canada, Commission of Inquiry into the Actions of Canadian Officials in Relation to Maher Arar, A New Review Mechanism for the RCMP's National Security Activities (Ottawa: Public Works, 2006) at 439.

② [2013] FC 1275 at para. 115.

进行监督审查的。

联邦政府可能会指出莫斯利法官的裁决提供了证据A,揭示了当联邦法院法官认为CSIS根据条例草案C-51要求进行其他非法行为时将需要的司法监督的力量。采取这种做法的一个问题是,政府一直就莫斯利法官的裁决向最高法院上诉。如果政府在最高法院胜诉,CSIS可能不需要在加拿大境外进行调查。

最高法院受理政府上诉的决定为法院说CSIS的一些域外的调查不需要授权提供了可能性。这样的裁决可以让CSIS在没有取得授权和在政府没有承诺适用条例草案C-51中司法监督权的情况下行事。相反,法院可能会比联邦上诉法院更坚定地支持莫斯利法官的判决。这样做是好事,但我们不应该低估这个判决在多大程度上依附于一位在国家安全问题上具有特别悠久历史的法官的高深知识和其主动性。

(五)法官被要求批准和监督违法和违宪行为

根据议会提出的条例草案C-51,法官甚至可以授权CSIS实施一项与"宪章"相抵触的行为。[①] 条例草案C-51允许联邦法院法官授权CSIS违反国内外的法律,但是CSIS也可以获得司法授权,以减少通过违反宪章规定的权利的方式对加拿大的安全造成的威胁。

政府正在通过强调这些权利将受到司法监督来捍卫条例草案C-51。莫斯利法官的裁决为担心CSIS是否会超出授权中特别授权的范围实施行动提供了一些理由。它低估了授权违反"宪章"的独立法官的根本意义,在这种情况下,裁决是不可能在随后的审判或上诉中被审查的。

条例草案C-51没有规定联邦法院法官将采取什么问责措施来确保安全机构不超出新的授权条款实施行为。莫斯利法官的裁决表明,如果法官们发现的话,他们是不能容忍一些机构实施超出他们授权的行为的。莫斯利法官的裁决表明法官们总是让人感到不舒服的,似乎是莫斯利大法官意外地读到对审查机构的审查报告,结果发现CSIS将监控权转交给了外国盟友。

CSIS授权的性质意味着他们设定的限制的正当性通常不会在上诉

① Protecting Canadians from Terrorism Act S. C. 2015 c. 9 adding s. 21(3. 1) to the CSIS Act; Bill C-51, adding s. 21. 1(4) to the CSIS Act.

中被审查。授权程序一般都是其他程序的一部分。尽管在莫斯利法官授权之前和之后有一个负责安全问题的法律顾问已经解决了某些法律问题,但这并不是正确的做法,在条例草案 C－51 中也都没有具体规定。而且,正如阿拉尔委员会所强调的那样,国家安全活动和普通的授权行为相比更容易受到司法审查。在斯诺登揭秘事件之后,美国的隐私和公民自由委员会建议外国情报监控法院也进行了单方面的授权,由通过安全检查的特别的律师予以协助。

传统上认为,授予特权是一种避免违反"宪章"第 8 条规定的不合理搜查和扣押权的方法。相比之下,条例草案 C－51 中规定法官可以授权 CSIS 采取违反"宪章"第 6 条规定的公民有权离开或返回加拿大的宪章权利的措施。联邦法院法官在申请授权方面可能存在与国家安全、国防以及长时间保密的对外关系这几方面有关的能够有效运作的原因。这些权力一旦被放开,类似的评判会在很大程度上改变。FISC 的裁决在美国的泄露和公开表明,司法部门享有的一些信誉和信任可能会被秘密的裁决所破坏,特别是如果它授权情报机构实施非法侵权行为。

笔者和弗西塞教授也担心,法官将被迫在封闭的孤立程序中做出艰难决定,且在最大安全检查方面有改革意义。即使训练有素的法官也可能缺少信息资源。新授权可改变联邦法院的作用,特别是法官要求安全机构定期向其报告行动的话。联邦法院特别法官可能接近法国的专门调查法官。

联邦法院不以有罪或无罪的"刑法"概念为指导,而以对加拿大安全威胁的更广泛定义为指导。最高法院在调查性听证时要求法官遵守证据规则和公开审理原则。这会使法官主持对国内外 CSIS 违法行为和违反"宪章"行为的调查会变得更加不合时宜。

根据条例草案 C－51,联邦法院法官需从突破口出发,为 CSIS 设立问责制的结构,还需为 CSIS 建立专门的问责机制,确保其在违反国内外法律和宪章时能够不超越司法命令的界限。可以肯定的是,条例草案 C－51对哪些内容可以授权有一些明确的限制。① 政府似乎很乐意根据条例草案 C－51 征聘法官,但结果可能是会使得最有能力的和敬业的法

① Bill C－51, adding s. 12. 2 to the CSIS Act.

官的能力下降。如果在国内外执行这些权证时某一个出现问题，可能会损害司法机构的声誉，同时为 CSIS 提供保护伞。

政府正在全力保证法官能依据条例草案 C－51 发挥作用，强化法官将产生的作用，但是授权的过程却违背了公众对法官会在听到双方的对立论点之后采取透明和可以上诉的方式的期望。最后，要求法官维护法律和"宪章"，授权其判令情报机构对其违法行为负责。

三、强化执行监督审查机制：需要监督和审查大局的规范与效率

虽然立法和司法问责机制是必要的，但是最重要的一环就是执行部门的行动能力。在加拿大，这些机制包括退休法官能够作为 CSE 委员拥有广泛的公共调查权力，以及 SIRC 获得了 CSIS 享有的除了内阁之外的所有秘密信息的能力。这两种审查机制都是需要行政部门和其他政府部门一起合作运行的。就 CSE 委员而言，审查机构借鉴司法机构独立性和公正性的特征，就 SIRC 而言，它们借助立法机构的强制性来审查所有主要政党的代表。和其他行政部门一样，它们可以任命负责部长，并向部长汇报机密报告。

阿拉尔委员会强调，任何可信的合适的审查机制都应无限制地获得秘密信息，并有权启动自己的审计或调查行动。它并不反对审查机构能够听取申诉，但是由于大多数国家安全活动的保密性，对这种机制的认可具有一定的局限性。经过深思熟虑，委员会选择了一种模式，将 SIRC 的职权大范围扩大，包括能够审查加拿大公民和移民部，加拿大运输部，金融和交易报告分析部门以及外交部的国家安全活动。新改制的皇家骑警投诉机构将有权审查加拿大边境服务局的国家安全工作。它还建议在 CSIS 安全审查委员会，CSE 专门委员会和 RCMP 审查机构这三个机构之间建立法定网关。最后，由三个主要审查机构的主席组成一个能起到协调审查作用的独立的主席协调委员会，确保没有对 RCMP、CSIS 和 CSE 职责交叉重叠的国家安全活动进行重复审查。所有这些建议都体现出需要进行全面的政府审查，以配合政府采取的整套的安全应对措施。同时，该委员会最终选择将像职权扩大的 SIRC、CSE 专门委员会以及一个全新的 RCMP 审查机构一样具备专业条件的机构保持原状。因此，它不同意向委员会提议建立一个可以审查所有国家安全活动的全方位的审查委员

会或“超级 SIRC”。

(一)阿拉尔委员会改变的审查环境

阿拉尔委员会 2006 年发现的问责制的差距已在拉大。政府对加拿大皇家骑警审查机构进行改革,却没给予该机构足够的获取密秘密信息权,而是通过设立退休法官咨询程序来调和有关争议。政府也拒绝了设定法定网关的建议,所以三家审查机构都可以共享秘密信息,进行联合调查。政府没有扩大范围去审查其他五个有重要安全责任的机构。事实上,政府甚至通过废除 CSIS 中监察长来反驳审查权,并认可了 CSIS 行动的合法性。

在 2006 年,期待新的保守党加强议会审查是现实的,其中可能需要采纳马丁总理在 2005 年关于国家安全议员委员会的多项提议。阿富汗囚犯事件加强了议会委员会获得秘密信息的可能性,但政府依靠特定的特别程序来解决问题。政府在这个问题上基本上成功地阻挠了议会,这表明议会审查的前景已不明朗。政府也拒绝以公开调查,来弥补马勒阿拉尔和在叙利亚遭受酷刑的其他加拿大人的案件中立法和行政复议之不足。这仅反映行政管理系统事后审查中常见问题,但对设置议会审查制度不是好兆头。

亚瑟·波特在其与塞拉利昂政府的关系被揭露之后于 2011 年辞职,自此 SIRC 的职权被削弱。2014 年初,公众了解到 SIRC 三名成员与不同渠道有财务联系。SIRC 工作人员兼职薪酬要低于私营部门酬劳,但 2014 年关于大部分 SIRC 成员与相关公司有联系的报道,使 SIRC 在审查 CSIS 对反对者(包括环保主义者和原著居民团体)的监督时很难获得公信力。同时,SIRC 的年度报告表明问题特别严重。①

CSE 委员会的办公室已摆脱 SIRC 丑闻的困扰,但它对斯诺登泄密事件的回应,却存在疑点。2013 年 6 月 13 日,在斯诺登第一次泄密的一周后,迪卡里专员发表份声明解释独立审查职责的作用,并向公众保证 CSE 的合法性。他证实,“CSEC(CSE)不直接向加拿大境内任何人提供收集

① SIRC, Lifting the Shroud of Secrecy: Thirty Years of Security Intelligence Accountability, Annual Report 2013 – 2014 (Ottawa: Public Works and Government Services Canada, 2014), <http://www.sirc-csars.gc.ca/pdfs/ar_2013 – 2014 – eng.pdf>.

的国外信号情报","禁止要求国际伙伴从事法律上不允许 CSEC 实施的活动"。① 迪卡里专员在 2013 年 6 月 13 日声明中还提到,已"审查了 CSEC 在元数据方面的活动,并认为这些活动是合法的"。② 鉴于随后斯诺登关于泄露的关于元数据方面的信息,这份声明明显是存在争议的且将被作为证据。

在 2013 年 6 月发布的 2013 年 8 月 21 日公布的年度报告中,迪卡里专员证实,他已经检查了 CSE 对 CSIS 执行该权令的协助行为。③ 然而,这次专员只是做出了模棱两可的答复,并没有像当月早些时候那样作出明确的保证,仅是在年度报告中指出 CSE 已经遵守了对其权限的法定限制。尽管专员的建议以及 SIRC 的报告在启动莫斯利法官对他授予的权证进行重新评估方面发挥了作用,但 CSE 专员的做法并没有为 CSE 敲响警钟。专员的公开表现远不如莫斯利法官后来在裁决中所说的那么稳健,由此得出的结论是 CSE 的活动并没有得到任何层面的授权。④

迪卡里专员与莫斯利法官关于 CSE 行为合法性的结论之间冲突,特别是在专员仅限于审查 CSE 活动的合法性上。⑤ 合法性的结论可掩盖有争议的复杂法律问题。鉴于对国家安全的保密性和律师客户之间特别协议,这并不能帮助提高公众对安全机构的信心,而许多合法性争议可能因公众曝光而隐藏起来。

CSE 在加拿大机场收集了一天内使用 Wi-Fi 者的元数据,CSE 委员普劳夫发布了一份新闻稿,指出:"CSEC 最近实施的未被授权的披露加

① "Statement by CSE Commissioner the Honourable Robert Décary," Office of the Communications Security Establishment Commissioner, 13 June 2013, < http://www. ocsec-bccst. gc. ca/media/pr/2013 - 06 - 14_e. php >.

② "Statement by CSE Commissioner the Honourable Robert Décary," Office of the Communications Security Establishment Commissioner, 13 June 2013, < http://www. ocsec-bccst. gc. ca/media/pr/2013 - 06 - 14_e. php >.

③ Canada, CSEC, Annual Report 2012 - 2013 (Ottawa: Minister of Public Works and Government Services, 2012) at 25.

④ "Statement by CSE Commissioner the Honourable Robert Décary," Office of the Communications Security Establishment Commissioner, 13 June 2013, < http://www. ocsec-bccst. gc. ca/media/pr/2013 - 06 - 14_e. php >.

⑤ 例如,参见 CSEC Commissioner, Annual Report 2005 - 2006 at 9 - 10; CSEC Commissioner, Annual Report 2006 - 2007 at 2 - 3。

拿大通信安全机构(CSEC)的活动,我知道的是所提及的元数据活动”。尽管普劳夫专员的声明没宣布机场计划合法,但政府用这些结论来捍卫CSE,并认为该计划“仅”收集了元数据,而且此次收集不是直接指向违反CSE法律命令的加拿大人。几周后,在2014年2月12日,CSE再发布新闻稿指出,“CSEC的活动不涉及”对加拿大人或在加拿大的人进行“大规模监控”或追踪。[①] “9·11”事件发生之后,CSE匆匆被赋予了可以进行立法性授权的权力。[②] 前者的结论回应了媒体对斯诺登泄密事件的担忧,而后者则沿用了CSE授权立法的方法。

专员对斯诺登泄密事件的反应是加强对审查机制现状的防御,认为它的运行足以审查CSE并能够与其他机构保持一致。专员还申明,他不会将令人尴尬的信息从他的报告中删除。然而,这并没有回应是否可以将令人尴尬的信息归类为秘密问题以及用于确定专员报告中所提内容的过程缺乏透明度的问题。

(二)需要有对全政府的履行国家安全职能的超级SIRC

随着条例草案C－51赋予相关机构安全权力的增加,特别是在信息共享安全法案下广泛的信息共享权力,以及允许CSIS拥有在国外违反加拿大法和外国法的权力,这表明对加拿大审查体系进行根本性改革的时刻到了。SIRC是1984年加拿大引以为傲的最先进机构,但多年后SIRC却暴露出问题。SIRC获取信息的权力仅限于CSIS。“加拿大安全信息共享法案”提出了加强沟通的整体政府方法,允许任一个联邦机构与17个不同部门共享安全信息,其中许多部门可不受独立审查。而这忽视了CSIS、CSE和RCMP的职能在实际操作中折扣,以及隐私专员的权限和职责。[③]

发展变化表明,重大改革的时候到了。其加拿大审查机制的优势为混合型机构中,CSE专门委员会和公众查询得益于退休或在职法官的参

① Office of the Communications Security Establishment Commissioner, “Current Issues: Questions and Answers,” n. d. , <http://www. ocsec-bccst. gc. ca/new-neuf/faq_e. php>.

② National Defence Act, RSC, 1985, c N－5, s. 273. 64(2)(a).

③ Canada, Office of the Privacy Commissioner of Canada, Checks and Controls: Reinforcing Privacy Protection and Oversight for the Canadian Intelligence Community in an Era of Cyber-Surveillance(Ottawa: Public Works and Government Services Canada, 2014).

与,SIRC 能吸纳主要政党的前任议员来工作。设立新委员会有望形成更受社会大众信赖的机制分阶段的任命模式和扩大超级 SIRC 的职责范围,有助于确保机构工作人员具备必要专业知识和一定经验。那些非长期非兼职的委员会人员应随时准备切断可导致合理利益冲突的联系。多元委员会应有能力举行公开听证会。

更多样和资源更丰的超级 SIRC,扩大了审查范围,包括合法性与更广泛的规范和效率问题。与 CSE 专门委员会不同,新委员会的审查行动不应受到合法性的限制。退休法官适合判定合法性。CSE 委员们关于合法性的结论,反映出了“9 · 11”之后迅速制定的授权法之特点。如上所述,专员们经常强调 CSE 的活动,不是针对加拿大人或在加拿大的人,而用于“外国情报的目的”。这些措辞反映了国防法案第 273.64 条中规定的交付给 CSE 任务的内容,但斯诺登揭露事件中提及的内容是否冲击公众信心,却不清楚。

事实上,CSE 授权已不适应国家安全局势,也不足以保障隐私权。比如,它强调 CSE 获取外国情报的目的有悖于宪章基本原则,即强调政府行为即使目的适当也可能因侵犯公民权而违宪。有关酷刑事件中,安全机构试图用秘密性和不合理法律意见掩盖问题。而隐私权等合理性问题太重要,不能留给律师随意揣测的余地。

新的监督机构和审查机构须拥有足够资源和法律权力,确保在权力和监督技术增强的情况下,能弥补越来越多的问责制缺陷。新的审查机构需具备完整的政府机制,并有能力获取更多秘密材料。像阿拉尔委员会这样的新审查机构应能查阅各种类别的相关材料,还能质疑法院,要求政府拒绝批准其部分报告。这会赋予委员会更多监督审查安全机构的权力。与 SIRC 和 CSIS 或 CSE 和 CSE 之间谈判相比,对法院提出的质疑将使政府提供材料的过程更加透明。另一种选择是,允许超级 SIRC 向议会委员会提交机密报告,可使用报告质疑部长和官员,也可采取措施质疑保密分类。

当然,关于建立超级 SIRC 的建议很可能不会被采纳。渥太华的安全机构与其他国家一样,具有很大的杠杆作用。加拿大因担心完善问责制可能导致威胁与外国机构的情报共享关系,而增加这种杠杆作用。2014 年 10 月袭击事件以及 2015 年初巴黎和哥本哈根袭击事件后危急时刻,并不是从根本上改革审查结构的恰当时机,阿拉尔委员会在2006年报告后的平静时期才是。政府优先赋予条例草案C-51中规定的安全机构,特别是CSIS更多的权力。一旦通过,可能就没动力或精力重新审视被忽视的审查问题。欲审查整个社会和完善揭露举报制度,仅有超级SIRC是不够的。此外,社会公众、媒体甚至举报者有望弥合问责缺憾。

1. 企业责任制

总统审查小组建议公司公布更多信息数据。与"美国自由法案"相关的立法提案指出,公司持有国内的元数据,可能挑战政府对各种形式信息的需求。这引出了企业是否抗拒向政府提供数据的问题,最终取决于公民是否主张加强隐私保护。市场对隐私权的需求到底有多大?黑莓手机的衰落原因很多,其中之一即为被消费者需求驱动的企业很大程度上受制于消费者对隐私权的重视程度。

2. 社会责任制

安全和安全审查都是复杂的事情。加拿大政府似乎主张以法院为主导来确保对CSIS扩大的权力审查的规范性。重复性和重叠性审查的现象,有时可能会造成审查疲劳。政府没有对阿拉尔委员会2006年表明的目前审查结构不完善的调查结果做出回应。幸好在2015年条例草案C-51中更加重视审查机制的建设。然而,政府只是通过增加SIRC的预算来做出回应,而不是扩大其管辖权。

如果公众认为基于规范性审查的做法不够有效,就可能需要基于效率进行审查。印度航空委员会强调需要对安全活动进行监督,特别是需要解决RCMP和CSIS之间的历史残留问题和现阶段紧张局势。在2014年10月袭击事件后,政府意识到问题的严重性,向公众保证,即其会向警方特别是CSIS提供更多权力和足够特权,但委员会从情报到证据的大部分改革提议都被拒了。

公众的观点和提议可体现安全活动规范和问责有效。社会大众、媒体、议员、学者以至普通民众都需关注这些问题。最终,我们才会达到我们最初想要的问责程度。

3. 揭发举报制度

政府需要建立一些看似多余的问责机制。设立比加拿大《信息安全法》第15条规定更可信的揭发举报制度是必要的。[1] 这一条款仅授权获取秘密信息的人有理由相信犯罪已发生时,才能进行有限制的举报。举报人必须先告知他的部门上司,面临被解雇和起诉的风险,而在未收到其上司合理答复时,只能通知SIRC或CSE。所以此前CSE专员从未收到举报人的举报信息。

若合法举报为现实选择,则立法改革势在必行。总统审查小组建议切实保护举报者免受起诉,并扩大公民自由和隐私保护委员会听取举报者意见的权力。[2] 但加拿大议会却无意颁行关于符合形势发展的举报等信息安全法案。

斯诺登的泄密行为的确是非法的。关于斯诺登先生命运的激烈辩论揭示,不能起诉或轻判斯诺登,等于默许其行为。而未来泄密者的泄密行为是否会被起诉是不确定的。将非法泄密行为作为问责制的一部分,虽令人不安却不容忽视。

4. 媒体调查的作用

没有像格林·沃尔德这样的记者,就没有爱德华·斯诺登。这次事件引发了当今传统媒体的不稳定状态。《纽约时报》、《卫报》和《明镜周刊》公布的泄密事件缺乏合法性,而泄露事件并非来自"某些人"、电脑或博客。但媒体本身正变得越来越分散。有人质疑未来是否会有主流媒体。若没有,政府也许可把对监控和安全状态的异议简单地视为极端主义,游离在剥夺公民权的边缘。我们最终再问责的主题更凸显了。

四、结语

所有民主国家的问责制都存在缺陷,但加拿大问责制中的缺陷尤为明显。单从五眼联盟中的其他国家来看,加拿大仍没有为议员们提供获取秘密信息的渠道。SIRC在1984年成立时是最先进的,但现在已比不上更适合审查整个政府安全的澳大利亚和英国之模式。政府在2012年废除了监察长职位。美国的隐私和公民自由委员会以及2015年英国建

---

① R. S. C. ,1985 c. O–5.

② US, The Review Group on Intelligence and Communications Technologies, Liberty and Security in a Changing World (Washington, DC, 2013) at ch. 8.

立的类似委员会都有全面的政府授权。这些发展表明,其他民主国家都试图弥补“9·11”事件后发现的漏洞。条例草案 C-51,特别是“加拿大信息共享法”,将大大增加拿大责任制缺口,因为全政府信息共享与有效的全政府审查机制不相匹配。

同时,条例草案 C-51 也引起了公众和政界对审查和监督的重视。而对议会审查制感兴趣,并不意味着能填补问责制缺陷。关于加强议会审查的建议,由加拿大议会法定委员会提出。其他民主国家的经验表明,一旦立法者参与秘密计划中,其能力和行动就会受限。议员们在处理复杂的与政府综合性安全措施有关的法律中会遇困难,特别是在没有专门工作人员的情况下更如此。同时,也面对利用安全问题赢得党派优势的诱惑。即使有议员特别是未经选举的参议院议员,也能掌握复杂的安全环境,但仍是兼职人员。他们的能力和贡献的确有限。

条例草案 C-44 和 C-51 将赋予联邦法院指定法官授权 CSIS 监督的权力。很多人会因为法官而对案件的前景感到安慰,政府对这两项法案的支持都强调了这一点。此外,莫斯利法官呼吁 CSIS 把监督权分散化转交给五眼联盟的合伙国家的行为,显示出对法官权力的蔑视。在这些法案中提供的司法监督通常采用是只有政府律师在场的封闭程序的形式。新的授权条款没有规定抗诉或上诉的权利。法官一旦裁决允许 CSIS 违宪,就具有终局效力。事实上,如果判决因实行上的原因须保持秘密或者行文的严谨性,就不可能批判判决。审查机构希望看到信息分类的原因,但不愿质疑司法裁决,这是可以理解的。

全职的专业执行监督员对缩小问责制的差距至关重要。自从阿拉尔委员会 2006 年判定加拿大审查体系不足以满足“9·11”事件后整个政府的安全方针后,事态变得更加糟糕。多年来,SIRC 在人事问题上一直陷于困境。在 2012 年 CSIS 监察长被取消后,SIRC 被迫承担确定 CSIS 行为合法的重要工作。CSE 委员对斯诺登泄漏事件的反应快,但通常是防御性的。

“条例草案 C-51 中的加拿大信息共享安全保护法”将大大扩大问责制的差距,因为其允许所有政府实体与十七个联邦机构和部门共享广泛定义上的安全信息。当条例草案 C-51 通过时,加拿大问责制所存在的重大缺陷,将为问责制施行中无法跨越的鸿沟。

虽然政府警告说，增加审查机制将是“不必要的繁文缛节”，但现在已经到了需要建立替代 SIRC 的机构的时候，应建立包括 CSE 委员和其他工作人员的“超级 SIRC”，该 SIRC 有权审查政府的所有国家安全活动，包括根据拟议的“加拿大信息共享法”进行信息共享的行为。超级 SIRC 应被创建并配足人员。它可包含在 CSE 专门委员会中吸收准司法要素和在 SIRC 中发现的三党派要素。但需更多创新机制控制多元和分散的公众信任度和参与度。一个超级 SIRC 需要完善的政府机制，还需充足资源、有专业经验的人员审查这些机构，并与社会大众密切合作。

即使所有这一切都实现，弥补问责制缺陷也仍是艰苦的战斗。所有政府部门和新创设的混合机构，以及社会大众、公司(尤其是电信公司)和调查媒体都须贡献力量。如果仍不能弥补日益严重的问责制缺陷，就会威胁我们的权利和安全。

全国刑法学术年会

●脚踏实地　继往开来　为新中国刑事法治事业的持续进步而不懈努力

——2019年中国刑法学研究会工作报告

中国刑法学研究会会长　赵秉志

(2019年10月13日·安徽芜湖)

尊敬的各位领导、各位代表、各位嘉宾：

大家上午好！

十月的芜湖，秋色宜人。今天，我们在这座“长江明珠”之城隆重举行2019年全国刑法学术年会。首先，请允许我代表中国刑法学研究会，向莅临本届年会的各位领导、各位代表和各位来宾表示热烈的欢迎！同时，我也要代表会议的主办单位中国刑法学研究会和全体与会代表，向会议承办单位安徽师范大学以及会议的全体工作人员，表示我们衷心的感谢！感谢你们为本次年会的顺利召开所给予的鼎力支持和付出的辛勤努力！

各位代表，安徽历史悠久，人文荟萃，山川秀美，区位优越，地理地貌融合了中国南北差异，是美丽中国的缩影。芜湖是国家长江三角洲城市群发展规划的大城市，皖江城市带承接产业转移示范区的核心城市，经济总量居安徽省第二位。同时，芜湖还拥有全国文明城市、电子商务示范城市、信息消费示范城市、国土资源节约集约模范市、双拥模范城、园林城市、森林城市、水生态文明城市、雕塑之城等众多荣誉称号，四次荣获中国人居环境范例奖，入选中国改革开放40周年发展最成功的40座城市、数字经济百强城市，可谓经济繁荣、人文发达、环境优美。

今天，我们在这里隆重举行2019年全国刑法学术年会。我们刑法学人要弘扬芜湖“开放、诚信、务实、创新”的城市精神，兼容并包，开拓进取，不断深化刑法理论研究，服务刑事法治建设，进一步增进全国刑事法学界、法律实务界同行的学术友谊，促进我国刑法学研究和刑事法治事业的全国性繁荣与发展。

今年是新中国成立70周年，“十一”期间我国刚刚举行了包括“大阅兵”在内的系列庆祝活动，举国欢腾，振奋人心。过去70年是我国奋发图强、不断进取的70年，也是我国捷报频传、硕果累累的70年。这70年，我国在各个领域都取得了令世人瞩目的伟大成就，一个富强、民主、文明的新中国正逐步屹立于世界东方。伴随着新中国的茁壮成长，我国刑事法治建设也不断地发展进步，刑法立法日趋完备，刑事司法日益科学，刑法理论极大繁荣。本届全国刑法学术年会以“新中国70年刑法的变迁与发展”为主题，并以“新中国成立70年来刑事法治和刑法理论的变迁与反思”为理论议题，以“生物科技暨人工智能领域发展的刑法规制问题”“正当防卫制度的适用与完善”“金融领域腐败犯罪的惩治与防范”为实务议题，就是为了在新中国成立70周年这样一个重要节点，结合我国刑事法治领域的重大理论和现实问题进行深入研讨和交流。我们相信，今年全国刑法学术年会的研讨在总结过去70年我国刑事法治建设成就的同时，也能够为新型领域犯罪治理等实践热点问题提供真知灼见。

各位领导、各位嘉宾，过去一年，在中国法学会的有力领导下，在中央和地方政法机关的大力支持下，在本会名誉会长、顾问的指导和全体理事、会员的积极参与下，刑法学研究会精诚团结、奋勇拼搏，卓有成效地开展了大量工作，并取得了相应的成绩。下面，请允许我简要汇报一下刑法学研究会自2018年12月南宁全国刑法学术年会之后近一年来的主要工作。

一、编辑出版会刊和文集

编辑会刊与文集是刑法学研究会推动学术研究的基础工作。过去一年间，刑法学研究会编辑出版了一卷会刊和两卷年会文集。

(一)编辑出版第32卷《刑法评论》

《刑法评论》是中国刑法学研究会的会刊，由刑法学研究会和北师大刑科院联合主办，研究范围涵盖了中国刑法、比较刑法、区际刑法与国际刑法等方面,是刑法学研究会进行学术交流的重要窗口。2018 年南宁学术年会至今,《刑法评论》出版了一卷(第 32 卷)。该卷《刑法评论》共分“理论探索”“立法研究”“司法实务”“域外法治”“全国刑法学术年会”等专题,对刑事法治领域的若干重要问题进行了深入研究,并刊载了 2018 年全国刑法学术年会的重要学术信息。

(二)编辑出版 2019 年学术年会文集

2019 年 10 月,本届年会前夕,刑法学研究会 2019 年全国刑法学术年会文集《新中国 70 年刑法的变迁与发展》由中国人民公安大学出版社、群众出版社正式出版。该年会文集由会长赵秉志、副会长贾宇和张旭共同主编,共收录论文 175 篇,分四编,上、下两卷出版。其中,上卷包括两编(“新中国成立 70 年来刑事法治和刑法理论的变迁与反思”和“生物科技暨人工智能领域发展的刑法规制问题”),收录论文 89 篇,对新中国成立 70 年来刑法立法、司法和理论研究的成就、经验和问题进行了全面归纳和总结,并对生物科技暨人工智能领域刑法规制的基本理论、生物科技暨人工智能领域发展的刑法立法规制、生物科技暨人工智能领域犯罪的刑法适用等问题进行了深入探讨。下卷包括两编(“正当防卫制度的适用与完善”和“金融领域腐败犯罪的惩治与防范”),收录论文 86 篇,重点探讨了正当防卫制度的基础理论、正当防卫制度的司法适用、正当防卫典型案例分析与正当防卫制度的立法完善等问题,并研究金融领域腐败犯罪的立法防治对策、金融领域腐败犯罪的司法防治对策、金融领域腐败犯罪的定罪与刑罚适用等问题。本届年会文集的及时出版,不但为本届年会的顺利召开提供了重要的研讨基础,而且具有重要的理论和实践价值,有助于及时推动相关刑法理论、立法和司法的发展与完善。

二、承担和参加中国法学会的相关活动

过去一年来,刑法学研究会积极参加了中国法学会主办的多项会议和相关工作,并进一步促进了刑法学研究会工作的开展。

(一)组织开展第九届“全国杰出青年法学家”推荐评选工作

按照中国法学会《第九届“全国杰出青年法学家”评选办法》的要求,中国刑法学研究会从 2019 年 5 月 20 日起开展了第九届“全国杰出青年法学家”初评工作,包括发布初评活动通知、接受申报、组成初评委员会

等。2019 年 6 月 13 日,中国刑法学研究会在北京召开了第九届“全国杰出青年法学家”初评会议,会议实行无记名投票。根据评审委员会的投票结果,中国刑法学研究会决定推荐车浩(北京大学法学院教授)、劳东燕(清华大学法学院教授)、何荣功(武汉大学法学院教授)三位教授为第九届“全国杰出青年法学家”候选人,并已上报中国法学会。

(二)积极参加中国法学会举办的各种相关活动

过去一年来,刑法学研究会积极参加了中国法学会举办的各种学术和工作活动十余项。其中主要有:(1)参加中国法学会第八次全国会员代表大会。2019 年 3 月 19 日,中国法学会第八次全国会员代表大会在人民大会堂举行。习近平、李克强、栗战书、王沪宁等党和国家领导人到会祝贺。中国法学会的数百名会员代表参加了大会。刑法学研究会常务副会长陈泽宪教授等参会。(2)参加 2019 年中国法学会后期资助项目立项评审会。2019 年 5 月 24 日,2019 年中国法学会后期资助项目立项评审会在北京举行,相关学科的专家学者组成评审委员会进行了立项评审。刑法学研究会两位常务理事林维教授和刘仁文教授参会。(3)参加中国法学会 2019 年度部级法学研究课题选题专家论证会。2019 年 6 月 28 日,中国法学会 2019 年度部级法学研究课题选题专家论证会在北京举行。与会专家学者围绕中国法学会 2019 年课题选题建议进行了深入讨论。刑法学研究会秘书长刘志伟教授参会。(4)参加中国法学会工作及培训会议。2019 年 8 月 28 日至 31 日,由中国法学会主办的全国地方法学会工作会议、中国法学会研究会工作会议、全国法学理论骨干培训班等会议在上海举行。来自中国法学会及各个研究会等方面的 100 余人参会。刑法学研究会秘书长刘志伟教授等参会。(5)参加“学习贯彻习近平全面依法治国新理念新思想新战略”论坛。2019 年 10 月 11 日,“学习贯彻习近平全面依法治国新理念新思想新战略”论坛在北京举行。来自中国法学会及下属研究会等的 100 余人参会。刑法学研究会秘书长刘志伟教授等参会。(6)参加第十四届中国法学家论坛、第十四届中国法学青年论坛及中国法治论坛(2019)。2019 年 10 月 11 日,第十四届中国法学家论坛、第十四届中国法学青年论坛及中国法治论坛(2019)在北京举行。来自中国法学会及各个研究会等方面的 100 余人参会。刑法学研究会秘书长刘志伟教授等参会。

三、积极加强国际、区际刑法学术交流

刑法学研究会始终注意加强研究会的国际、区际刑法学术交流。过去一年里，刑法学研究会主办了第十七届“中韩刑法学术研讨会”，积极筹备第十届“海峡两岸刑事法治学术研讨会”、“2019 年刑事法论坛”等会议，并参加了多个国际、区际刑法学术研讨会。

（一）举办第十七届中韩刑法学术研讨会

“中韩刑法学术研讨会”创立于 2003 年，是由中国刑法学研究会与韩国比较刑事法学会共同主办的年度学术会议，每年在中韩交替举办，到 2018 年已经成功举办了 16 届。2019 年 8 月 20 日至 21 日，由中国刑法学研究会和韩国比较刑事法学会共同主办、由吉林大学法学院和北师大刑科院共同承办的第十七届中韩刑法学术研讨会在长春举行。本届中韩刑法学术研讨会以“中韩正当化事由比较研究”为主题，韩国比较刑事法学会会长卞钟弼教授、中国刑法学研究会会长赵秉志教授等来自中韩双方的 60 余名代表围绕会议主题进行了深入研讨。常务理事徐岱教授等参会。

（二）积极筹备第十届“海峡两岸刑事法治学术研讨会”

“海峡两岸刑事法治学术研讨会”是为两岸刑法学者共同搭建的学术交流平台，每年在海峡两岸轮流举办，迄今已举办了九届。第十届“海峡两岸刑事法治学术研讨会”定于 2019 年 11 月 2～6 日在浙江省苍南市举行，由中国刑法学研究会主办，浙江省苍南市人民检察院承办，会议的主题是“违法阻却事由研究”。届时，来自海峡两岸的刑事法专家学者们将围绕这一会议主题进行深入研讨。目前会议正在紧张有序的筹备之中。

（三）积极筹备“2019 年刑事法论坛”

“刑事法论坛”是我国海峡两岸和香港澳门几个法学理论单位和学术团体共同搭建的我国区际刑事法交流的学术平台，自 2008 年 12 月创立以来，已成功举办了十一届，取得了丰硕的成果，产生了广泛而良好的影响。“2019 年刑事法论坛”将由中国刑法学研究会和北师大刑科院共同主办，西南政法大学法学院和西南政法大学国家毒品问题治理研究中心共同承办，定于 2019 年 12 月 7 日至 9 日在重庆举行。本届论坛的议题是“刑事制裁手段的制度比较与检讨、黑社会（性质组织）犯罪的治理对策、

毒品犯罪的治理对策”。来自高等院校、科研机构的刑事法学者与相关实务部门的刑事法专家将围绕论坛议题进行深入研讨。目前论坛的筹备工作正在紧张地进行。

(四)积极参加国际、区际刑法学术会议

除了举办多种国际、区际刑法学术研讨会,过去一年里,刑法学研究会及其主要成员还积极参加了十余个国际、区际刑法学术会议。其中比较有代表性的活动有:(1)参加第八届当代刑法国际论坛暨第三届反腐败追逃追赃国际论坛。2019 年 3 月 28 日至 29 日,由 G20 反腐败追逃追赃研究中心、北京师范大学、北京师范大学法学院等单位联合主办的第八届当代刑法国际论坛暨第三届反腐败追逃追赃国际论坛于在京举行。本次论坛的主题是“腐败与恐怖主义的全球治理”,来自国际组织、境外高校、国内高校与机关的专家、学者近 100 人参加。刑法学研究会名誉会长高铭暄教授等参会。(2)参加“中、德、英正当防卫的理论与实践研讨会”。2019 年 5 月 11 日,由北京大学法学院主办的“中、德、英正当防卫的理论与实践研讨会”在京举行。这次研讨会旨在从比较法、刑法哲学以及法律实务的多元视角来深入探讨正当防卫的一般问题、理论根据以及防卫过当的判断、类型等。刑法学研究会副会长张明楷教授、副会长梁根林教授等参会。(3)参加中德刑法学者联合会第五届学术研讨会。2019 年 8 月 28 日至 29 日,中德刑法学者联合会第五届学术研讨会在德国维尔茨堡大学举行。本届会议的主题是素有“绝望之章”之称的“共同犯罪”,来自中德两国的刑法学者分别就“参与理论的基础性问题”“间接正犯”“中立帮助行为”“安乐死问题中的参与理论”“参与理论面临的新挑战——数字化与互联网”展开了讨论。刑法学研究会副会长梁根林教授、常务理事于改之教授等参会。(4)参加“‘刑法中的责任与预防’中日刑法学研讨会”。2019 年 9 月 21 日,由中国政法大学刑事司法学院主办的“‘刑法中的责任与预防’中日刑法学研讨会”在京举行。来自中日刑法理论与实务界的专家学者 50 余人参加。刑法学研究会副会长张明楷教授、副会长曲新久教授等参会。

四、积极加强国内刑法学术交流

过去一年里,刑法学研究会通过主办和参加各种学术活动,进一步加强了国内刑法学术交流，同时积极筹备相关学术会议。

（一）举办第七届企业家刑事风险防控高端论坛

2019年4月20日，由刑法学研究会和北师大刑科院共同举办的第七届企业家刑事风险防控高端论坛暨《企业家腐败犯罪报告》《企业家刑事风险分析报告（2014～2018）》发布会在京召开。来自企业界、律师界、司法界和学术界的100多位专家学者围绕"民营企业与民营企业家权益的刑事保护"和"企业治理与合规"两大主题展开了热烈讨论，并就"非公经济的刑事立法平等保护""企业合规国际趋势与最新实践：刑事合规与反腐败合规""公司合规治理的本土探索：经验总结与问题反思""律师服务业态的升级转型：企业刑事风险防控"等话题进行了深入的互动交流。

（二）举办2019年度中国反腐败法治高端论坛暨中国法学会反腐败法治研究方阵第四届论坛

2019年7月20日，2019年度中国反腐败法治高端论坛暨中国法学会反腐败法治研究方阵第四届论坛在上海举行。本次论坛由中国刑法学研究会主办，由华东政法大学法律学院、华东政法大学刑事法学研究院、华东政法大学《法学》编辑部、上海市法学会刑法学研究会承办。论坛的议题包括"反腐败追逃追赃的思想基础与司法实践""反腐败的刑事立法应对与完善""黑恶势力犯罪中'保护伞'的认定与追诉""监察法的反腐败机能与效应""反腐败的刑事司法认定与评析"。来自中国法学会，法治反腐方阵成员单位北京师范大学、武汉大学、吉林大学、西北政法大学、华东政法大学以及其他院校的专家学者近百人参加了会议。与会专家学者围绕论坛议题展开了深入研讨。

（三）举办"'人民教育家'高铭暄教授刑法教育思想座谈会"

为了庆祝中华人民共和国成立70周年，隆重表彰为新中国建设和发展作出杰出贡献的功勋模范人物，弘扬民族精神和时代精神，习近平主席于2019年9月17日签发主席令，决定授予42人国家勋章和国家荣誉称号，并于9月29日在人民大会堂向国家勋章和国家荣誉称号获得者颁授勋章奖章。刑法学研究会名誉会长高铭暄教授荣获"人民教育家"国家荣誉称号，同时也获得"最美奋斗者"称号。这既是高铭暄教授个人的巨大荣誉，也是刑法学研究会乃至我国法学界、法律界的巨大荣誉。2019年10月9日，由刑法学研究会和北师大刑科院共同主办的"'人民教育家'

高铭暄教授刑法教育思想座谈会”在京举行。来自刑法理论与实务界的40余名专家学者围绕高铭暄教授刑法教育思想与方法和刑法学术思想进行了深入研讨。

（四）积极筹备第二届全国刑事法博士生论坛

为鼓励学术创新、提升博士研究生的学术竞争力和研究水平，中国刑法学研究会与北师大刑科院于2018年共同创办了“全国刑事法博士生论坛”，每年举办一届。其中，第一届论坛的主题是“时代发展与刑事法变革”，来自全国20余所高校或科研机构的70余位刑事法专业的博士研究生参与了论坛，取得了圆满成功。第二届“全国刑事法博士生论坛”拟定于2019年11月8日至10日在北京举行。本届论坛的主题为“刑事法七十年：回顾与展望”，并分“刑事法七十年之宏观立法争议问题探索”“现代科技发展对刑事法理论与实务的挑战”“刑事诉讼法与监察法的程序衔接问题”“认罪认罚从宽制度的理论与实务问题”四个子议题。目前论坛的筹备工作正在紧张地进行。

（五）积极参加国内刑法学术会议

过去一年里，刑法学研究会先后参加各种学术研讨会十余次，其中参加具有一定影响的学术研讨会有：(1)参加“刑法前置化问题研讨会”。2019年5月17日，由厦门大学法学院主办的“刑法前置化问题研讨会”在厦门举行。来自刑法理论与实务界的专家学者60余人参会。刑法学研究会副会长刘宪权教授、常务理事徐岱教授等参会。(2)参加第二届中原刑事司法论坛暨第三届“中国刑法理论与实践”研讨会。2019年6月1日，由河南大学法学院/知识产权学院、河南辽源律师事务所、河南国基律师事务所主办的第二届中原刑事司法论坛暨第三届“中国刑法理论与实践”研讨会在河南大学成功举行。来自刑法理论与实务界的近百名专家学者参加了论坛。刑法学研究会副会长陈忠林教授等参会。(3)参加“刑民融合视野下的职务侵占与盗窃”研讨会。2019年6月2日，由中国人民大学刑事法律科学研究中心主办的“刑民融合视野下的职务侵占与盗窃”研讨会在北京举行。来自刑法理论与实务界的40余名专家学者参加了研讨会。刑法学研究会常务理事时延安教授等参会。(4)参加“集资类刑事案件疑难问题”研讨会。2019年6月11日，由中国人民大学刑事法律科学研究中心、北京蓝石律师事务所共同主办的“集资类刑事案件疑难问题”研讨会在北京举行。来自刑法理论与实务界的50余人参加研讨会。刑法学研究会常务理事时延安教授、理事王文华教授等参会。(5)参加“正当防卫原理与个案研究”学术研讨会。2019年6月15日,由四川大学法学院主办的“正当防卫原理与个案研究”学术研讨会在成都举行。来自刑法理论与实务界的专家学者100余人参加了研讨会。刑法学研究会副会长梁根林教授、常务理事王政勋教授、理事魏东教授等参会。(6)参加第十一届当代刑事司法论坛。2019年8月18日至19日,由北师大刑科院主办的第十一届当代刑事司法论坛在广州举行。论坛主题为“当前刑事法治领域热点问题研究”。来自刑事法理论界与实务界的专家学者90余人出席了论坛。刑法学研究会会长赵秉志教授等人参会。

五、积极筹备2019年全国刑法学术年会

2019年全国刑法学术年会定于2019年10月12日至15日在安徽省芜湖市召开。本次年会由中国刑法学研究会主办,由安徽师范大学承办。研究会会长赵秉志教授全面负责此次年会的筹备、组织、运作和协调工作,副会长贾宇教授和副会长张旭教授共同主持本届年会。

本届年会的议题分为理论议题和实务议题。今年适逢中华人民共和国成立70周年。为回顾、分析和总结70年来我国刑事法治的成就、经验和问题,进一步促进我国刑法立法、司法和理论的科学化,本届刑法学术年会的理论议题确定为“新中国成立70年来刑事法治和刑法理论的变迁与反思”,参会专家学者将围绕该议题对新中国成立70年来的刑事法治和刑法理论问题进行系统的回顾和总结。本届年会的实务议题确定为“正当防卫制度的适用与完善”“金融领域腐败犯罪的惩治与防范”“生物科技暨人工智能领域发展的刑法规制问题”。这些都是我国当前刑法领域的重大热点问题,其中正当防卫问题随着近年来热点案例的不断出现以及相关立法和司法部门的持续回应,仍吸引着刑法学界的不断关注,具有重大理论和实务意义;金融反腐作为当前我国加强反腐败工作建设和巩固我党执政公信力的重要方面,其核心是刑法的适用问题;生物科技暨人工智能领域发展的刑法规制是面向智能及生物科技时代,在刑法领域内寻求前瞻性解决方案,以便应对科技发展给刑法制度带来的各种挑战,从而探索并发展与之相适应的制度。相信本届年会对这些问题的热烈研

讨能够推动相关理论和实务的进一步提升。

依照惯例,中国刑法学研究会在本届刑法学学术年会会前进行了论文征集。本届年会文集仍聘请研究会名誉会长高铭暄教授和研究会顾问储槐植教授担任学术顾问,组成由研究会会长赵秉志教授担任主任,由研究会全体常务理事担任委员的编委会。本届年会文集由主持本届年会的赵秉志会长、贾宇副会长、张旭副会长共同担任主编,负责年会文集的编辑工作,由研究会常务副秘书长阴建峰教授、研究会理事暨安徽师范大学副校长彭凤莲教授担任副主编协助主编工作,并设立编辑部负责具体编辑工作。编辑部由研究会刘科副秘书长担任主任,成员包括北师大刑科院博士生李鑫源、戴小强、赵炜佳、融昊。

在此次会议筹备期间,刑法学研究会会长赵秉志、常务副秘书长阴建峰、副秘书长刘科与年会的承办单位进行了多次沟通协调。中国法学会作为刑法学研究会的上级主管单位对本届年会工作给予大力支持和指导,中国法学会党组成员、副会长王其江同志多次听取了会长赵秉志、秘书长刘志伟等人关于年会筹备工作的汇报,并对年会的举办等工作提出了重要指导意见。之后,刑法学研究会秘书处年会筹备班子按照本会的学术年会规则,与年会承办单位的有关同志配合,认真、细致而卓有成效地进行了年会的各项筹备工作,从而为今年年会的顺利召开打下了良好的基础。在此,刑法学研究会要向年会的承办单位及参与年会筹备工作的同志们、朋友们,表示深深的感谢!

此外,按照惯例,刑法学研究会在年会报到日召开了理事会。理事会会议上通报了研究会一年来的主要工作,并进行了增补理事和会员的有关工作。

各位领导、各位代表、各位来宾:

过去的一年,刑法学研究会在中国法学会的正确指导下,在全体成员的共同努力和有关方面的支持、帮助下,紧紧围绕党和国家法治工作的大局,积极开展了系列刑法理论研究和刑法学术交流活动,为我国刑事法治建设的繁荣和进步积极地贡献了力量。今后,我们全体刑法学人一定要以新中国成立70年来为新起点,以习近平新时代中国特色社会主义理论为指导,继往开来,以更加崭新的面貌投入到我国刑事法治建设事业当中,勇于创新,不断进取,为进一步繁荣发展新中国刑事法治建设事业而不懈地努力奋斗。

最后,预祝本次年会圆满成功!

祝愿各位领导和专家学者身心康健、工作顺利!

谢谢大家!

●学习贯彻习近平法治思想　全面推进我国刑事法治事业的繁荣发展

——2020年中国刑法学研究会工作报告

中国刑法学研究会会长　赵秉志教授
（2020年12月12日·北京）

尊敬的各位理事、各位同人：

大家好！

十二月的北京，清冷而美丽。首先感谢各位理事、各位同人一直以来对研究会各项工作的积极支持、热情参与。过去一年，在中国法学会的有力领导下，在中央和地方政法机关的大力支持下，在本会名誉会长、顾问的指导和全体理事、会员的积极参与下，刑法学研究会精诚团结、奋勇拼搏，卓有成效地开展了大量工作，并取得了相应的成绩。下面，请允许我简要汇报一下刑法学研究会自2019年10月芜湖全国刑法学术年会之后近一年来的主要工作：

一、编辑出版会刊和文集

编辑会刊与文集是刑法学研究会推动学术研究的基础工作。过去一年，刑法学研究会编辑了一卷会刊并编辑出版了2020年全国刑法学术年会文集。

（一）编辑第33卷《刑法评论》

《刑法评论》是中国刑法学研究会的会刊，由刑法学研究会和北师大刑科院联合主办，研究范围涵盖了中国刑法、比较刑法、区际刑法与国际刑法等方面，是刑法学研究会进行学术交流的重要窗口。2019年芜湖学术年会至今，刑法学研究会编辑了一卷《刑法评论》（第33卷）。该卷《刑法评论》分"理论探索""立法研究""司法实务""域外法治""全国刑法学术年会"等专题,对刑事法治领域的若干重要问题进行了深入研究,并刊载了2019年全国刑法学术年会的重要学术信息。

(二)编辑出版2020年学术年会文集

2020年12月,本届年会前夕,刑法学研究会2020年全国刑法学术年会文集《现代刑事法治视野下的国家与社会安全》由中国人民公安大学出版社正式出版。该年会文集由会长赵秉志教授、副会长刘宪权教授和副会长梅传强教授共同主编,共分三编。其中,"新时代总体国家安全的刑法保障问题研究"编收录论文20余篇,主要涵盖新时代总体国家安全的刑法保障理念、新时代总体国家安全的刑法立法保障、新时代总体国家安全的刑法司法保障、新时代总体国家安全的刑法重要制度等方面,对新时代总体国家安全观指导下刑法功能的发挥进行了全面归纳和总结;"高空抛物坠物行为的刑法防制研究"编收录论文30余篇,主要研究高空抛物坠物行为的刑法适用罪名、高空抛物坠物行为的刑法立法完善、高空抛物坠物行为的刑法与相关部门法防制界限等问题;"刑法解释与网络犯罪的司法适用研究"编收录论文50余篇,分别研究了网络犯罪的刑法解释方法、刑法解释与网络犯罪的刑事管辖权、刑法解释与网络犯罪的刑法适用边界、刑法解释与网络共同犯罪、刑法解释与网络犯罪的罪名选择等问题(需要特别说明的是,本届年会"重大疫情防控中的刑法适用与立法完善问题研究"议题下的全部论文因故将另作安排,未收入本年度出版的文集)。年会主要论文的及时出版,不仅为本届年会的顺利召开提供了重要的研讨基础,而且具有重要的理论和实践价值,有助于及时推动相关刑法理论、立法和司法的发展与完善。

二、承担和参加中国法学会的相关活动

过去一年来,刑法学研究会积极响应中国法学会的号召和要求,并参加了中国法学会主办的多项会议和相关工作。

(一)响应中国法学会号召,积极研究妨害疫情防控犯罪问题

为了有助于有效惩治和防范妨害疫情防控犯罪行为,为防疫攻坚战的迅速胜利提供有力的法治保障,中国刑法学研究会响应中国法学会的号召,从实际和专业出发,为我国疫情防控贡献力量。这包括:(1)积极向

广大会员和学界同人发出防疫抗疫倡议。倡议书号召大家：积极做好疫情防控，不仅要以身作则，严格遵守疫情防控的各项措施，做好疫情的自我防控，还要以法律人的担当，带动身边的人积极防控疫情；积极做好法制宣传，不仅要认真领会"两高两部"关于疫情防控的意见精神，而且要利用各种途径向社会宣传、解读"两高两部"关于疫情防控意见的内容，提高公众防控疫情的法律意识；积极做好理论研究，要围绕疫情防控遇到的刑事司法实践难题积极有效地开展刑事法理论研究，提高刑法应对疫情防控难题的能力和水平；积极做好建言献策，要充分结合我国疫情防控的现实问题，提出有针对性、有参考价值的完善我国疫情防控的司法和立法措施，并积极向有关部门建言献策，以贡献我们法律人的智慧和力量。(2)积极研究妨害疫情防控犯罪问题。研究会会员、理事积极关注疫情防控期间各类媒体报道的妨害疫情防控违法犯罪行为，认真研究，撰写相当数量的文章，就如何妥善处理疫情防控期间发生的犯罪行为、今后如何完善相关刑法建言献策，通过报纸、公众号等各类媒体公开发表。如研究会副会长刘宪权教授在"上海市法学会"公众号发表《拒绝执行防疫措施行为刑法定性应注意的问题》；副会长曲新久教授、副秘书长彭新林副教授等接受《法制日报》记者关于如何惩治妨害疫情防控犯罪的专访；秘书长刘志伟教授、副秘书长袁彬教授、学术秘书商浩文副教授撰写了《惩治妨害疫情防控犯罪急需重视的问题》，秘书长刘志伟教授撰写了《修改刑法第330条适应惩治妨害疫情犯罪需要的建议》，以要报的形式上报中国法学会；常务理事黎宏教授在《人民法院报》发表《助力抗击疫情，刑法当仁不让》；以及卢建平教授、肖中华教授、田宏杰教授、金泽刚教授、韩轶教授、石经海教授、王文华教授、童德华教授、姜涛教授、左坚卫教授、李翔教授、涂龙科教授、陈金林副教授等20余位刑法学研究会成员发表了40余篇专题论文。这些研究成果有助于各级司法机关正确处理妨害疫情防控犯罪、完善我国相关的刑事法治。

(二)积极参加中国法学会举办的各种相关活动

过去一年来，刑法学研究会积极参加了中国法学会举办的各种学术和工作活动十余项。其中主要有：(1)参加第八届"董必武青年法学成果奖"终评会。2020年9月14日下午，第八届"董必武青年法学成果奖"终评会在中国法学会多功能厅举行，刑法学研究会常务副会长陈泽宪、副会长朱孝清、黄京平参加。(2)参加《监狱法(征求意见稿)》专家研讨会。2019年11月21日,《监狱法(征求意见稿)》专家研讨会暨中国法学会2019年第28期(总第169期)立法专家咨询会在北京召开,刑法学研究会副会长黄京平、常务理事刘仁文等参会。(3)参加《预防未成年人犯罪法(修订草案)》专家研讨会。2019年11月20日,《预防未成年人犯罪法(修订草案)》专家研讨会暨中国法学会2019年第27期(总第168期)立法专家咨询会在北京召开,刑法学研究会副会长朱孝清、常务理事刘仁文等参会。(4)参加《未成年人保护法(修订草案)》专家研讨会。2019年11月20日,《未成年人保护法(修订草案)》专家研讨会暨中国法学会2019年第26期(总第167期)立法专家咨询会在北京召开,刑法学研究会常务理事林维等参会。

三、积极参加《刑法修正案(十一)(草案)》的立法研讨活动

根据社会形势的发展和完善刑法立法的迫切需要,国家立法机关适时启动了《刑法修正案(十一)》的研拟工作,并自2019年以来加快了该项立法研拟的步伐。中国刑法学研究会历来重视参加国家刑法立法的研拟和研讨工作,将之视为刑法学研究会和刑法学界的一项重要的职责。在过去的一年里,中国刑法学研究会及其成员们积极参与了国家立法机关主持的有关《刑法修正案(十一)》的研拟工作和相关的研讨工作。

(一)积极参加国家立法机关主持的有关《刑法修正案(十一)》的研讨会

2019年11月7日,刑法学研究会会长赵秉志教授、副会长曲新久教授、常务理事刘仁文研究员应邀参加全国人大常委会法工委主持召开的研究《刑法修正案(十一)》初步方案的“刑法修改座谈会”;2020年5月7日,刑法学研究会副会长张明楷教授和曲新久教授、秘书长刘志伟教授、常务理事刘仁文研究员和时延安教授、理事周光权教授等应邀参加全国人大常委会法工委主持召开的再次研究《刑法修正案(十一)》修法方案的“刑法修改座谈会”;2020年9月3日,全国人大常委会法工委主持召开“刑法修改座谈会”,研究在《刑法修正案(十一)(草案一审稿)》基础上“拟新增相关犯罪的初步方案”,刑法学研究会会长赵秉志教授、常务副会长陈泽宪研究员、常务理事黎宏教授应邀参加;2020年11月2日,全国人

大宪法和法律委员会与全国人大常委会法工委联合召开“《刑法修正案（十一）（草案）》座谈会”，刑法学研究会会长赵秉志教授、副会长梁根林教授、理事阮齐林教授应邀参加；2020 年 12 月 11 日，全国人大常委会法工委召开“刑法修正案（十一）草案通过前评估会”，刑法学研究会常务副会长陈泽宪教授、副会长曲新久教授、秘书长刘志伟教授应邀参加。值得特别提及的是，2020 年 9 月下旬，全国人大常委会法工委就将要提交全国人大常委会审议的《刑法修正案（十一）（草案二审稿）》，以专函向中国刑法学研究会名誉会长、获得“人民教育家”国家荣誉称号的高铭暄教授专门征求意见；抱病住院中的高铭暄教授经认真审阅后向法工委提供了相关修法意见和建议。刑法学研究会这些成员通过参加国家立法机关主持的有关《刑法修正案（十一）》立法的研讨会议，积极提供口头和书面发言，为刑法立法工作献计献策，作出了有益的贡献。

（二）刑法学研究会组织举办《刑法修正案（十一）（草案）》专题研讨会

为充分发挥专家学者在科学立法、民主立法进程中的作用，为《刑法修正案（十一）（草案）》的完善建言献策，2020 年 7 月 12 日下午，中国刑法学研究会、中国法学会案例法学研究会、北京师范大学刑事法律科学研究院联合举办了“《中华人民共和国刑法修正案（十一）（草案）》专题研讨会”。研讨会采用线上会议的形式举办，共有来自全国人大常委会法工委、最高人民法院、最高人民检察院、公安部及高等院校、科研机构的 30 余位知名专家学者参与了会议研讨。与会专家学者针对草案中存在的问题提出了诸多富有建设性的合理建议。会后，各位专家学者提出的修改建议被整理成书面报告提交国家立法机关，供修改完善《刑法修正案（十一）（草案）》参考。

（三）刑法学研究会与中国法学会研究部共同承办《刑法修正案（十一）（草案）》专家研讨会

2020 年 7 月 21 日，由中国法学会主办、中国法学会研究部和中国刑法学研究会共同承办的《刑法修正案（十一）（草案）》专家研讨会暨中国法学会 2020 年第 20 期（总第 192 期）立法专家咨询会以视频会议的方式在北京召开。来自全国人大常委会法工委刑法室及高等院校、科研机构的 20 余名专家学者围绕《刑法修正案（十一）（草案）》的修改完善问题进行了深入研讨。

(四)刑法学研究会成员积极撰写文章配合《刑法修正案(十一)(草案)》修法

在过去一年来,刑法学研究会多位成员结合对国家立法机关正在研拟中的《刑法修正案(十一)(草案)》的了解和关注,在报刊和新媒体平台上发表了多篇研讨、评论、建言文章。这些文章积极配合和促进了相关的刑法立法研讨,同时也繁荣和深化了我国刑法学相关问题的研究。

四、积极加强国际、区际刑法学术交流

刑法学研究会始终注意加强研究会的国际、区际刑法学术交流。过去一年里,刑法学研究会除了组织成员积极参加多种国际、区际刑法学术会议,还积极举办国际、区际刑法学术研讨会,促进国际、区际刑法学术交流。

(一)举办第十届“海峡两岸刑事法治学术研讨会”

“海峡两岸刑事法治学术研讨会”是为两岸刑法学者共同搭建的学术交流平台,每年在海峡两岸轮流举办,迄今已举办了九届。第十届“海峡两岸刑事法治学术研讨会”于2019年11月2~6日在浙江省苍南市举行,由中国刑法学研究会主办,浙江省苍南市人民检察院承办,会议的主题是“违法阻却事由研究”。来自海峡两岸的80余位刑事法专家学者围绕这一会议主题进行了深入研讨。

(二)举办“2019年刑事法论坛”

“刑事法论坛”是我国海峡两岸和香港澳门几个法学理论单位和学术团体共同搭建的我国区际刑事法交流的学术平台,自2008年12月创立以来,已成功举办了十一届,取得了丰硕的成果,产生了广泛而良好的影响。2019年12月7~9日,由中国刑法学研究会和北师大刑科院共同主办,西南政法大学法学院和西南政法大学国家毒品问题治理研究中心共同承办的“2019年刑事法论坛”在重庆举行。本届论坛的议题是“刑事制裁手段的制度比较与检讨、黑社会(性质组织)犯罪的治理对策、毒品犯罪的治理对策”。来自高等院校、科研机构的刑事法学者与相关实务部门的刑事法专家围绕论坛议题进行了深入研讨。

(三)举办第九届当代刑法国际论坛

2020年10月17日,由北京师范大学刑事法律科学研究院、北京企业法律风险防控研究会主办,中国刑法学研究会、国际刑法学会中国分会、北京师范大学中国企业犯罪预防研究中心协办的第九届当代刑法国际论坛"企业合规与公司犯罪治理国际研讨会"通过线上线下同步进行的方式在京举行。来自全国各地的专家学者以及来自日本、韩国、匈牙利等国家的专家学者近百人就企业合规与公司犯罪治理问题展开深入探讨。

(四)积极筹备第十八届中韩刑法学术研讨会

"中韩刑法学术研讨会"创立于2003年,是由中国刑法学研究会与韩国比较刑事法学会共同主办的年度学术会议,每年在中韩交替举办,到2019年已经成功举办了17届。受疫情的影响,第十八届中韩刑法学术研讨会将于2020年12月18~19日采取线上方式进行。本届中韩刑法学术研讨会以"新冠肺炎疫情期间的刑事法问题比较研究"为主题,来自中韩双方的代表将围绕该主题进行深入研讨。目前会议正在积极筹备之中。

五、积极加强国内刑法学术交流

过去一年里,刑法学研究会通过主办和参加各种学术活动、评奖,进一步加强了国内刑法学术交流,同时积极筹备相关学术会议。这主要包括:

(一)组织评选第五届"全国刑法学优秀博士学位论文奖"

由全国刑法学发展基金支持,并由中国刑法学研究会组织的第五届"全国刑法学优秀博士学位论文奖"评奖活动,于2020年9月10日正式启动。截至10月10日,共有来自全国17所高校的36篇博士学位论文参与申报。为了保证评奖的公平与公正,中国刑法学研究会特设立第五届"全国刑法学优秀学位论文奖"评审委员会。10月24日,第五届"全国刑法学优秀博士学位论文奖"评审会议在京召开。会议根据《全国刑法学优秀博士学位论文奖评奖规则》,严格遵循科学、公正和宁缺毋滥的原则,以无记名投票的方式评选出获奖博士学位论文18篇(其中特等奖空缺,一等奖6篇,二等奖12篇),并于会后进行了公示。本届全国刑法学术年会期间刑法学研究会将为获奖者举行颁奖仪式。

(二)举办第二届全国刑事法博士生论坛

为鼓励学术创新、提升博士研究生的学术竞争力和研究水平,中国刑法学研究会与北师大刑科院于2018年共同创办了"全国刑事法博士生论坛",每年举办一届。其中,第一届论坛的主题是"时代发展与刑事法变革",来自全国20余所高校或科研机构的70余位刑事法专业的博士研究生参与了论坛,取得了圆满成功。2019年11月8~10日,第二届"全国刑事法博士生论坛"在北京举行。本届论坛的主题为"刑事法七十年:回顾与展望",并分"刑事法七十年之宏观立法争议问题探索""现代科技发展对刑事法理论与实务的挑战""刑事诉讼法与监察法的程序衔接问题""认罪认罚从宽制度的理论与实务问题"四个子议题。来自全国刑法、刑事诉讼法专业的80余名博士生围绕论坛主题进行了深入研讨。

(三)举办当代刑事司法暨法治昭通建设研讨会

2020年10月26日,由中国刑法学会、云南省法学会、昭通市委、北京师范大学刑事法律科学研究院、昆明理工大学联合举办的当代刑事司法暨法治昭通建设研讨会开幕式在云南省昭通市举行。来自全国各地的专家学者、获奖论文作者代表以及省、昭通市政法部门代表等共计150余人就"扫黑除恶专项斗争长效机制建设""新冠疫情法律""非法集资犯罪""电信诈骗"等议题展开了研讨。

(四)参办"人工智能与刑事司法学术研讨会"

2020年11月20日,由国际刑法学协会中国分会主办,中国刑法学研究会和小包公智能法律平台协办的"人工智能与刑事司法学术研讨会"在北京举行。本次研讨会旨在围绕人工智能与刑事司法中可能存在的各类问题,着眼国内与国际、现实与未来、宏观与微观等多重视角,聚焦理论与实践、立法与司法的互动结合,有效推进人工智能领域的刑事司法的深度应用。本次研讨会采用线下与线上同步进行的方式,共三个单元,分别以"人工智能的刑事责任问题""人工智能时代的刑法应对""人工智能的主体地位及人工智能犯罪"为主题进行研讨。来自最高人民法院、最高人民检察院、司法部、中国法学会以及中国社会科学院、北京大学、中国人民大学、北京师范大学、中国政法大学等单位的代表近百人出席了本次研讨会。

（五）举办“民营经济保护刑事法治论坛”

2020年11月28日，“民营经济保护刑事法治论坛”在北京举行。研讨会由中国刑法学研究会、中国人民大学刑事法律科学研究中心、阳光诚信联盟主办。来自中央政法机关的领导、专家，中国人民大学、北京大学、清华大学、中国政法大学、北京师范大学、对外经济贸易大学等高校的学者，地方司法机关和企业、律师事务所的专业人士等200余人参加了本次会议。与会专家学者围绕民营经济的刑事法保护问题进行了深入研讨。

（六）积极筹备2020年度中国反腐败法治高端论坛暨中国法学会反腐败法治研究方阵第五届论坛

2020年12月14日，2020年度中国反腐败法治高端论坛暨中国法学会反腐败法治研究方阵第五届论坛拟在北京举行。本次论坛由中国刑法学研究会主办，由北京师范大学刑事法律科学研究院承办。来自中国法学会，法治反腐方阵成员单位北京师范大学、武汉大学、吉林大学、西北政法大学、华东政法大学以及其他院校的专家学者将围绕我国反腐败法治完善问题进行深入研讨。目前会议正在积极筹备之中。

六、积极筹备2020年全国刑法学术年会

2020年全国刑法学术年会定于2020年12月13日在北京召开。本次年会由中国刑法学研究会主办。研究会会长赵秉志教授全面负责此次年会的筹备、组织、运作和协调工作，副会长刘宪权教授和副会长梅传强教授共同主持本届年会。受疫情影响，经中国法学会批准，本届全国刑法学术年会采取线下与线上相结合的方式进行。

本届年会适逢党的十九届五中全会胜利召开，年会的议题分为理论议题和实务议题，其中以“新时代总体国家安全的刑法保障问题研究”为理论议题，以“重大疫情防控中的刑法适用与立法完善问题研究”“高空抛物坠物行为的刑法防制研究”和“刑法解释与网络犯罪的司法适用研究”为实务议题。这些都是当前我国刑事法治建设领域的重大现实问题。相信本届年会对这些问题的热烈研讨能够推动相关理论和实务工作的进一步提升。

依照惯例，中国刑法学研究会在本届刑法学学术年会会前进行了论文征集。本届年会文集仍聘请研究会名誉会长高铭暄教授和研究会顾问

储槐植教授担任学术顾问,组成由研究会会长赵秉志担任主任,由研究会全体常务理事担任委员的编委会。本届年会文集由主持本届年会的赵秉志会长、刘宪权副会长、梅传强副会长共同担任主编,负责年会文集的编辑工作,由研究会秘书长刘志伟教授、研究会理事暨副秘书长袁彬教授担任副主编协助主编工作,并设立编辑部负责具体编辑工作,编辑部由研究会理事暨副秘书长袁彬教授担任主任,成员包括北师大刑科院博士生张馨文、储琪、梁田和刘嘉。

中国法学会作为刑法学研究会的上级主管单位对本届年会工作给予大力支持和指导,中国法学会党组成员、副会长王其江同志十分关心年会的筹备情况,对年会的举办等工作提出了重要指导意见,并特别提出要紧密结合党的十九届五中全会和习近平法治思想要求开展活动。为此,本届年会专门邀请江苏省人大工作理论研究会会长、南京师范大学法学院教授公丕祥为大会作《十九届五中全会精神和习近平法治思想导读》专题报告,引领大家深入学习贯彻十九届五中全会精神和习近平法治思想。

之后,刑法学研究会秘书处年会筹备班子按照本会的学术年会规则,认真、细致而卓有成效地进行了年会的各项筹备工作,从而为今年年会的顺利召开打下了良好的基础,保证了本届全国刑法学术年会的顺利召开。

各位理事、各位同人,过去的一年是充满艰难但十分不平凡的一年。过去的一年非常艰苦,新冠肺炎疫情的阴霾几乎笼罩世界,给世人带来了无数的纷扰和不尽的困苦,也导致了经济社会发展的急刹车;过去的一年很不平凡,在以习近平同志为核心的党中央坚强领导下,我国人民不畏艰险、排除万难,成功地遏制了新冠肺炎疫情的蔓延,维护了我国经济社会发展的良好局面。更为重要的是,今年也是我国经济社会发展的重要一年,我们迎来了党的十九届五中全会胜利召开,通过了中共中央《关于制定国民经济和社会发展第十四个五年规划和二〇三五年远景目标的建议》,该建议详细阐述了我国决胜全面建成小康社会取得决定性成就、我国发展环境面临深刻复杂变化、到 2035 年基本实现社会主义现代化远景目标和“十四五”时期经济社会发展和改革开放的重点任务,勾画了未来我国经济社会发展的美好蓝图。同时,2020 年 11 月 16 ~ 17 日召开的中央全面依法治国工作会议首次提出并系统阐述了习近平法治思想,具有重大意义。习近平法治思想从历史和现实相贯通、国际和国内相关联、理论和实际相结合上深刻回答了新时代为什么实行全面依法治国、怎样实行全面依法治国等一系列重大法治问题,是顺应实现中华民族伟大复兴时代要求应运而生的重大法治理论创新成果,是马克思主义法治理论中国化的最新成果,是习近平新时代中国特色社会主义思想的重要组成部分,是我国全面依法治国的根本遵循和行动指南。这对我国刑法理论研究和刑事法治建设具有重要的引领和指导作用。今后,我们全体刑法学人一定要以十九届五中全会精神和习近平法治思想为指导,继往开来,勇于创新,不断进取,为进一步繁荣发展新中国刑事法治建设事业而不懈地努力奋斗。

最后,祝大家身心康健、工作顺利!

谢谢!